“十二五”普通高等教育本科国家级规划教材

总主编 曾宪义 王利明

21世纪法学系列教材

证券法

（第四版）

叶 林 著

中国人民大学出版社
· 北京 ·

编审委员会

总 序

曾宪义

在人类文明与文化的发展中，中华民族曾作出过伟大的贡献，不仅最早开启了世界东方文明的大门，而且对人类法治、法学及法学教育的生成与发展进行了积极的探索与光辉的实践。

在我们祖先生存繁衍的土地上，自从摆脱动物生活、开始用双手去进行创造性的劳动、用人类特有的灵性去思考以后，我们人类在不断改造客观世界、创造辉煌的物质文明的同时，也在不断地探索人类的主观世界，逐渐形成了哲学思想、伦理道德、宗教信仰、风俗习惯等一系列维系道德人心、维持一定社会秩序的精神规范，更创造了博大精深、义理精微的法律制度。应该说，在人类所创造的诸种精神文化成果中，法律制度是一种极为奇特的社会现象。因为作为一项人类的精神成果，法律制度往往集中而突出地反映了人类在认识自身、调节社会、谋求发展的各个重要进程中的思想和行动。法律是现实社会的调节器，是人民权利的保障书，是通过国家的强制力来确认人的不同社会地位的有力杠杆，它来源于现实生活，而且真实地反映现实的要求。因而透过一个国家、一个民族、一个时代的法律制度，我们可以清楚地观察到当时人们关于人、社会、人与人的关系、社会组织以及哲学、宗教等诸多方面的思想与观点。同时，法律是一种具有国家强制力、约束力的社会规范，它以一种最明确的方式，对当时社会成员的言论或行动作出规范与要求，因而也清楚地反映了人类在各个历史发展阶段中对于不同的人所作出的种种具体要求和限制。因此，从法律制度的发展变迁中，同样可以看到人类自身不断发展、不断完善的历史轨迹。人类社会几千年的国家文明发展历史已经无可争辩地证明，法律制度乃是维系社会、调整各种社会关系、保持社会稳定的重要的工具。同时，法律制度的不断完善，也是人类社会文明进步的显著体现。

由于发展路径的不同、文化背景的差异，东方社会与西方世界对于法律的意义、底蕴的理解、阐释存有很大的差异，但是，在各自的发展过程中，都曾比较注重法律的制定与完善。中国古代虽然被看成是“礼治”的社会、“人治”的世界，被认为是“只有刑，没有法”的时代，但从《法经》到《唐律疏议》、《大清律例》等数十部优秀成文法典的存在，充分说明了成文制定法在中国古代社会中的突出地位，唯这些成文法制所体现出的精神旨趣与现代法律文明有较大不同而已。时至20世纪初叶，随着西风东渐、东西文化交流加快，中国社会开始由古代的、传统的社会体制向近现代文明过渡，建立健全的、符合现代理性精神的法律文明体系方成为现代社会的共识。正因为如此，近代以来的数百年间，在西方、东方各主要国家里，伴随着社会变革的潮起潮落，法律改革运动也一直呈方兴未艾之势。

从历史上看，法律的文明、进步，取决于诸多的社会因素。东西方法律发展的历史均充分证明，推动法律文明进步的动力，是现实的社会生活，是政治、经济和社会文化的变迁；同时，法律内容、法律技术的发展，往往依赖于一大批法律专家以及更多的受过法律教育的社会成员的研究和推动。从这个角度看，法学教育、法学研究的发展，对于法律文明的发展进步，也有着异常重要的意义。正因为如此，法学教育和法学研究在现代国家的国民教育体系和科学研究体系中，开始占有越来越重要的位置。

中国近代意义上的法学教育和法学研究，肇始于19世纪末的晚清时代。清光绪二十一年（公元1895年）开办的天津中西学堂，首次开设法科并招收学生，虽然规模较小，但仍可以视为中国最早的近代法学教育机构（天津中西学堂后改名为北洋大学，又发展为天津大学）。三年后，中国近代著名的思想家、有“维新骄子”之称的梁启超先生即在湖南《湘报》上发表题为《论中国宜讲求法律之学》的文章，用他惯有的富有感染力的激情文字，呼唤国人重视法学，发明法学，讲求法学。梁先生是清代末年一位开风气之先的思想巨子，在他的辉煌的学术生涯中，法学并非其专攻，但他仍以敏锐的眼光，预见到了新世纪中国法学研究和法学教育的发展。数年以后，清廷在内外压力之下，被迫宣布实施“新政”，推动变法修律。以修订法律大臣沈家本为代表的一批有识之士，在近十年的变法修律过程中，在大量翻译西方法学著作，引进西方法律观念，有限度地改造中国传统的法律体制的同时，也开始推动中国早期的法学教育和法学研究。20世纪初，中国最早设立的三所大学——北洋大学、京师大学堂、山西大学堂均设有法科或法律学科目，以期“端正方向，培养通才”。1906年，应修订法律大臣沈家本、伍廷芳等人的奏请，清政府在京师正式设立中国第一所专门的法政教育机构——京师法律学堂。次年，另一所法政学堂——直属清政府学部的京师法政学堂也正式招生。这些大学法科及法律、法政学堂的设立，应该是中国历史上近代意义上的正规专门法学教育的滥觞。

自清末以来，中国的法学教育作为法律事业的一个重要组成部分，随着中国社会的曲折发展，经历了极不平坦的发展历程。在20世纪的大部分时间里，中国社会一直充斥着各种矛盾和斗争。在外敌入侵、民族危亡的沉重压力之下，中国人民为寻找适合中国国情的发展道路而花费了无穷的心力，付出过沉重的代价。从客观上看，长期的社会骚动和频繁的政治变迁曾给中国的法治与法学带来过极大的消极影响。直至70年代末期，以“文化大革命”宣告结束为标志，中国社会从政治阵痛中清醒过来，开始用理性的目光重新审视中国的过去，规划国家和社会的未来，中国由此进入长期稳定、和平发展的大好时期，以这种大的社会环境为背景，中国的法学教育也获得了前所未有的发展机遇。

从宏观上看，实行改革开放以来，经过二十多年的努力，中国的法学教育事业所取得的成就是辉煌的。首先，经过“解放思想，实事求是”思想解放运动的洗礼，在中国法学界迅速清除了极左思潮及苏联法学模式的一些消极影响，根据本国国情建设社会主义法治国家已经成为国家民族的共识，这为中国法学教育和法学研究的发展奠定了稳固的思想基础。其次，随着法学禁区的不断被打破、法学研究的逐步深入，一个较为完善的法学学科体系已经建立起来。理论法学、部门法学各学科基本形成了比较系统和成熟的理论体系和学术框架，一些随着法学研究逐渐深入而出现的法学子学科、法学边缘学科也渐次成型。1997 年，国家教育主管部门和教育部高校法学学科教学指导委员会对原有专业目录进行了又一次大幅度调整，决定自 1999 年起法学类本科只设一个单一的法学专业，按照一个专业招生，从而使法学学科的布局更加科学和合理。同时，在充分论证的基础上，确定了法学专业本科教学的 14 门核心课程，加上其他必修、选修课程的配合，由此形成了一个传统与更新并重、能够适应国家和社会发展需要的教学体系。法学硕士和博士研究生及法律硕士专业学位研究生的专业设置、课程教学和培养体系也日臻完善。再次，法学教育的规模迅速扩大，层次日趋齐全，结构日臻合理。目前中国有六百余所普通高等院校设置了法律院系或法律本科专业，在校本科学生和研究生已达二十余万人。除本科生外，在一些全国知名的法律院校，法学硕士研究生、法律硕士专业学位研究生、法学博士研究生已经逐步成为培养的重点。

众所周知，法律的进步、法治的完善，是一项综合性的社会工程。一方面，现实社会关系的发展，国家政治、经济和社会生活的变化，为法律的进步、变迁提供动力，提供社会的土壤。另一方面，法学教育、法学研究的发展，直接推动法律进步的进程。同时，全民法律意识、法律素质的提高，则是实现法治国理想的关键的、决定性的因素。在社会发展、法学教育、法学研究等几个攸关法律进步的重要环节中，法学教育无疑处于核心的、基础的地位。中国法学教育过去二十多年所走过的历程令人激动，所取得的成就也足资我们自豪。随着国家的发展、社会的进步，在 21 世纪，我们面临着更严峻的挑战和更灿烂的前景。“建设世界一流法学教育”，任重道远。

首先，法律是建立在经济基础之上的上层建筑，以法治为研究对象的法学也就成为一门实践性很强的学科。社会生活的发展变化，势必要对法学教育、法学研究不断提出新的要求。经过二十多年的奋斗，中国改革开放的前期目标已顺利实现。但随着改革开放的逐步深入，国家和社会的一些深层次问题，比如说社会主义市场经济秩序的真正建立、国有企业制度的改革、政治体制的完善、全民道德价值的重建、环境保护和自然资源的合理利用等等，也已经开始浮现出来。这些复杂问题的解决，无疑最终都会归结到法律制度的完善上来。建立一套完善、合理的法律制度，构建理想的和谐社会，乃一项持久而庞大的社会工程，需要全民族的智慧和努力。其中的基础性工作，如理论的论证、框架的设计、具体规范的拟订、法律实施中的纠偏等等，则有赖于法学研究的不断深入，以及高素质人才特别是法律人才的养成，而培养法律人才的任务，则是法学教育的直接责任。

其次，21 世纪是一个多元化的世纪。20 世纪中叶发生的信息技术革命，正在极大地改变着我们的世界。现代科学技术，特别是计算机网络信息技术的发展，使传统的生活方式、思想观念发生了根本的改变，并由此引发许多人类从未面对过的问题。就法学教育而言，在 21 世纪所要面临的，不仅是教学内容、研究对象的多元化问题，而且还有培养对象、培养目标的多元化、教学方式的多元化等一系列问题，这些问题都需要法学界去思考、去探索。

中国人民大学法学院建立于1950年，是新中国诞生后创办的第一所正规高等法学教育机构。在半个多世纪的岁月中，中国人民大学法学院以其雄厚的学术力量、严谨求实的学风、高水平的教学质量以及丰硕的学术研究成果，在全国法学教育领域处于领先地位，并开始跻身于世界著名法学院之林。据初步统计，中国人民大学法学院已经为国家培养法学专业本科生、硕士生、博士生一万余人，培养各类成人法科学生三十余万人。经过多年的努力，中国人民大学法学院形成了较为明显的学术优势，在现职教师中，既有一批资深望重、在国内外享有盛誉的法学前辈，更有一大批在改革开放后成长起来的优秀中青年法学家。这些老中青法学专家多年来在勤奋研究法学理论的同时，也积极投身于国家的立法、司法实践，对国家法制建设贡献良多。

有鉴于此，中国人民大学法学院与中国人民大学出版社经过研究协商，决定结合中国人民大学法学院的学术优势和中国人民大学出版社的出版力量，出版一套“21世纪法学系列教材”。自1998年开始编写出版本科教材，包括按照国家教育部所确定的法学专业核心课程和其所颁布印发的《全国高等学校法学专业核心课程基本要求》而编写的14门核心课程教材，也包括法学各领域、各新兴学科教材及教学参考书和案例分析在内，到2000年12月3日在人民大会堂大礼堂召开举世瞩目的“21世纪世界百所著名大学法学院院长论坛暨中国人民大学法学院成立五十周年庆祝大会”之时，业已出版了50本作为50周年院庆献礼，到现在总共出版了80本。为了进一步适应高等法学教育发展的形势和教学改革的需要，最近中国人民大学法学院与中国人民大学出版社决定将这套教材扩大为四个系列，即：“本科生用书”、“法学研究生用书”、“法律硕士研究生用书”以及“司法考试用书”，总数将达二百多本。我们设想，本套教材的编写，将更加注意“高水准”与“适用性”的合理结合。首先，本套教材将由中国人民大学法学院具有全国影响的各学科的学术带头人领衔，约请全国高校优秀学者参加，形成学术实力强大的编写阵容。同时，在编写教材时，将注意吸收中国法学研究的最新的学术成果，注意国际学术发展的最新动向，力求使教材内容能够站在21世纪的学术前沿，反映各学科成熟的理论，体现中国法学的水平。其次，本套教材在编写时，将针对新时期学生特点，将思想性、学术性、新颖性、可读性有机结合起来，注意运用典型生动的案例、简明流畅的语言去阐释法律理论与法律制度。

我们期望并且相信，经过组织者、编写者、出版者的共同努力，这套法学教材将以其质量效应、规模效应，力求成为奉献给新世纪的精品教材，我们诚挚地祈望得到方家和广大读者的教正。

2006年7月1日

序言

法学教育是高等教育的重要组成部分，是建设社会主义法治国家、构建社会主义和谐社会的重要基础，并居于先导性的战略地位。在我国社会转型的新世纪、新阶段，法学教育不仅要为建设高素质的法律职业共同体服务，而且要面向全社会培养大批治理国家、管理社会、发展经济的高层次法律人才。近年来，法学教育取得了长足的进步，法科数量增长很快，教育质量稳步提高，培养层次日渐完善，目前已经形成了涵盖本科生、第二学士学位生、法学硕士研究生、法律硕士研究生、法学博士研究生的完整的法学人才培养体系，接受法科教育已经成为莘莘学子的优先选择之一。随着中国法治事业的迅速发展，我们有理由相信，中国法学教育的事业大有可为，中国法学教育的前途充满光明。

教育的基本功能在于育人，在于塑造德才兼备的高素质人才。法学教育的宗旨并非培养只会机械适用法律的“工匠”，而承载着培养追求正义、知法懂法、忠于法律、廉洁自律的法律人的任务。要完成法学教育的使命，首先必须认真抓好教材建设。我始终认为，教材是实现教育功能的重要工具和媒介，法学教材不仅仅是法学知识传承的载体，而且是规范教学内容、提高教学质量的关键，对法学教育的发展有着不可估量的作用。

第一，法学教材是传授法学基本知识的工具。初学法律，既要有好的老师，又要有好的教材。正如冯友兰先生所言：“学哲学的目的，是使人作为人能够成为人，而不是成为某种人。其他的学习（不是学哲学）是使人能够成为某种人，即有一定职业的人。”一套好的教材，能够高屋建瓴地展示法律的体系，能够准确简明地阐释法律的逻辑，能够深入浅出地叙述法律的精要，能够生动贴切地表达深奥的法理。所以，法学教材是学生学习法律的向导，是学生步入法律殿堂的阶梯。如果在入门之初教材就有偏颇之处，就可能误人子弟，学生日后还要花费大量时间与精力来修正已经形成的错误观念。

第二，法学教材是传播法律价值理念的载体。好的法学教材不仅要传授法学知识，更要传播法律的精神和法治的理念，例如对公平、正义的追求，尊重权利的观念。本科、研究生阶段的青年学子，正处在人生观、价值观形成的阶段，一套优秀的法学教材，对于他们价值观的塑造和健全人格的培养具有重要意义。

第三，法学教材是形成职业共同体的主要条件。建设社会主义法治国家，有赖于法律职业共同体的生成。一套好的法学教材，向法律研习者传授共同的知识，这对于培养一个接受共同的价值理念、共同的法律思维、共同的话语体系的法律共同体，具有重要的作用。

第四，法学教材是所有法律研习者的良师益友。没有好的教材，一个好的教师或可弥补教材的欠缺和不足，但对那些没有老师指导的自学者而言，教材就是老师，其重要作用是显而易见的。

长期以来，在我们的评价体系中，教材并没有获得应有的注重，对学术成果的形式优先考虑的往往是专著而非教材。在不少人的观念中，教材与创新、与学术精品甚至与学术无缘。其实，要真正写出一部好的教材，其难度之大、工作之艰辛、影响之深远，绝不低于一部优秀的专著，它甚至可以成为在几百年甚至更长的时间内发挥作用的传世之作。以查士丁尼的《法学阶梯》为例，所谓法学阶梯，即法学入门之义，就是一部教材。但它概括了罗马法的精髓，千百年来，一直是人们研习罗马法最基本的著述。日本著名学者我妻荣说过，大学教授有两大任务：一是写出自己熟悉的专业及学术领域的讲义乃至教科书；二是选择自己最有兴趣、最看重的题目，集中精力进行终生的研究。实际上，这两者是相辅相成的。写出一部好教材，必须要对相关领域形成一个完整的知识体系，还要能以深入浅出的语言将问题讲清楚、讲明白。没有编写教材的基本功，实际上也很难写出优秀的专著。当然，也只有对每一个专题都有一定研究，才能形成对这个学术领域的完整把握。

虽然近几年我国法学教育发展迅速，成绩显著，但是法学教育也面临许多挑战。各个学校的师资队伍和教学质量参差不齐，这就更需要推出更多的结构严谨、内容全面、角度各有侧重、能够适应不同需求的法学教材，为提高法学教学和人才培养质量、保障法学教育健康发展提供前提条件。

长期以来，中国人民大学法学院始终高度重视教材建设。作为新中国成立后建立的第一所正规的法学教育机构，中国人民大学法律系最早开设了社会主义法学教学课堂，编写了第一套社会主义法学讲义，培养了新中国第一批法学本科生和各学科的硕士生、博士生，产生了新中国最早的一批法学家和法律工作者。中国人民大学法律系因此被誉为“新中国法学教育的工作母机”。半个多世纪以来，中国人民大学法学院为社会主义法制建设培养了大批优秀的法律人才，并为法学事业的振兴和繁荣作出了卓越贡献，也因此成为引领中国法学教育的重镇、凝聚国内法律人才的平台和沟通中外法学交流的窗口，并在世界知名法学院行列中崭露头角。为了对中国法学教育事业作出更大的贡献，我们有义务也有责任出版一套体现我们最新研究成果的法学教材。

承蒙中国人民大学出版社的大力支持，我们组织编写了本套教材，其中包括本科生用书、法律硕士研究生用书、法学研究生用书和司法考试用书四大系列，分别面向不同层次法科教育需求。编写人员以中国人民大学法学院教师为主，反映了中国人民大学法学院整体的研究实力和学术视野。相信本套教材的出版，一定能够为新时期法学教育的繁荣发展发挥应有的作用。

是为序。

2006年7月10日

第四版编写说明

本书第四版在保持第三版风格的基础上，主要是为了适应以下变化：

1. 我国证券法的最新发展。自本书第三版出版以来，我国证券市场法制建设取得了很大进步。国务院和证监会在总结以往成功经验的基础上，发布了大量新的行政法规、部门规章和规范性文件，社会各界对于“新兴十转轨”这一证券市场的独特性，正在形成广泛共识；证监会及学术机构正在评估现行证券法实施以来的实际效果，以推动证券法的进一步发展。

2. 我国证券实践的最新发展。我国企业正在改变原有自然成长型模式，朝向并购和融资成长模式发展。公司债券及中小企业债券等新型证券品种不断增加，监管机关正在探索证券发行和交易制度的改革方向，证券服务正在受到越来越多的关注，对证券违法行为的打击力度大大增强，投资者保护日益成为更清晰的制度目标。

3. 境外证券法制的新近变化。美国2007年爆发的次贷危机，引发了席卷全球的金融危机。境外各国针对混业经营的发展以及金融危机中出现的问题，纷纷提出立法改革措施。改革金融监管模式以及加强对系统性风险的防范与治理，正在成为各国关注的焦点。

本书第四版还简化了第三版的部分内容，修正了第三版中的部分内容。

叶　林

2013年3月

编写说明

本书旨在向读者简要、全面地介绍证券法基本理论，并为读者进一步研究证券法问题奠定基础。本书适于法学和经济学高年级本科生和研究生使用，对于那些希望了解证券法制度并深入研讨的教学科研人员及实际工作者来说，本书也具有一定的适用性。

证券法是我国民商法领域中的年轻学科，有许多特有概念、规则和价值理念。为了避免阅读上的困难，本书不得不对这些基本概念、价值理念和特殊规则作出分析。为了增强可读性，本书语言描述又不宜过于艰深，非关键术语与制度则被删去或者一带而过。

本书希望达到这样三个目的：

第一，全面和系统地介绍、分析、研究证券法基本理论，确立证券法律制度的核心和主干内容。

第二，结合民商法基本理论和域外证券法有关规定，具体分析《中华人民共和国证券法》，以求得对证券法内容的充分了解和把握。

第三，就证券法立法及实践中的若干重大理论问题，作出有针对性的初步探讨，并同时保留深入讨论的空间。

本书稿在脱手、即将出版之际，我希望本书能在介绍、研究证券法基本理论的同时，引起学术界对证券法理论的重视。证券法是新的法学学科，学术界对证券法存在这种或那种误解，需要学者探索学术研究的基础，以促进我国证券市场的长远发展。

本书是在参考国内外立法及学术著作的基础上完成的，其中不周到之处，属作者原因所致，请批评指正。

叶　林

1999.12

导 言

在历史上，有体物或有形财产曾是最主要的财产形态，对有体物或有形财产的占用、使用、收益和处分，既是民事主体最关心的事项，也是民商法着力规范的社会关系。在现代社会，财产形态及民事权利观念正在变化，无体物或无形财产及权益性财产的地位正在提升。

在现代社会，立法者开始重视民事权利的书证表彰形式。伴随现代科学技术的进步，尤其是伴随计算机和互联网技术的发展，民事权利更多地采用了电子化表彰方式，这为民商法传统规则的发展注入了活力。民商法源于社会实践，必须回应民事权利的变革，必须以适当方式表彰各种新型财产关系。民商法又不同于现实生活，必须采用专门术语和法技术表达新型的社会关系。

我们必须关注民事权利证券化的发展趋势。民事权利证券化，是实现民事权利与证券形式相结合的过程，也就是以证券形态表彰民事权利的过程。证券化必须以特定民事权利的存在作为前提，这种特定民事权利可称为"基础权利"。证券化必须借助合理的证券化立法，通过一系列复杂的交易活动实现民事权利的证券化。在证券化过程中，民事权利主体必须出让其享有的基础权利，并换取证券权利。

一、传统民事权利的特点和局限性

传统民法确立了民事权利的多种存在形式，却未能建立民事权利的统一范畴。在早期，民事权利采用了非常具体的表彰形式。人们曾习惯于按照是否拥有土地及拥有土地的多寡来衡量财富，人们甚至以拥有瓦罐或其他替代物的多少来衡量财富的多寡。在罗马法以及近代法典化时期，立法者关注有形物的法律地位，关注财产所有权的民法地位。在广义上，财产权法律制度包括了债法，但财产所有权始终是财产权制度的主要内容，有形物是财产所有权的主要客体。在这种情形下，民法典不得不仔细规定财产所有权以及相关财产制度。

传统民法体系是以支配权为核心的权利体系。支配权是以对物的支配为内容的民事权利，主要指财产所有权。在古代及近代民法中，债权债务关系广泛存在，其表现形式却相对简单。一方面，传统民法以有形物为基础，编织着各种债权债务关系，买卖、租赁、借用、保管或委托等都以有形物为主要客体。另一方面，债权债务关系呈现了相对性特征，债权人仅向特定债务人主张权利，债务人仅向特定债权人履行债务。对于债务转移，根据1980年施行的《经济合同法》，合同权利义务的转让，必须获得转让方、受让方和第三方的同意。我国在1999年颁布《合同法》后，债权转让规则才出现松动。

传统民法是以非标准化民事权利作为模拟的规范对象，换言之，传统民法设定和调整的民事权利具有个别性和非标准化特征。在古代及近代民法中，民事权利主要建立在有形物的基础上，有形物在质量、规格和性质上存在明显差异，进而导致民事权利的差异。基于这种特点，必须依赖当事人的逐一协商，才能达成权利变动的协议。因此，财产权利虽然可以转让，财产的流动性却明显不足。人们更重视对物的实际占有而非法律占有，人们更关心对物的控制而非对权利的享有，人们更注意交易相对人的身份。

在传统民法上，物和财产权利的结合十分紧密，财产权利主要是指向有形物的权利。在有形物成为主要财产形式的时代，有关民事权利的观念、制度和规则必然与有形物本身紧密相连，难以形成超越有形物的财产权利的观念、制度和规则。在大多数情况下，物的转让与权利的转让相互重叠，物的转让常被看成是权利的转让，权利独立转让的观念不发达，权利转让的规则相对落后。早期市场经济造就了传统民法的自身局限性，反过来，这种局限性也制约了市场经济的发展。

二、现代社会对民事权利证券化的要求

为了适应现代交易的客观需要，必须在认识上割断物与权利的直接连接，必须确立民事权利独立转让的观念。民事权利是关于当事人行为范围的质的描述。权利作为理性法上的概念，当然存在权利表现形式的问题，但表现形式是次要的。在现代社会中，权利的形式和实质具有同等重要的地位，当前最应重视权利的表现形式，应重视权利的独立转让。采用证券形式表彰民事权利，实现民事权利与证券的相互结合，这是财产权利的重要时代特征。

1. 通过民事权利证券化，民事权利获得具体的表现形式。权利是抽象的，不易表现于外部，具有识别上的困难。如论及公司制度时，人们常常受到“股权”术语的困惑。但在证券法上，股权是以股票或出资证明书加以表现的，凡持有股票或出资证明书者，即为公司股东，并可享受公司章程记载的各项权利。正因如此，德国学者很早就提出了“证券为权利的化体”的理论，认为“权利即证券”、“证券即权利”，并成为权利证券化的经典分析结论。

2. 通过民事权利证券化，当事人实现了面向社会公众筹集资金的愿望。根据债法的传统理论，当事人为了向社会公众筹集资金，只能采用“多数人之债”的做法。在当今社会，“多数人之债”依然有助于实现集资，却难以在统一条件下开展大规模筹资。与此相反，权利证券化有助于促成这种愿望。发行人制定统一的集资标准，面向社会公众筹集资金；社会公众缴纳出资，并根据缴款凭证主张权利。

3. 通过民事权利证券化，实现了财产转让的简便化。按照传统理论，债权债务转让必须经由当事人协商一致。根据现行《合同法》，债权人转让债务时，无须获得债务人同意，只需告知债务人。上述做法都将降低债权转让的速度和效率，加大债权债务转让的交易成

本。但在权利证券化语境下，权利人表明其转让意思、受让人接受转让的，即可实现转让，而且无须获得债务人同意，这种做法必然简化权利转让的程序。

三、民事权利证券化的基本要素

享有对物的占有、使用、收益和处分是重要的，享有对财产的支配和控制同样重要。证券权利作为民事权利的特殊形式，不是权利人对物的直接支配，而表明权利人对证券发行人内部事务的介入权；它已逐渐远离了对物的直接支配，不具有使用价值，而只具有价值，必须确保证券权利的流通性。为了实现民事权利的证券化，应当创造以下基本条件：

1. 发掘民事权利的可转让性。在传统民法上，权利转让面临诸多障碍。财产权利通常皆可转让，但人身权利与身份、名誉等密切相连，属于不可替代和不得转让的权利。在此意义上，仅有财产权利的转让规则，而无民事权利转让的一般规则。虽然财产或财产权利可以转让，但土地等财产却因具有独特的物质属性，从而成为唯一和不可替代的财产，并在转让时遇到巨大障碍。可以规模化生产的农产品则有所不同，同一生产者可以提供替代品，其他生产者也可以提供替代品。承认民事财产权利的可转让性，经过了长期演变的过程。有国外学者曾宣称，20世纪的最大发现之一就是债务可以流通。在本质上，凡是具有财产属性的物品，都是可以流通的。商品及财产权因与人身因素没有直接关系，当然具有流通性。这是现代商品经济社会的基本准则。我国原《经济合同法》规定，合同当事人可以向第三人转让合同，但转让合同必须获得合同对方当事人同意，且转让方不得从中牟利。依此，转让债务要获得对方当事人同意，转让债权也应当获得事先同意和批准。这是坚持“债权相对性”规则的典型民事规则。根据我国现行《合同法》，债权具有可转让性，债权人可依照其单方意志转让债权。

2. 实现民事权利的量化和标准化。民事权利证券化意味着存在高度发达的财产转让制度，这种财产转让不再局限于转让方和受让方间依照协议转让，而是在更广的范围内，以更高的频率进行转让，甚至通过公开市场进行交易。如果交易标的具有鲜明个性，相关交易必将面临巨大困难，交易各方不仅要确定交易范围和价值，更要确定交易价格。对于逐个达成的交易来说，每次交易都要重复几乎完全相同的工作，交易成本将大大提高。为了最大限度地提高流通性，避免逐一协商转让引起的巨大交易成本，必须实现民事权利的量化和标准化。所谓民事权利的量化，是指在确定民事权利性质的基础上，实现民事财产权利的货币化表现。量化民事财产权利是个复杂的技术问题，各国普遍采用资产评估等技术手段实现资产量化。民事权利标准化，则是指将价值形态的财产权利分成品质相同的若干相等份额，从而造就出某种“规格一律的商品”，这实际上就是资产的股份化或者证券化。当民事权利脱离物质形态而以货币形态体现时，当人们普遍接受了权利交易的观念时，当交易对象具有标准化权利属性时，公开市场交易才成为可能。标准化权利的份额单位越小，它就越便于社会公众投资。例如，通过对企业进行股份制改造，企业资产得以量化；通过企业改组和资产折股，最终实现了资产权利的标准化。此时，投资者无须逐一审查企业状况，也无须逐一商定交易价格。在民事权利实现了量化和标准化以后，交易就变得更为快捷、高效。

3. 创造民事权利自由交易的场所。权利证券化不是目的，鼓励各类资本进入资本市场，维护证券市场繁荣才是权利证券化的基本目的。若要鼓励社会闲散资金进入生产领域，一方面要创造出适合社会公众需要的投资方式，另一方面还要顾及投资的变现能力。

因此，提供便利的投资转让和流通的证券市场，是保护投资者利益的重要途径和手段。民事权利交易市场是以权利作为交易标的的场所，根据投资者对证券化权利移转和流通的不同要求，考虑到不同权利的性质差异，可以建立起适应不同需要的证券或者权利交易市场。

4. 建立民事权利证券化的市场规则。借助证券市场进行权利交易，不仅要求建立完善的市场设施，还要建立与证券权利及其交易相适应的市场规则。证券市场规则首先应当体现出公开、公正和公平的理念，确定明确和高效的市场规则，并为发掘证券产品的真实价值提供条件。其次，证券市场规则应充分重视和预防各种证券违法行为和证券市场风险。各国证券法都以保护投资者特别是中小投资者利益为其核心目的。在我国，与拥有巨额资金的机构投资者相比，中小投资者数量众多，每笔交易金额较少，累加资金数量庞大，风险意识淡薄，抗风险能力较差，必须建立和健全市场交易规则，重视保护投资者利益，并最终实现证券市场的有序和高效。

目　录

第一章
证券的基本概念

本章概要

在不同语境下，"证券"表达的含义不尽相同。在计算机时代以前，证券主要采取书证形式。随着计算机和互联网技术的广泛运用，电子数据成为表彰民事权利的重要形式，呈现出"有纸化证券"向"无纸化证券"转变的趋势。证券和证券关系是特殊的经济现象，优先受到证券法的特别调整，适用证券法的特别规定；在证券法未予特别规定时，应当受到民事普通法的调整。鉴于在法律适用上存在的巨大差别，如何界定证券的内涵和外延，必然成为科学规范证券关系的关键，也成为研习证券法的逻辑起点。

关键术语

证券　有价证券　资本证券　完全证券　证权证券　股票　公司　债券　证券投资基金份额　证券衍生品种

第一节　书证与证券

以特定方式宣示和表彰民事权利，这种做法有助于识别民事权利的归属，有助于稳定正常交易秩序。在日常生活中，手中持有货币，通常表明持有人拥有货币所有权；长期居住的事实，可以表示居住者拥有房屋的使用权；持有记载某种权利的书证，则表明持有人拥有了书证记载的权利。书证是传统的民法概念，证券则是证券法上的概念。

一、民法上的书证

借助专用纸张或其他载体上记载的文字或图形，用以宣示、表彰某种民事权利的证书，即为书证。书证并非专指民事权利，也并非专指权利的载体，而是指民事权利及其载体的结合体。在立法上，通常对书证以及书证记载的权利分别加以保护。

（一）纸制书证

婚姻证书、契约、借据、公证文书等都是书证，表明权利人拥有书证记载的权利。书证属于证明文件，在多数情况下，它本身没有特别保护的财产价值，要由证据法加以规范。然而，纸制书证也是有形物，也可以成为物权法的保护对象。加害人非法侵占书证，权利人有权要求返还。对于权利人来说，书证是民事权利的载体和证明，失去了书证，会加大权利的证明难度，有时还表明失去了权利。因此，书证也可纳入侵权法的保护范围。

书证记载的权利形态多样，性质比较复杂。人身权利可采取书证形式加以证明，如结婚或离婚证书证明婚姻关系的状况，户籍簿证明家庭关系，身份证证明自然人的身份情况，荣誉证书表彰权利人的荣誉。财产权利也可采用书证形式加以表彰，如房屋所有权证、机动车登记证以及其他契约文件或合同等。在民法上，人身权利主要纳入婚姻法和人格权法的保护范围。财产权利主要纳入物权法和债法（或合同法）的保护范围。

书证是一个聚合性概念，旨在表彰民事权利的各种证书，都是书证。由于书证具备了有形物的特征，因而也可将纸制书证纳入民法的保护范围。

（二）数据电文

进入计算机时代后，人们逐渐改变了旧有的习惯，在不断减少纸制书证运用的同时，开始借助计算机数据来记载和表彰民事权利。迄今为止，虽然没有出现“电子数据”全部替代“纸制书证”的情况，却出现了“有纸化证券”向“无纸化证券”的转变。在此情况下，人们转让证券及证券权利，很少通过交付纸制书证来完成，也无法进行背书转让，电子数据业已成为证券化权利的主要表彰形式，传统的交付和背书规则渐渐失去了最初的地位。

计算机系统记载的电子数据是民事权利的重要表彰形式，电子数据发生变化，通常意味着权利发生变化。民事主体拥有或行使民事权利，都要通过修改电子数据来完成。电子数据的地位得到提升，保护电子数据的法律变得更为重要。电子数据是由机器读取的，没有纸制形态的记载，因而难以沿用物权法加以保护，必须借助电子签名法和保护电子数据的法律。由此可见，现代科学技术的发展催生了许多新的法律领域，还将导致传统民法制度的重大变革。

纸制书证和电子数据都是民事权利的表彰形式，但两者却存在重大差异。一方面，民事权利的表现形式发生了重大改变。纸制书证能够用肉眼识别，持有纸制书证的人，被推定为法律上的权利人，权利人持有并妥善保管纸制书证，可以较好地体现民事权利。但是，电子数据无法借助肉眼来识别，所记载的数据通常要由第三方掌管，由此，第三方掌管的电子数据就成为权利推定的重要依据。第三方安全、准确地掌管和维护电子数据，就成为妥善保护民事权利的重要保证。另一方面，民事权利观念发生了重大改变。从社会观念的角度看，持有证券的事实是对权利人最重要的保障，书证持有人会形成民事权利得到保护的切实感受。权利的转让必须伴随书证的移转，这增强了权利人的信心。但在互联网时代，人们失去了习惯已久的纸制书证，无法触摸到民事权利存在的外观，这引起了人们对于权利存在和保护的某种担心。尤其是适合于无纸化书证交易需求的规则尚未定型，现实立法尚未全面跟上科技发展的步伐，旧有法律难以适应现代交易而出现漏洞，必然造成权利人对交易安全的担心。

对于电子数据及其证明效力，我国《合同法》和《电子签名法》已初步规定。《合同法》第11条明确规定书面形式是指合同书、信件以及数据电文（包括电报、电传、传真、电子数据交换和电子邮件）等可以有形地表现所载内容的形式。《电子签名法》第2条规定，电子签名是指数据电文中以电子形式所含、所附用于识别签名人身份并表明签名人认可其中内容的数据；数据电文是指以电子、光学、磁或者类似手段生成、发送、接收或者储存的信息。该法第7条还规定，数据电文不得仅因为其是以电子、光学、磁或者类似手段生成、发送、接收或者储存的而被拒绝作为证据使用。该法第8条规定，审查数据电文作为证据的真实性，应当考虑以下因素：生成、储存或者传递数据电文方法的可靠性；保持内容完整性方法的可靠性；用以鉴别发件人方法的可靠性；其他相关因素。从前述规定可以看出，对于电子数据的可靠性和准确性，立法者也表现出某种审慎、顾虑和担心。

为了减少、消除人们对权利存续和交易安全的担心，有些国家明确规定相关机构有义务同时保留纸制书证和电子数据。有些交易机构还要求权利人及时核实纸制书证与电子数据的记录，以尽力避免两者发生冲突。然而，究竟是以纸制书证为基础来修改电子数据，还是以电子数据为基础来更改纸制书证的记载，各国法律并未形成结论性意见。未来的发展将取决于计算机技术的发展水平、计算机系统的安全性、电子数据的安全认证、社会公众的接受程度等诸多复杂因素。

电子数据不可逆转地成为了民事权利的重要表彰形式。但是，电子数据尚未完全替代纸制书证，而是给以纸制书证为基础的传统民法带来了新的问题，给民事权利的传统表彰形式带来了新的内涵，给证券的传统概念带来了新的变化，电子数据形式使得"证券"逐渐脱离了民法"物"的范畴而更趋独立。有鉴于此，不应将证券或证券权利与纸张形态简单联系。

二、特别法上的证券

"证券"一词，多用于民事特别法领域，也用于刑法和行政法等领域，具体含义应视词语的使用环境而定。一方面，证券属于特别法上的概念。特别法通常指仅在一国特别区域内适用，或仅对特定主体适用，或在法律适用范围上有其他限制的法律。在各国法律中，都有众多的特别法。证券作为特别法上的概念，必然具有多种含义。另一方面，证券属于财产法上的概念。财产权利以财产利益为依托，无须与人身利益相连接，可以自由转让，也可以采用交付转让方式。人身权利是与权利人的人身不可分离的、为满足权利人之人身利益所设定的权利，分为身份权和人格权，具有浓厚的历史、社会和宗教等人文色彩，它在性质上与财产权利存在较大差异，在保护机制上也明显不同，因此在人身权利的认定和保护上不能单纯依赖于书证。证券是记载财产权利的特殊书证，与普通书证形成种属关系，依其功能可以分为金券、资格证券和有价证券。

（一）金券

金券又称金额券，是指标明一定金额并为特殊目的而使用的、证券形式与证券权利密不可分的证券，主要是邮票和印花。它具有三个基本特征：

1. 金券是为特殊目的而使用的证券。如邮票用于信件邮寄[①]，印花是为办理印花税而使用，邮票和印花本身不具有价值，通常不得转让。[②]

---

① 根据《邮政法》规定，证明已支付邮寄费用的戳记，也发挥着邮票功能。

② 邮票的收藏和交易功能，不是邮票的固有功能。

2. 金券必须采用特定的形式。金券系由国家或者国家授权的机构制作，金券的格式及其记载的内容带有标准化与一致性的特点，未经国家授权，其他机构或个人无权制作或随意变更金券记载的内容。

3. 金券的形式和权利内容密不可分。即凡是主张金券权利的人，必须持有并出示金券。丢失邮票，无法寄信；失去印花，无法表示缴纳了印花税。

有学者主张纸币也属于金券。而多数学者则认为，纸币本身就是财产权利，而非财产权利的表彰形式，因而不应将纸币视为证券或金券。

（二）资格证券

资格证券又称"免责证券"，是指表明证券持有人具有行使某种权利的资格的证券。"持有证券的人可以凭证券向义务人行使一定的权利，义务人（依照证券负有义务的人）向持有证券的人履行义务后即可免责。"[①] 当权利人实现权利时，其权利人资格即告丧失。银行存折、车船票、存车票、行李票等，都属于资格证券。资格证券是证明持有人资格的书证，凡持有并出示证券者，即被推定为有资格行使权利的人；义务人拒绝向持券人履行义务的，须提供确切的证据。在法律有特别规定的情况下，持券人如能以其他方式证明其权利人资格，则无须持有证券即可行使权利。

（三）有价证券

有价证券，是指记载和反映财产权利的特殊证券。"有价证券是指设定并证明某项财产权利并且能够流通的一种书面凭证。"[②] 有价证券的范围广泛，种类繁多，它并不表示特定资格或身份，也不限于特定使用目的。

在传统民法上，有价证券多以专用纸单的形态表现出来。纸单无论其价值高低，始终带有物理属性并占有一定空间；它具有财产价值，可以自由转让，符合民法上的"物"的属性，可以成为法律关系的客体。有价证券还可分为货币证券（如商业票据）、资本证券（如股票和公司债券等）和商品证券（如提单）三种主要形式。"在资本的功能中，存在着信用制度的两个源泉，其中，商业票据的发行，表示商业信用；股票及公司债券的发行，表示资本信用。表示商业信用的证券和表示资本信用的证券，其发行依据不同，因而性质也不相同。不过，它们在以下两方面具有同样性质：两者都是表示一定财产权的证券，并且都是可以自由让渡的。正是在这个意义上，我们把它们叫做有价证券。"[③] 商品证券也称货物证券，具有财产价值并可以转让，也符合有价证券的基本属性。

必须指出的是，将证券分为金券、资格证券和有价证券，不仅有学术分析上的考虑，也体现了各国立法的大致状况。针对不同形式的证券，各国立法者大都分别制定了相关的特别法，没有哪个国家制定了规范各种证券的统一法律。例如，各国制定证券法或金融服务法，以规范资本证券；各国制定邮政法以及印花税的法律，以规范邮票、印花等有价证券；各国还制定票据法或者支票法等，以规范各种商业票据。与此不同的是，运输合同和储蓄合同等则主要由民法或合同法加以规范。由此可见，在民法上，证券涵盖了金券、资格证券和有价证券，鉴于各种证券在功能和性质上存在重大差异，应将证券理解为一个聚合概念。

---

① 谢怀栻：《票据法概论》，3页，北京，法律出版社，1987。

② 佟柔主编：《中国民法》，57页，北京，法律出版社，1990。

③ ［日］中村孝俊编：《证券市场入门》，詹天兴等译，1～3页，北京，中国经济出版社，1988。

第二节 有价证券的理论分类

一、记名证券和不记名证券

记名证券，是指在券面上记载权利人姓名或名称的证券。证券记载的最初权利人是在证券发行时确定的，最初权利人行使证券权利，方为有效。记名证券可采取背书或法律规定的其他方式转让，受让证券的人为继受权利人，证券权利人的姓名或名称应当作出相应改变。不记名证券，是指在券面上不记载权利人姓名或名称的证券。在不记名证券的场合下，证券持有人被推定为证券权利人，得依照法律或相关规则行使证券权利。① 记名证券和不记名证券在证券流通性上存在差异。

1. 在权利人认定方面，记名证券的权利人，以证券券面的记载事项为准，具有“认人不认券”的特点。权利人转让记名证券的，要办理登记或者进行背书转让。不记名证券具有“认券不认人”的特点，凡持有证券者，皆被推定为权利人。

2. 在权利行使的安全性方面，权利人转让记名证券时，相对人应依持有人持有证券和权利登记人的事实加以判断，从而提高了证券转让的安全性。转让不记名证券时，相对人仅需考虑转让方持有证券的事实，所以有可能出现持券人行使他人证券权利的情况。

3. 在权利的流通性方面，记名证券在权利人认定和权利转让上受到较多限制，其流通性较弱。反之，不记名证券的流通性较强。

4. 在证券遗失后果方面，记名证券遗失或者毁损的，通常可依照《民事诉讼法》规定的公示催告程序，申请发行人注销原证券并补发新证券；不记名证券毁损或者灭失的，权利人即使有充分证据证明证券遗失，也不能申请补发新证。

二、完全证券与不完全证券

按照证券形式与证券权利之间的依存关系，证券可以分为完全证券与不完全证券。

完全证券，是指民事权利的设定、行使和转移与证券形式相结合的各种证券，因而也称为“绝对证券”。同时符合上述条件的证券，在事实上仅指商业票据。在票据关系中，票据权利因票据签发而产生，持票人行使票据权利时必须提示票据，转让票据时必须进行背书。

不完全证券，是指民事权利的设定、行使、转让无须与证券形式相结合的证券。对于不完全证券而言，持有人权利的取得或产生无须与证券形式相结合，但在行使或转让证券权利时，应以持有证券为必要。即“表示一定的权利，权利人行使权利必须持有证券，原则上不得离开证券而行使权利的一种证券”②。由此可见，不完全证券实为证权证券，而不是设权证券，资本证券为其常见形态。

三、设权证券和证权证券

按照证券形式与证券权利设定之间的关系，证券可以分为设权证券和证权证券。设权

---

① 在理论上，依照权利主体的存在形式，证券还包括“指示证券”，即由权利人以指示性文句确定权利主体的证券。指示证券通常用于票据法领域。

② 谢怀栻：《票据法概论》，4页。

证券，是指能够创设证券权利的证券，证券一经签发，证券权利随即产生。证权证券，是指旨在证明证券权利的证券。因为证权证券具有证券权利的证明作用，即使证券遗失或毁损，如有其他证据能够证明权利人的权利，权利人依然可以主张或行使证券权利。

四、货币证券和资本证券

货币证券是指替代货币进行支付和结算的证券，商业票据是典型的货币证券。根据我国《票据法》，票据是出票人依法签发的，由自己无条件支付或者委托他人无条件支付一定金额的有价证券，包括汇票、本票和支票。根据票据的记载事项，票据既可以是见票即付的票据，也可以是定日付款或者承兑后付款的票据。无论其支付期限如何，都表明出票人和持票人之间的信用关系。

资本证券，是指资金需求者通过直接融资方式获得资金供应者的资金后，向资金提供者签发的证券。资本证券是独立的证券类别，直接融资是资本证券的基本功能。“直接融资”和“间接融资”都是资金集中的形式。例如，社会公众认购股票并向股份有限公司缴纳股款，即属于直接融资。“间接融资”，是指资金需求者通过中介机构获得资金供应者的资金。例如，银行吸收公众存款后，再放贷给资金需求方，存款公众即为资金供给方，获得资金的企业即为资金需求方，银行是资金集中的中介，这种资金集中形式即为间接融资。

在性质上，货币证券属于设权证券和完全证券。出票人签发票据并交付给持票人后，票据权利随之确定，持票人可依票据记载的内容主张票据权利。如果票据丢失或毁损，票据权利即随之丧失，这表明货币证券券面与证券权利之间的不可分离性。因此，货币证券属于设权证券和完全证券。资本证券属于证权证券和不完全证券。以股票为例，它只是股份有限公司股东权利的外部标志，股票发生毁损或者灭失的，股东有权依照公示催告程序，请求股份有限公司补发新股票。

五、物权证券、债权证券和社员权证券

物权证券，是指以物权作为证券表彰内容的证券。日本原《证券交易法》规定，有些民事权利虽不是证券或证书表彰的民事权利，但为保护证券交易投资者的利益，也视为证券。物权证券的典型形式是质权证券和抵押证券，我国法律没有规定质权证券和抵押证券，因而不存在物权证券。至于提单和仓单，虽然具有某种物权效力，但通常认为它们是商品证券，不属于有价证券，也不属于资本证券。

债权证券，是指以债权为内容的有价证券。债权属于请求权的范畴，为一方当事人请求对方当事人为一定行为或不为一定行为的权利。债权证券形态多样，国债、公司债券、金融债券以及企业债券等，都属于债权证券。按照债权证券的记载，持有人有权要求义务人到期给付金钱或者有价证券。

社员权证券，是指以表彰投资者作为机构的永久成员所享受的民事权利为内容的证券。我国公司法学者通常认为，社员权是独立于物权和债权的特殊民事权利，主要是指股份有限公司股东的权利，也可扩张至有限责任公司股东的权利，股票或出资证明书是社员权的表彰形式。还有学者认为，社员权不仅具有财产权利的内容，也包含身份权利的内容。

六、政府证券、金融证券和公司证券

按照证券的发行主体，证券可以分为政府证券、金融证券和公司证券。

政府证券是指政府为了筹集财政资金，以政府信誉作为担保，按照法定程序向社会公众募集资金并发行的债权债务凭证。在国外，政府证券因其发行者不同，又分为中央债券和地方债券。长期以来，我国只有中央政府债券，包括国库券、国家重点建设债券、财政债券以及特种国债等，不包括地方政府债券。我国于2009年启动了地方政府证券的发行，根据目前做法，地方政府发行证券的，必须遵守《预算法》的规定，并要交由财政部代理发行。政府通常具有较高的信誉和偿还能力。政府证券大都属于无担保证券。

金融证券，是指商业银行或非银行金融企业为了筹措资金，向同业经营者或投资者发行的、承诺到期还本付息的有价证券。在狭义上，金融证券仅指债权债务凭证。在广义上，上市金融公司发行的股票，也可归入金融证券。

公司证券，是指公司或企业为筹集生产资金而发行的有价证券，主要包括股票和公司债券，还包括认股权证等衍生证券。鉴于唯有股份有限公司才承担信息披露义务，多数国家规定，公司证券发行人仅限于股份有限公司，有限责任公司或闭锁公司不得发行证券。依照我国法律规定，股份有限公司、有限责任公司以及其他企业，都可依法发行证券。

上述分类具有重要的法律意义。首先，在发行条件上，股票发行条件相对严格，债券发行条件相对宽松，政府证券发行条件最为宽松，我国法律没有规定国债的发行条件。其次，在发行程序上，政府证券也称为“豁免证券”，经中央政府或立法机关批准后，即可由财政部发行政府证券。而发行金融证券或公司证券，必须遵守证券法以及其他法律规定的发行审查规则。我国证券监督管理委员会依法审核公司证券的发行，非经核准，任何组织或个人不得发行股票或债券。最后，在投资风险上，政府证券以政府信誉作为偿还担保，风险最低。公司证券的投资风险，主要取决于公司经营状况、资产状况和财务状况，并受到国家政治、经济状况的影响，投资风险较高。发行公司债券的，要事先承诺固定利息收益，而且要设置担保，投资风险低于股票，却高于政府债券。

七、上市证券与非上市证券

上市证券，是指经证券监管机关或其他机构核准发行的，在证券交易所内公开买卖的证券。上市证券的投资者主要是公众投资者，证券交易所通常制定证券上市的严格标准，通过进行上市审查，努力揭示证券的品质，保护公众投资者的利益。对于政府证券，证券交易所不设置上市审核标准，应依法接受该证券上市。凡取得上市资格的证券，即称为“挂牌证券”。转让上市证券的，各方当事人必须遵守证券法及证券交易所的交易规则。上市证券不符合上市标准的，证券交易所和证券监管机关有权撤销其上市资格。

非上市证券，是指未在证券交易所挂牌交易的证券。它既可以是公开发行的证券，也可以是私募发行的证券；既可以是符合上市条件但发行人未申请上市的证券，也可以是不符合上市条件而无法上市的证券。非上市证券，只能在证券交易所以外采用协议方式转让，其流通性较弱，但是，非上市证券不等于垃圾证券，也不等于没有投资价值的证券。转让非上市证券的，主要适用公司法和合同法。

第三节 证券法上的证券

美国为了规范证券发行、交易和监管，于20世纪30年代制定了证券法和证券交易法。在欧洲大陆法系国家，法国和德国等通过修改和充实公司法，用以规范证券的发行、交易和监管。英国则主要借助公司法、金融服务法及其他单行法规，规范证券的发行、交易和监管。日本和韩国曾经制定证券交易法，现参考英国金融服务法经验，专门颁行了规范资本市场的法律。各国形成了风格不同的证券法体系。证券，作为证券法上的基础概念，内容丰富，形式多样，正在逐渐成为相对独立的特定概念。

一、境外证券法上的证券

证券表彰的特定范围的财产权利，既不是全部民事权利，也不是全部财产权利。从历史角度来看，各国证券法都是在法律体系基本稳定后出现的新型法律领域，它既是为了补充既有法律的不足，而无意和无法替代其他法律的作用，也是为了集中调整证券关系，以适应证券市场快速发展的实际需要。

证券之内涵和外延的确定，直接影响证券法的适用范围，因此如何定义证券，是各国立法者高度关注的基础问题。总结各国立法和实践，证券的定义方法大致分为三种，即不完全列举定义法、功能定义法和证券账户定义法。

（一）不完全列举定义法

不完全列举定义法，即由证券法明文规定证券的具体类型，并授权证券监管机关核定适用证券法的证券。我国台湾地区“证券交易法”第6条第1款规定，“本法所称有价证券，谓政府债券及公开募集、发行股票之公司股票、公司债券及经‘财政部’核定之其他有价证券”，第2款规定，“新股认购权利证书、新股权利证书及前项各种有价证券之价款缴纳凭证或表明其权利之证书，视为有价证券”。根据台湾学者的解释，“证券交易法”调整的有价证券包括：（1）政府债券；（2）公开募集、发行股票之公司股票、公司债券；（3）经“财政部”核定之其他有价证券；（4）新股认购权利证书、新股权利证书及前项各种有价证券之价款缴纳凭证或表明其权利之证书。①

（二）功能定义法

功能定义法，是指凡具有证券功能的权利证明，无论其称谓如何，皆为证券并适用证券法。美国《证券交易法》第3节第10款规定，证券是指任何票据、股票、国库券、公司债券、利润分享协议或石油、天然气或其他矿产特许或租赁协议下的权益证书或参与证书，任何关于证券的抵押信托证、组建前证书或认购证、可转让股份、投资合同、投票信托证、存单，任何关于证券、存单或证券指数的卖出权、买入权、多空套作权、选择期权或优先权（包括其权益或由其价值所生之权益），任何在国家证券交易所达成的外汇卖出权、买入权、多空套作权、选择期权或优先权，或者一般意义上被认为是“证券”的任何票据；或者前述之各证券的权益证书、参与证书、暂时或临时证书、收据、认购或购买的担保或权利，但不包括货币或自出票日时有效期不超过9个月的任何票据、汇票或银行承兑书，但有

① 参见赖源河：《证券管理法规》（修订版），11～12页，台北，自版，1992。

宽限期的情况除外；也不包括有效期相当有限的更新的票据、汇票或银行承兑书。

在这种立法例中，法律明文规定的证券种类仅具有指引作用，而不是证券认定的最终依据。凡是某种权利证明自称属于法定的证券种类，相关行为就必须遵守证券法规定[①]；发行人在法律明定的证券种类以外自行创设的其他权利凭证，如果符合证券的实质条件，也属于证券并适用证券法。笔者认为，在认定是否属于实质证券时，要考虑投资权利凭证的公众性以及投资权利收益的依赖性两个因素，证券法实施的严格管制，乃基于"证券+公开发行（交易）之事实"。其中，投资权利凭证的公众性，系指某种投资权利具有为公众投资者持有的可能性。若某种投资权利只能为少数投资者所持有，不能由公众投资者所持有，就不能将其视为实质意义上的证券。投资权利收益的依赖性，系指投资者之投资收益有赖于第三人的工作和努力。

基于上述分析，在境外证券法上，证券包括两种重要类别：一是法律明文规定的证券；二是裁判机构认定的证券。在美国联邦最高法院审理的证券交易委员会诉Howey案件中，Howey的附属企业向公众促销小块果园，并同时提供一份"管理性合同"，由该附属企业根据合同为投资者采摘和销售水果。美国联邦最高法院认定，具有证券属性的投资合同是指一个合同、交易或者计划，投资者据此将资金投资于共同单位，并且受引导有获得利益的愿望，而该项利益全部来自发起人或者第三人的努力。因此，Howey促销计划构成证券法上的证券。美国联邦最高法院认为，认定是否构成证券不需要依赖正式发行股票的事实，企业拥有实物资产，如拥有果树这种名义利益，不能排除法官对事实上存在证券的司法认定。在其他国家和地区，认定某种权利证书是否构成证券时，也主要由裁判者根据证券法规定的基本原则加以认定，而不是将认定是否构成证券的权力全部交给成文法本身。采用功能定义法，有助于扩张证券的种类，拓宽证券法的适用范围。但是，采用功能定义法的主要目的，是消除证券发行、交易和服务规避证券监管的情况，并非只为将各种投资凭证纳入证券法的调整范围，更非排斥金融自由和投资自由。如果发行人面向少数特定投资者发行投资权利凭证，就不适用证券法。

（三）证券账户定义法

《中介持有证券实体法公约》第1条规定，"证券，即指任何能够贷记到证券账户，并依照本公约规定取得、处分的股票、债券、其他金融工具或者金融资产，但现金除外"[②]。在各国证券市场中，投资者通常是通过中介机构持有证券的，为了规范中介机构为投资者或客户持有证券而形成的法律关系，上述公约专门对此作出规定。

账户定义法是上述公约规定的证券表彰形式，是对证券权利的特别描述，也是功能定义法的延伸，它缓和了传统证券法对证券权利的实质表述。按照账户定义法，记入投资者证券账户的金融资产都应受到独立保护，中介机构承担了保护投资者金融资产的责任，在客观上提升了证券服务在证券法中的地位，有助于达成制定金融服务法的理想，有助于重新构造我国未来的金融监管体系。

二、我国证券法上的证券

根据《证券法》第2条规定，证券包括股票、公司债券、国务院依法认定的其他证券、

---

① 有学者提出不同意见，参见朱锦清：《这些果园是证券》，载《法学家》，2000（2）。

② 该公约已起草完毕并开放给各国参加，我国曾参与该公约草案的起草活动，但未签署该公约。

政府债券、证券投资基金份额以及证券衍生品种。

（一）股票

股票，是指股份有限公司发行的，用以证明股东所持股份的凭证，也是最重要的证券类型。股票是表彰股份的形式，股份是股票表彰的内容。《公司法》第129条规定，“股票采用纸面形式或者国务院证券监督管理机构规定的其他形式”。股票应记载公司名称、公司登记成立的日期、股票的种类、票面金额及代表的股份数、股票的编号，股票还应由法定代表人签名，公司加盖印章。

在理论上，股票可以分成若干种类。股票，依照是否记载股东姓名或名称，分为记名股票和不记名股票；按照股东权利的性质，分为普通股股票和特别股股票；按照股票是否附有表决权，分为有表决权股股票和无表决权股股票；按照票面是否记载金额，分为额面股股票和无额面股股票；按照股票持有人是否是发起人，分为发起人股股票和非发起人股股票。

在我国证券法律中，还有股票的其他特殊分类。

1. 根据流通性的强弱，股票分为流通股和非流通股。流通股，是指股份有限公司公开发行，并通过证券交易所交易系统公开交易的股票；非流通股主要是指非公开发行并采用协议方式转让的股票。在我国历史上，上市公司发行的股票也曾经分为流通股和非流通股，股票持有人对公司享有的权利完全相同，但流通股应通过公开交易系统买卖，非流通股主要采用协议方式转让，两种股票的交易价格不尽相同。随着我国上市公司股权分置改革[①]的最终完成，上市公司中普遍存在的流通股和非流通股的分类最终废止，上市公司对外发行的股票具有了同等的流通性。

2. 根据股票交易币种，股票还分为A股、B股和H股股票。这种分类主要是由我国实行外汇管制政策引起的，与我国外商投资法律规定有直接关系。A股股票，也称人民币普通股股票，原指以人民币标明面额，由境内投资者以人民币买卖并在境内证券交易所上市交易的股票。我国现行法律已经逐渐放宽了投资者的身份限制，允许境外合格投资者（QFII）以人民币买卖A股股票。B股股票，也称人民币特别股股票，原指以人民币标明面额，由境外投资者以外币买卖并在境内证券交易所挂牌买卖的股票。现行法律已经放宽了上述身份限制，允许境内居民以外币买卖该种股票。H股股票，也称为境外上市外资股股票，原指境内股份有限公司在境外发行、上市交易的股票。H股股票是在境外发行的，采取外币记载面额，在发行时换算成等值的人民币。H股股票在境外证券交易所上市交易，境内投资者一般不直接持有该种股票。

三种股票在法律适用上存在重大差别。《证券法》第239条规定，境内公司股票以外币认购和交易的，具体办法由国务院另行规定。另外，三种股票产生于我国特殊的经济和法律制度背景下，因为交易场所、交易规则和交易币种存在差异，同一上市公司发行的三种股票其交易价格也有较大差别。

股票是股份的载体，股份有限公司可以依法发行股票，其他公司或企业不能对外发行股票。其他公司或企业对外融资的，只能采取股票以外的其他名义。如有限责任公司对外签发的股本性权利证书，通常称为出资证明书或股单；有限责任公司以股票名义对外签发

---

① 我国股权分置改革开始于2005年。根据《上市公司股权分置改革管理办法》第2条，上市公司股权分置改革，是通过非流通股股东和流通股股东之间的利益平衡协商机制，消除A股市场股份转让制度性差异的过程。

的出资证明文件，应视同出资证明书，不属于股票。

（二）公司债券

我国《证券法》采用了公司债券的术语，但没有规定它的含义。根据《公司法》第154条，“本法所称公司债券，是指公司依照法定程序发行、约定在一定期限还本付息的有价证券”。该条款所称“公司”限于《公司法》规定的股份有限公司和有限责任公司①，其他公司或企业对外发行的债权性权利证书，不属于证券法上的公司债券，不适用证券法。

公司债券，依照其发行方式，可以分为公募债券和私募债券。公募债券，是指公开募集的公司债券。参照《证券法》第10条，凡向不特定对象发行证券的，向特定对象发行证券累计超过200人的，以及采取广告、公开劝诱和变相公开方式发行的公司债券，都是公募债券，其余公司债券属于私募债券。上述分类的意义是，公开发行公司债券必须同时符合公司法和证券法，私募债券只需遵守公司法和合同法规定。

公司债券，依照债券持有人的权利，可以分为普通公司债券和可转换公司债券。普通公司债券，是指发行人承诺到期还本付息的公司债券；可转换公司债券，是指上市公司发行的、持券人有权在约定期限内按照约定转换条件将债券转换为股票的公司债券。根据《公司法》第163条，发行可转换公司债券的，公司应当按照其转换办法向债券持有人换发公司股票，但债券持有人对转换股票或者不转换股票有选择权。

公司债券，依照是否附有担保，可以分为附担保公司债券和无担保公司债券。附担保公司债券，是指发行人以自有特定财产或第三人财产连带承担还本付息责任的公司债券。在兑付期限来临后，如果公司债券发行人不能还本付息，则应由担保人承担连带兑付责任。无担保公司债券，是指发行人以自身信用为基础而发行的公司债券。发行人凭借自身信用发行债券，不足以增强债券的兑付能力，在实践中很少有人采用，公司债券通常都是有担保的公司债券。

另外，依照是否上市或挂牌交易，公司债券可以分为上市债券和非上市债券；依照信用评级等级，可以分为A级债券和B级债券。在我国，金融机构还可依法发行次级债券。根据《商业银行次级债券发行管理办法》第2条，银行次级债券是指商业银行发行的，本金和利息的清偿顺序列于商业银行其他负债之后、先于商业银行股权资本的债券。这种债券可在全国银行间债券市场公开发行或私募发行。

（三）政府债券

政府债券，是指中央政府或地方政府为筹措财政资金，以政府信誉为基础，按照法定程序向投资者发行的、承诺到期偿还本息的债权债务凭证，也称为政府证券。政府债券分为中央政府债券和地方政府债券，其发行及偿还条件由特别法作出规定。《国库券条例》规定的国库券，即为政府债券的主要类型。

政府证券以国家或政府信誉作为偿还债务的担保，其信誉度最高，通常称为“金边证券”。《证券法》第2条第2款规定，政府债券的上市交易，适用本法规定；其他法律、行政法规另有规定的，适用其规定。因此《证券法》不适用于政府证券的发行，而仅适用于政府证券的上市交易。在美国，证券法学术界认为，政府证券属于双重豁免证券。一是，政府证券的发行，豁免证券监管机构的审查或登记。证券监管机构作为政府特设的证券监

① 原《公司法》第159条规定，债券发行主体包括股份有限公司、国有独资公司和两个以上国有企业或者其他两个以上的国有投资主体投资设立的有限责任公司。

管机构，不对政府证券发行和交易进行审查或登记。二是，政府证券的上市，豁免证券交易场所的上市审查。政府证券上市的，由有权机关通知证券交易所安排上市，证券交易所无权拒绝政府证券的上市。证券交易场所接受政府证券上市后，投资者买卖政府证券的，应当遵守证券法和交易规则。

在我国，政府债券分为凭证式国债和记账式国债。发行凭证式国债的不印制实物券面，投资者通过填制“中华人民共和国凭证式国债收款凭证”的方式购买。凭证式国债属于储蓄性国债，其收益固定并超越同期定期存款利率，具有高度保障。记账式国债是以记账形式记录债权，主要通过证券交易所交易系统交易，是可以记名并挂失的国债。记账式国债的价格波动比较大。凭证式国债和记账式国债的主要区别是：

1. 国债的交易时间不同。投资者可以随时买入记账式国债，但是，凭证式国债只能在国债发行期间内买入。

2. 国债的流动性不同。投资者可以随时买入或卖出记账式国债，该种国债的流动性较强；持有凭证式国债的投资者只能到商业银行一次性兑取。

3. 国债的保管方式不同。凭证式国债凭证，由投资人自行保管；记账式国债只能记载于投资者债券账户中，事实上是由中介机构保管。

4. 国债的付息方式不同。记账式国债每年付息一次，实际收益率高于票面利率；凭证式国债则在到期日时，按照票面利率还本付息。

（四）证券投资基金份额

基金是一种利益共享、风险共担的集合投资方式，即通过发行基金单位，集中投资者资金，由基金托管人托管，由基金管理人管理和运用资金，从事证券和产业投资。基金单位是基金发起人向不特定投资者发行的最小基金单位，表明持有人对基金享有资产所有权、收益分配权和其他相关权利。通过设立基金，可汇集众多投资者的资金并交给专门机构管理，由投资专家操作运用，根据设定的投资目标，将资金分散投资于特定的财产组合，投资收益归属于原投资者所有，基金管理者收取一定的服务费用。

按照基金的投资领域，基金可以分为产业基金和投资基金。前者以产业投资作为主要投资目标，后者以证券投资作为主要投资目标，也称为证券投资基金。我国于2004年6月1日开始施行《证券投资基金法》（2012年12月28日修订），该法第2条规定，在中华人民共和国境内，公开或者非公开募集资金设立证券投资基金（以下简称基金），由基金管理人管理，基金托管人托管，为基金份额持有人的利益，进行证券投资活动，适用本法；本法未规定的，适用《中华人民共和国信托法》、《中华人民共和国证券法》和其他有关法律、行政法规的规定。我国尚未颁布产业投资基金法。

按照基金的组织形式，基金可以分为信托型基金和公司型基金，相应地，基金份额凭证也可以分为契约型基金份额凭证和公司型基金份额凭证。前者旨在表彰基金份额持有人对所持基金份额的证券权利，持有人的权利即为《证券投资基金法》和《信托法》规定的受益人权利。后者旨在表彰基金份额持有人的公司法上的权利，基金份额持有人即为发行基金的公司，持有人的权利即为股东权利。我国尚未准许设立公司型基金，也不存在公司型基金份额凭证。

按照基金的运行方式，基金分为开放式基金和封闭式基金。根据《证券投资基金法》第46条第1款规定，基金运作方式可以采用封闭式、开放式或者其他方式。（1）采用封闭式运作方式的基金，是指经核准的基金份额总额在基金合同期限内固定不变，基金份额可以在依法设立的证券交易场所交易，但基金份额持有人不得申请赎回的基金。(2) 采用开放式运作方式的基金，是指基金份额总额不固定，基金份额可以在基金合同约定的时间和场所申购或者赎回的基金。

(五) 证券衍生品种

衍生产品 (derivative security)，也称为“衍生证券”、“衍生金融商品”或“或有债权”，可分为契约型衍生产品和证券型衍生产品。契约型衍生产品，是指以股票、债券等资本证券或资本证券的整体价值（如股票指数）为基础，以证券交易所设计的标准化、规范化合约为存在形式的衍生产品。这种衍生产品是由证券交易所设计的，没有发行人，主要功能是管理风险，而非筹集资金，通常包括股指期货、股指期权、国债期货和股票期货等。证券型衍生产品，是指由股票等基础证券与某个权利合约相结合，并将该项权利以证券形式表现出来的证券品种。证券型衍生产品依托于股票、债券和投资基金凭证等基本证券，如果失去基本证券，衍生证券将不复存在。证券型衍生产品具有融资功能，代表性的证券型衍生产品主要包括权证、存托凭证以及可转换公司债券。

《证券法》明文确认了“证券衍生品种”的地位，却没有规定“证券衍生品种”的含义。学术界通常认为，“证券衍生品种”主要指证券型衍生产品，不包括契约型衍生产品。

1. 权证

权证，是指标的证券发行人或者第三人发行的，约定权证持有人在规定期间内或特定到期日，有权按约定价格向发行人购买或出售标的证券，或以现金结算方式收取结算差价的证券。根据权证的规则，权证持有人享有选择买入或卖出的权利，而不是买入或卖出的义务，权证持有人有权根据市场情况自主决定行权抑或放弃行权。

在我国证券市场建立初期，曾经出现过权证。在上市公司股权分置改革中，有些上市公司为了将非流通股转换为流通股，同意向流通股股东提供一定数量的认股权证，即为权证的一种。除此以外，证监会同意部分证券公司发行备兑权证，备兑权证和公司权证都具有流通性。权证可以有多种分类：

(1) 按照发行人身份为标准，分为公司权证和备兑权证。公司权证是由标的证券发行人发行的权证，如标的股票之发行人发行的权证。备兑权证是由标的证券（如股票）发行人以外的第三人（如上市公司股东或证券公司等金融机构）发行的权证。

(2) 按照持有人的权利性质为标准，分为认购权证（向发行人购买标的证券）和认沽权证（向发行人出售标的证券）。

(3) 按照行权方式为标准，分为美式权证和欧式权证。约定持有人有权在规定期间行权的，为美式权证；约定持有人仅能在特定到期日行权的，为欧式权证。

(4) 按照结算方式为标准，分为实券给付结算型权证和现金结算型权证。实券给付结算型权证，以标的证券所有权发生转移为特征，发行人必须向持有人实际交付或者购入标的证券；现金结算型权证，是在不转移标的证券所有权的情况下，仅就结算差价办理现金支付。

2. 存托凭证 (DR)

存托凭证，是指由一国的存托银行收集、保管本国投资者于境外投资所获得的有价证券后，向该等投资者发行的、代表投资者对原始有价证券享有证券权益的可流通证券，分为美国存托凭证和全球存托凭证，两种存托凭证的基本法律特点相同。

存托凭证最早出现于美国，以方便美国投资者向境外证券发行人收取股利，是派生于基本证券的衍生证券。其中有些存托凭证具有融资功能，有些不具有融资功能。我国企业申请在美国证券交易所上市的，通常都采取发行美国存托凭证的方式。美国存托凭证的发行过程可概括为：

(1) 美国投资者委托美国经纪人，以ADR形式购入非美国公司发行的证券。

(2) 美国经纪人与基础证券所在地（当地）的经纪人联系购买事宜，并要求将所购买的证券解往美国存券银行在当地的托管银行。

(3) 当地经纪人通过当地交易所或场外市场购入所指示的证券，指示购买的证券可以是在二级市场上流通的证券，也可以是非美国公司以ADR形式发售的证券。

(4) 将所购买的证券存放在当地的托管银行。

(5) 当地托管银行解入该等证券后，立即通知美国的存券银行。

(6) 美国存券银行发出ADR交与美国经纪人。

(7) 美国经纪人将ADR交给投资者或存放在存券信托公司，并将投资者支付的美元按当时汇价兑换成相应的外汇支付给当地经纪人。

一旦ADR发行结束并获准上市后，投资者就可以自由买卖存托凭证。

(六) 认定证券

我国《证券法》第2条采用了“国务院依法认定的其他证券”（简称认定证券）的术语。这种规定认定证券的做法，适应了证券品种创新的实际状况，有助于减少金融创新阻力，有助于拓宽证券法的调整范围，有助于投资者减少或避免损失。然而《证券法》只提到认定证券的术语，其认定标准并不明确，认定程序也不确定，在实务上容易引起混乱。

认定证券应指国务院在典型证券种类以外，根据权利凭证的证券属性而依法认定的证券。其认定方式主要包括：

1. 国务院制定、发布行政法规。我国允许非公司制企业发行债券，国务院制定有《企业债券管理条例》①，用以规范企业债券的发行和交易。企业债券属于证券法规定的认定证券。

2. 国务院授权机构制定、发布行政规章。中国人民银行曾制定《全国银行间债券市场金融债券发行管理办法》。根据该管理办法，在我国境内依法设立的政策性银行、商业银行、企业集团财务公司及其他金融机构，可以在全国银行间债券市场发行还本付息的有价证券，此等证券属于认定证券。

3. 国务院或者其授权机构在个案中认定。截至目前，尚未见到国务院或其授权机构进行个案认定的事例。除国务院或其授权机构以外，人民法院是否有权在个案中作出证券的认定，这是值得关注的重要问题。

如某房地产公司将建成的住宅面积划分为300个份额单位，并向公众销售该份额。购买者取得份额证书后，可将所购买的份额委托房地产公司经营，房地产公司将所得收益返还给购买者。对于上述份额凭证的性质，理论界和实务界的认识未必一致。笔者认为，房地产公司向公众销售份额时提供的权利凭证，已构成证券法意义上的证券，应受到证券法调整。权利凭证是否属于证券，除应考虑权利凭证的名称以外，还应考虑该种权利凭证是否具备证券的根本属性。不同于一般销售凭证，证券能给购买者带来投资收益。该房地产

---

① 参见1987年《企业债券管理暂行条例》和1993年《企业债券管理条例》。

公司采用的措施，属于“以销售房屋的名义，实施筹资活动”，不是单纯的房屋销售或房屋回租。

现代商业社会崇尚营业自由，公司不断创新交易技术，因此法律无法预测不断创新的交易手段，无法事先完整列举证券的各种形式。为了确立各方当事人的权利义务关系，妥善处理相关纠纷，必须承认法院在个案中可以作出具体判定。在我国刑事审判中，公司未履行法定程序而募集资金的，人民法院常按“非法集资”或者“非法吸收公众存款”加以处理，这说明法院已经行使了证券的认定权，证券法应当对此作出合理回应。

第四节　证券的基本法律属性

认定某种权利凭证是否构成证券，必须首先考虑权利凭证是否符合证券的基本属性。因此，把握证券的基本属性就成为理论和实践的出发点。

一、证券是直接投资工具

发行人通过证券发行向投资者募集资金，在获得资金后，应向投资者交付权利凭证。从发行人角度看，证券是发行人募集资金的工具。发行人通过发行证券，获得了生产经营资金。从投资者角度看，证券是投资者投资获利的工具。投资者购买证券后，有权依法介入发行人事务，依法分享发行人的经营成果。投资者与发行人直接建立了资金供求关系，发行人对投资者承担还本付息或支付股利的义务，属于直接投资。

与直接投资相对应的投资形式，是间接投资，即投资者将资金提供给银行等金融机构，再由银行等金融机构借贷给资金需求者，从而建立投资者与银行、银行与资金需求者之间的双重法律关系。在间接投资关系中，投资者有权向银行请求还本付息，而不得直接向资金最终需求者主张收益权；资金需求者对银行承担义务，而无须对资金提供者承担义务。企业从银行获得贷款构成债权债务关系，企业向投资者发行债券亦属于债权债务关系，但两种债权债务关系应分别由不同法律加以调整。

证券是投资者的直接投资工具，也是发行人的融资工具。但是，证券发行未必产生融资效果，在实践中，存在非以融资为目的的证券发行。我国上市公司实行股权分置改革时，证券公司经过证监会批准，可以发行备兑权证。根据规定，股票发行人以外的合格第三人（上市公司股东或者证券公司等金融机构）均可发行权证。权证价格，主要取决于标的股票的市场价格及其波动性，在市场需求上升时，允许适时地增加权证的供应量，这样可以平抑价格暴涨。

二、证券是证权证券

证券可分为设权证券和证权证券。证券法上的证券，通常是指证权证券，即证券权利因投资者缴纳投资、发行人交付证券而产生。只有在发行人向投资者返还投资的情形下，证券权利才告丧失。换言之，在证券发行之后，就产生了证券权利；即使证券凭证遗失或毁损，也不妨碍证券权利的存在，投资者有权依照法定程序申请补领新的证券。如投资者因认购公司股份而取得股东权利，公司在获得认购款后，应向投资者签发股票或收款凭证，还应将股东姓名、名称以及持股数量等记入股东名册。股东遗失所持股票的，有权依照民事诉讼法规定的公示催告程序，申请公司向其补发新的股票。

企业发行企业债券时，可以采取无记名债券形式，凭证式国债还载有“不记名、不挂失”的事项。该等证券发生毁损或灭失的，原持有人无权要求发行人兑付券面金额以及利息，也无权要求发行人补发新证券。无记名证券遵循“不记名、不挂失”的规则，证券券面与证券权利之间形成密不可分的关系。因此，可将无记名证券归入设权证券，而非证权证券。

三、证券是标准化权利凭证

为了便于向社会公众募集资金，发行人要将拟募集的资金总额划分为若干均等份额，在取得投资者资金后，向投资者发行代表相应权益的证券。发行人发行的同种证券，其权利证书记载的内容以及所代表的权利等，应当整齐划一。由此而来，每份证券可以相互替代或互换。

证券标准化提高了证券的流通性，避免了对实物资产的现实分割，实现了证券交易的快捷和便利。权利标准化是证券的通常属性，发行人还可创设有差异的权利凭证。如股份有限公司除发行普通股股票以外，还可依法发行特别股股票或限制性股票。特别股股票在利润分配、表决权等方面，有别于普通股股票。在普通股股票或特别股股票内部，权利人的权利是相同的。

四、证券是流通证券

证券表彰的是财产权利，与人身利益没有直接牵连，可以自由转让。证券可以采取背书方式转让，也可以在证券交易所或其他合法设立的证券交易场所流通转让。在传统民商法中，财产或权利转让通常是由当事人采用“一对一”协商方式实现的，当事人的人数较少。如在合同转让中，债权人和债务人都是特定主体，受让债权或债务的第三人也是特定主体，财产或权利转让是在特定当事人之间进行的交易。

证券流通是以公众作为潜在受让人而开展的交易。在股票流通中，买卖双方人数众多，形成了“众多买方与众多卖方”竞价的交易。按照集中竞价规则，股票持有人卖出股票时，任何投资者都是潜在购买人，应当依照价格优先、时间优先的原则确定最终购买人，卖方无须知晓买方的身份；购买人买进证券时，也无须查知卖方身份。这种特有的交易规则，反映了证券流通性的特点，有些国家因此将证券称为流通证券。

必须指出，流通性不等于集中竞价交易，而是指投资者买卖证券的可能性。一方面，根据国务院建立多层次证券市场的方针，我国终将形成由证券交易所和场外交易场所共同构成的证券市场，证券交易所不是唯一的证券交易场所，交易所交易也不是唯一的交易方式。另一方面，证券交易所的交易方式逐渐走向多样化，证券流通性既可以通过集中竞价交易、证券公司报价驱动交易和证券大宗交易的方式实现，也可以通过协议转让等方式实现。

【问题与思考】

1. 如何理解证券是民事权利与权利载体的结合物？
2. 如何看待资本证券与货币证券的区别与联系？
3. 如何认识证券的融资功能和流通功能？

4. 根据中国银行业监督管理委员会的批复，某商业银行向公众推出了公司理财系列产品。该系列产品分为稳健型、平衡型和成长型三种，产品期限从 1 个月至 7 个月，预期收益率为 2.2%～5.3%。三款产品分别为保证收益、保本浮动收益和非保本产品，分别投资于债券、认购新股和短期融资券领域。请问：

(1) 商业银行出售的理财产品，属于什么性质的产品？是否属于证券法上的证券？

(2) 商业银行向公众销售理财产品，是否应当适用《证券法》？

(3) 结合证券法理论，分析《商业银行个人理财业务管理暂行办法》的性质。

第二章 证券法概述

本章概要

证券法主要调整证券发行、交易、服务以及监管关系，有形式意义与实质意义之分。在确定证券法的调整范围和手段时，立法者应充分考虑证券市场的发育程度、经济结构以及法律和文化传统。在实质意义上，我国证券法包括法律、行政法规、部门规章以及司法解释等。证券发行、交易和服务是重要的交易形态，既要遵守证券法，也要遵循其他民商事法律法规。证券法属于特别的交易法规范，包含较多的强行法内容，但其主要内容仍属于私法规范。

关键术语

股票　公司债券　衍生证券　证券发行　证券交易　证券法　证券法渊源

第一节　证券法的调整对象

一、证券法的概念

证券法，分为形式意义上的证券法和实质意义上的证券法。

1. 形式意义上的证券法

在形式意义上，证券法是指由立法机关依照法定程序制定的，以“证券法”或者“证券交易法”命名的，旨在调整证券发行、交易、服务和监管关系的法律规范。我国现行《证券法》于1998年12月29日通过审议，于1999年7月1日实施。该法于2004年8月28日进行微小修改，于2005年10月27日进行重大修改。《证券法》是我国调整证券发行、交易、服务和监管关系的特别法，属于形式意义上的证券法。

2. 实质意义上的证券法

在实质意义上，证券法是指调整证券发行、交易、服务以及监管行为和关系的各种法律规范的总称。即无论某项法律法规名称如何，只要它是调整证券发行、交易、服务和监管行为与关系的法律规范，都属于实质意义上的证券法。

各国都高度重视通过立法来调整证券关系，但基于经济结构、证券市场发育程度、金融市场体系、立法政策以及法律传统等原因，各国规范证券关系的立法路径不尽相同。为了规范证券关系，有的国家制定了《证券法》或《证券交易法》，有的国家制定了《金融服务法》或《金融投资法》，有的国家则主要借助民法典、商法典、公司法和合同法等法律法规。

在我国，《证券法》是调整证券关系的主要法律，全国人大及全国人大常委会、国务院、国务院证券监督管理机构、国务院授权的部门还制定了许多调整证券关系的专门法律法规；除此之外，我国《民法通则》、《公司法》和《合同法》等法律也适用于调整证券关系。上述法律、行政法规、部门规章以及证券交易所交易规则，共同构成了我国现有的证券法体系。在此意义上，我国既有形式意义上的证券法，也有实质意义上的证券法。

二、证券法的调整对象

证券法属于特别法，它以特别事项、特别行为或特别关系作为其调整对象，主要调整证券发行、交易、服务和监管行为以及由此引起的社会关系。

(一) 证券发行

证券发行，是指发行人制作、出售证券的行为，即创设证券权利的行为，分为证券制作和出售行为。证券发行关系，是由发行人制作并出售证券而产生的法律关系，分为证券募集关系和证券交付关系。前者是发行人向投资者招募资金而形成的权利义务关系；后者是发行人向投资者交付投资凭证而发生的权利义务关系。

对于证券法应否调整证券发行问题，我国学术界在《证券法》起草中曾存在争议。反对者认为，《证券法》应主要调整证券交易。主要理由是：首先，《公司法》等法律已经规定了股票和公司债券的发行，《证券法》再行规定，容易造成两部法律衔接的障碍。其次，有关证券发行的法律规范繁杂，不宜将其纳入《证券法》调整范围。再次，有的国家专门制定《证券交易法》，旨在规范证券交易，则《证券法》仅规范证券交易行为，能与境外法律保持一致。支持者则认为，《证券法》应当同时调整证券发行和证券交易。首先，证券发行是最重要的证券行为，证券违法交易常与证券发行相关联，同时规定证券发行与交易，有助于规范证券市场秩序，与国内证券市场实践保持一致。其次，我国1993年颁布的《股票发行与交易管理暂行条例》(以下简称《股票条例》)，同时调整股票发行和交易，已取得了较好效果。《证券法》应当促进法律的稳定性。另外，正因证券发行是我国证券法规范的主要内容，所以才应将其纳入《证券法》。

笔者认为，证券法兼顾证券发行和交易的立法模式，不仅理论依据充分，也符合我国证券市场的实际状况。

1. 证券发行与证券交易之间存在密切关系。证券发行是证券交易的前提，证券交易以已发行证券作为交易标的，有赖于证券发行，多数证券违法交易也与证券发行有关。《证券法》同时规范证券发行与交易，在实践上具有合理性。

2. 证券发行和交易，在广义上皆属于证券交易。在通常情况下，证券交易即为证券买卖。然而，证券交易有狭义和广义之分。在最狭窄意义上，证券交易是投资者相互买卖证券的行为，不包括投资者向发行人购买证券的行为。在广义上，发行人向投资者交付证券的行为，也属于证券交易。认购股票的投资者要将认购款交付给发行人，发行人应于法定期限内将股票交给投资者，进而构成完整的证券买卖。证券发行与交易的主要区别在于：在证券发行中，投资者系从发行人处购买证券；在证券交易中，投资者是从其他投资者处买进证券。

3.《公司法》关于股票和公司债券发行的规定，无法代替《证券法》对证券发行和交易的补充性规定。《公司法》包含行为法和组织法的双重内容，目的在于促进投资和实现企业维持。《证券法》主要是行为法或交易法，以保护投资者利益为根本宗旨。《公司法》具有调整证券发行和交易的作用，但偏重于维护公司利益，而不是向公司股东或投资者提供特别保护。

1999年《证券法》最终将证券发行纳入其中，分别规定了证券发行和证券交易，并扩张至证券交易和证券监管。2005年《证券法》延续了原《证券法》的立法思路，并同时将原《公司法》关于股票和公司债券发行的规定纳入《证券法》，强化了证券发行在《证券法》中的地位。

（二）证券交易

证券交易通常仅指证券买卖，在广义上，它还泛指以证券作为标的的买卖、赠与、担保等。相应地，证券交易关系泛指投资者以转让等方式处置证券而与其他人发生的各种交易关系，如证券买卖关系、证券质押关系、证券赠与关系以及证券继承关系等。

证券交易关系属于民事关系。在证券法产生以前，主要通过民法和普通合同法等加以调整。证券交易日渐频繁后，为了规范和调整证券交易关系，减少或避免内幕交易、欺诈客户、虚假陈述等欺诈行为，多数国家专门采用单独立法方式加以规范，形成了证券法律关系。同时，证券交易牵涉到公众投资者的切身利益，各项证券制度的形成和运用，几乎都与证券交易相关联，因此必须考虑对投资者的保护。采用特别法形式规范证券交易关系，有助于保护公众投资者的利益。

证券交易分为场内交易和场外交易，证券法不仅规范场内交易，也规范场外交易。证券市场虽然表现为多种市场形态，但各个市场形态之间存在密切联系，唯有同时规范场内交易和场外交易，才有助于维护证券市场的稳定。为了兼顾场内交易和场外交易，证券法要在规定证券交易的一般规则的基础上，针对不同市场形态的需要，分别制定适用于场内和场外交易的特别规则。

（三）证券服务

证券有价格而无使用价值，是没有物质载体的抽象金融商品。影响证券价格的因素，既包括发行人的财务及法律状况，也包括各种政治、经济和社会因素，只有借助专业机构的专业活动，才能合理表现证券投资的价值。同时，投资者从事证券投资，还要借助专业机构的中介服务，证券法除了要规范证券发行和交易活动以外，还要规范证券服务活动。

随着证券市场的逐渐成熟，证券服务日趋精细化、专业化和规范化。在目前情况下，证券服务主要包括资产和土地评估服务、财务及审计服务、证券法律服务、证券登记结算服务、证券投资咨询服务、证券经纪服务和投资委托理财服务等。相应地，证券服务关系是指证券中介机构向发行人及投资者等提供财务审计、资产评估、法律服务、投资咨询服务、证券经纪服务等而形成的法律关系。

1.资产评估和土地评估。资产评估和土地评估，既是企业改组和资产折股的基本依据，也是发行人从事重大交易的必要程序。资产评估机构应当根据委托人的申请，合理确定资产或土地评估的范围，选定合理的评估方法，并依法进行评估。资产评估机构出具的资产评估报告，通常要由主管机关出具确认文件。

2. 财务审计。财务审计，是指有资格的注册会计师根据公司的委托，在审计报告和审核结论涉及的范围内，对有关财务事实进行核查和验证的活动。为了推动发行人全面、真实、准确地披露证券信息，证券法规定了强制审计制度。注册会计师接受发行人委托进行财务审计，但要保持专业上的独立性，以维护公众投资者的利益。

3. 证券法律服务，包括证券发行法律服务以及其他法律服务。在证券发行中，从事股票发行准备工作的律师及其机构有责任对其所出具的法律意见书和工作报告等所涉范围内的事实进行核查和验证；取得律师出具的适当专业报告，是发行人申请证券发行的重要前提。证券发行结束后，发行人亦应聘请律师就法定审验事项提出法律意见书或见证书。另外，上市公司召开股东大会等情况下，也要聘请律师提供法律意见。

4. 证券投资咨询，是指证券投资咨询机构根据委托向投资者提供投资意见的活动。专业咨询机构向委托人提供研究报告、投资意见以及股评等，均属于证券投资咨询服务。由此形成的法律关系，为证券投资咨询法律关系。

专业服务机构在提供证券服务时，不仅要遵守法律法规的规定，还要遵守与委托人达成的约定，更要遵守通行的职业操守和道德准则。专业服务机构违反法律规定或约定的，或者违反职业操守或道德准则的，应当根据具体情况及其过错程度，承担法律责任。

(四) 证券监管

证券监管，是指证券市场监管者依法实施的监督管理行为。根据《证券法》规定，证券监管分别由国务院证券监督管理机构、国务院授权的部门和证券监管自律组织实施。在规范、调控证券发行和交易中，证券监管者与市场参与者形成的法律关系，为证券监管法律关系。

国务院证券监管机构实施的证券监管，包括对证券发行的核准、对证券交易秩序的监督管理、对证券违法行为的查处等。自律机构的监管主要体现为证券交易所以及证券业协会对其会员行为的监督管理。如证券业协会依照自律规则审查会员资格，对会员进行培训、监督、考核和处分，对会员之间产生的争议进行调解等。此外，我国国家发展与改革委员会和财政部对债券发行拥有不同程度的审核、监管职权。

证券监管，包括对证券监管者的授权和限制。证券监管的授权，是指证券法赋予证券监管者以法定监管职权，并由证券监管机构在授权范围对证券发行和交易等实施监管。根据《证券法》规定，证券监管机构负责核准证券发行，其他机构无权核准公司的发行申请。证券监管的限制，是指对监管机关裁量权的限制。如证券监管机构不得越权实施监管，必须公正处理监管事务，处理结果不应畸重畸轻，不得徇私舞弊、徇私枉法。证券监管机构也是证券市场参与者，监管活动必须遵守证券法的相关规定，同时还要受到司法裁判权的限制。将证券监管纳入证券法的调整范围，有助于实现证券市场的安全、规范运作。

证券监管关系，分为行政监管关系和民事监管关系。国务院证券监督管理机构和国务院授权部门在履行证券监管职责时，与其他市场参与者之间形成的证券监管关系，属于行政监管关系，由此产生的争议，依照行政诉讼程序加以解决。证券交易所以及证券业协会等自律监管机构在实施监管时，与其他市场参与者之间形成的证券监管关系，属于民事关系，相关争议依照民事诉讼程序加以解决。

第二节 证券法的法律渊源

证券法的法律渊源，即证券法律规范的具体表现形式。在狭义上，它是指以"证券法"或者"证券交易法"命名的法典化证券法，例如日本原《证券交易法》及我国台湾地区的"证券交易法"。在广义上，证券法除了包括证券法以外，还包括规范证券关系的其他法律、法规和规章等。

一、域外证券法渊源

（一）统一证券法

统一证券法，是指国家立法机关制定的，以"证券法"或者"证券交易法"命名的、全面调整证券发行和交易关系的法律规范。在境外，采用统一证券法的国家或地区比较少，如日本于1948年颁布实施并于1992年修改的《证券交易法》，我国台湾地区于1988年颁布实施的"证券交易法"，新西兰于1978年制定的《证券法》。在联邦制国家中，通常没有制定全国统一的证券法，各州立法机关议会有权单独制定适用于该州的证券法，如加拿大安大略省曾于1966年颁布《证券法》，这被认为是统一证券法的特例。

统一证券法的模式，有助于集中规定证券发行和交易的主要问题，有助于确定证券法的调整范围、基本原则、初始的信息披露义务、持续信息披露义务、股票大量持有的信息披露义务、证券商、证券业协会、有价证券交易的规制、证券争议的调解及处罚规则等事项。然而，为了适应证券市场的频繁变动，立法机关及监管机构不得不经常修改和补充证券法规范。统一证券法的体系和结构相对稳定，原则性相对较强，有时很难适应频繁变动的证券市场环境，必须借助其他单行法律法规，才能最大限度地发挥统一证券法的效能。

（二）单行证券法

为了调整证券关系或规范证券行为，立法机关还会颁布单行的证券法律规范，即单行证券法。在通常情况下，这是针对特定证券或者特定行为专门制定的法律，技术性和适用性较强。颁布单行证券法，是各国调整证券关系的重要方式。美国1933年《证券法》主要调整证券发行及募集的行为，1934年《证券交易法》主要调整证券交易关系。从20世纪30年代至80年代，美国还先后制定了《公共事业控股公司法》、《信托契约法》、《投资公司法》、《投资顾问法》、《证券投资者保护法》、《内幕交易制裁法》、《政府证券法》和《内幕交易与证券欺诈实施法》等单行法规。

（三）公司法

公司法是有关公司的组织与活动的法律规范的总称，它以公司企业作为调整对象，广泛涉及公司的内部和外部关系。有些国家制定了统一公司法，全面规定了公司设立、组织机构、资本和股份、财务和会计、破产和清算、合并和分立、外国公司等，如英国《公司法》。有些国家采取单行公司法立法例，针对不同公司类型，分别作出规定，如德国《股份法》和《有限公司法》。

（四）民事普通法

民事普通法是调整各种民事及商事关系的基本法律，包括民法典以及商法典。从证券关系角度来看，民事普通法的作用表现为两个方面。一方面，民事普通法确立的基本原则，可以适用于对证券关系的调整。尤其是当证券法对特殊问题或事项缺乏明确规定时，可以援引民事普通法的相关规定。另一方面，民事普通法对证券法问题作出特别规定，从而使得证券法成为民事普通法的直接组成部分。严格地说，以民事普通法形式表现的证券法，主要是指民事普通法关于证券制度的直接规定。如荷兰民法典专门规定了招股说明书的地位，其商法典规定了交易所、交易及经纪人等制度。瑞士民法典还专章规定了有价证券等制度。

(五) 特别法规则

证券特别法是证券法体系的重要组成部分。为了保障证券市场的发展和稳定，适时解决证券市场发展中的具体问题，避免普通法规范过于原则而带来的不便，各国相继制定了许多证券特别法规则，特别法规范已成为内容最为丰富、适用范围最广、实践性最强的证券法渊源。

德国虽未制定统一的证券法，却形成了复杂的特别法规则体系。据德国学者归纳，证券法渊源包括：(1)《股份法》，主要规定股份的发行和交易；(2) 公司财务报表及披露制度，规定公司的信息公开义务；(3)《商法典》，关注对少数股东和投资者利益的保护；(4)《证券交易所法》，主要规范证券交易所的设立、运行及交易规则；(5)《银行法》，规定了按照股份公司形式组建商业银行的基本规则；(6)《对外贸易法》，规定了对德国公民与非德国公民之间证券交易的控制规则。此外，德国《投资公司法》、《外国投资公司法》和《刑法》中，也有很多证券法的特别规则。

(六) 政府监管规则

政府监管规则，是指政府为了监管证券市场，通过设立专门监管机构并授权其制定、颁布和实施的各种监管规则。在政府监管机构中，既有单独设立的证券监管机构，也有兼任证券监管职责的其他机构；它既可以是政府机关，也可以是政府委托或授权的非政府机构。如在20世纪70年代以前，巴西银行承担监管职责；1978年，巴西成立了证券委员会，承担了原由巴西银行承担的监管职责。在银行监管及证券委员会监管期间，巴西制定了《公开公司登记条例》、《证券注册条例》以及《证券交易所组织机构及活动条例》等一系列监管规则。

(七) 自律规则

自律规则，即证券业自律规则，系由证券业自律机构制定的、旨在调整证券发行和交易的行业操作规则。自律规则通常是由证券交易所或证券商协会制定的，内容涉及证券交易所的营业规则和证券商的行业准则等。证券自律规则不是立法机关或政府监管机构制定的，却是证券从业机构和人员必须遵守的操作规则。严格地说，自律规则主要是约束证券从业机构和人员的行为规范，不直接约束投资者，但会对投资者的活动产生重大影响。证券从业机构和人员违反自律规则的，自律组织可以给予处分，投资者的交易活动也可能受到影响。

必须指出，自英国于20世纪80年代颁布《金融服务法》以后，许多国家和地区纷纷仿效，并启动了金融服务法的起草活动。美国于1999年颁布了《金融服务现代化法》，日本和韩国于21世纪后提出了制定"投资服务法"的目标并已颁布了相关法令。我国台湾地区的"金融监督管理委员会"草拟了"金融服务法"草案。从立法趋势上看，有些国家正以金融服务法替代证券法，有些国家则将其归入证券法的重要渊源。

二、我国证券法的主要渊源

我国在创建证券市场的过程中，采取了渐进开放、逐步完善、加速转型的市场发展策略。在证券市场创建初期，我国通过制定单行法规方式调整证券市场关系，证券法体系有欠完整、规则零散。随着证券市场的快速成长，证券立法速度加快，证券法律日渐体系化。在我国，证券法的直接渊源，包括基本法律、行政法规、部门规章、自律组织规范和司法解释等。

（一）基本法律

1.《中华人民共和国证券法》

《证券法》由第九届全国人大常委会第六次会议于1998年12月29日通过，并于1999年7月1日起实施，共12章、214条。为了配合《行政许可法》的实施，该法于2004年8月28日进行微小修改，原法第28条修改为：股票发行采取溢价发行的，其发行价格由发行人与承销的证券公司协商确定。第50条修改为：公司申请其发行的公司债券上市交易，由证券交易所依照法定条件和法定程序核准。2005年10月27日，第十届全国人大常委会第十八次会议对《证券法》作出重大修改。此次修改后的《证券法》共240条，修改后的条款自2006年1月1日起施行。①

《证券法》确立的立法宗旨是，规范证券发行和交易行为，保护投资者的合法权益，维护社会经济秩序和社会公共利益，促进社会主义市场经济的发展。《证券法》将证券发行、证券交易、证券服务及证券监管纳入调整范围，分别规定了总则、证券发行、证券交易、上市公司的收购、证券交易所、证券公司、证券登记结算机构、证券服务机构、证券业协会、证券监督管理机构、法律责任及附则，共12章。对于涉及证券关系的各主要问题，《证券法》进行了较为详细、全面和具体的规定，已成为我国调整证券关系的基本法律。

2.《中华人民共和国公司法》

《公司法》由第八届全国人大常委会第五次会议于1993年12月29日通过，并于1994年7月1日起施行，共11章、230条。《公司法》施行后，分别于1999年和2004年进行两次修改。第九届全国人大常委会第十三次会议于1999年12月25日通过《关于修改〈中华人民共和国公司法〉的决定》，修改了《公司法》第67条的表述，第229条增加第2款，另就高新技术股份有限公司直接融资提出指导意见。2004年8月28日，为配合《行政许可法》的实施，第十届全国人大常委会第十一次会议通过《关于修改〈中华人民共和国公司法〉的决定》，删去第131条第2款。2005年10月27日，第十届全国人大常委会第十八次会议对《公司法》作出重大修改。此次修改后的《公司法》共有219条，修改后的条款自2006年1月1日起施行。②

《公司法》确立的立法宗旨是，规范公司的组织和行为，保护公司、股东和债权人的合法权益，维护社会经济秩序，促进社会主义市场经济的发展。《公司法》对于有限责任

---

① 为便于表述，本教材将2005年修改前的《证券法》称为“原《证券法》”，修改后的《证券法》称为“现行《证券法》”。

② 为便于表述，本教材将2005年修改前的《公司法》称为“原《公司法》”，修改后的《公司法》称为“现行《公司法》”。

公司和股份有限公司的组织和行为规则等问题，作出了扼要和全面的规定。其中有关股份有限公司的法律地位、设立、组织机构、股份发行和转让以及公司债券等规则，与证券制度密切相关。

3.《中华人民共和国证券投资基金法》

《证券投资基金法》由第十届全国人大常委会第五次会议于2003年10月28日通过，于2004年6月1日起施行。近期，该法由第十一届全国人大常委会第三十次会议于2012年12月28日修订通过，自2013年6月1日起施行。现行《证券投资基金法》共15章、155条，分别为总则，基金管理人，基金托管人，基金的运作方式和组织，基金的公开募集，公开募集基金的基金份额的交易、申购与赎回，公开募集基金的投资与信息披露，公开募集基金的基金合同的变更、终止与基金财产清算，公开募集基金的基金份额持有人权利行使，非公开募集基金，基金服务机构，基金行业协会，监督管理，法律责任和附则。

修改后的《证券投资基金法》第2条规定，“在中华人民共和国境内，公开或者非公开募集资金设立证券投资基金（以下简称基金），由基金管理人管理，基金托管人托管，为基金份额持有人的利益，进行证券投资活动，适用本法；本法未规定的，适用《中华人民共和国信托法》、《中华人民共和国证券法》和其他有关法律、行政法规的规定”。

（二）行政法规

在证券法领域中，“行政法规”是指国务院发布实施的，旨在调整证券发行、交易、服务和监管关系的法律文件；在学说解释上，行政法规还包括国务院批准发布的，与证券发行、交易、服务和监管相关的法律规范。在我国证券市场的建立和转型中，为了有效地调整证券市场关系，国务院发布或批准发布了很多行政法规。至今生效的行政法规，主要包括：

1.《股票条例》

国务院于1993年4月22日发布并实施，共9章、84条。在我国证券市场建立初期，《股票条例》是最重要的行政法规，适用于股票及性质相似的股权凭证的发行、交易和监管。《股票条例》分为总则、股票的发行、股票的交易、上市公司的收购、保管、清算和过户、上市公司的信息披露、调查和处罚、争议的仲裁和附则。

《股票条例》部分条款与《公司法》和《证券法》存在冲突，在《公司法》和《证券法》施行后，当然失去效力；《股票条例》部分条款与《公司法》和《证券法》规定相互重合，在实践中较少直接采用。迄今为止，《股票条例》尚未明令废止，仍是我国证券法渊源的组成部分。

2.《企业债券管理条例》

国务院于1993年8月2日发布实施的《企业债券管理条例》，适用于我国境内具有法人资格的企业在境内发行的债券，但不包括金融债券和外币债券。该管理条例共5章、39条，分别为总则、企业债券、企业债券的管理、法律责任和附则，是我国直接调整企业债券发行和交易的最重要法律文件。《公司法》施行后，该管理条例继续有效。

3.《中华人民共和国国库券条例》

《中华人民共和国国库券条例》（以下简称《国库券条例》）是由国务院于1992年3月18日发布的，共14条。该条例规定，国务院确定每年国库券发行数额、利率、偿还期等后，由财政部予以公告；财政部同时是该条例的有权解释机关。

4.《减持国有股筹集社会保障资金管理暂行办法》

国务院于2001年6月6日以国发［2001］22号文件形式发布《减持国有股筹集社会保障资金管理暂行办法》。根据该办法，减持国家股和国有法人股是指向社会公众及证券投资基金等公共投资者转让上市公司国有股的行为，减持国有股所筹集的资金交由全国社会保障基金理事会管理，具体管理办法由财政部另行制定，报国务院批准后实施。

5.《证券交易所管理办法》

经国务院批准，原证券委于1997年12月10日发布，证监会于2001年12月12日重新发布。该管理办法有11章，分别是总则、证券交易所的设立和解散、证券交易所的职能、证券交易所的组织、证券交易所对证券交易活动的监管、证券交易所对会员的监管、证券交易所对上市公司的监管、证券登记结算机构、管理与监督、罚则和附则，计103条。根据该管理办法，在中华人民共和国境内设立的证券交易所，适用该管理办法。该管理办法所称证券交易所是指依本办法规定条件设立的，不以营利为目的，为证券的集中和有组织的交易提供场所、设施，履行国家有关法律、法规、规章、政策规定的职责，实行自律性管理的法人。证券交易所由证监会监督管理。

6.《证券交易所风险基金管理暂行办法》

经国务院批准，证监会和财政部于2000年4月4日发布该暂行办法，旨在保障证券交易系统的安全运转，妥善管理和使用证券交易所风险基金。该暂行办法所称证券交易所风险基金，是指用于弥补证券交易所重大经济损失，防范与证券交易所业务活动有关的重大风险事故，以保证证券交易活动正常进行而设立的专项基金。

7.《期货交易管理条例》

国务院于2007年3月6日发布《期货交易管理条例》，并同时废止1999年6月2日发布的《期货交易管理暂行条例》。近期，该条例根据2012年10月24日《国务院关于修改〈期货交易管理条例〉的决定》修订。现行《期货交易管理条例》共8章、87条，分别规定了总则、期货交易所、期货公司、期货交易基本规则、期货业协会、监督管理、法律责任及附则。《期货交易管理条例》第2条首次明确规定了期货交易的定义，并规定任何单位和个人从事期货交易及其相关活动，应当遵守本条例。①

8.《证券公司监督管理条例》

该条例由国务院第6次常务会议于2008年4月23日通过，自2008年6月1日起施行，共8章、97条。该管理条例的目的是贯彻《公司法》和《证券法》的规定，加强对证券公司的监督管理，规范证券公司的行为，防范证券公司的风险，保护客户的合法权益和社会公共利益，促进证券业健康发展。

9.《证券公司风险处置条例》

该条例由国务院第6次常务会议于2008年4月23日通过，共有7章、63条。该处置条例是为了贯彻《证券法》、《企业破产法》而制定的，其目的在于控制和化解证券公司风险，保护投资者合法权益和社会公共利益，保障证券业健康发展。

经过国务院批准，证监会单独或会同其他部委发布的行政法规包括：《证券、期货投资咨询管理暂行办法》、《境内企业申请到香港创业板上市审批与监管指引》、《股票发行审

---

① 在我国，证券交易所曾批准开展的权证交易、国债回购交易以及国债期货交易，亦具有期货或者期权交易的属性。

核委员会暂行办法》等。

（三）部门规章①

根据《中华人民共和国立法法》，部门规章是指由国务院所属部委依法发布的行政性规章。在我国，有关证券的部门规章数量极多，主要包括原国务院证券委员会发布的部门规章、证监会发布的规章和规则，以及国务院其他部委与证券监管机构联合发布的规章和规则。

（四）自律组织规则②

1. 证券交易所自律规则

证券交易所和证券业协会属于自律组织，有权发布自律规范，交易所的组织和运行，必须符合《证券交易所管理办法》的规定。我国深圳证券交易所发布的《深圳证券交易所章程》、《深圳证券交易所交易规则》、《深圳证券交易所的营业细则》和《深圳证券交易所证券投资基金上市规则》等，以及上海证券交易所发布的《上海证券交易所章程》、《上海证券交易所会员管理规则》和《上海证券交易所股票上市规则》等，都属于自律规范。

2. 证券业协会自律规则

根据《中国证券业协会章程》，中国证券业协会（以下简称协会，英文全称为 the securities association of china，缩写为 SAC），是依据《中华人民共和国证券法》和《社会团体登记管理条例》设立的证券业自律组织，是非营利性社会团体法人。中国证券业协会的市场活动主要包括代办股份转让业务和股份报价转让服务，该协会针对所开展的代办股份转让业务，还负责代办股份转让系统的组织、运行和自律监管。根据证监会批准，证券业协会业已修订发布《证券公司代办股份转让系统中关村科技园区非上市股份有限公司股份报价转让试点办法》、《主办券商推荐中关村科技园区非上市股份有限公司股份进入证券公司代办股份转让系统挂牌业务规则》和《股份进入证券公司代办股份转让系统报价转让的中关村科技园区非上市股份有限公司信息披露规则》等自律规范。证券公司从事推荐非上市公司股份进入代办系统报价转让，代理投资者参与在代办系统挂牌的非上市公司股份的报价转让，适用上述规定。

（五）司法解释

司法解释，是指最高人民法院发布的，具有普遍约束力的法律解释文件。《证券法》规范的原则性较强，人民法院在审判中遇到的实际问题则比较复杂。为了准确适用法律，妥善解决涉及证券纠纷的案件，最高人民法院陆续发布了多个重要的司法解释文件：

1. 最高人民法院《关于证券经营机构之间以及证券经营机构与证券交易场所之间因股票发行或者交易引起的争议人民法院能否受理的复函》（1996 年 12 月 18 日发布）。

2. 最高人民法院《关于冻结、拍卖上市公司国有股和社会法人股若干问题的规定》，2001 年 8 月 28 日由最高人民法院审判委员会第 1188 次会议通过，自 2001 年 9 月 30 日起施行。

3. 最高人民法院《关于冻结、划拨证券或期货交易所、证券登记结算机构、证券经营或期货经纪机构清算帐户资金等问题的通知》，最高人民法院于 1997 年 12 月 2 日以法发

---

① 详见《中国证券监督管理委员会公告》，以及中国证券监督管理委员会网站：http：//www. csrc. gov. cn。

② 分别登录上海证券交易所网站：http：//www. sse. com. cn；深圳证券交易所网站：http：//www. szse. cn；中国证券业协会网站：http：//www. sac. net. cn。

[1997] 27号文件发布。

4. 最高人民法院《关于审理证券市场因虚假陈述引发的民事赔偿案件的若干规定》，于2003年2月1日施行。

5. 最高人民法院《关于冻结、扣划证券交易结算资金有关问题的通知》(2004年11月9日发布)。

6. 最高人民法院《关于对与证券交易所监管职能相关的诉讼案件管辖与受理问题的规定》(2005年1月25日发布)。

7. 最高人民法院《关于印发〈关于证券监督管理机构申请人民法院冻结资金账户、证券账户的若干规定〉的通知》(2005年4月29日)。

除此以外，其他法律、法规也具有调整证券发行和交易的作用。在上述法律、行政法规和部门规章没有具体规定时，应当适用《中华人民共和国民法通则》、《中华人民共和国合同法》、《中华人民共和国仲裁法》等的规定。

第三节　证券法的地位和性质

一、证券法的地位

证券法的地位，主要是指证券法在我国法律体系中的地位，以及证券法与相关法律的相互关系。在“民商分立”和“民商合一”两种体系下，证券法的地位不尽相同。

(一) 民商分立体系与证券法

民商分立体系，是指民法典和商法典并存的私法体系。多数大陆法系国家如法国、德国、西班牙、葡萄牙、日本和韩国等，采取民商分立的私法体系。在这种体系下，证券法属于商法中的特别法。

德国商法学界认为，商法是以商人为规制对象，旨在调整各种商事关系或企业关系的法律。西班牙商法遵从“商行为主义”，凡属于商行为者，无论是否由商人实施，皆由商法调整。法国和日本采取折中主义思想，认为在确定商法调整范围时，应当结合商人和商行为两个因素加以判断。奥地利等国将商法定位于企业法，凡属于企业关系者，皆纳入商法或企业法调整。

传统商法包括商事登记、商行为、公司、票据、海商、保险和破产等制度。在商法发展初期，证券法还未形成相对独立的法律制度，公司法包含了调整股份和公司债券的内容，实际发挥了调整证券关系的作用。20世纪30年代，美国爆发股市危机，证券作为独立的财产形态，其独特地位逐渐得到重视。在现代社会，公司已成为社会财富的主要拥有者，公司发展模式正在经历从“自我积累成长型”向“外部融资成长型”的重要转变，公司融资的地位日渐提升，证券法正在成为商法的重要组成部分。

在我国台湾地区，有学者称，就证券交易法之实质观之，该法系以企业为对象之法律。① 在采用民商分立体系的国家和地区中，很多学者认为商法是以企业为规范对象的法律，证券法自然成为商法的组成部分。证券法仅以证券发行和交易为主要规制对象，属于商事特别法。因此，证券法对证券发行和交易等事项有特别规定的，优先适用证券法；证

① 参见赖源河：《证券管理法规》(修订版)，10页。

券法没有规定的，适用商法典；商法典没有规定的，适用民法典的一般规定。

(二) 民商合一体系与证券法

民商合一与民商分立相对应，皆为私法的表达形式。仅以民法典规定民商事关系、未制定商法典的私法体系，为民商合一体系。在大陆法系国家中，瑞士、意大利和希腊等采用该体系。多数学者认为，我国及我国台湾地区亦采取民商合一体系。在该种体系下，民法典是调整民事和商事关系的基本法律。立法者在民法典以外颁布单行特别法，以分别调整公司、票据、证券、海商、保险和破产等商事关系。

在民商合一体系下，由于没有商法典，证券法遂依附于民法典，成为民事特别法。证券法有特别规定的，优先适用证券法；证券法没有规定的，适用民法典的一般规定。应该看到，在民商合一体系中，立法者虽不单独制定商法典，但其民法典往往专编或专章规定有价证券。除此以外，公司法、证券法或其他法律还包含了有关证券发行和交易的规则，从而构成了证券法的制度主干。

二、证券法与公司法的关系

对于我国证券法与公司法的关系，学术界有“关系法学说”和“特别法学说”两种主张。

“关系法学说”认为，证券法是公司法的关系法。证券法既调整企业或公司证券（主要指股票和公司债券），也调整政府证券等。证券法与公司法在调整范围上存在交叉。同时，证券法注重保护投资者利益，公司法侧重于规范公司的组织及行为，两者立法宗旨有别。

“特别法学说”认为，证券法是公司法的特别法。证券法旨在规范股份有限公司股票和公司债券的募集、发行和买卖，政府证券仅为证券法上的特殊证券。股票和公司债券的募集、发行与交易等原本应由公司法加以规定，但是，证券募集、发行和买卖规则的技术性较强，若纳入公司法中，难免造成立法结构上的畸重畸轻，故单独制定证券法。因此，公司法确立了有关证券募集、发行和买卖的通常规则，证券法作为对上述事项的特别规定，故为公司法的特别法。

笔者认为，分析证券法与公司法的关系，要兼顾国别特征和证券法的特性。不同国家的法律体系和结构不同，证券法与公司法的关系也不尽相同。在我国，股票、公司债券和认定证券既是《证券法》调整的主要对象，也是《公司法》规范的重要内容。对于股份发行和转让以及公司债券，《公司法》作出了具体规定，《证券法》也设置了众多特别规则。根据《证券法》第 2 条规定，“在中华人民共和国境内，股票、公司债券和国务院依法认定的其他证券的发行和交易，适用本法；本法未规定的，适用《中华人民共和国公司法》和其他法律、行政法规的规定”。我国现行法律采取了“特别法学说”。

在理论上，证券法与公司法的关系存在三种情况：一是仅由公司法调整的内容，如公司组织法规则；二是仅由证券法调整的内容，如股票和公司债券以外的其他证券；三是证券法和公司法共同调整的内容，如股票的发行和转让。就此而言，不宜将证券法等同于公司法之特别法，“关系法学说”似乎更为合理。

首先，证券法不仅调整股票和公司债券，还调整其他证券。现代证券法旨在规范证券市场、保护投资者利益、减少证券欺诈。某种证券获得了流通性，就可能成为公众的投资工具，也就可能成为从事证券欺诈的工具。为了妥善保护投资者的利益，消除证券欺诈，最好以特别法的形式保护投资者利益。在企业债券、金融债券的发行和交易中，侵犯投资者利益的事例并不罕见；在国债、国债期货交易中，投资者操纵市场或实施内幕交易者，亦不乏其例。从保护投资者权利角度来看，某种权利凭证无论其称谓如何，只要具有流通性，只要具有损害公众利益的可能性，都可纳入证券法的调整范围。如果证券仅指股票和公司债券，证券法才成为公司法的特别法。

其次，证券法和公司法在立法宗旨上存在差异。公司法是规范公司的组织和行为，保护公司、股东及债权人利益的法律。① 证券法是以保护投资者利益为核心宗旨的。公司内部运行要遵循多数决定原则，这样，公司必然处于控制股东的把持下，容易出现损害投资者利益的情形。证券法确立保护投资者的宗旨，有助于纠正多数决定原则带来的利益失衡。除此以外，证券法还承担了调整证券发行和交易的职能，不仅要规范公司和股东的行为，还要规范证券交易所以及中介机构的活动。为了贯彻证券法保护投资者利益的宗旨，有的国家专门制定了投资者保护法，并将其作为证券法的重要组成部分。在投资者和公司作为两端的天平上，证券法偏向于维护投资者利益，公司法偏重于保护公司的整体利益。

最后，证券法和公司法的规范性质存在差异。公司法是兼顾行为法的组织法，公司法规范和公司章程均反映了公司自治思想。公司法之所以规定少数派股东诉讼以及类别股股东表决权制度，主要是为了避免滥用多数决定原则，纠正多数决定原则的偏差，但这并没有改变多数公司法规范具有的任意性特点。在美国公司法学界，许多公司法规范被称为赋权型规范，即允许公司章程改变公司法的规定。然而，证券法主要是交易法或行为法。证券是复杂的金融商品，证券的发行、交易和服务的专业性极强，广泛地涉及公众利益，各国证券法都较强调证券法规范的强制性。

必须指出的是，证券法在形成初期，主要依附于公司法。但随着证券市场的发展，源自证券市场自身规律的许多规则，业已开始影响公司法的发展。如德国制定《资本市场法》并实施了《有关加强企业控制和透明度的法律》，在保护股东权利方面，《资本市场法》在很大程度上排除了《股份法》的适用。②

三、证券法的性质

证券法既规范发行人与投资者之间的资金募集关系，也规范投资者的证券交易关系，基于资金募集关系和证券交易关系的私法属性，调整该种私法关系的证券法当然主要属于私法规范。然而，为了有效保护公众投资者的利益，证券法需要采用多种手段规范证券关系，而不应拘泥于私法手段，它要明确政府监管机关的地位，赋予证券监管机关以监管职权，还要限制证券监管机关的职权，从而使得证券法包含若干强制性规范，带有部分公法属性。

（一）证券法主要是行为法

法律规范可以分为组织法以及行为法。证券是财产的特殊表现形式，证券法在确认证券权利归属的同时，还要调整证券交易关系。证券权利的取得和变动，必须符合证券法和合同法的规定。(1) 投资者依据证券发行而取得证券权利。证券发行是发行人向投资者出售证券的行为。发行人发布招募文件，属于要约邀请；投资者认购证券，属于要约；发行

① 参见《公司法》第1条。

② 参见［德］托马斯·莱塞尔、吕迪格·法伊尔：《德国资合公司法》，71页，北京，法律出版社，2005。

人接受投资者交纳的投资款，属于承诺；发行人向投资者交付证券，属于合同履行。(2) 投资者依据证券交易而取得证券权利。证券交易是投资者进行的证券买卖、质押或其他处置。如经与相对人约定，股票持有人可以依法转让股票，相对人于转让后取得股票权利。该转让既要符合证券法，也要符合合同法关于财产转让的规定。在此意义上，证券法属于交易法的范畴，即调整、规范和约束某种或其类行为的法律规范。

除了交易法内容以外，证券法还包括与发行人资格有关的组织法内容，更包含与行政监管有关的行政法规范。然而，证券法包含的组织法和行政法内容，主要是服务于证券的发行和交易的，属于证券法的附属内容，而不是证券法的主导内容。

(二) 证券法兼具任意法和强行法的属性

法律规范分为强制性规范和任意性规范。任意性规范，是指依照当事人自由意志决定其约束力的行为规范。行为人可通过协议方式限制或排斥任意性规范的效力。强制性规范，是指行为人必须遵守的行为规范，行为人不得以协议方式限制或排斥其约束力。私法奉行自治原则，行为规范通常属于任意性规范。

证券法作为商事特别法，应当遵从私法自治原则。一方面，发行人是否发行证券，系根据股东大会决议，由发行人自主决定；另一方面，权利人是否转让证券权利，除法律明令规定者外，系根据权利人的自主意思作出决定。无论证券发行还是交易，均应遵从自治原则。非经权利人许可，其他组织或个人无权强迫他人从事证券发行或者交易。相应地，证券法规范主要属于任意性规范。

然而，证券作为特殊的金融商品，涉及公众投资者的利益。为了保护交易安全，提高市场效率，权利人行使证券权利时，必须遵守证券法的强行性规范。此处所称“强行性”，系指从事证券发行、交易必须遵守的行为规范。某项规范是否为强行性规范，与其制定者为立法或行政机关之间没有直接关系，自律规则同样属于强行性规范。证券法规范的强行性有多种表现：在证券发行方面，证券发行条件、审查程序、初始信息披露的内容及格式等，均应遵守法律和行政法规的强行性规定；在证券上市方面，证券的上市条件、程序、资格和持续披露义务等，必须符合证券法和证券交易所的规定；在证券交易方面，证券交易必须符合证券法以及交易规则的规定。

有学者认为，证券法带有强行性规范的特点，属于公法范畴。笔者认为，将强行性规范等同于公法规范，是错误和有害的。将法律划分为公法和私法，不仅理论界长期争论不休，而且划分标准也并未确定。多数公法规范属于强行性规范，在理论上，私法规范也可以是强行性规范或相对强行性规范，当事人几乎无从限制或排斥其效力。证券法规之所以采用强行性规范，既是为了适合我国证券市场发展的现状，也是为了更好地维护交易安全、提高交易效率，它与国家公权力无关，也与公法和私法的划分无关。《证券法》设置较多的强行性规范，却没有改变也无法改变证券法的交易法和任意法属性。

(三) 证券法兼具实体法和程序法的属性

法律规范可分为实体法和程序法。凡规定行为主体的权利义务的法律，为实体法；凡是规定权利实现方式的规范，为程序法。证券法作为特别法，兼具实体法和程序法规范的双重属性。

在证券法上，股票持有人的权利范围、债券持有人之还本付息请求权、基金持有人的权利、发行人的信息披露义务、发行人资格以及交易价格的确定等，都属于实体法规范。而证券发行审核程序、上市程序和交易程序等，带有明显的程序法特征。所以，“从总体评价，证券法既非单纯的程序法，又非单纯的实体法，是实体法与程序法相结合的综合规范”①。

(四) 证券法兼具国家制定法和习惯法的属性

依照规范制定者的身份，法律规范分为国家制定法和习惯法。国家制定法是指国家立法机关或行政机关依照法定程序，在权限范围内制定的，具有普遍约束力的行为规范。习惯法是指由商人团体根据商业活动惯例确定的行为规范。在商法中，习惯和习惯法发挥过举足轻重的作用。商法规范的确定、解释和实施，在相当程度上依赖于商人团体的“造法功能”和“司法职能”。随着各国立法权和司法权的逐渐扩张，制定法的地位有所提高，习惯法的作用有所降低。然而，习惯和习惯法并未失去意义，证券法是制定法和习惯法的结合。

证券发行和交易是一个复杂系统，交易环节繁多，各环节联系密切，却共同支撑着全部交易活动。如证券交易结算不仅包括证券交易所与证券公司之间的结算，还包括证券公司与客户之间的结算。国家制定法只能就货银兑付、净额结算等基本问题作出规定，却无法细致规定证券交易结算的各项技术规范。有效地办理证券交易结算，有赖于证券交易所及行业协会制定的、具有习惯法色彩的交易规则。各国证券法均承认自律管理和自律规范的特殊地位，允许证券交易所和行业组织制定章程、营业规则和管理制度，允许自律组织依照内部规则对会员实施处分。自律规则具有习惯法性质，不是国家制定法，无法借助国家强制力予以实施，却发挥着调整市场秩序的重大作用。

必须指出的是，证券法是以证券为调整事项、以证券关系为调整内容的特别法，凡与证券及其发行、交易、服务和监管有关的规则，都构成证券法的重要组成部分。正是因为需要借助多种手段确定证券范围、规范证券行为和调整证券关系，才使得证券法成为兼具多种属性的特别法。

【问题与思考】

1. 如何确定证券法调整的证券种类？
2. 如何理解证券发行与证券交易的关系？
3. 如何理解证券法的性质？

---

① 杨志华：《证券法律制度研究》，26页，北京，中国政法大学出版社，1995。

第三章
我国证券法制的产生与发展

本章概要

我国证券法的产生和发展，始终与经济体制改革的进程联系在一起，与特定时期的国内外经济、政治和社会背景联系在一起。经过二十多年时间，我国证券法制建设取得了世人瞩目的成就。2005年开始的证券市场股权分置改革，被称为我国证券市场的第二次革命，它从根本上改变了我国证券市场结构，也深刻地影响了有关的法律规则。全国人大常委会于2005年修订的《证券法》，结合我国证券市场现状，吸收了国外证券法制的经验，加快了我国证券法制建设的步伐，增加了许多崭新内容。简要了解我国证券法制的产生和发展，有助于全面理解、准确把握证券法的相关规定，有助于正确适用证券法，推进证券市场的法制化进程。

关键术语

“327”国债期货事件　亚洲金融风暴　股权分置改革

我国证券法制的发展历程，可划分为五个主要阶段，即（1）1999年《证券法》实施前；（2）1999年《证券法》的制定；（3）1999年《证券法》的实施；（4）2005年《证券法》的修改；（5）2005年《证券法》实施后的改革与创新。

第一节 1999年《证券法》的制定

一、我国证券市场的产生

我国证券市场是国家不断深化经济体制改革的产物。在我国实行经济体制改革初期，有的企业为了获得生产资金，开始尝试突破单一的银行信用制度，通过发行债券、融资券或股票等方式，筹集社会资金。国家为了弥补财政赤字，逐渐改革向银行透支借贷的传统体制，于1981年恢复国库券发行并于1985年颁布《国库券条例》。1985年，为了促进金融工具多样化，筹措新投产企业的自有资金，中国人民银行批准中国工商银行等银行发行金融债券。

根据经济体制改革的需要，原国家经济体制改革委员会（以下简称原国家体改委）和中国人民银行于1985年12月联合在广州召开了5城市金融体制改革试点会议，提出开放证券市场并布置试点工作。1986年以后，国务院颁布了一系列有关证券管理、证券发行与交易的法规和政策。这些法规和政策的颁布，推动了证券发行与交易市场的形成。

随着金融管制政策的逐步放松，我国开始形成证券交易市场。1986年8月15日，经中国人民银行沈阳分行批准，沈阳信托投资公司开办了企业债券的柜台业务。同年9月26日，经中国人民银行上海分行批准，上海工商银行信托投资公司开办了股票的上市转让业务。在此时期内，国库券发行采取派购方式且不允许转让流通，致使国库券信誉不高，通过“黑市”转让的国库券价格，大大低于面值，损害了国库券的信誉。为了提高国库券信誉，1988年4月1日中国人民银行会同财政部请示国务院同意后，在上海等7个城市进行了国库券转让试点，迅速提高了国库券的交易额和市场价格，取得了显著成效。国库券转让试点不仅提高了国库券的信誉，还激活了我国证券市场。在国务院有关办法和条例的鼓励下，其他债券品种逐渐增多，有些国有大型企业开始发行企业债券，还有些企业开始试验发行股票。

1990年11月26日，经中国人民银行批准和国务院同意，新中国第一家证券交易所——上海证券交易所正式成立，并于1990年12月19日正式营业。同年，深圳证券交易所开始试运行。几乎与此同时，全国证券自动报价系统于1990年12月5日在北京开通运行，它依托电脑网络进行场外集中交易，把分布在全国各地的证券经营机构联结起来。1991年7月，深圳证券交易所开始正式营业。一些公司的股票开始在两家证券交易所挂牌上市。1992年，我国成立了中国证券交易系统有限公司及其全国电子交易系统，该系统于1993年年初运行。但该系统将投资者身份限定于系统内的证券商，发展受到较大影响。

在全国证券交易场所逐步形成中，我国证券专业队伍也得到了发展。截至1996年7月，我国证券公司已有近100家、证券兼营机构有250多家、证券营业部发展到2 000家，具有从事证券业务资格的会计师事务所有100多家、律师事务所270多家、资产评估机构110多家，证券从业人员10万多人。

在证券交易场所和证券专业队伍获得巨大发展的同时，我国的证券品种也发生了较大变化。证券品种从较早的国库券、建设债券、金融债券、重点企业债券，发展到公司股票以及各种权证（如认股权证和配股权证）。其中，反映现代投资组合理念的投资基金，也成为重要的证券品种。在交易方式方面，除了原有的现货交易以外，还发展了期货交易。证券交易规则也从试行和实验，逐渐发展到比较规范和成熟。经过8年左右的发展，我国证券市场实现了从无到有、证券市场规模从小到大的重大转变。

二、我国证券市场法制化建设

1992年5月15日，原国家体改委、原国家计委、财政部、中国人民银行和原国务院生产办公室联合发布《股份制企业试点办法》，原国家体改委还在同日发布了《股份有限公司规范意见》和《有限责任公司规范意见》。此后，国务院相关职能部门与原国家体改委联合发布了7个配套实施办法，包括原物资部和原国家体改委《关于股份制试点企业物资供销管理暂行规定》、财政部和原国家体改委《股份制试点企业财务管理若干问题的暂行规定》、国家土地管理局和原国家体改委《股份制试点企业土地资产管理暂行规定》、原劳动部和原国家体改委《股份制试点企业劳动工资管理暂行规定》、国家税务总局和原国家体改委《股份制试点企业有关税收问题的暂行规定》、财政部和原国家体改委《股份制试点企业会计制度》、原国家计委和原国家体改委《股份制试点企业宏观管理暂行规定》。

随着企业股份制改造的逐步展开，我国证券立法得到快速发展。1993年，全国人大常委会颁布的《公司法》，成为调整公司内外部关系、规范证券发行和交易活动的基本法律。国务院发布、批准了数项重要行政法规或者规章，主要包括1992年3月18日发布实施的《国库券条例》、1993年4月22日发布实施的《股票条例》、1993年8月2日发布实施的《企业债券管理条例》、1993年8月15日批准的《禁止证券欺诈行为暂行办法》(已废止)、1994年8月4日实施的《关于股份有限公司境外募集股份及上市的特别规定》、1995年12月25日发布实施的《关于股份有限公司境内上市外资股的规定》、1997年11月5日批准的《证券投资基金管理暂行办法》(已废止)，以及1997年12月10日批准的《证券交易所管理办法》(已废止)等。地方人大和政府也纷纷出台了许多地方性证券法规、规章。

三、《证券法》的制定背景

1992年6月，七届全国人大常委会委员长会议正式将制定“证券交易法”列入全国人大常委会的议事日程。“证券交易法”由全国人大财经委承担主要组织工作，由经济学家厉以宁教授任组长，组成起草小组。在“证券交易法”第3稿的基础上，1993年1月，《证券交易法(草案)》改名为《证券法(草案)》。

1994年6月，八届全国人大常委会第二次审议《证券法(草案)》。但是，由于国家机构改革没有落实到位，立法工作机构协调性欠佳，对证券市场功能理解不足等原因，根据委员意见，未就《证券法(草案)》再行审议。

1995年前后，我国证券市场处于快速发展的时期。全国人大常委会颁布了《公司法》，国务院和证券监管机构发布了多项行政法规和规范性文件，但法律缺位现象没有根本改变，市场投机盛行，违法违规案件频发。1995年2月23日爆发了著名的“327”国债期货事件。

“327”国债期货事件，又称“327”风波。[①] “327”国债期货是指以1992年发行的、1995年6月到期的3年期国债为基础证券而衍生创设的国债期货。上海证券交易所在1993年10月25日向社会开放国债期货交易。1994年10月，受到国家调整储蓄存款利率和保值贴补政策的影响，国债期货市场行情火爆。11月前后，市场传出财政部拟给予“327”国债以贴息的消息，市场成交量大增。1995年2月22日，贴息传言得到确认；次日开盘后，“327”国债品种价格大幅上升。上海万国证券公司和辽宁国发(集团)股份有限公司等空头主力为减少亏损，在没有交纳保证金的情况下，于23日收市前8分钟卖出1 056万口卖单，将该国债期货价格从150.30元打压至147.50元。该下单规模相当于“327”国债期货主要品种发行量的3倍多，正常情况下卖出需要交纳50亿元保证金。上海证券交易所于闭市后宣布与违规相关的交易(即最后8分钟交易)无效，上海证券交易所从2月27日

① 参见任自力编著:《中国证券市场违规要案点评》，270～273页，北京，法律出版社，2002。

起开始休市。证监会处罚通知称“上海证券交易所对市场过度投机带来的风险估计不足，交易规则不完善，风险控制滞后，监督管理不严，致使在短短几个月内屡次发生由严重违规交易引起的国债期货风波，在国内外造成很坏影响”。此后不久，证监会和上海证券交易所公布了加强期货市场监管的具体措施，完善了涨跌停板幅度，减少了国债期货最大持仓量限额，提高了国债期货保证金比率，严格了大户业务报告制度、每日结算制度和强制平仓制度。后“经国务院同意，中国证监会决定暂时停止国债期货交易”。

1995年年末，时任国务院总理朱镕基视察上海证券交易所，正式提出了“法制、监管、自律和规范”八字方针。1995年12月召开的国务院常务会议专门听取并研究了《证券法（草案）》问题，指出草案操作性不强，要继续总结修改。

1997年爆发了亚洲金融危机。亚洲新兴国家经济结构落后、经济泡沫较多，缺乏对金融市场的有效监管。1997年5月，国际货币投资者借此在泰国大量向同业银行借入泰铢，随后迅速抛出，造成泰铢贬值。泰国政府动用40亿美元外汇储备稳定汇率未见成效，最后不得不宣布泰铢与美元脱钩，实行浮动利率，导致泰铢贬值18%。始于泰国的亚洲经济危机，不仅重创了泰国经济，也引起各国投资者对亚洲经济的恐慌。10月下旬，国际投机分子积聚10亿美元，对坚守联系汇率制的香港汇市和股市发动冲击。香港监管机构采取了上调利率、抽紧银根等措施来保卫香港金融。香港经济虽然得到保卫，但这场危机对香港股票市场、外汇市场和房地产市场产生重大影响。截止到1997年年末，亚洲金融危机波及菲律宾、马来西亚、中国台湾地区、韩国、日本等国家和地区，给亚洲经济造成巨大损失。

1998年5月，时任中共中央总书记江泽民在《证券知识读本》的批语中指出，对于证券存在的消极因素和可能遇到的风险，我们也必须有清醒的认识。这些东南亚国家发生金融风暴，一个重要原因就是他们的资本市场开放过快，对金融、证券监管不力。我们应从中吸取教训，引以为戒，加强风险意识和防范工作，并努力把这次金融风暴对我国的负面影响降低到最低限度。1997年爆发的亚洲金融危机直接推动了我国证券法起草进程，这场看似与我国股票市场没有关系的金融风暴，使中央领导下定决心，尽快推出“证券法”①。

1998年10月27日至11月4日间，九届全国人大常委会在北京召开第五次会议，会议将《证券法（草案）》再次列入人大常委会审议议程。1998年12月29日，九届全国人大常委会第六次会议审议通过了《中华人民共和国证券法》，并于1999年7月1日起开始实施。

作为我国第一部专门调整证券市场关系的法律，《证券法》历经了6余年的起草和审议过程，由九届全国人大常委会第六次会议以罕见的多数票通过。《证券法》在总结《股票条例》和《证券交易所管理暂行办法》等行政法规和部门规章的成功经验的基础上，具体规定了证券发行、交易、服务和监管等内容，奠定了我国证券市场法制化的基础。

第二节 1999年《证券法》的实践

法律是政治、经济、社会和文化等因素的综合反映。我国实行的经济体制改革、金融体制改革和证券市场发展战略等复杂因素，共同决定了《证券法》的出台。然而，证券市

---

① 王连洲、李诚编著：《风风雨雨证券法》，96页，上海，上海三联书店，2000。

场违法违规案件的频发以及偶然事件的出现，又影响到《证券法》的出台时机，也决定了《证券法》的某些特质。1999年《证券法》分别规定了证券发行、证券交易、上市公司收购、证券公司、证券交易所和法律责任等章节，其中，既有因应经济、社会需要而作出的制度保留，也有制度突破和创新，表现出鲜明的历史特征。

我国证券市场违法违规案件频发，加之刚刚经过亚洲金融危机，在这种背景下，1999年《证券法》高度重视证券市场的风险控制，设置了很多强制性规范，加强了证券监管机构的审批和监管职权，并且有意限制高风险的交易方式。例如，《证券法》规定了金融机构分别设立、分业经营、分业监管的模式，试图控制证券市场对其他金融领域的影响。再如，《证券法》规定了证券现货交易，没有规定期货、期权和保证金交易等，试图加强市场的稳定性。还如，《证券法》允许证券集中竞价交易，没有明确承认协议转让、做市商制度以及其他非集中竞价制度。此外，《证券法》高度关注追究行为人的行政和刑事责任，而较为忽视民事救济制度。这些制度及特征充分表现了我国1999年《证券法》的阶段性特征，有的学者也因此将1999年《证券法》界定为证券管制法。

1999年《证券法》出台，本身就是一个重大事件，它适应了当时的经济、政治和社会环境特点。但在施行后不久，《证券法》就表现出了弹性不足的弱点。经过国务院批准，证券监管机构随后又发布了多项法律规范，弥补了1999年《证券法》的部分缺陷，创设了一些崭新的制度。

一、分业经营向混业经营的逐渐过渡

混业经营与分业经营相对应，是指商业银行及其他金融机构在货币市场和资本市场上进行多业务、多品种、多方式的交叉经营和服务的总称。在狭义上，混业经营是指证券业、银行业、信托业和保险业的交叉经营，即不同行业的金融机构进入对方行业或领域开展经营活动。在广义上，混业经营是指所有金融行业之间的交叉经营关系，即银行、保险、证券、信托机构等金融机构都可以进入任何一种金融业务领域乃至非金融领域，进行业务多元化经营。[①] 分业经营通常是指银行业、证券业、保险业、信托业各自经营与自身职能相对应的金融业务，一个金融机构不能同时经营两种业务。

我国原《证券法》、《商业银行法》、《保险法》和《信托法》采取了金融机构“分别设立”、“分业经营”、“分业管理”的体制。[②] 随着我国金融体制的深化改革以及资本市场的变化，分业经营体制已逐渐松动。在修改《商业银行法》和《保险法》时，立法机关坚持了分业经营原则，同时增加了“但国家另有规定的除外”或类似表述，即授权国务院制定行政法规，允许其他金融机构有限度地从事证券业务。

从实践情况来看，我国正在经历从分业经营向混业经营的转变：首先，多个金融监管机构共同签发规范性文件，有条件地允许金融机构之间的业务合作。根据规定，通过银行同业拆借市场，证券公司可以按净资产的一定比例拆借资金，商业银行还可从事保险代理业务，促成了“银证合作”等新型模式。其次，证监会于2012年11月12日发布了《证券公司代销金融产品管理规定》，根据规定，符合要求的证券公司理财产品、证券投资基金、商业银行理财产品、信托公司信托计划、保险产品等，均可由证券公司代销。证券公司代

① 混业经营有时被形象地称为“全能银行”、“金融超级市场”和“金融百货公司”。

② 我国《保险法》、《信托法》和《商业银行法》都采纳了“分业经营”模式。

销金融产品，须取得代销金融产品业务资格。最后，我国在事实上已存在少量金融控股公司，即一家金融企业或非金融企业通过控股或设立子公司等方式，在金融业内同时提供银行、证券和保险等多种金融服务。

二、新股发行定价的市场化趋势

在新股发行定价方面，我国早期采取市盈率定价方法。发行人发行新股时，应当遵守证监会关于发行市盈率的指导规定，股票发行定价机制表现出浓厚的行政色彩。为了提高证券发行价格，筹集更多资金，有的公司不惜采取违法改制、虚假包装等手段骗取上市资格。

原《证券法》实施后，证监会曾经尝试对股票发行定价机制进行改革，并一度允许发行人采取市场定价方法。但在股票市场供求关系失衡的情况下，根据市场认购来确定股票发行价格的做法，又导致新股发行价格飙升，市场化定价机制受到社会公众质疑。有鉴于此，新股发行定价转而采取了逐渐市场化的方法，主要包括股票配售和市场询价。

（一）股票配售方式

1999年，证监会发布《关于进一步完善股票发行方式的通知》。根据规定，公司股本总额在4亿元以上的公司，可采用对一般投资者上网发行和对法人配售相结合的方式发行股票。该通知首次提出上网发行和法人配售相结合的方式，突破了长期信奉的上网定价发行。

2000年2月13日，证监会发布《关于向二级市场投资者配售新股有关问题的通知》，根据该通知，发行人和主承销商事先确定发行量和发行底价，通过向法人投资者询价，并根据法人投资者的预约申购情况确定最终发行价格，以同一价格向法人投资者配售和对一般投资者上网发行。与发行公司有股权关系或者为同一企业集团的法人不得参加配售，法人不得同时参加配售和上网申购。

（二）市场询价机制

2004年，证监会发布《关于首次公开发行股票试行询价制度若干问题的通知》以及配套文件《股票发行审核标准备忘录第18号——对首次公开发行股票询价对象条件和行为的监管要求》。根据规定，首次公开发行股票的公司（即发行人）及其保荐机构应通过向询价对象询价的方式确定股票发行价格。

按照规定，发行申请经证监会核准后，发行人应公告招股意向书，开始进行推介和询价。发行人及其保荐机构应通过初步询价确定发行价格区间，通过累计投标询价确定发行价格。为了使询价更趋市场化，平衡配售和上网发行的关系，该规定还对询价发售数量作出限制。按照规定，发行人及其保荐机构应向参与累计投标询价的询价对象配售股票：公开发行数量在4亿股以下的，配售数量应不超过本次发行总量的20%；公开发行数量在4亿股以上（含4亿股）的，配售数量应不超过本次发行总量的50%。经证监会同意，发行人及其保荐机构可以根据市场情况对上述比例进行调整。

应当指出，自证监会于2006年9月17日公布《证券发行与承销管理办法》（2012年5月18日修改）后，有关股票配售方式和市场询价机制的上述规范性文件已经废止。

三、推行证券发行上市保荐人制度

2003年12月28日，证监会发布《证券发行上市保荐制度暂行办法》，并于2004年2

月1日起实施。2009年5月13日证监会发布《证券发行上市保荐业务管理办法》废止了前述暂行办法。保荐人制度原本是针对创业板市场的特殊风险而设计的制度，证监会将境外创业板中的保荐人制度移植到国内主板市场。

保荐机构及保荐代表人应当遵守法律、行政法规、证监会规章和行业规范，诚实守信，尽职推荐发行人证券发行上市，持续督导发行人履行相关义务。前述暂行办法还规定，保荐机构及保荐代表人未能尽职履行保荐职责的，证监会可以对其采取谈话提醒、重点关注、责令改正、认定不适合担任相关职务者等监管措施。保荐人和保荐代表人推荐发行上市时，必须在保荐文件上签字或者盖章，以示承诺，这构成了追究保荐人及保荐代表人责任的基础，保荐人须对自己推荐发行的股票所存在的问题承担连带责任。

保荐人制度将公司发行证券以及上市后的持续诚信表现，与中介机构的执业质量考核紧密联系，通过责任追究机制约束保荐人，实现了保荐人优选上市企业、证监会审查上市企业的新型安排。应该说，保荐人制度是深化证券发行制度改革的重大举措，有助于推动投资银行业务的规范化和专业化运作，有助于消除实行近四年的通道制所带来的诸多弊端。

保荐机构和保荐代表人实际担当着证券发行环节的"第一看门人"的角色。我国《证券法》施行前采取证券发行审批制，后改为股票发行核准制以及公司债券发行审批制，反映出我国证券发行制度正在朝透明化和市场化方向发展。

四、引入合格境外机构投资者机制

2002年11月5日，证监会和中国人民银行联合发布《合格境外机构投资者境内证券投资管理暂行办法》（已废止）。2006年8月24日，证监会、中国人民银行和外汇管理局联合发布《合格境外机构投资者境内证券投资管理办法》，该管理办法于2006年9月1日施行，并同时废止原暂行办法。

合格境外机构投资者也称QFII（Qualified Foreign Institutional Investors的缩写），是指符合前述管理办法规定的条件，经证监会批准投资于我国证券市场，并取得国家外汇管理局额度批准的中国境外基金管理机构、保险公司、证券公司以及其他资产管理机构。合格境外机构投资者应委托境内商业银行作为托管人托管资产，委托境内证券公司办理在境内的证券交易活动。

合格境外机构投资者，是一种有限度地引进外资、逐步开放资本市场的制度。根据QFII制度，经当地监管机构核准，合格境外机构投资者可以按照规定汇入一定额度的外汇资金并转换为当地货币，在受到严格监管的情况下，利用专门账户投资当地证券市场，其资本利得、股息等经审核后可转为外汇并汇出。在新兴市场经济国家中，由于货币无法完全自由兑换，资本项目尚未开放，外国投资者无限制进入可能会冲击本国证券市场。借助QFII制度，政府可以对外资进入加以限制和引导，控制外来资本对本国经济的过度影响，抑制境外投机性游资对本国经济的冲击，推动资本市场国际化，使之与本国经济发展和证券市场发展相适应。

五、逐步开放B股市场

顺应我国吸引外商投资政策和外汇管制体制的要求，1995年国务院发布实施《关于股份有限公司境内上市外资股的规定》，允许国内上市的股份有限公司发行人民币特种股股票，据此，境内上市公司发行的普通股股票遂分为A股、B股、H股三种。然而，我国居民持有的外汇规模很大，截至2004年7月底，国内居民外汇储蓄存款余额达到905亿美元；2005年年末，该余额为808亿美元。在严格的外汇管制制度下，国内居民外汇储蓄只能以兑换成人民币、外币存款、买卖外汇等方式投资。在当时我国同时发行A股和B股的上市公司已超过20家，同一公司发行的两种股票流动性差异较大，交易价格差异很大，这种不合理状况是由人民币市场与外汇市场割裂以及股票和资金供求关系失衡导致的。

为了逐步解决A股、B股市场的分置局面，使境内居民持有的外汇获得增值机会，经国务院批准，2001年2月19日证监会决定允许境内居民以合法持有的外汇开立B股账户，交易B股股票。2001年2月21日证监会、国家外汇管理局发布《关于境内居民个人投资境内上市外资股若干问题的通知》，就境内居民个人开立B股资金账户和股票账户的程序作出规定。为了适应我国外汇管理体制，该通知还规定，境内居民个人不得从B股资金账户提取外币现钞，非居民不得从B股资金账户提取外币现钞，境内居民个人与非居民之间不得进行B股股票的协议转让，境内居民个人所购B股不得向境外转托管。

六、启动网上委托交易

证券公司与计算机技术公司早就开展了网上证券委托业务。但是，由于缺乏技术标准和严格监管，网上委托存在隐患。为了鼓励市场创新，控制风险，维护市场秩序，保护投资者利益，促进证券市场的健康发展，2000年3月30日证监会制定《网上证券委托暂行管理办法》。

网上委托，是指证券公司通过互联网，向在本机构开户的投资者提供用于下达证券交易指令、获取成交结果的一种服务方式，但不包括证券公司租用公共通信设施建设的、专门用于委托业务的电话拨号网络或者其他形式的计算机网络。网上委托的证券为上海证券交易所依法开户的投资者，经本人申请并办理有关手续后，方可进行网上委托。

该管理办法施行后，极大地推动了网上委托的发展。根据证监会的统计数据，2002年网上委托证券交易仅占上海和深圳证券交易所同期总交易量的8.99%。2003年，我国网上证券交易量达9 947亿元，占上海、深圳证券交易所同期总交易量（双边计算）的14.90%。

2008年4月24日，证监会废止该管理办法，但是，网上委托作为互联网时代证券委托的重要形式，仍然保留下来，并主要依靠合同法和行业规则加以规范。

七、启动网络投票

网络投票，即借助互联网技术及证券交易所交易系统进行公司内部投票的制度。网上证券委托的顺利开展，为启动网络投票提供了先例和可能。2004年12月7日，证监会发布了《关于加强社会公众股股东权益保护的若干规定》。

根据规定，在股权分置情形下，作为一项过渡性措施，上市公司应建立和完善社会公众股股东对五类重大事项的表决制度。网络投票主要适用于：上市公司向社会公众增发新股、发行可转换公司债券、向原有股东配售股份、上市公司重大资产重组，购买的资产总价与所购买资产经审计的账面净值相比，溢价达到或超过20%的；股东以其持有的上市公司股权偿还其欠付公司的债务；对上市公司有重大影响的附属企业境外上市；在上市公司发展过程中对社会公众股股东利益有重大影响的相关事项。

根据该规定，上市公司发布股东大会通知后，应当在股权登记日后3日内再次公告股东大会通知。上市公司公告股东大会决议时，应当说明参加表决的社会公众股股东人数、所持股份总数、占公司社会公众股股份的比例和表决结果，并披露参加表决的前十大社会公众股股东的持股和表决情况。该规定特别提出，鼓励上市公司在召开股东大会时，除现场会议外，向股东提供网络形式的投票平台。上市公司召开股东大会审议相关事项的，应当向股东提供网络形式的投票平台。上市公司股东大会实施网络投票，应按有关实施办法办理。与网络投票规则相配合，2004年11月29日证监会发布施行《上市公司股东大会网络投票工作指引（试行）》。2006年3月16日，证监会发布《上市公司股东大会规则》，在废止了前述工作指引的同时，吸收了该工作指引中关于网络表决的合理内容。

八、发布实施《上市公司收购管理办法》

《证券法》专章规定了上市公司收购制度。并且证监会于2002年9月28日发布《上市公司收购管理办法》（以下简称《收购管理办法》），证监会后于2006年5月17日审议通过新的《收购管理办法》，并于2008年8月27日和2012年2月14日两次修改该《收购管理办法》，该管理办法具体规定了上市公司收购的操作细则。根据《证券法》，是否属于上市公司收购，主要根据持股比例加以确定。根据《收购管理办法》，上市公司收购是指收购人通过在证券交易所的股份转让活动持有一个上市公司的股份达到一定比例、通过证券交易所股份转让活动以外的其他合法途径控制一个上市公司的股份达到一定程度，导致其获得或者可能获得对该公司的实际控制权的行为。换言之，即使持股比例低于上市公司发行在外股份总额的10%，依然可能构成上市公司收购。

《收购管理办法》规定了上市公司收购的管制条款。如《收购管理办法》规定，收购人不得利用上市公司收购损害被收购公司及其股东的合法权益，不具备实际履约能力的收购人不得进行上市公司收购，被收购公司不得向收购人提供任何形式的财务资助。《收购管理办法》还规定了控股股东、收购人和高管人员的诚信义务。如上市公司的控股股东和其他实际控制人对其所控制的上市公司及该公司其他股东负有诚信义务；收购人对其所收购的上市公司及其股东负有诚信义务，并应当就其承诺的具体事项提供充分有效的履行保证；上市公司的董事、监事和高级管理人员对其所任职的上市公司及其股东负有诚信义务。

九、完善证券公司治理机制

证券公司挪用客户保证金、违规操纵市场和经营严重亏损，将严重影响公众对证券公司的信任。这不仅影响到证券公司的持续经营，还将诱发投资者对金融市场的信任危机，从而影响到证券市场的健康发展。在此背景下，规范证券公司的管理和营业，就成为证券监管机构高度关注的问题。

（一）境外投资者参股证券公司

证监会于2002年7月1日实施《外资参股证券公司设立规则》，并分别于2007年12月28日和2012年8月1日作出修订。

根据2002年规则的规定，外资参股证券公司可采取境外股东受让境内证券公司股权而变更为外资参股的证券公司，也可以由境外股东认购境内证券公司股权而变更为外资参股的证券公司，还可以由境外股东与境内投资者共同出资设立证券公司。但境外股东持股比例或者在外资参股证券公司中拥有的权益比例，直接和间接持有累计不得超过1/3。外资参股证券公司的境内股东中应当至少有一名的持股比例或在外资参股证券公司中拥有的权益比例不低于1/3。内资证券公司变更为外资参股证券公司后，应当至少有一名内资股东的持股比例不低于1/3。[①]

外资参股证券公司可经营下列业务：(1) 股票（包括人民币普通股、外资股）和债券（包括政府债券、公司债券）的承销；(2) 境内上市外资股（B股）和在境外上市的外资股的经纪；(3) 债券（包括政府债券、公司债券）的经纪和自营；(4) 证监会批准的其他业务。外资参股证券公司应当按照规定向证监会提出业务范围的申请；从事股票主承销业务的，应当按照证监会关于证券公司股票主承销资格管理的规定，取得股票主承销业务资格。

(二) 证券公司的内部治理

证监会于2002年3月1日开始实施《证券公司管理办法》。该管理办法专章规定了证券公司"内部控制和风险管理"，提出证券公司要按照现代企业制度的要求，建立、健全符合公司法规定的公司治理机制。根据《证券公司管理办法》，符合条件的证券公司要引进独立董事，证券公司要加强内部管理，建立严格的内部控制制度。2003年12月15日，证监会同时发布了《证券公司治理准则（试行）》、《证券公司内部控制指引》以及《关于加强证券公司营业部内部控制若干措施的意见》三个重要的规范文件，旨在提升证券公司的内部治理水平。

经国务院常务会议通过，证监会于2008年4月23日公布《证券公司监督管理条例》。同时，前述《证券公司管理办法》、《证券公司治理准则（试行）》和《关于加强证券公司营业部内部控制若干措施的意见》失效。

十、完善亏损上市公司退市制度

2001年11月30日，证监会发布《亏损上市公司暂停上市和终止上市实施办法（修订）》（以下简称《暂停终止上市实施办法（修订）》），并废止了2001年2月22日《亏损上市公司暂停上市和终止上市实施办法》。该实施办法就上市公司连续亏损，其股票暂停上市、恢复上市和终止上市事宜作出具体规定。根据修订后的实施办法，证券交易所依法决定上市公司股票的暂停、恢复或者终止上市。除就暂停上市、恢复上市作出具体规定外，还就终止上市时办理股份转让的事宜作出规定，即股票终止上市的公司可以依照有关规定与中国证券业协会批准的证券公司签订协议，委托证券公司办理股份转让。

应予注意，2012年8月3日，中国证监会废止了上述实施办法，亏损上市公司暂停、终止上市的，依照证券法和交易所上市规则办理。

十一、逐步建立多层次证券市场

应当构建何种证券市场体系，向来是我国立法、理论和实务界关注的重要课题。证券监管机构早在2000年以前就考虑过设立创业板，然而，由于法律没有修改，创业板的启动

---

① 根据2012年8月1日的修订，境外投资者的持股比例或权益比例不应超过49%，至少1名境内股东的持股比例不低于49%；在控股股东为内资股东的前提下，上市内资证券公司不受至少有1名内资股东持股比例不低于49%的限制。

工作被拖延下来。1999年12月25日，九届全国人大常委会第十三次会议通过修改《公司法》的决定。根据该决定，1993年《公司法》第229条增加一款作为第2款："属于高新技术的股份有限公司，发起人以工业产权和非专利技术作价出资的金额占公司注册资本的比例，公司发行新股、申请股票上市的条件，由国务院另行规定。"该次修改决定还特别说明："根据高新技术股份有限公司的特点，其上市交易的股票在现有的证券交易所内单独组织交易系统，进行交易。鉴于此项工作还缺乏经验，加之风险较大，应当有计划、有步骤、积极稳妥地进行。"2004年1月31日，国务院发布《关于推进资本市场改革开放和稳定发展的若干意见》（以下简称《国务院九条意见》），再次提出要建立多层次证券市场。

（一）建立中小企业板

经国务院批准，证监会于2004年5月17日批复同意深圳证券交易所在主板市场内设立中小企业板块，并核准了中小企业板块实施方案。

中小企业板块是深圳证券交易所主板市场的组成部分，主要接受主板市场拟上市公司中具有较好成长性和较高科技含量的中小企业发行股票和上市。依据该方案，中小企业板块的总体设计概括为"两个不变"和"四个独立"，即在现行法律法规不变、发行上市标准不变的前提下，在深圳证券交易所主板市场中设立一个运行独立、监察独立、代码独立、指数独立的板块。中小企业板在证券发行、交易以及公司监管上，不同于主板市场。

1. 在发行制度上，中小企业板块主要安排主板市场拟上市企业中流通股本规模相对较小的公司上市，并根据市场需求，确定发行规模和发行方式。

2. 在交易和监管制度上，中小企业板遵循不同于主板市场的特别规则。如改进开盘集合竞价制度和收盘价的确定方式；完善交易信息公开制度，引入涨跌幅、振幅及换手率的偏离值等监控指标，并将异常波动股票纳入信息披露范围，按主要成交席位分别披露买卖情况，提高信息披露的有效性。另外，还完善了交易异常波动停牌制度，优化了股票价量异常判定指标，及时揭示市场风险，以减少信息披露滞后或提前泄露的影响。

3. 在公司监管制度上，实行比主板市场更严格的信息披露制度：一是建立募集资金使用定期审计制度；二是建立涉及公司发展战略、生产经营、新产品开发、经营业绩和财务状况等内容的年度报告说明会制度；三是建立定期报告披露上市公司股东持股分布制度；四是建立上市公司及中介机构诚信管理系统；五是建立退市公司股票有序、快捷地转移至股份代办转让系统交易的机制。

（二）股份代办转让系统

代办股份转让服务业务，是指在中国证券业协会的主持下，证券公司以其自有或租用的业务设施，为非上市公司提供的股份转让服务业务。中国证券业协会于2001年6月12日发布《证券公司代办股份转让服务业务试点办法》。根据规定，代办股份转让服务主要是为解决原STAQ、NET系统挂牌公司的股份流通问题，规范证券公司代办股份转让服务业务活动。经批准，其他股份有限公司的股份转让服务业务活动，亦参照该试点办法执行。

证券界认为，股份代办转让系统是我国建立"三板市场"的重要标志，它执行不同于证券交易所的特别规则。股份代办转让系统主要包括三项业务：一是继续作为原STAQ和NET系统挂牌公司股份流通的交易系统；二是为从上海和深圳证券交易所退市的公司提供股份转让业务；三是为中关村科技园区内的非上市股份有限公司提供股份代理报价转让业务。股份在该股份代办转让系统转让的股份有限公司，称为"挂牌公司"。

十二、启动上市公司股权分置改革

所谓股权分置，是指将上市公司股份分为流通股和非流通股的股权结构。自我国实行公司制改革以来，上市公司股份就分为流通股和非流通股。流通股是可以通过证券交易所集中竞价交易系统转让的股份，非流通股是不能通过证券交易所集中竞价交易系统转让的股份。截至2004年年底，我国上市公司总股本为7 149亿股，其中，非流通股为4 543亿股，占上市公司总股本的64%，国有股份在非流通股中占74%。

股权分置是我国证券市场渐进发展中出现的特殊问题。1992年5月，国务院所属六部委联合发布《股份有限公司规范意见》，成为形成股权分置局面的主要依据。1993年《公司法》没有提及股权分置问题并在事实上维持了原有的股权分置局面。但股权分置制约了我国证券市场的规范发展，扭曲证券定价机制，导致公司治理缺乏共同的利益基础，不利于国有资产管理体制的深化改革，不利于上市公司的并购和重组，制约了资产市场的国际化进程和产品创新，也不利于形成稳定的市场预期。[①]《国务院九条意见》明确提出了“积极稳妥解决股权分置问题”，股权分置改革即指将非流通股转换为流通股的制度安排。

2005年4月29日，证监会发布《关于上市公司股权分置改革试点有关问题的通知》（已失效），并启动股权分置改革。在实践中，股权分置改革方案的基本模式是，非流通股股东向流通股股东或上市公司支付一定代价，以换取所持非流通股股票的流通权。这种代价通常是：（1）非流通股股东向流通股股东无偿转让部分股票；（2）非流通股股东向上市公司无偿提供部分资源。

根据证监会规定，股权分置改革的主要程序是：

1. 股权分置改革要按照市场稳定发展、规则公平统一、方案协商选择、流通股股东表决、实施分步有序的操作原则进行。

2. 上市公司董事会在就股权分置改革方案作出决议的法定期限内，公告董事会决议、独立董事意见、股权分置改革说明书、保荐机构的保荐意见、召开临时股东大会的通知并申请公司股票复牌。

3. 临时股东大会就董事会提交的股权分置改革方案作出决议时，必须经参加表决的股东所持表决权的2/3以上通过。

4. 试点上市公司应承诺分步出售获得流通权的股份，其持有的非流通股份自获得上市流通权之日起，至少12个月内不得上市交易或者转让；持有公司股份总数5%以上的非流通股股东应当承诺，在前述12个月期限届满后，出售数量在12个月内不超过5%、24个月内不超过10%。

截至2006年年初，完成股权分置改革的上市公司市值已超过上市公司总市值的50%。截至2007年年末，在中小企业板上市的公司全部完成了股权分置改革，在上海及深圳证券交易所的主板市场中，仅100余家上市公司未完成股权分置改革。可以说，我国已基本完成了股权分置改革。在完成股权分置改革后，上市公司全部股份都具有流通权，并在承诺期限届满后可以全部流通，从而对证券市场的走势产生深远影响。

现实而鲜活的证券实践告诉我们，现实的证券法律制度已不能用原《证券法》加以概

---

① 参见时任证监会主席尚福林就股权分置改革接受媒体专访（2005年5月15日），载《深圳证券交易所股权分置改革资料汇编》，73～83页。

括。多年发展着的证券法理论告诉我们，虽然原《证券法》的文字和内容没有根本变化，但学术界和实务界已对《证券法》有了更丰富的理解。

第三节　2005年《证券法》的修订

一、证券法的二次修改

原《证券法》于1997年亚洲金融危机后出台，它总结了我国近十年证券市场发展的实践，已成为我国证券市场发展的基础法律。在制度设计上，原《证券法》采用了谨慎乃至保守的态度，更多地反映了整顿金融秩序、防范金融风险的思想，除弊观多于兴业观，法条的开放性和前瞻性稍显不足。随着亚洲金融危机负面影响的逐渐消除，法律环境以及市场出现重大变化，证券界积极开展金融创新，因此立法机关先后两次修改《证券法》。

第一次修改，主要是为了实现与《行政许可法》的配套衔接。2003年7月18日，全国人大常委会宣布成立《证券法》修改起草组（包括领导小组、顾问小组和工作小组）。2004年3月，十届全国人大二次会议举行第四次会议听取和审议吴邦国委员长所作的全国人大常委会工作报告，将《证券法》修改列入当年立法计划。2004年8月28日，第十届全国人大常委会第十一次会议通过了《关于修改〈中华人民共和国证券法〉的决定》：（1）原《证券法》第28条修改为："股票发行采取溢价发行的，其发行价格由发行人与承销的证券公司协商确定。"（2）原《证券法》第50条修改为："公司申请其发行的公司债券上市交易，由证券交易所依照法定条件和法定程序核准。"

第二次修改，是《证券法》的重大修改。2005年10月27日，第十届全国人大常委会第十八次会议完成了对《证券法》的重新修订。修订后的现行《证券法》共计12章、240条，于2006年1月1日施行。主要修订内容如下。

二、预留混业经营的政策空间

原《证券法》规定，证券业和银行业、信托业、保险业分业经营、分业管理。证券公司与银行、信托、保险业务机构分别设立。现行《证券法》增加了"国家另有规定的除外"的除外条款，我国自此开启了金融业混业经营的大门。

在原《证券法》修改以前，我国金融业改革不断深化，早已突破了分业经营的法律禁令，不仅有金融控股公司分设银行、证券、保险机构的模式，也有商业银行直接设立基金公司以及证券公司持有商业银行股份的情况。根据规定，保险公司可以使用一定比例的保险资金从事证券投资。现行《证券法》增加分业经营的"除外条款"，承认了混业经营的合法性，为未来金融改革预留了政策空间。

三、预留多层次资本市场的发展空间

原《证券法》规定，经依法核准的上市交易的股票、公司债券及其他证券，应当在证券交易所挂牌交易。当时，我国只存在上海和深圳证券交易所两家证券交易所，上述规定在事实上否定了场外交易市场的存在。单一的市场结构，限制了证券的流动性，也遏制了企业融资需求。

现行《证券法》规定，依法公开发行的股票、公司债券及其他证券，应当在依法设立

的证券交易所上市交易或在国务院批准的其他证券交易场所转让。将“证券交易所”修改为“证券交易场所”仅为一字之差，却意味着我国正在向多层次证券市场的目标迈进。与此同时，《证券法》降低了证券发行标准，确立了证券发行与上市条件相分离的结构，正在逐步消除构建多层次证券市场的实质障碍，资本市场逐渐成为更多公司可以利用的市场。

四、预留国有企业买卖股票的空间

原《证券法》规定，国有企业和国有资产控股企业，不得炒作上市交易的股票。现行《证券法》规定，国有企业和国有资产控股企业买卖上市交易的股票，必须遵守国家有关规定。规范市场行为，平等对待各种经济成分，是《证券法》的重要原则。国有企业以及国有控股企业能否买卖股票，不应由《证券法》规定，而应由企业国有资产法加以规定。必须看到，现行《证券法》既没有禁止、也没有授权国有企业买卖股票，而是将决定权交由国有资产监督管理机构行使。

五、开放证券公司融资融券业务

原《证券法》规定，证券公司不得从事向客户融资或融券的证券交易活动。证券公司接受委托卖出的证券，必须是客户实有的证券，不得为客户融券交易。证券公司接受委托买入证券，必须以客户实有的资金支付，不得为客户融资交易。

现行《证券法》规定，证券公司为客户买卖证券提供融资融券服务，应当按照国务院的规定并经国务院证券监督管理机构批准。融资融券是资本市场的重要功能之一，也是实施期货等金融衍生工具交易的重要基础，各国资本市场都有融资融券制度。通过融资融券，可以增加市场的流动性，提供风险回避手段，提高资金利用率，应当根据法律规定有步骤地实施。

六、取消禁止银行资金入市的规定

原《证券法》规定，禁止银行资金违规流入股市。党的十六届三中全会《关于完善社会主义市场经济体制若干问题的决定》提出，“拓宽合规资金入市渠道”，“建立健全货币市场、资本市场、保险市场有机结合、协调发展的机制”。据此，现行《证券法》规定，依法拓宽资金入市渠道，禁止资金违规流入股市。在理论上，银行资金是否入市，应当属于银行监管的范畴，应受到《商业银行法》的调整，无须由《证券法》加以规定。在实践中，进入证券市场的资金情况十分复杂，通常难以清晰判定银行资金和非银行资金的界限。即使投资者使用违规资金从事证券交易，也不应影响证券交易的效力。就此而言，禁止银行资金违规流入的《证券法》规定，不直接产生裁判上的效力。

七、承认自律组织的监管地位

现行《证券法》承认证券交易所具有自律监管组织的法律地位。原《证券法》没有明确规定证券交易所的自律组织地位，其职权受到相当多的限制，证券交易所通常是根据证监会授权履行职责。根据现行《证券法》，证券交易所是依法履行自律监管职责的非营利组织，独立行使上市审核职权，实现了自律监管职能与行政监管职能的分离。

《证券法》明确了证券交易所与上市公司的关系。原《证券法》规定，股份有限公司申请其股票上市交易，必须报经国务院证券监督管理机构核准。国务院证券监督管理机构可以授权证券交易所依照法定条件和法定程序核准股票上市申请。换言之，在原《证券法》中，证券交易所变成了证监会的授权监管机构，而失去了自律监管上市公司的职权。现行《证券法》规定了证券交易所的市场组织者地位，其有权依据法定上市条件和上市规则审核证券上市；经证券交易所审核同意上市的，证券交易所与上市申请人签订上市协议，通过上市协议规范双方的权利义务，从而确立了两者之间的民事关系。据此规定，上市申请人对证券交易所暂停上市、终止上市决定不服的，应按民事纠纷处理。

八、加强对证券发行的监管

原《证券法》规定证券发行采取核准和审批并存的审核体制，并分别就不同审核程序作出了原则性规定，但未规定证券发行的条件和程序。在实践中，证券发行条件主要适用《公司法》及国务院颁布的行政法规；有关证券发行的其他规则有失完整。为了完善证券发行制度，现行《证券法》增加并修改了以下主要规则：

1. 增加了证券公开发行的认定标准。根据《证券法》，有下列情形之一的，为公开发行：向不特定对象发行证券的；向特定对象发行证券累计超过200人的；法律、行政法规规定的其他发行行为。非公开发行证券，不得采用广告、公开劝诱和变相公开方式。该规定有助于清晰界定公开发行与非公开发行的界限，有助于阻遏变相公开发行，有助于确定违法发行的法律责任。

2. 创设证券发行申请的预披露制度。原《证券法》没有规定预披露制度。现行《证券法》规定，发行人申请首次公开发行股票的，在提交申请文件后，应当按照国务院证券监督管理机构的规定预先披露有关申请文件。预披露制度有助于拓宽社会监督的渠道，防范发行人采取虚假手段骗取发行上市资格。

3. 采纳证券发行上市保荐制度。原《证券法》没有规定上市保荐制度。现行《证券法》规定，发行人申请公开发行股票、可转换为股票的公司债券，依法采取承销方式的，或公开发行法律、行政法规规定实行保荐制度的其他证券的，应当聘请具有保荐资格的机构担任保荐人。引入保荐人制度，有助于减少证券发行中的违法违规现象，有助于促成上市公司的规范运作。

4. 增设证券发行失败的规则。在我国证券市场中，长期存在股票供不应求的失衡局面，几乎从未出现新股发行失败的情况，原《证券法》也没有对此作出规定。随着市场供求关系的逐步改变，证券发行的市场化程度提高，投资者的风险意识增强，为了降低证券公司采取单一包销措施引起的风险，现行《证券法》规定，股票发行采用代销方式，代销期限届满，向投资者出售的股票数量未达到拟公开发行股票数量70%的，为发行失败，发行人应当按照发行价并加算银行同期存款利息返还股票认购人。

九、改革证券交易和结算制度

原《证券法》仅规定了证券现货交易、集中竞价交易和T+1交易规则。现行《证券法》在承认现货交易基础地位的同时，增加了“但书”条款，允许采取监管机构批准的其他交易方式；在集中竞价交易的基础上，允许采取国务院批准的其他方式。另外，《证券法》还取消了对T+0交易规则的限制。

在登记结算方面，为了保障证券市场的安全运行，防范结算风险，明确结算业务的基本要求和保证交收的基本原则、措施和手段，现行《证券法》增加了有关登记结算的新规则，其中，证券登记结算机构为证券交易提供净额结算服务时，应要求结算参与人按照货银对付的原则，足额交付证券和资金，并提供交收担保。在完成交收之前，任何人不得动用用于交收的证券、资金和担保物。结算参与人没有按时履行交收义务的，证券登记结算机构有权按照业务规则处理前述财产。

十、加强对投资者利益的保护

原《证券法》更重视追究违法行为人的行政和刑事责任，却相对忽视证券法上的民事责任。随着投资者权利意识的逐渐增强，立法者逐渐认识到私力救济在维护证券市场秩序中的积极作用，因此，《证券法》增加、完善了有关规则，以期向投资者提供更周到的保护。

1. 完善了行为人承担民事责任的条款。内幕交易、操纵市场、虚假陈述和欺诈客户的行为人，在给投资者造成损失的情况下，都应承担赔偿责任。现行《证券法》还特别规定了证券投资咨询机构及其从业人员的赔偿责任。根据《证券法》规定，证券投资咨询机构及其从业人员违法从事证券服务业务，给投资者造成损失的，依法承担赔偿责任。

2. 增加了证券投资者保护基金的条款。原《证券法》没有采用该项制度。根据现行《证券法》规定，国家设立证券投资者保护基金，由证券公司缴纳的资金及其他依法筹集的资金组成，其筹集、管理和使用的具体办法由国务院规定，该规定初步建立起对投资者权益予以事后保护的救济措施。

十一、加强监管机构的职权

应否加强监管机构的执法手段，是各界在证券法修改中争论的热点问题。《证券法》规定，国务院证券监督管理机构依法履行职责，有权采取下列措施：对证券发行人、上市公司、证券公司、证券投资基金管理公司、证券服务机构、证券交易所、证券登记结算机构进行现场检查；进入涉嫌违法行为发生场所调查取证；询问当事人和与被调查事件有关的单位和个人，要求其对与被调查事件有关的事项作出说明；查阅、复制与被调查事件有关的财产权登记、通信记录等资料；查阅、复制当事人和与被调查事件有关的单位和个人的证券交易记录、登记过户记录、财务会计资料及其他相关文件和资料；对于可能被转移、隐匿或者毁损的文件和资料，可以予以封存；查询当事人和与被调查事件有关的单位和个人的资金账户、证券账户和银行账户；对于有证据证明已经或者可能转移或者隐匿违法资金、证券等涉案财产或者隐匿、伪造、毁损重要证据的，经国务院证券监督管理机构主要负责人批准，可以冻结或者查封；在调查操纵证券市场、内幕交易等重大证券违法行为时，经国务院证券监督管理机构主要负责人批准，可以限制被调查事件当事人的证券买卖，但限制的期限不得超过15个交易日；案情复杂的，可以延长15个交易日。

第四节 证券法制的最新发展

修改后的《证券法》和《公司法》于2006年1月1日同时施行。为了落实《证券法》和《公司法》，国务院及证券监管机构不仅开展了有关的配套立法工作，还推出了多项新的市场改革措施。在随后6年多的时间里，我国证券市场得到了快速发展，法制建设取得了可喜成绩，正在逐步形成一种反映“新兴加转轨”特色的证券市场法律体系。

一、深化发行制度改革

证券发行向来是证券法学界关注的重要问题之一。《证券法》区分了公开发行与非公开发行，吸收了发行上市保荐人制度，创设了预披露制度，扩大了核准制的适用范围。为了落实《证券法》，深化证券发行体制改革，证监会制定、修订了《首次公开发行股票并上市管理办法》、《证券发行与承销管理办法》、《发行审核委员会办法》、《保荐人尽职调查工作准则》以及有关信息披露内容与格式准则，允许上市公司通过非公开发行股票、公开发行可分离交易的可转换公司债券等方式融资，初步形成了证券公开发行的法律体系。

2009年1月21日，证监会审议通过《首次公开发行股票并在创业板上市管理暂行办法》，该暂行办法于2009年5月1日起施行，分别规定了总则、发行条件、发行程序、信息披露、监督管理和法律责任以及附则，成为规范创业板股票发行和上市活动的主要规范文件。

2012年5月11日，证监会审议通过《非上市公众公司监督管理办法》，自2013年1月1日起施行。根据该管理办法，非上市公众公司（简称公众公司），是指股票向特定对象发行或者转让导致股东累计超过200人或股票以公开方式向社会公众公开转让，且其股票未在证券交易所上市交易的股份有限公司。公众公司定向发行，既包括向特定对象发行股票导致股东累计超过200人，也包括股东人数超过200人的公众公司向特定对象发行股票两种情形。拟定向发行的公众公司应当按照证监会有关规定制作定向发行的申请文件，公众公司持申请文件向中国证监会申请核准。证监会受理申请文件后，依法对公司治理和信息披露以及发行对象情况进行审核，作出是否核准的决定，并出具相关文件。

二、重视发展公司债券市场

在严格的金融管制政策的影响下，银行信贷已成为我国公司或企业融资的重要工具。然而，经济发展过度依赖于银行信贷，不仅造成银行业的巨大负担，还可能造成经济发展的巨大风险，学者普遍认为，我国应当积极发展公司或企业债券融资。公司或企业债券是直接融资的工具之一，培育公司或企业债券市场是我国发展多层次资本市场的重要手段。

1. 企业债券。早在1987年3月27日，国务院就曾发布《企业债券管理暂行条例》，后于1993年8月2日发布施行《企业债券管理条例》，并废止《企业债券管理暂行条例》。根据该管理条例的规定，国家计划委员会（现为国家发改委）会同中国人民银行、财政部、国务院证券委员会拟订全国企业债券发行的年度规模和规模内的各项指标，报国务院批准后，下达各省、自治区、直辖市、计划单列市人民政府和国务院有关部门执行。未经国务院同意，任何地方、部门不得擅自突破企业债券发行的年度规模，并不得擅自调整年度规模内的各项指标。

2. 公司债券。2007年5月30日，证监会审议通过《公司债券发行试点办法》，该试点办法共6章、32条，分别为总则、发行条件、发行程序、债券持有人权益保护、监督管理以及附则。该试点办法规定，申请发行公司债券，应当符合《证券法》、《公司法》和该办法规定的条件，经证监会核准。公司债券的上市交易、登记结算等事项应当遵守所在证券交易场所及相应证券登记结算机构的有关规定。

3. 证券公司债券。2004年10月18日，证监会发布《关于修改〈证券公司债券管理暂行办法〉的决定》。修改后的《证券公司债券管理暂行办法》共7章、59条，分别是总则、发行与承销、托管与转让、信息披露、偿债措施、法律责任和附则。

三、完善上市公司治理结构

上市公司治理是公司法和证券法学界共同关注的重大问题。为了完善上市公司治理，证监会制定、修订了《上市公司股权激励管理办法（试行）》、《上市公司章程指引》、《上市公司股东大会规则》以及《关于修改上市公司现金分红若干规定的决定》等规范文件，施行了《上市公司信息披露管理办法》，以提高上市公司的规范化运作水平，妥善保护投资者利益，提高上市公司的整体质量。

四、完善上市公司的收购制度

在股权分置改革实施前，上市公司的非流通股比重较高，公司收购的市场化水平较低。在股权分置改革完成后，上市公司股份均变成流通股。虽然控制股东未必愿意转让其控制权，但公司收购的基础必然发生根本变化。为了适应新形势下的上市公司收购，证监会修订了《上市公司收购管理办法》，分为总则、权益披露、要约收购、协议收购、间接收购、豁免申请、财务顾问、持续监管、监管措施与法律责任、附则，共计10章、90条。

另外，因为上市公司并购交易额占企业间并购交易额的比重逐年上升，2005年以前平均占比不足20%，2006年到2010年的平均占比已达48%，2011年更是高达67%。上市公司并购重组对于国民经济“调结构、转方式”发挥了重要作用。① 顺应这种状况，证监会于2007年7月10审议通过《上市公司并购重组财务顾问业务管理办法》，该管理办法于2008年8月4日起施行，详细规定了为上市公司的收购、重大资产重组、合并、分立、股份回购等对上市公司股权结构、资产和负债、收入和利润等具有重大影响的并购重组活动提供交易估值、方案设计、出具专业意见等专业服务活动的规则。除此以外，证监会还公布了《上市公司并购重组行政许可审核工作流程》等操作规程，大大提高了上市公司重组审核程序的透明度。

五、规范证券公司监管制度

我国于2001年开始施行《证券公司管理办法》，证监会不仅发布了证券从业人员管理办法，还公布了《证券公司风险控制指标管理办法》、《证券公司董事、监事、高级管理人员任职资格监管办法》和《证券公司客户资产管理业务管理办法》等规范性文件，巩固了证券公司综合治理的成果，实现了由静态监管向动态监管转变的历史性跨越。此外，证监会制定了《证券公司融资融券业务试点管理办法》和《证券公司融资融券业务内部控制指引》，为证券公司业务创新提供了法律保障。

2008年4月23日，国务院第6次常务会议通过并公布《证券公司监督管理条例》。该监督管理条例在总结以往经验的基础上，分章规定了总则、设立与变更、组织机构、业务规则与风险控制、客户资产的保护、监督管理措施、法律责任和附则，夯实了证监会部门

① 参见中国证监会：《中国证监会开始公示上市公司并购重组审核流程与审核进度》，见 http：//www. csrc. gov. cn/pub/newsite/bgt/xwdd/201210/t20121015_215807. htm。

规章的地位。

根据中国加入WTO时的承诺，证监会于2012年8月1日审议通过《关于修改〈外资参股证券公司设立规则〉的决定》，规定“境外股东持股比例或者在外资参股证券公司中拥有的权益比例，累计（包括直接持有和间接控制）不得超过49%”，“境内股东中的内资证券公司，应当至少有1名的持股比例或者在外资参股证券公司中拥有的权益比例不低于49%”，“内资证券公司变更为外资参股证券公司后，应当至少有1名内资股东的持股比例不低于49%”。在明确规定的特殊情况下，“在控股股东为内资股东的前提下，上市内资证券公司不受至少有1名内资股东的持股比例不低于49%的限制”。

六、发展壮大机构投资者

机构投资者是各国证券市场中的重要力量，发展壮大机构投资者有助于减少市场投机，是证券市场的稳定器。为了发展、壮大机构投资者队伍，推动证券市场的长期投资，证监会制定、修订了《合格境外机构投资者境内证券投资管理办法》、《证券投资基金管理公司治理准则（试行）》、《关于基金管理公司提取风险准备金有关问题的通知》、《基金管理公司投资管理人员管理指导意见》、《基金管理公司特定客户资产管理业务试点办法》、《证券投资基金管理公司管理办法》、《基金管理公司特定客户资产管理业务试点办法》、《证券投资基金评价业务管理暂行办法》。这些规章的颁布实施，有利于合格境外机构投资者长期投资，完善了基金公司法人治理结构，加强了投资管理，增强了基金公司的风险防范能力。

七、完善登记结算规则体系

证监会制定、修订了《证券登记结算管理办法》和《证券结算风险基金管理办法》，审查了《上市公司流通股协议转让办理业务暂行规则》、《有关上市公司股权分布问题的补充通知》、（上海、深圳证券交易所）《证券交易所股票上市规则》、（上海、深圳证券交易所）《证券交易所交易规则》（上海、深圳证券交易所）、《中国证券登记结算有限责任公司证券登记规则》、《中国证券登记结算有限责任公司证券结算规则》和《中国证券登记结算有限责任公司结算参与人管理规则》等文件，强化了自律监管，提高了运行效率，增强了风险防范能力，完善了证券交易、登记和结算制度。

八、加强期货市场法制建设

早在2007年3月6日，国务院就发布了《期货交易管理条例》，明确规定任何单位和个人从事期货交易，包括商品和金融期货合约、期权合约交易及其相关活动，应当遵守该管理条例。该管理条例还就期货交易管理的一般原则、期货交易所的组织和运行、期货公司、期货交易的基本规则、监督管理、法律责任等做了具体规定。该管理条例于2012年9月12日进行了修订。

为了配合《期货交易管理条例》的实施，证监会陆续发布了《期货公司董事、监事和高级管理人员任职资格管理办法》、《期货从业人员管理办法》、《期货公司管理办法》、《期货交易所管理办法》以及《关于建立股指期货投资者适当性制度的规定（试行）》等规范性文件。中国金融期货交易所先后发布了《交易所交易规则》、《违约处理办法》、《交易细则》、《结算细则》、《结算会员业务细则》、《会员管理办法》、《信息管理办法》、《风险控制管理办法》等自律规范，初步形成了较为完整的金融期货交易规则。

九、落实投资者保护基金制度

在《证券法》施行前，证监会等部门就制定了《证券投资者保护基金管理办法》。投资者保护基金，是指依法筹集形成的、在防范和处置证券公司风险时用于保护证券投资者利益的资金，由作为国有独资公司的中国投资者保护基金公司负责筹集、管理和使用该资金。现行《证券法》施行后，证监会公布了《证券投资者保护基金申请使用管理办法（试行）》、《中国证券投资者保护基金有限责任公司受偿债权管理办法（试行）》和《关于缴纳证券投资者保护基金有关问题的通知》等规范性文件，以规范基金的管理、使用，切实保护证券投资者的合法权益。

十、完善行政执法程序

证监会制定、修订了《中国证券监督管理委员会冻结、查封实施办法》、《证券市场禁入规定》、《关于查询、冻结从事证券交易当事人和与被调查事件有关的单位和个人在金融机构账户的通知》、《中国证监会关于推进行政执法责任制的实施意见》、《中国证监会行政执法责任制评议考核暂行办法》、《中国证监会行政违法行为责任追究暂行办法》、《中国证券监督管理委员会行政处罚委员会工作规则》、《中国证券监督管理委员会行政处罚听证规则》等规章、规范性文件，积极探索证券行政执法体制的创新，创设了行政处罚委员会制度，进一步健全了行政处罚案件“查审分离”的体制，提高了证券、期货市场行政处罚的质量与效率，健全和完善了执法责任制度。

必须指出，自《证券法》实施以来，我国通过成功地推进《证券法》和《公司法》的配套立法进程，基本形成了由证券发行法律制度、证券交易法律制度、证券经营和证券服务法律制度、上市公司法律制度、信息披露法律制度、机构投资者法律制度、监督管理和法律责任制度等部分构成的证券市场法律制度体系。与此同时，我国的政治、经济、市场和体制发生了很大变化，证券法理论获得了长足发展，证券实务界积累了丰富的实践经验，我国证券市场也正处于“新兴加转轨”的关键阶段。而境外证券立法也正在经历重大变革，境外证券法的规范内容及市场监管模式正在改变。在此背景下，社会各界普遍认为，我国亟待再度修改《证券法》。为了使《证券法》能准确反映我国证券市场的现状，并具有合理的制度前瞻性，证监会等相关机构正在评估《证券法》的实施效果。

【问题与思考】

1. 结合“327”国债期货事件和亚洲金融危机，分析原《证券法》的制定背景。
2. 结合我国证券法制发展，分析《证券法》的进步性和变动性。
3. 简述现行《证券法》的主要修改内容。
4. 简述现行《证券法》配套法规的要点。

第四章
证券法的宗旨和基本原则

本章概要

证券法的宗旨是指证券法意欲实现的总体目标，证券法的基本原则是实现证券法宗旨的重要手段。各国证券法都规定了证券法的宗旨，有的国家也规定了证券法的基本原则。证券法的基本原则虽然具有概括性和抽象性的特点，却有助于指导立法者确立具体的证券法规范，有助于指导法官合理解释证券法规范的含义，有助于填补证券法规范的疏漏，最大限度地发挥证券法调整证券市场关系的功能。

关键术语

证券法的宗旨　公开原则　公正原则　公平原则

第一节　证券法的宗旨

证券法的宗旨是指证券法意欲实现的总体目标，是指导建立证券法基本原则和具体规范的基础，具有高度的稳定性和抽象性。根据《证券法》第1条，我国证券法的宗旨是，“规范证券发行和交易行为，保护投资者的合法权益，维护社会经济秩序和社会公共利益，促进社会主义市场经济的发展”。

一、规范证券发行和交易

证券发行和交易是引起证券法律关系产生、变更和消灭的重要法律事实，作为旨在调整证券关系的证券法，既可以直接调整证券关系，也可以直接调整引起证券关系产生、变更或消灭的证券发行和交易。

证券发行和交易，既具有民事行为的一般属性，也具有自身的特点。因此尤其需要通过证券法加以调整。

1. 主体复杂多样。证券发行和交易的主体，包括发行人、投资者、证券经营机构、中介服务机构、自律监管组织以及政府监管机构等，各类市场主体相互制约，形成了错综复杂的法律关系。为了有效明确各方当事人的权利和义务，有必要对证券发行和交易特别规制。

2. 标的的特殊性。证券，作为证券发行和交易的标的，是具有特殊功能的信息商品。它受制于证券信息，价格易变动；它没有有形物的外观，发行和交易时，无法照搬关于有形物转让的法律规定。

3. 规则的特殊性。民事活动通常由双方当事人参与进行，按照“一对一”的磋商机制达成交易。在证券关系中，参与交易的投资者数量众多，无法采用“一对一”的交易机制，而是形成了“一对多”、“多对一”和“多对多”的特殊磋商机制。

在证券市场比较发达的国家或地区，为了有效规范证券关系，立法者通常制定了比较完善的证券法律规范，也取得了明显成效。在我国，立法和监管机关业已颁布了许多法律法规，也取得了很好效果。这说明，制定和实施证券法，是规范证券发行和交易的重要手段。

二、保护投资者的合法权益

证券市场是由多方主体参与的市场形态，只有切实保护各方主体的合法利益，才能促进证券市场的健康发展。在诸多市场主体中，投资者无疑是最重要的市场主体，也是最需要获得特别保护的市场主体。有的国家将投资者保护作为证券法的宗旨，有的国家未明确规定证券法的宗旨，但在具体规范上非常重视对投资者的保护。我国证券法应兼顾两者的优点，尤其应当完善保护投资者利益的具体规则。

我国证券市场是伴随传统企业股份制改造而建立起来的，最初主要服务于传统企业的股份制改造，因此证券市场作为传统金融市场的补充机制，自然更强调企业融资的作用，相对忽视了投资功能的作用，从而减损了投资者的投资热情。随着证券市场日益成熟，社会公众的认知程度逐渐提高，投资者参与证券投资的主动性明显提高。然而，投资者自我保护意识较差，法律供给相对匮乏，证券市场屡屡出现欺诈投资者的事件，严重损害了投资者的利益。对于处于“新兴＋转轨”阶段的我国证券市场来说，切实保护投资者的合法权益，是提高证券市场效率的重要手段，不仅要将其规定为证券法的宗旨，还要设置保护投资者利益的特别规则。

1. 投资者是证券市场存续和发展的基础。证券市场是重要的融资市场，发行人作为资金需求方，通过证券市场筹集所需资金，投资者作为资金供给方，要获得长期收益，两者形成共存共济的关系。如果投资者无法获得有效的法律保护，投资者就难以主动参与证券投资，发行人将难以募集所需资金，证券市场将难以发挥应有作用。为了夯实证券市场存在和发展的基础，证券法必须向投资者提供切实有效的法律保护。

2. 投资者是缺乏市场信息的市场参与者。相对于中小投资者而言，发行人、专业服务机构和机构投资者无疑是经济强者。证券公司或因特许或因专业而取得强者地位，投资者只有通过证券公司才能买卖证券。发行人居于证券信息的源头，即使其依法披露证券信息，在客观上也享有信息优势。证券投资基金等具有资金和专业优势，必然具有竞争优势。在此情况下，必须给予投资者以倾斜保护，矫正投资者的劣势地位。美国“国会在制定证券法律时已经非常明确地指出'证券本身是一种非常复杂的商品'，而且公众利益要求立法正视存在于专业证券事务所与普通投资者之间不平等的交易关系。'证券立法的核心目的是保护那些对市场不太熟悉的人免于受到非常熟悉的人的欺压。'"①

3. 投资者人数众多但力量分散。投资者分为机构投资者和个体投资者。公众投资者虽然主要是个体投资者，却是证券市场的主要参与者；他们拥有庞大的资金，却彼此独立、极度分散。作为公司股东，个体投资者难以在发行人内部形成多数派意见；作为证券市场参与者，个体投资者很难与机构投资者形成抗衡；作为证券公司的客户，个体投资者也难以有效约束证券公司的行为。因此，向投资者提供有效的律保护，显得尤其重要。

证券市场的发展，有赖于投资者队伍的加强，有赖于投资者保护机制的有效建立。唯有不断提高投资者保护水平，才会促使投资者主动从事证券投资，推动社会资源的合理配置，推动证券市场的健康发展。《证券法》改变了过分注重市场融资功能的旧有观念，确立了"保护投资者的合法权益"的宗旨，强化了信息披露义务，允许投资者提起民事诉讼，必将增强投资者信心，扭转失衡的利益关系，推进我国证券市场的健康发展。

三、维护社会经济秩序和社会公共利益

证券市场是直接融资的市场。公司发行证券，获得了长期发展所需的资金，奠定了公司发展的物质基础。国家发行国债，获得了建设资金，奠定了国民经济长期健康发展的物质基础。投资者从事证券投资，直接分享公司发展的利益，并推动国民经济的发展。新兴产业和企业不断涌现，就业机会增加，人民将更加富足，社会将更加安定祥和。1975 年美国议会修改 1934 年《证券交易法》第 11 条时指出，"证券市场是重要国家财产，必须得到维护和加强（The Securities Markets are an important nation asset which must be preserved and strengthened)"。

1. 国家既是证券市场的受益者，也是证券市场参与者。一方面，国家增加了财政收入，提高了国力。据统计，仅 2011 年征收的证券交易印花税就达到 438 亿元，相当于当年税收收入的 4.9%，成为财政收入增加的重要来源。另一方面，国家是证券市场的监管者、证券市场秩序的维护者和社会公共利益的代表者。立法机关颁布实施了多项重要法律，证券监管机构和司法机关查处了多起违法违规案件，有力地保护了各方参与者的切身利益。

2. 国家维护社会经济秩序，将向投资者提供稳定的市场预期。市场预期是指证券市场和证券规则的稳定性、确定性和可预期性，而不是指证券价格的确定性。投资者从事证券投资，主要是为了享受公司发展带来的好处。如果证券市场和交易规则保持稳定，投资者就将形成确定的市场预期，将更愿意长期投资并从中获得回报。反之，如果投资者缺乏信心，短期牟利和证券投机必然充斥于证券市场。

3. 国家维持投资者的投资信心，既是证券市场发展的基础，更是最大的社会公共利益。投资者对证券市场的发展充满信心，将提高证券市场的稳定性，最终将促进国民经济的健康发展。如果投资者缺乏信心，参与程度必将降低，证券市场活动就无法深入，证券市场的作用也就难以发挥。在证券市场中，如果诚信缺失严重、欺诈行为横行、投机色彩浓厚，交易费用必然提升，投资风险必然增大，投资热情必然降低，证券市场的功能同样

① 高如星、王敏祥：《美国证券法》，294 页，北京，法律出版社，2000。

难以发挥。就此而言，证券市场已成为重要的国家财富，保持证券市场的稳定，促进证券市场的发展，是国家和社会公众利益的重要体现。

必须看到，在规范证券行为、保护投资者利益以及维护社会经济秩序和社会共同利益的过程中，不应忽视其他参与者的利益，证券法必须承担保护中介机构权益的职能。证券投资专业性强，证券交易必须遵守特殊规则。发行人为了提高发行成功率，取得最佳的融资效果，必须借助中介机构的服务。投资者从事证券投资，实现投资收益并降低投资风险，也有赖于中介机构的服务。经验表明，健康有序的证券市场，有赖于高素质的中介机构。如果没有敬业、专业、高效的中介机构，就无法保证证券市场的健康发展。为了实现证券市场的健康发展，不仅需要加强证券法制建设，加强中介机构的行业自律，还要保护中介机构的合法权益，为其提供更好的利益驱动。片面强调保护投资者利益，证券市场将难以实现健康发展。

第二节 证券法的基本原则

证券法的基本原则，是根据证券法的宗旨和证券市场运行规律抽象而成的、广泛用于调整证券关系的行为准则。它反映了证券法的宗旨，贯穿于证券发行、交易、服务和监管的全过程。它既是证券发行、交易、服务和监管的重要指导，也是制定证券法律规范、指导司法裁判的重要标准。

一、概述

在成文法总则部分写入基本原则，是我国立法上的习惯做法。在技术规范供给不足的情况下，成文法明确载明法律基本原则，有助于立法者逐步形成具体的法律规范，妥善解释法律规范的含义，填补法律规范的漏洞。笔者认为，普遍适用的民法原则当然适用于证券关系的调整，然而，基于证券关系自身的特殊性，证券法也应当明确自己特有的原则，既不应简单移植民法一般原则，也不应将证券法的原则与证券市场的管制规则混淆起来。我国证券法的基本原则，应当为：公开原则、公正原则、公平原则、诚实信用原则、兼顾安全的效率原则。

（一）证券法的基本原则与交易法

证券关系带有私法关系的属性，证券法主要调整证券发行、交易和服务关系。在确立证券法的基本原则时，必须充分尊重证券法的本质，应当反映证券法的交易法属性。证券监管的目的，一是划定市场参与者的行为范围，二是确定市场参与者的行为模式。在遵守证券管理性规范的基础上，市场参与者有权自主从事证券发行、交易和服务活动。证券法如果包含过多管理性规范或限制规范，将与证券法鼓励交易、合理配置市场资源的功能发生冲突。

有学者认为，证券法是证券管理法，是国家对证券发行和交易实施监管的法律。笔者认为，仅就《证券法》包含大量管理性规范的现实状况而言，这种概括是真实的。然而，如果将这种状况看成是证券法的“应然状态”，就误解了证券法的本质。如果将监管规则视为证券法的基本原则，不仅偏离了证券法的本质，还将造成证券法的公法化。

我国《证券法》关于“分业经营管理”、“集中统一监管”、“集中统一监管与自律管理相结合”以及“依法监督”等规定，确立了我国证券市场的监管体制，是对证券市场实施的外部调控，它不具有法律原则应有的稳定性，不是证券法的基本原则。《证券法》规定“守法”、“分业经营管理”、“集中统一监管”、“集中统一监管与自律管理相结合”以及“依法监督”时，回避采用“原则”二字，说明立法者无意将其纳入证券法的基本原则。

（二）证券法的基本原则与特别法

证券法的基本原则，应当反映证券关系的特性，而不应将民法基本原则移植到证券法中。移植民法基本原则的做法，忽视了证券关系的特性，不仅造成法律条款的重叠与重复，还将造成法律调整的空白，进而损害到投资者的合法权益。证券是特殊商品，有价值而无使用价值，其价值易变，交易规则特殊。投资者无法从外观上判断证券的品质。证券的投资价值与证券信息的传播有关，证券交易也遵循不同规则，无法直接适用民法一般原则。

《证券法》第4条规定，证券发行、交易活动的当事人具有平等的法律地位，应当遵守自愿、有偿、诚实信用的原则，该条款与《民法通则》第4条基本一致。其实，证券法作为特别法，即使没有直接引入民法一般原则，自愿、有偿和诚实信用的原则也当然适用于调整证券关系。必须看到，证券法上的自愿、有偿和诚实信用原则，必须结合证券发行和交易的独特内涵，才能确定它们的准确含义。在人们对证券法本质还有误解的情况下，证券法明确规定自愿、有偿和诚实信用原则，还是有积极意义的。

（三）证券法的基本原则与证券法的宗旨

证券法的宗旨是指证券法意欲达到的、立法者肯定的立法目的，体现了证券法的基本精神。我国证券法的核心宗旨是保护投资者的利益，证券法的基本原则以及具体行为规范，都是证券法宗旨的实现手段。证券法的基本原则，属于特殊的一般行为规范，具有抽象性和统一性，既区别于证券法的宗旨，也区别于证券法的具体行为规范。

证券法的基本原则具有抽象性。证券法的基本原则是沟通证券法的宗旨和具体规范的抽象规范。证券市场是经济生活的“晴雨表”，是国家经济发展的助推器。在证券法制化过程中，仅靠数量众多、细致入微的具体行为规则，不足以满足证券市场发展的需要。为了填补具体规范的疏漏，消除不同规范之间的冲突，准确解释具体规范的含义，应当规定证券法的基本原则。

证券法的基本原则具有统一性。证券行为主要分为发行和交易，证券市场分为发行市场和交易市场。无论是证券发行还是交易，都是证券权利转让的具体形式，在性质上都是交易行为。两者的区别在于，证券发行是发行人向投资者出售证券，证券交易是投资者向他人转让证券权利。基于两者的共性，可以抽象出适用于证券发行和交易的一般原则，更应结合证券是信息商品的特性，将公开、公正和公平作为证券法的基本原则。

二、公开原则

公开原则是证券法的基础原则。按照公开原则的要求，证券发行人以及相关当事人应当真实、准确和完整地披露与证券发行和交易有关的各种重要信息。在信息披露中，不得存在虚假陈述、重大误导和遗漏，并应促使投资者对所投资证券有充分、全面和准确的了解。

在现代证券制度建立之初，发行人通常将财务和经营等视为内部事务和商业秘密。有人甚至提出，公司公开信息，将使己方处于劣势地位，使竞争者处于优势地位，损害发行人和投资者的利益，因而不能向社会公开公司信息。在这种观念的支配下，有的发行人采取了各种保密措施，有的发行人向社会提供不实信息，严重影响了投资者的投资判断。

投资者是证券市场风险的最终承担者，了解发行人的真实情况，是投资者预见风险、实现利益的基本前提。在信息公开与保密的关系上，在投资者与发行人的利益关系上，证券法理论曾裹足不前。直到20世纪初期，美国证券监管机构和自律机构才开始强制发行人公布财务及经营信息，限制发行人的不当行为，限制乃至禁止发行人买卖自己的证券。20世纪30年代，美国国会颁布实施了《证券法》和《证券交易法》，明确承认了信息公开原则，建立了公司信息的强制披露制度，使得信息公开成为证券法的核心原则。在此之后，各国证券法逐渐接受公开原则，并确立了信息公开在证券法中的核心地位。

信息公开，分为发行信息公开和发行后信息公开。发行信息的公开，又称“信息的初期披露”，是指发行人首次发行证券时，必须向投资者披露与发行人以及所发行证券有关的所有重要信息，发行人应当保证信息的真实、准确和完整，不存在虚假陈述、重大误导和遗漏；发行人聘请的中介机构，也承担促进信息真实、准确和完整的义务。发行后信息公开，也称“信息的持续披露”，即发行人以及相关机构和人员在证券发行结束后，定期或不定期地披露公司的财务和经营情况。我国《证券法》第3条规定，证券的发行、交易活动，必须实行公开原则。为了实现公开原则，我国《证券法》还规定了信息预披露制度、信息披露制度、证券承销以及保荐制度、证券欺诈的法律责任制度等。

信息公开，还可分为内部信息公开和外部信息提示。证券市场价格，既受到内部信息的影响，也受到政策、法律法规和市场状况等因素的影响，在外部环境没有根本变化时，证券市场价格主要取决于发行人的财务和经营状况。内部信息，主要是指发行人自身生成的、与公司财务和经营状况相关的信息。发行人是内部信息的掌握者，自应承担信息披露义务。外部信息，主要是指与国家政策、法律法规以及市场变动等因素有关的、影响证券市场价格的信息。发行人难以完全控制、把握或了解外部信息，立法者也无法要求发行人准确披露该等信息。然而，外部信息对证券价格的影响巨大。发行人比投资者更容易掌握外部信息，为了保护投资者的利益，立法者也要求发行人承担外部信息的披露义务。考虑到外部信息的不可控性，立法者只能要求发行人披露证券投资风险，无法要求发行人必须准确、完整地披露外部信息。

在加强证券市场法制建设过程中，必须平衡公开原则与保守商业秘密之间的关系。过度强调保守商业秘密，将使投资者陷于危险中；片面强调信息公开原则，也将过度加重发行人的责任。为了更好地平衡各方利益，立法者必须制定合理的信息披露规则，监管机构要适时调整信息公开的范围和方式，通过制定、实施可行的技术规范，妥善处理公开原则与保守商业秘密之间的关系。

三、公正原则

公正原则是证券法的重要原则。按照公正原则，证券市场监管者应当公正、不偏不倚地介入证券市场。公正，有宏观和微观两种含义。在宏观上，公正体现了公允对待各方市场参与者的精神，“在证券市场乃至整个市场经济中，公正之精神表现为对立法者、司法者、管理者权力的赋予与约束，表现为社会对市场行为的评价，即市场行为的公正性”①。

① 杨志华：《证券法律制度研究》，32页。

在微观上，“公正原则是针对证券管理层的行为而言，它要求证券管理监督机构及其工作人员行为必须公正，禁止欺诈、操纵以及内幕交易等一切证券违法行为”①。《证券法》第3条规定，证券发行、交易活动必须实行公正原则。这主要是对证券发行和交易参与者的约束，对监管者和裁判者的约束，主要是指微观意义上的公正。

（一）公正以立法公正为前提

证券市场容纳了众多市场参与者，各种参与者的利益关系错综复杂，难以通过市场磋商机制加以有效调整，立法机关必须秉持公正立场，认真履行立法调控的职责。我国证券市场建立的最初目的，是满足企业上市融资的需求，投资者利益保护机制不尽完善，影响了证券市场的发展。为了促进证券市场的发展，我国于2005年实施股权分置改革，力图实现公司内部各方参与者的利益均衡。我国不断改革证券发行制度，努力实现发行人与投资者之间的利益平衡。证券立法逐渐强化发行人和中介机构的义务，旨在提升对投资者利益的保护水平。立法者只有制定有利于各方参与者的市场规则，合理调整各方参与者的利益，才能实现证券市场的均衡发展。

（二）公正是对证券监管者和裁判者的法律要求

健康、有序的证券市场，有赖于政府、社会和司法机关的监管。市场失去监管，将成为无序、危险的赌博场所；监管和裁判失去公正，将损害各方参与者利益。监管者和裁判者应当站在第三方立场上，超然和中立地对待各方参与者的利益关系。

1. 监管机构和司法机关，应当约束内部成员参与证券投资，禁止监管机构和司法机关工作人员利用职权之便，为利益相关者提供便利，不得徇私枉法，不得接受不正当利益，公正地处理监管和裁判事务。

2. 监管机构依法实施监管，裁判机关依法裁判。监管机构和裁判机关不得越权监管和裁判，不得为了部门或局部利益而损害法律的统一性和严肃性；要尊重市场规则，不干预正常的市场行为。监管机构和裁判机关应当公正对待各方参与者，不得采取歧视政策。

3. 监管机构应当在法律框架内公正执法，解决各方利益冲突，避免处理结果的畸重畸轻。对于创新的交易，应当秉持社会公正的观念作出合理评判。

（三）司法公正是公正原则的最终保护机制

在法治社会中，司法裁判具有最终执行力，行政监管和自律监管必须接受司法裁判的约束。司法公正是实现公正原则的最终保障机制，自应超然于监管机构。在我国实践中，司法机关审理涉及证券的纠纷时，过多依赖于监管行为，过多地尊重监管机关的意见。有时以监管机构的认定作为受理证券纠纷案件的前置程序，有时依据监管机构的认定进行司法裁判。应该承认，司法裁判尊重证券监管，这与证券关系的专业性和复杂性有关，与我国现行证券法制度的设计有关。但随着证券市场法制建设的逐渐完善，司法机关应当转变观念，减少对行政监管的过度依赖，应当通过强化证券司法和执法，提升对证券市场的监管水平。

四、公平原则

公平既是一种社会观念，也是一种法律原则。作为社会观念，公平是人们对某种社会

① 徐明等：《证券市场若干法律问题研究》，211页，上海，上海社会科学院出版社，1997。

现象的通常看法。社会发展水平、社会成员的认知以及主流道德观念等因素，必然影响对公平的解读。在法律上，公正原则必然受到社会公平观念的影响，而且是衡量证券行为的重要标尺，也是验证和校正证券法规则的重要准则。《证券法》第3条规定，证券发行、交易活动必须实行公平原则。

（一）程序公平与结果公平

在法制社会初期，公平主要是指结果公平。结果公平既是制定民法的社会基础，也是调适民事主体权利义务的出发点，甚至成为判断法律效能的重要标准。为了实现结果公平，《民法通则》和《合同法》规定，民事行为显失公平的，当事人可以请求确认撤销或予以变更，在极端情况下，甚至导致行为无效。

在证券市场中，投资者情况千差万别，既有机构投资者，也有个人投资者；既有资金和信息上的强者，也有资金和信息上的弱者。证券市场既要发挥合理配置资源的功能，又要有效地保护投资者的利益。证券法自应坚持公平原则，但在利益纠葛异常复杂的证券关系中，片面强调结果公平，可能诱发懒惰和投机，可能造成市场效率低下，从而引起更为复杂的社会和经济问题。相对而言，证券法要促成结果公平，但必须重视程序公平。

片面强调结果公平、轻视程序公平的做法，将损害证券市场的配置资源功能，容易诱发过度监管。依照既有程序从事交易，交易结果有失公平的，立法者及监管者应当及时检讨、修正相关程序，司法机关在处理个案时，不应以结果有失公平而否定交易的效力。

（二）机会平等与差别对待

机会平等或公平，是法治社会的基本精神。面对社会成员的自身差异，也必须设定合理的差别对待规则。除法律另有规定者外，立法者应该向社会成员提供平等或公平的机会，证券法应当建立体现公平原则的具体规范。

1. 平等获得投资的机会。证券市场是国家财富，投资者享有从事证券投资的同等机会，不能将证券投资变为部分机构和社会成员的特权，不能不合理地排斥他人从事证券投资。证券经营机构不能随意升高或降低开户标准，也不得不适当地限制公众认购证券的机会。当然，投资机会平等不是绝对平等，可以设定合理的限制，但不应剥夺投资者的投资机会。例如，为了帮助投资者降低投资风险，我国证券公司和金融期货交易所引入了投资者适当性管理制度，这种做法限制了投资者从事高风险投资，却并未剥夺其从事投资的机会。

2. 平等获得信息的机会。证券是特殊的信息商品，投资者唯有掌握充分信息，才能有效地从事证券交易。证券法确立了严格的信息披露规则，禁止任何机构或个人从事内幕交易；否则，将受到严厉制裁。

3. 遵守同等的交易规则。我国现行法律正在逐步废除旧的不平等交易规则，重新审视差别对待规则的适用范围。我国《股票条例》曾规定，个人投资者以及机构投资者在从事上市公司收购时，应当采用不同规则。《证券法》废除了《股票条例》的不公平规定，无论是个人投资者还是机构投资者，凡从事上市公司收购的，必须遵守相同的规则。

4. 采用相同的处罚规则。对于相同或相似的违法行为，监管机关要保持监管尺度的统一性和可比性。我国证券市场建立初期，法制建设相对迟缓，法律规范失于原则性较强，监管机构自由裁量权较大，容易造成监管尺度宽严失衡。随着证券法制建设的加强，监管尺度宽严失衡的状况有所改变。随着法治观念的深入人心，监管机关应当按照公平原则，尽力统一监管和执法尺度，确保各方参与者得到相同的市场待遇。

五、诚实信用原则

诚实信用原则，即诚信原则，是指“民事主体在从事民事活动时，应当诚实守信，以善意的方式履行其义务，不得滥用权利及规避法律或合同规定的义务。同时，诚信原则要求维持当事人之间的利益以及当事人利益与社会利益之间的平衡”①。“诚实信用原则不仅具有指导社会行为之功能，而且具有法律解释、法律补充和司法依据之功效。”②

证券法是调整证券关系的特别法，属于交易法，自应遵循诚实信用的民法原则。从实践来看，证券法重述诚实信用原则，还是具有特殊意义的。一方面，诚实信用原则存在的环境不同。在证券交易中，除少数交易是依协议达成外，多数交易采用了“一对多”、“多对一”或“多对多”的形式。其中，投资者实际上被虚拟为不同的证券账户，交易方无须查知交易对方的存在，也无法向交易对方施以信赖。证券交易与其说是建立在各方参与者彼此信赖的基础上，毋宁说是建立在对交易结算系统的信赖基础上。另一方面，诚实信用原则的适用范围和效力受到限制。在普通民事关系中，当事人违反诚实信用原则的，可能导致交易行为无效。在证券交易中，各方参与者应以最大善意从事证券活动，但是，当事人即使背信弃义，也很难据此否定证券交易的效力。结合我国证券法，诚实信用原则有如下特殊表现：

1. 发行人及中介机构应当诚实信用地对待投资者，认真履行信息披露义务。在信息披露中，义务人应本着诚实信用的原则，编制和发布信息披露文件，完整、真实、准确地履行信息披露义务，不得欺诈投资者。

2. 发行人应当诚实对待各中介机构。发行人在以竞标方式选定中介机构时，应当公平对待各中介机构，避免竞标形式化。中介机构应当公平竞争，不得采用不正当方式获得商业机会，不得诋毁他人形象和名誉，不得从事不正当竞争。

3. 各方参与者应当善意地从事证券活动，不能操纵市场、欺诈客户或散布虚假信息。

为了推动证券市场诚实信用制度的建设，证监会于 2012 年 7 月 25 日发布《证券期货市场诚信监督管理暂行办法》，规定由证监会建立全国统一的证券期货市场诚信档案数据库，记录证券期货市场诚信信息，通过对诚信信息的界定、采集、管理、公开和查询等，增强诚信约束，实现对证券期货市场的激励和引导。

六、兼顾安全的效率原则

证券交易的标的是标准化的权利财产，证券交易避免了实物交易中的识别困难，提高了交易效率。现代证券交易广泛采用计算机等技术手段，实现了证券交易的精细化和规范化，达到了实物交易难以企及的高效率。然而，重视交易效率，不能牺牲交易安全，必须建立交易安全与效率的平衡关系。

在经济学上，效率是指资源配置的有效性，是通过市场竞争实现的资源配置。市场效率取决于多种现实因素，必然存在诸多非理想状态，必然存在制约效率目标实现的因素。在证券法上，效率包含两重含义：在宏观上，效率是指社会资源的有效分配；在微观上，效率是指投资变现能力的难易程度。证券市场必须关注效率，否则将失去存在的价值。决

① 王利明等：《合同法新论》，116 页，北京，中国政法大学出版社，1998。

② 杨志华：《证券法律制度研究》，36 页。

定证券市场效率的因素有很多。首先，证券信息应当实现足够的公开，投资者可以无障碍、真实、准确和及时地获得证券信息。其次，证券市场应当达到合理的发育程度，主要是达到合理的公众认知程度以及活跃程度。再次，证券市场采用合理的交易规则，监管机构采用适当的监管规则有助于实现交易效率。

提高交易效率，应以交易安全作为前提。交易安全，通常是指交易各方权利义务的确定性和稳定性。从证券交易的特点来看，影响交易安全的因素主要有：

首先，证券无纸化的风险。在传统上，交易以有形物作为标的，有纸化证券有明确的权利载体，比较容易确定其权利归属。然而，在现代证券市场中，无纸化证券已成为主要的交易标的，证券或证券权利主要以账户形式体现出来，这就造成权利归属识别上的困难，容易诱发交易风险。

其次，电子化交易的风险。在传统上，交易主要由各方以书面或口头形式达成，比较直接地反映了当事人的意思表示。在电子化交易中，交易是以指令或密码形式发送的，交易安全有赖于安全认证系统，还有赖于对指令的安全保管。安全认证或密码指令出现差错，将影响到交易的安全性。

最后，表示主义的风险。意思表示是法律行为的核心要素，在意思表示内容的认定上，有意思主义、表示主义和折中主义三种学说，主流观点为折中主义。在证券交易中，确定意思表示的内容，主要采用表示主义，即根据“外观表示”识别当事人的意思，而不关心当事人的真实意思，这种规则无疑增加了交易安全的实现难度。

为了平衡交易安全与效率的关系，各国证券法都很重视“证券无纸化”引起的问题，强调发挥证券登记结算制度的作用。笔者认为，证券市场充满了风险和投机，不能割裂交易安全与效率的关系，不能过度崇尚交易效率，必须重视交易安全，采用兼顾安全的效率原则。

【问题与思考】

1. 试述证券法的宗旨。
2. 试述公开、公正和公平原则的具体含义。
3. 试析诚实信用原则的证券法含义。

第五章
证券市场及其监管体制

本章概要

通过证券市场，才能完成证券的发行和转让。证券市场与其他市场具有共同属性，也带有自身特点。证券市场存在高风险，涉及公众投资者的切身利益，既可能给投资者带来收益，也可能损害投资者的利益。西方学者曾说过，如果人人都是天使，就不再需要政府。证券市场的风险与利益并存，因为利益机制的驱使，无法实现人人成为天使的美好梦想。只有建立有效的市场监管体制，才能维持证券市场的健康、稳定发展。西方国家经历了数十年的摸索，确立了符合各国传统和国情的监管模式。我国证券市场经过二十多年的发展，初步形成了集中统一监管的证券监管体制。

关键术语

证券市场　证券发行市场　证券交易市场　证券发行人　中介机构　证券监管体系　集中监管　形式审查　自律监管

第一节　证券市场的基本结构

一、证券市场的概念

证券市场，有广义和狭义之分。在广义上，凡是从事证券募集、发行和交易的空间，都是证券市场。证券市场包括专门设立的证券交易所，也包括其他场所；包括有形市场，也包括无形市场。有形市场，通常是由一定的建筑物、设备、设施和人员组成的，按照既定规则运行的，视觉上可以辨认的市场。无形市场，是无法以视觉辨认的市场，没有人们惯见的建筑物、设备和设施，甚至没有专门制定的交易规则。正因如此，有学者提出，凡是按照一定规则从事证券交易的空间，都是证券市场。

在狭义上，证券市场主要指证券交易所，还可指用于证券发行和交易的交易系统以及证券公司用于营业的柜台。狭义上的证券市场，主要采取有形市场形式。证券交易所是其中的典型代表，它不仅有固定的场所、设施、设备和专业人员，还有市场组织者专门制定的交易规则。在证券交易所以外，还可以通过证券公司柜台和交易网络完成交易，这些也是有形市场。在此意义上，狭义的证券市场可再分为证券交易所和场外市场。

证券市场是证券募集、发行和交易的市场，是金融市场的组成部分。在理论上，金融市场是融通资金的市场，分为资金市场和资本市场。资金市场，主要是由银行或各种非银行金融机构参与组成的市场系统；从事民间借贷的资金市场，也属于金融市场。资本市场，是资金需求方直接融资的市场。在资本市场中，资金需求方与供给方直接建立了资金供给关系，资金需求方直接获得供给方的资金，并向资金供给方承担还本付息或者分配盈余的义务，无须银行或非银行金融机构充当中介。

二、证券市场的特点

证券市场不同于其他商品市场和金融市场，它具有以下特点：

（一）证券市场是以证券权利作为交易标的的市场形式

通过证券市场转让的“商品”，是具有流通性的各种有价证券或权利商品，既包括股票、债券和投资基金凭证，也包括证券指数、证券期货和期权等衍生证券，可称为权利商品。

一方面，权利商品有价值而无使用价值，不是物质形态的商品。在通常情况下，证券市场是与商品市场并列的市场形态，从而展现了证券市场与商品市场的差异。严格地说，证券市场是权利商品的流通场所，交易标的是具有流动性的权利或权益，它不同于商品市场，也不同于票据市场和资金拆借市场。

另一方面，交易标的是标准化的权利商品。在通常情况下，交易标的被划分为若干相等份额，每个份额代表的权益或权益比例相同，属于标准化的权利商品。在商品市场和资金市场中，交易标的通常不具有标准化特征。每件商品的品质存在差异，交易条件各不相同；每笔资金的数额、支付、偿还条件、期限及负担等都存在差异。基于交易标的之标准化特点，交易各方无须就每项交易讨价还价，从而提高了交易效率。

（二）证券市场是从事投资的场所

通过证券市场，发行人向投资者交付投资凭证，取得了生产所需资金，实现了社会闲散资金的汇集。投资者跻身于证券市场，或是为了实现资本的增值或生息，或是为了转移或分散投资风险。投资活动与生产或生活消费没有直接关系。在商品市场中，销售者通过销售活动，将产品转化为货币，补偿了生产成本或实现了盈利；购买者将货币转化为产品，满足了生产和生活消费。可见，不同市场形态的目的不同，功能相异，相对独立。

（三）证券市场遵循特殊的交易规则

从事投资和融资活动，必须遵守市场交易的一般准则，民法以及合同法当然适用于调整证券关系。然而，证券市场是特殊的场所形态，市场功能不同，交易规则相异。依照民法一般法的规定，基于欺诈、胁迫和显失公平的民事行为，属于可撤销、可变更的民事行为。按照证券法的规定，依照交易规则完成的交易，其效果不得改变。换言之，证券交易的效果不因欺诈、胁迫或者显失公平而改变。唯在证券法没有特别规定时，才适用民事一般法的规定。

(四) 证券市场遵循特殊的监管规则

私法自治有助于排除当事人之间的强制交易，也有助于限制政府机关对交易活动的过度干预。证券关系是民事关系，应当遵循私法自治原则。然而，证券交易的标的是权利商品，权利商品的定价主要取决于信息的形成和传播，也受制于市场交易的活跃程度。信息不对称可能诱发严重的后果，不正当交易行为也容易损害公众和投资者的利益。为了有效发挥证券市场的资源配置功能，证券法必须建立有效的市场监管体系。在监管深度和广度上，政府监管和自律组织监管明显多于对普通民事活动的监管。当然，既然证券市场是重要的市场形态，证券关系也是私法关系，政府或自律监管就不应损害市场竞争秩序，而应以疏导关系、维护稳定、促进发展和提高效率作为监管的宗旨。

三、证券市场的类型

证券市场的分类，可采用证券种类、市场功能以及地域等多种标准。证券市场不同，法律规则和市场规则存在较大差别。

(一) 证券种类与证券市场分类

按照证券种类，证券市场分为股票市场、债券市场、基金市场以及衍生证券市场。

1. 股票市场。在狭义上，股票市场是以股票作为标的的证券市场，也是证券市场的基础形态。在广义上，股票市场还可包含衍生证券的发行与交易的市场，认股权证、配股权、抵押股票、股票指数等，都是股票市场的标的。我国股票市场还可再分为A股和B股市场。

2. 债券市场。债券市场，又称“债市”，可再分为国债市场、企业债券市场、公司债券市场以及金融债券市场等。其中，国债市场和公司债券市场最具代表性。

3. 基金市场。基金市场，是从事投资基金凭证发行和交易的市场，按照投资基金的类别，可再分为证券投资基金市场和产业投资基金市场。我国已形成了规模较大的证券投资基金市场，《证券投资基金法》是调整证券投资基金市场的主要法律。我国产业投资基金市场发展迟缓，目前尚无专门调整产业投资基金市场的法律，《合同法》、《公司法》和《合伙企业法》等是调整产业投资基金市场关系的主要法律。

4. 衍生证券市场。在学术界，股票、债券及投资基金凭证被视为基础证券，派生于该基础证券的证券，即为衍生证券。衍生证券市场，主要包括期货市场、期权市场及其他衍生证券市场。各国衍生证券市场的发展程度，取决于衍生证券的创新程度。在我国，证券市场主要是股票市场、债券市场和证券投资基金市场，衍生证券的创设和运用不充分，衍生证券市场的发展较为缓慢。从长远来看，衍生证券市场的地位将逐渐提升。

在国际上，著名的国际性证券交易所通常同时承担股票市场、债券市场、基金市场和衍生证券市场的多种功能，有些证券交易所侧重于某类证券。采用证券种类的标准划分不同的证券市场，这种做法是有现实意义的。(1) 证券市场不同，证券的发行和上市条件也存在较大差异，投资风险也存在差异。(2) 证券市场不同，证券交易规则也有较大差异，各证券交易所在遵守证券法的前提下，有权制定适合于本交易所的交易规则，从而造成交易规则差异较大。(3) 证券市场不同，市场参与者的身份也有不同。如我国鼓励社会保障基金和保险公司进入债券市场，其进入股票市场却受到较多限制。

(二) 市场功能与证券市场分类

按照市场功能，证券市场分为证券发行市场和证券交易市场，可扩张至证券服务市场。

1. 证券发行市场

证券发行，是发行人将证券首次出售给投资者的活动，也是证券的首次交易。证券发行市场，也被称为“一级市场”或“初级市场”。证券发行市场具有创设证券的功能，各种权利商品进入证券市场，必须首先取得合法的证券形式。发行人向投资者交付证券，即为证券权利的创设，也是证券的发行。相应地，发行人和认购者是证券发行市场的重要主体，如何协调发行人与投资者或认购者的关系，就成为证券发行制度的核心。

发行证券的通常做法，是在中介机构的协助下，发行人首先进行企业改制等发行准备工作；发行准备工作完成后，发行人应向投资者寄送或公告招股文件，承销商向潜在投资者提供招股文件，发行人和承销商可采取“路演”方式推销证券；随后，投资者填制认购文件并交付给承销商；承销商根据认购情况，与发行人商定包销数量和发行价格；最终，发行人或承销商向投资者交付其认购的证券。

发行人从事证券发行的市场，无论是有形抑或无形，均为发行市场。在私募发行中，证券发行主要通过证券公司进行，证券公司及其营业柜台被视为发行市场的载体；在公开发行中，发行人主要利用证券交易所及其提供的交易系统，证券交易所被视为发行市场的载体。

2. 证券交易市场

证券交易市场，是投资者从事证券买卖和交易的场所，又称为“二级市场”或“交易市场”。证券交易市场的主要功能是实现证券的转让，促进证券的流通。投资者是交易市场的主要参与者，调整交易关系是证券交易制度的主要功能，证券交易市场可分为证券交易所和场外交易市场。

证券交易所，也称“场内交易场所”，是指国家或投资者依法设立的，专门提供证券集中交易服务的，以“证券交易所”命名的组织，可以是营利性企业法人，也可以是非营利性组织。在我国现阶段，证券交易所仅限于上海证券交易所和深圳证券交易所。其中，上海证券交易所仅设“主板市场”，深圳证券交易所还分设“主板市场”、“中小板市场”和“创业板市场”。除证券交易所以外，场内市场还可包括金融期货交易所以及其他期货交易所。

场外交易市场，是指证券交易所以外的，提供证券交易服务的中介机构营业柜台以及证券交易、结算系统等。在我国，主要包括代办股份转让系统、产权交易所、证券公司的交易平台、中国证券登记结算公司的登记结算系统等。

在我国，证券交易市场和发行市场是彼此独立、相互依存的市场形态。一方面，在证券交易市场上的交易标的，是发行人发行在外的证券，证券发行是证券交易的前提，证券发行市场是证券交易市场存在的前提。另一方面，发行人发行证券，通常要依赖于证券交易所提供的交易系统。当发行人采取“网上发行”方式发行证券时，必须依赖于证券交易所和登记结算系统。除此以外，发行的证券种类、价格、数量及规模等也受制于证券交易市场。根据《证券法》的规定，证券发行人和证券公司应当协商确定证券发行价格，这也促成了证券发行和交易价格的接轨，使两种市场的联系更为密切，互动性明显增强。

四、证券市场的主体

证券市场是各种市场主体共同结成的交易网络，市场主体是证券市场最主要的构成要素，主要分为证券发行人、投资者、证券公司、证券服务机构及政府监管和自律监管组织。

（一）证券发行人

证券主要包括股票、公司债券、国库券、证券投资基金、衍生证券以及国务院依法认定的其他证券。由于证券种类不同，证券发行人的身份也存在差别，可分为：

1. 国家或政府。中央政府和地方政府有权依法发行政府债券。政府债券分为中央政府债券和地方政府债券。中央政府债券，也称“公债券”或“国债”，主要目的是弥补国家财政赤字和实现政府对大型建设项目的投资。我国以往发行的国库券、财政债券、重点建设债券、国家建设债券、保值公债和特种国债等中央政府债券，都属于中央政府债券。地方政府债券是由各级地方政府发行的债券，一般用于交通、通讯、住宅、教育、医疗、医院和污水处理等公共设施的建设。其发行方式有两种基本模式，一是，地方政府直接发行地方债券；二是，中央政府发行国债，再转贷给地方。根据《预算法》第28条规定，地方政府发行地方债券的，应当依照法律规定和国务院规定办理。我国现在采用财政部代理地方发行地方政府债券的模式。

2. 金融机构。经过中国人民银行的批准，商业银行、政策性银行和非银行金融机构可以依法发行金融债券，增加信贷资金来源；上述金融机构通过改制上市，具备上市公司资格的，还可对外发行股票以及《证券法》规定的其他证券。

3. 非公司企业法人。根据《企业债券管理条例》的规定，在我国境内设立的其他法人企业，可以依法有偿筹集资金，依照法定程序发行企业债券，不受所有制、地区、企业组织结构等因素的限制。从实践情况来看，发行企业债券的非公司企业法人，主要是国有企业、集体企业和三资企业。

4. 公司。根据《公司法》的规定，公司分为有限责任公司和股份有限公司。其中，有限责任公司不能以任何形式对外发行股票，但具备资格的有限责任公司可以依法发行公司债券。依照法律规定，股份有限公司可以发行股票，也可以发行公司债券。

（二）投资者

在证券法上，狭义上的投资者仅指已持有证券的个人和组织，广义上的投资者还包括可能持有证券的个人和组织，即证券持有人和货币持有人都是投资者。必须指出，投资者不同于公司股东，公司股东是公司股票的现实持有人，投资者既可以是股票持有人，也可以是其他证券的持有人，还可能是货币持有人。对于投资者，可采用多种分类标准，最主要的是采用身份和国籍标准进行分类。

1. 按照投资者的身份，投资者分为个人投资者和机构投资者。机构投资者可再分为金融机构、基金管理公司、投资公司以及其他组织。机构投资者资金雄厚，专业性和抗风险强，是证券市场上的主要投资者。个人投资者资金总额大，却相互分散，欠缺专业知识，抗风险能力较差。为了稳定证券市场，减少投机活动，监管机构正在努力开展投资者教育，积极培养机构投资者。截至目前，证券投资基金、QFII、全国社会保障基金及其他机构投资者已占据了股票和债券市场的最大份额，个人投资者占据基金市场的主要份额。

2. 按照投资者的技能，投资者分为专业投资者和非专业投资者。专业投资者，作为投资者中的一类，是指具有与所从事证券投资及风险相适应的财产、收入和经验等条件的投资者，主要包括机构投资者以及具有相应条件的个人投资者。专业投资者之外的投资者，为非专业投资者或普通投资者。将投资者分为专业和非专业投资者，主要目的是协助投资者从事与其自身条件相适应的投资并控制投资风险。证监会推动、证券交易所正在实行的投资者适当性管理制度，正是建立在专业投资者和非专业投资者分类的基础上的。[1]

3. 按照投资者的国籍或注册地，投资者分为境内投资者和境外投资者。境内投资者是具备中华人民共和国国籍的自然人，以及依法注册的法人和合伙企业等，不包括政府机关。境外投资者是指通过我国证券市场直接持有证券的境外组织和个人。境外投资者投资于股票的，目前主要有两种模式：一是直接持有B股股票，二是通过QFII持有A股股票。境外投资者在我国境内设立外商投资企业，可持有A股股票，但该外商投资企业不属于境外投资者。

（三）证券公司

证券公司是指依法设立、专门从事证券业务的公司。证券公司是连接发行人与投资者、投资者与投资者的重要中介机构，主要业务包括证券承销、交易和服务。

证券公司从事证券承销，即协助发行人对外发行证券，从而成为发行人与投资者之间的中介机构，称为承销商；证券公司接受投资者委托从事证券买卖，即协助投资者从事证券交易，成为投资者与投资者交易的中介。证券交易所是交易所会员交易的平台，投资者必须委托证券公司办理证券交易事务，不能直接进入证券交易所从事交易，证券公司因此被称为经纪人。证券公司接受客户委托，还可在营业范围内向客户提供证券投资咨询服务。除此以外，证券公司还可以从事证券自营业务，其地位相当于投资者，即以自己名义从事证券交易，应当自己承担交易后果。对于证券公司的业务活动，我国采取分类管理制度。

（四）证券服务机构

证券服务机构，通常包括投资咨询机构、财务顾问机构、资信评级机构、资产评估机构、会计师事务所和律师事务所。证券服务机构系根据其他市场参与者的委托，向委托人提供投资咨询、财务分析或评级服务、资产评估和法律服务等，并依照约定收取报酬或费用，但不包括向委托人转让证券。另外，证券登记结算机构也是证券服务机构，它根据法律法规的规定以及与证券发行人签订的协议，代为办理证券登记、证券结算、股东名册制备、分红派息等业务。

在广义上，证券公司也是证券服务机构。如前述，投资者必须通过证券公司，才能买卖上市证券，通常也才能完成其他证券买卖。证券公司接受投资者的委托，应当向投资者提供买卖证券的通道，完成证券买卖，办理证券结算登记等事务，并向投资者收取报酬或费用，该等报酬或费用也称“手续费”。

（五）政府监管机构和自律组织

在我国，政府监管机构主要是指证监会及国务院授权的其他机构。自律组织主要是证券交易所和证券业协会。根据规定，自律组织不是经营性组织，不得从事证券投资，不承担证券投资风险。政府监管机构和自律组织是证券市场健康发展的重要基础，是维护证券市场秩序的重要保证。政府监管机构和自律监管机构通过制定、执行相关的法律法规和交易规则，实现证券交易的安全、快捷和有序。

---

① 参见2009年6月30日证监会发布的《创业板市场投资者适当性管理暂行规定》（2009年7月15日施行）。

第二节 境外证券市场的监管

证券市场监督管理是金融监督的组成部分，是指国家主管机关或者监管机构根据证券法的规定，对证券发行、交易、服务等活动和市场实施的监督和管理。境外证券监管体制，主要有美国模式、英国模式和欧陆模式三种。

一、美国的监管体制

美国在早期证券监管上，采取放任主义态度。第一次世界大战以后，美国证券市场获得高速发展，私人资本和银行资金大量涌入证券市场，根本上改变了资金供求关系，也增强了证券市场的投机因素。市场资金供给过剩，股票交易量大增，股价的泡沫成分极重，股票市值在短期内损失了500多亿美元，道琼斯指数下跌89%，许多投资者血本无归，银行贷款无法偿还，企业和个人破产数量激增，最终导致了美国1929年金融危机。

此后，美国开始严控濒临崩溃的证券市场，先后通过1933年《证券法》和1934年《证券交易法》。根据1933年《证券法》，政府应对证券发行实施监管，以实现证券真实原则。1934年《证券交易法》侧重于监管证券交易活动，尤其关注监控和查处各种证券违法行为。两部法律的重要贡献在于建立了美国联邦“证券交易委员会”。

20世纪末，欧洲、日本和美国大型全能银行之间的竞争日益加剧，金融市场控制权争夺战日益激烈，原有金融监管体制无法适应全球经济和金融业的发展，大型金融机构并购不断，动摇了传统的金融分业监管体制，全能银行逐渐成为国际金融业的发展趋势。1999年，美国参、众两院通过《金融服务现代化法案》，美国总统于当年11月12日正式签署该法案。在有关证券市场方面，该法案规定，商业银行可以组合保险公司和证券公司；附属金融机构可以彼此提供消费者信息，但是，消费者有权以书面形式限制将个人资料卖给第三方公司；银行可以从事保险及证券业务，但银行出售保险或证券产品前，必须明确告知消费者该产品不受联邦存款保险保护等。

（一）集中式的行政监管体制

根据1934年《证券交易法》，美国联邦设立“证券交易委员会”。证券交易委员会是统一管理全国证券市场的最高行政机构，具有立法权和司法权。证券交易委员会享有广泛的职权，负责制定、调整有关证券活动的管理决策，负责制定和解释证券市场的各种规章制度，负责管理全国范围内的一切证券发行和交易活动，调查、检查各种不法的证券发行与交易，执行行政管理和法律管理措施。同时，证券交易委员会还是全国证券发行和交易的信息中心，负责组织、监督证券市场信息的收集和传播。

20世纪40年代以来，美国联邦制定了多项法律法规，赋予证券交易委员会更大的权限，包括调查权和处罚权。美国1990年《市场改革法》增加了证券交易委员会在紧急情况下的处事权力、对大额交易的监管权力和监督自律机构执法等一系列权力①，证券交易委员会成为美国证券市场的真正指挥者。

近年来，美国上市公司丑闻不断，引起公众愤怒。在《金融服务现代化法案》以外，

① 参见徐冬根等编著：《美国证券法律与实务》，55～58页，上海，上海社会科学院出版社，1997。

美国国会另于2002年7月通过有关会计和公司治理一揽子改革的Sarbanes-Oxley法案（以下简称SOX法案）。该法案对公司法、证券法和会计法作出多项重大修改，强化了上市公司信息披露制度，促进了上市公司财务会计处理的准确性，加强了审计师的独立性，推动加强公司治理，加强了证券交易委员会的职权。

（二）金字塔式的监管体制

美国采用分级监管体制，形成了金字塔式的证券监管模式。在金字塔的顶部，美国国会及证券交易委员会负责市场监督；州立监管机构负责监管辖区内证券业活动。在金字塔中层，自律组织——包括纽约证券交易所、其他交易所、全国证券交易商协会、各清算公司等——监测市场交易并监督成员的活动；自律组织制定或修改规则，必须获得证券交易委员会的批准。自律组织成员设立的内部监督部门，是金字塔的最底端，负责监督公司与公众的交易，调查客户申诉以及答复监管机构的询问。“监管金字塔的基础是政府监督之下的自律。”①

在集中式行政监管体制中，证券交易所和证券商协会等自律组织的监管，构成证券监管体系的基石。美国联邦证券交易所和全国证券商协会是两个主要的自律组织，前者负责沟通政府监管机构和全国证券交易所的关系，通过建立会员制度、证券注册制度，核定证券交易所收费标准，提供信息沟通的设施，实现证券市场的自律管理。后者在组织证券公司、投资机构及个体经纪人方面，发挥着重要作用。

（三）以信息公开为基础的证券监管体系

信息公开原则，确立于1933年《证券法》和1934年《证券交易法》，现已成为美国证券监管体系的基础和核心制度。随后制定的《信托契约法》、《投资公司法》、《投资顾问法》和《证券投资者保护法》等，强化了信息公开在证券法中的地位。

在美国，证券法强调“证券真实”原则，即在信息充分披露的情况下，每个投资者将选择对自己最有利的投资和保护方式，每个投资者都是自己利益的最佳维护者。“在公司或附属于某公司的人或实体对该公司的证券进行公开出售时，这些证券的潜在购买方应获得有关的财务资料及有关公司的其他重要资料的充分披露，以使他们能作出知情的投资决定。”② 据此理念，美国证券法采取了证券发行注册制，公司无论规模大小，不论利润多少，不管公司经营历史长短，凡是依法履行信息披露义务的，都有权提出公开发行股票的申请。

在理论上，信息公开是引导投资者正确投资、消除操纵和遏制投机的重要手段。良好的信息披露体系，在最大限度保护投资者利益和最低限度的市场干预之间，设置了利益平衡机制。借助市场自身的选择机制，质量低劣、超过市场承受能力的证券将被驱逐出证券市场。

在实践中，信息公开有多种实现途径：首先，发行人公开出售股份时，按照信息披露规则，应当在中介机构的协助下，公开与出售证券有关的信息。信息披露的方式和程序，不仅须符合证券法的规定，还要符合证券交易所制定的披露规则。其次，发行人在证券发行后，应当持续承担信息披露义务。“在美国，一旦公司上市，它将遵守经常性的、不断

① 中国证券监督管理委员会编：《证券立法国际研讨会论文集》，39～41页，北京，法律出版社，1997。

② 中国证券监督管理委员会编：《证券立法国际研讨会论文集》，52、56页。

进行的报告规定，而且每年它必须编写一个范围与其原来的招股说明书类似的年度报告。”① 再次，在公司发生资产收购、重组和兼并等重大事件时，还应发布专项信息披露文件。最后，上市公司控制股东也应承担信息披露义务。违反信息披露义务的，将面临行政处罚乃至刑事指控。

(四) 以反欺诈为核心的证券监管体制

反欺诈，作为与信息公开相配合的重要规则，是指公开发行的证券必须按照规定格式进行登记，禁止使用不真实说明及其他欺诈手段销售证券，否则发行人和中介机构将承担民事、行政乃至刑事责任。

1. 禁止发行人的证券欺诈。1933 年《证券法》规定，发行人在发行证券时，故意遗漏有关信息，或欺诈投资者，或进行错误披露的，证券交易委员会和投资者均可提起民事赔偿和罚款的诉讼。证券交易委员会有权以控方名义向法院提起民事和刑事诉讼。

2. 强化发行人和中介机构的责任。发行人及其董事和高级职员、承销商以及会计师和律师等专业顾问，要确保发行文件内容的真实性、准确性和完整性。信息披露文件存在虚假或者误导内容的，发行人及中介机构要承担严格的法律责任。SOX 法案还强化了发行人总裁和会计师的责任。

(五) 从分业经营向混业经营的转变

在分业经营下，商业银行不得从事证券业务，证券公司不得从事银行业务。如果商业银行资金过多涌入证券市场，不仅会人为地提高证券价格，还可能影响银行资金的安全，甚至危及金融市场秩序。混业经营是诱发美国 1929 年金融危机的重要原因之一，相应地，避免混业经营、控制银行资金进入证券市场，就成为美国证券法的重要内容。美国 1934 年《证券交易法》规定，商业银行不得直接进入证券市场，不得利用银行资金进行证券投资。

进入 20 世纪 80 年代以后，美国证券法坚持的分业经营体制有所松动。美国国会通过的《金融服务现代化法案》为了顺应金融自由化、市场化和全球化的需求，在根本上改变了商业银行与证券公司的分业经营原则，美国大型全能银行出现。

二、英国的监管体制

英国是股份有限公司的发源地，也曾经是世界经济中心和财富集中区。在历史上，债券市场曾经是英国证券市场的代名词，其股票市场不像美国股票市场那样发达。间接融资是英国金融市场的重要特征，公司发展更多地依赖于银行资金，银行业对证券业的干预程度很深。英国证券市场向来以坚持“自律原则”闻名，主要采取自律监管的传统模式。长期以来，英国没有制定规范证券关系的专门法律。直至最近二三十年间，英国证券立法才发生了许多新的变化，传统监管体制也出现变动，证券监管手段日趋成熟。

(一) 分散立法向集中立法的转变

调整证券关系的早期英国法律，主要是 1948 年《公司法》、1958 年《反欺诈（投资）法》、1973 年《公平交易法》和 1986 年《金融服务法》等。英国《公司法》规定，任何公司发行股票时，必须制定内容详尽的招股说明书，招股说明书的格式必须符合法律规定。在认定上市公司的资格方面，英国强调股票信息披露并采取股票发行备案制。《反欺诈

① 中国证券监督管理委员会编：《证券立法国际研讨会论文集》，52、56 页。

(投资)法》是旨在保护投资者利益的法律。该法第13条规定，无论是通过证券交易所交易还是场外交易，凡是利用内幕信息从事交易的人士，将受到法律处罚。《公平交易法》规定，政府贸易工业部将通过公平交易局监督、审查重大收购和合并项目，监管证券市场合理运行。

20世纪70年代以后，英国经济发展放缓，美国取代了英国并成为国际金融中心。进入80年代后，英国国内政治矛盾缓解，经济逐渐复苏。保守党上台执政后，采取了促进竞争和推进市场经济的政策，陆续颁布、修改了多项重要立法，摆脱了分散立法的传统，形成了集中立法的新型格局。

首先，英国议会于1986年通过了《1986年金融服务法》(Financial Services Act 1986)，开创了英国资本市场的新时代，重塑了英国的资本市场框架，被称为英国的"金融大爆炸"(big bang)。《1986年金融服务法》建立了英国特有的证券监管框架。该法共分10个部分，分别规定了投资业务管理规定、保险业务、证券的正式上市、不上市证券的报价、接受报价、内幕交易、对信息披露的限制、互惠、杂项与补充。①

其次，英国议会于2000年6月颁布了《2000年金融服务和市场法》(Financial Services and Markets Act 2000)，取代了包括《1986年金融服务法》在内的多项法律，成为英国规范金融服务的最主要法律，该法律分为30个部分，共433条。该法律取代了此前制定的许多金融业监管法律法规，成为英国规范金融业的"基本法律"。该法明确了金融监管机构和被监管者的权力、责任及义务，统一了监管标准，规范了金融市场的运作，提供了适应新世纪金融业的发展和监管的改革框架。《金融服务和市场法》的颁布和施行，表明英国建立了统一的金融立法模式，告别了主要依靠自律组织进行证券监管的传统模式。

最后，英国多次修改《2000年金融服务和市场法》。如在应对金融危机中，2010年金融服务法案规定，对违反卖空规则的行为，FSA有权征收罚款并予以公开谴责；交易商应当披露重要的净空头头寸；FSA有权禁止公司或个人开展部分或全部已获准实施的交易；对于未获FSA批准而执行受约束职能的个人，FSA可以征收罚金；无论个人是否获得官方认可，FSA都有权从个人手中搜集与金融稳定性相关的信息，以帮助辨别英国金融市场所面临的潜在风险等。

(二) 分业监管向混业监管的转变

1998年6月1日前，英国金融业采取了分业监管和分散监管的模式。金融监管涉及英格兰银行、财政部、证券与投资管理局、贸易工业部等政府部门，主要有9家监管机构，分别是英格兰银行的审慎监管司(SSBE)、证券与投资管理委员会(SIB)、私人投资监管局(PIA)、投资监管局(IMRO)、证券与期货管理局(SFA)、房屋协会委员会(BSC)、财政部保险业董事会(IDT)、互助会委员会(FSC)和友好协会注册局(RFS)。这些监管机构分别行使对银行业、保险业、证券投资业、房屋协会等机构的监管职能。英国贸易工业部则从公司法层面对违反公司法的金融机构进行监管。

在证券监管方面，英国贸易工业部负责证券市场法律的实施，贸易工业部通过相关部门(如公司注册署)实施必要的政府监管；英国银行和英国保险业协会所属投资保护委员会等，承担着证券市场的部分监管职能；自律组织则承担着部分自律监管职责。

---

① 参见《英国金融服务法》，张群群等译，北京，中国民主法制出版社，1997。

《2000年金融服务和市场法》施行后，金融服务局已成为英国金融服务业的唯一立法者。同时公布的咨询文件指出，“政府希望监管的范围应当包括目前金融业务的所有方面”，金融服务局“在其认为必要时有权介入，并有权采取其认为合适的措施”。该法案还明确指出，金融服务和市场特别上诉庭具有完全的独立性，直接隶属于内阁大法官。政府将任命一批兼有法律及金融专长的职业人士组成陪审团，陪审团有权推翻金融服务局的原有规定。该法案提出，要建立隶属内阁大法官的特别上诉法庭，建立单一监督官和赔偿机制，起诉和处罚时常违规行为，监管劳合社保险市场，对投资基金的审批更具灵活性。该法案还就通过互联网提供金融服务制定了更为明确的规则。

(三) 自律监管向行政监管的转变

在2000年以前，自律监管是英国证券市场监管的主要特征。在历史上，英国证券市场不是由政府实行监管的，证券交易所几乎承担了证券市场监管的主要职责。证券交易所认识到，为了保持投资者的信心，必须对证券定价和信息披露进行自律监管。20世纪70年代以后，为了加强自律组织的证券市场监管职能，在商业银行的支持下，英国成立了“证券与投资管理委员会”(SIB)。《1986年金融服务法》施行后，“证券与投资管理委员会”于1997年10月28日更名为“金融服务局”(FSA)，英国开始采用“政府指导下的自律监管”的模式，政府机关的地位有所提升，但没有在根本上改变自律监管的主导地位。

根据《2000年金融服务和市场法》的规定，金融服务局的目标有四项：(1) 维护英国金融市场及业界信心；(2) 促进公众对金融制度的理解，了解不同类型投资和金融交易的利益和风险；(3) 确保从业者有适当经营能力及财务结构健全，以保护投资者，并教育投资者正确认识投资风险；(4) 监督、防范和打击金融犯罪。金融服务局的成立，标志着英国开始确立新的证券监管体制，标志着行政监管地位的提升，英国逐步走上证券市场集中监管的道路。

金融服务局下设3个自律机构、9个专业机构、6个投资交易所和2个清算机构。金融服务局在继承了原证券与投资管理委员会部分职能的同时，特别沿袭了“证券与投资管理委员会”的“十条戒律”，并依此对证券市场进行监管。该“十条戒律”包括：正直、技能、谨慎和勤勉、市场惯例、关于客户资料、向客户提供资料、利益冲突、客户资产、财政资源、内部组织以及与管理者的关系。

必须看到，虽然英国现在采用行政监管和自律监管并重的模式，但自律监管依然是英国证券监管的最大特色。例如，参与证券交易所证券买卖的人，必须是证券交易所的会员，必须遵守证券交易所制定的规则，从而为自律监管奠定了基础。再如，证券交易所有权规定证券上市的接受、审核条件，有权随时调整上市条件，以保证上市证券具有投资价值。还如，发行人必须遵守信息披露规则，股票上市后，发行人应按照规定程序和步骤，向投资者公开公司账目和相关信息。此外，证券交易所是自律监管机构，有权对会员和上市公司实施处罚，有权撤销会员资格、拒绝新证券的上市申请、决定上市证券终止交易等。证券交易所还有权监管上市公司及管理人员的变动。

三、欧陆法系的证券市场监管

在欧陆国家，德国监管体系具有很强的代表性。德国早期证券市场主要接受债券上市，有关债券的法律比较发达。随着工业革命的发展，特别是在引入股份有限公司后，股票已成为重要的证券形式。德国证券监管体系有别于英国和美国等国家，带有鲜明特点。

（一）商业银行主导证券市场

德国股份有限公司虽数量众多，通过发行股票募集资金的做法，却不很普遍。早在19世纪后期，德国就建立了比较发达的银行网络，形成了强有力的金融垄断资本。证券市场属于银行业的附属行业，商业银行对证券市场产生了巨大影响。根据德国法律，商业银行和信贷机构自动取得证券交易所会员资格，买卖证券的指令必须借助银行参与，银行充当着经纪人并几乎操纵着各种证券交易。商业银行发挥主导作用的原因，可归结为以下方面：

首先，证券市场附属于资金市场。德国证券市场是在资金市场相对发达的基础上产生的，对银行市场形成了天然的依赖。有学者甚至指出，只是为了与英国以及其他欧洲国家竞争，德国才表现出对证券市场的兴趣和热情。

其次，证券交易规则有利于银行业。商业银行参与证券场外经纪交易时，无须获得特别授权和批准，而外国经纪人必须首先持有银行执业牌照，才能够进入证券市场。特殊的交易规则强化了商业银行的特殊地位。

最后，信贷资金成本低于直接融资成本。德国对股利收入计征较高税负。根据《公司所得税法》，对公司分配的盈余所得，要征收36%的税款；对留存的盈利所得，要征收56%的税款。股东在领取股利等盈余分配后，还要再次缴纳税款，形成了双重税收体制。由于德国对利息收入的税负标准较低，投资者更愿意将资金存入银行，获得利息收入。股份有限公司低成本地获得资金，有利于企业的自身发展。1976年以后，德国颁布税制改革法案，开始降低股利收益税，以鼓励证券市场的发展。

正是在这种特殊背景下，德国公司更愿意向银行申请贷款，银行也愿意认购企业发行的股票。这样，商业银行既是公司股票的认购者，也是资金放贷者，形成了特殊的贷款担保关系。银行为了收回贷款，可以择机售出股份。商业银行参与公司运作，有助于降低企业融资成本，提高募集资金的安全性。

（二）信息披露规则相对宽松

相对于英美等国家，德国规定的发行人信息披露义务较低。德国没有专门制定证券法或金融服务法，有关发行人信息披露义务的规定，散见于多部法律。德国《股份法》规定，发行人履行信息披露义务，应当遵守公司法关于会计制度、审核和公布年度资产负债表的一般规定。1969年，德国发布《财务报表公布法》，进一步规定了信息披露义务，但没有形成完整的信息披露规则。《股份法》要求发行人承担的财务信息披露义务非常有限。根据规定，股份有限公司必须严格按照规定制作资产负债表和年度报告，并聘请独立审计师进行审计。但是，财务报告经公司监事会认可后，即视为获得股东大会核准。同时，股份有限公司应当公布资产负债表，却无须向社会公布年度报告。

德国法律相对忽视信息披露规则的原因很多。首先，证券法的独立性未能得到充分发掘。德国学者指出，证券法是公司法的特别法，证券法并未形成相对独立的法律领域。这是信息披露规则没有得到充分重视的主要原因。其次，发行人通常先将股票出售给商业银行，从而降低了社会对信息披露的需求。商业银行是投资专业机构，具有了解、掌握和分析公司信息的能力，有的甚至直接参与证券发行。中小投资者即使是“搭便车”，受损机会也相对较少，保护投资者利益的社会呼声不高，从而降低了对企业信息披露的关注度。另外，德国在引进股份有限公司制度时，融合了德国法律传统，创设了具有“封闭”特征的有限公司制度，间接表明了对公司信息公开缺乏热情。在企业信息封闭观念得到尊重的国度里，推行信息公开披露制度当然存在观念障碍。

（三）法律规范比较分散

在德国，调整证券关系的规范是由多个相关法律法规所构成的，主要包括：

1.《股份法》，该法具体规定了股份的募集、发行和交易。

2.《有价证券交易法》，该法规定了证券的含义、交易监管机构的职权、内幕交易、上市公司的通知义务、证券公司行为规则以及处罚措施。

3.《有价证券保管法》，该法规定了证券的保管、经纪、破产程序中的优先地位以及处罚等。

4.《财务报表公布法》，该法要求上市公司和大型企业依法制作并公布公司财务报表。

5.《证券交易所法》，该法规定了证券交易所的设立、监管职能以及会员资格等事项。

6.《招股说明书法》，该法规定了招股说明书的适用范围、上市证券的出售、非上市证券的出售、招股说明书的公布和责任等。

与证券有关的法律，还包括银行法、投资公司法、外国投资公司法和对外贸易法等；保险、储蓄、银行等机构投资者的组织管理法律，也包含与证券法有关的内容。

近年来，在英美等国的影响下，为了适应欧盟法制一体化的进程，德国正在考虑将有关证券的法律、规则和条例进行整体化处理。有的学者主张将各项管理制度作为独立的法律群体加以对待。

（四）以自律规则为基础的监管体制

德国没有专门监管证券市场的联邦机构或者州的权力机关。在企业组织法中，德国联邦设有卡特尔办公室，负责审查公司接管和兼并事项。德国法律没有排斥证券监管机关的监管职能，但政府监管机构职能相对较弱，证券交易所自律监管是德国证券市场管制的基本特征。

在德国，《证券交易所法》规定了证券交易所的组织、会员吸收、经纪人及交易员的注册、正式上市及非现货交易的基本原则和制度。为了维护证券市场的稳定和有序，证券交易所发布了许多具有习惯法性质的规则，如上市标准及财务公开规则。针对德国重视自律管理、忽视政府监管的证券市场监管，有学者称之为“高度自律机制”并予以严厉批评。有的德国学者则支持现有体制，他们将这种自律管理机制的理论基础，解释为对自由主义的同情。这种观点认为，政府监管证券市场将妨碍和遏制自由经济的发展，必须保留自律监管的突出地位。

虽德国证券法和政府监管权力分散度较高，却没有出现证券市场的混乱。其原因可以归结为两方面：一方面，商业银行作为德国证券市场的主要参与者，始终以银行家的道德水准参与证券的发行、上市和交易，由此维持了证券市场的秩序。另一方面，在稳定发展的证券市场中，各方市场参与者经长期磨炼，形成了遵守证券市场规则的良好习惯，商业信用得以张扬，法律规范和政府监管机构的分散，并没有成为影响证券市场发展的重大不利因素。

四、日本和韩国的证券市场监管

日本和韩国最初参考美国模式，单独制定了各自的《证券交易法》。自20世纪末期以来，随着东亚地区混业经营和金融衍生商品的快速发展，日本和韩国开始采纳英国金融服务法模式，逐渐形成了适应混业经营的统一监管模式。

日本于2000年制定《金融商品销售法》，将证券扩展至金融商品并进行统一规制。再于2006年制定《金融商品交易法》，初步完成了向金融市场横向规制的转变。在监管机构方面，日本金融企划局和金融监督厅于2000年7月合并组成金融厅，于2001年1月再将金融厅作为内阁府的外局，由中央政府任命特命担当大臣、副大臣、大臣政务官。该金融厅设置了3个相对独立的合议制组织——证券交易监视委员会、正式会计师和监察审查会以及审判官，共同对银行、证券、保险等行业行使管理和监督职能。

韩国在20世纪60年代实行金融分业监管模式，严格禁止金融机构间的综合经营。20世纪70年代，由于金融机构业务范围的扩大，加剧了金融机构间金融业务的重复，尤其是亚洲金融危机后韩国金融机构重组，使金融机构的综合经营在限定的范围内可以开展。1997年，韩国启动金融监管体制改革，韩国国会于2007年6月通过《证券市场和金融投资服务法》(Capital Market and Financial Investment Service Act)，整合并取代《证券法》、《期货法》、《资产管理法》等8部法律法规，于2009年2月颁行实施。

第三节　我国证券市场的监管体制

我国证券市场属于新兴的资本市场。在上海、深圳证券交易所成立后的20多年时间里，证券市场发展快速，证券法不断完善，证券监管体制逐步稳定。随着社会各界对我国证券市场本质特征的认识逐渐加深，我国行政管理体制的深化改革，金融消费者权益保护观念的加强，我国证券市场监管体制必将不断发展。

一、证券市场监管体制的形成

在我国，早期证券市场是从货币市场衍生出来的，证券监管体制移植了以中国人民银行为核心的金融管理体系。国务院于1986年发布《中华人民共和国银行管理暂行条例》，该条例第5条规定，中国人民银行负责审批专业银行和其他金融机构的设置或撤并，负责管理企业股票、债券等有价证券，负责管理金融市场。中国人民银行随后发布了《关于企业股票、债券以及其他金融市场业务管理问题的通知》以及《关于严格控制股票发行和转让的通知》等部门规章。然而，由于缺乏明确的具体规定，中国人民银行在各地设立的分行分别履行股票和债券的管理职责，形成了事实上的多头管理和分散管理局面，甚至诱发了黑市交易、操纵交易、内幕交易等严重问题。

1991年4月，中国人民银行请示国务院批准，成立了由中国人民银行、国家计委、财政部、国家外汇管理局和税务总局等共同组成的股票市场办公会议制度，代表国务院对证券市场行使日常管理职权。1992年6月，在股票市场办公会议制度基础上，又建立了国务院证券管理办公会议制度，办事机构是中国人民银行的证券管理办公室。为了保障证券管理的公正性和权威性，促进证券市场的健康发展，1992年10月，国务院同时成立了国务院证券管理委员会（简称证券委）和中国证券监督管理委员会（简称证监会)。1992年12月17日，国务院发布《关于进一步加强证券市场宏观管理的通知》。按照该通知，证券市场管理机构大致分为证券委、证监会、其他政府机构及自律组织。

1. 证券委是对全国证券市场进行统一宏观管理的主管机构，由国务院14个部委的部长或局长担任委员。主要职责是：负责组织拟订有关证券市场的法律、法规草案；研究制定有关证券市场的方针政策和规章；制订证券市场发展规划和提出计划建议；指导、协调、监督和检查各地区、各有关部门与证券市场有关的各项工作；归口管理证监会。

2. 证监会是证券委的执行机构，由有证券专业知识和实践经验的专家组成，按事业单位管理，主要职责是：根据证券委的授权，拟订有关证券市场管理的规则；对证券经营机构从事证券业务，特别是股票自营业务进行监管；依法对有价证券的发行和交易以及对公开发行股票的公司实施监管；对境内企业向境外发行股票实施监管，会同有关部门进行证券统计，研究分析证券市场形势并及时向证券委报告工作，提出建议。

3. 国务院有关部门和地方政府在证券工作上的职责分工是：国家计委根据证券委计划建议进行综合平衡，编制证券计划；中国人民银行负责审批和归口管理证券机构，同时报证券委备案；财政部归口管理注册会计师和会计师事务所，其从事与证券业有关的会计事务的资格由证监会审定；国家体改委负责拟订股份制试点的法规并组织协调有关试点工作；上海、深圳证券交易所由当地政府归口管理，由证监会实施监督，设立证券交易所必须由证券委审核，报国务院批准；企业股份制试点的，地方企业由省级或计划单列市人民政府授权的部门会同主管部门审批，中央企业由国家体改委会同企业主管部门审批。

在此之后，上述监管体制不断发展。证券委是重大事项的非常设议事机构，主要负责证券市场的宏观管理；证监会作为国务院所属的事业单位，负责对证券市场进行微观管理，两个委员会在职责上存在重叠。在国务院机构改革中，国家计委和国家体改委的名称及职责发生了重大变化；依照《银行法》的规定，中国人民银行不再负责监管证券市场；证券委也已被撤销。随着政府机构职能的调整，证监会的职权得到加强，业已成为我国证券市场的主要监督管理机构。

二、证券市场监管体制的特点

原《证券法》反映了我国证券监管的实践经验，现已成为我国证券监管体制的法律基础，初步勾画出我国证券监管体制的特点。现行《证券法》对原有的监管模式作出局部调整，以适应我国“新兴加转轨”阶段证券市场的特点，我国证券监管体制的特点更为明确。

(一) 政府监管占据主导地位

证券监管体制，大致分为政府主导型和自律主导型。前者是主要由政府监管机构对证券发行、交易、服务等实施监督、检查和处理等。后者是由自律组织制定自律规范，约束证券发行、交易或服务活动。必须指出，政府主导型并不全然否定自律监管，反之亦然。两者之间的差异，在形式上为政府监管和自律监管的介入程度的差异，在实质上则为监管理念的差异。

全国人大常委会于2005年修改《公司法》和《证券法》以前，证券市场监管体现了浓厚的政府监管色彩。原《公司法》规定，在我国境内设立股份有限公司，必须事先取得省级以上人民政府的批准。原《证券法》规定，公司发行债券的，要事先取得国务院授权部门的批准；公司发行股票的，必须受到政府监管机关的限制。原《证券法》还规定，证券交易所应当根据监管机构的决定，安排证券上市交易。根据上述规定，政府监管机构几乎成为证券市场的唯一监管者。现行《公司法》取消了股份有限公司的设立前置审批程序，《证券法》采取了证券发行核准制，减少了对直接融资的部分限制，重新安排了证券发行和上市的关系，允许证券交易所自定证券上市标准，明确了证券交易所和证券业协会自律组织的地位。这样，我国逐步形成了以政府监管为主导、自律组织监管为辅的证券市场监管模式。

监管理念也称为“监管哲学”。证券市场既然也是市场形态，当然应当首先发挥市场机制的作用，应当鼓励和培育自律监管，减少政府监管。然而，我国长期实行计划经济体制，政府向来重视采用计划手段，调整和引导国民经济的发展，政府对证券市场拥有强大的干预能力。在我国，证券市场是在政府放权中产生和逐渐发展起来的，不可避免地带有浓厚的政府监管色彩，市场化色彩相对淡薄。只有尽快完成从“行政化”向“市场化”的转变，才能奠定自律监管的基础。就目前而言，协调政府监管与自律监管的关系，是我国健全证券监管体制的核心任务；减少政府过度干预，应当成为完善证券监管的重要环节。

（二）证券发行资格实行实质审查

实质审查和形式审查是对应的概念。实质审查，是指根据法律对证券发行和交易条件的明确规定，监管机构负责审核证券发行、交易的适法性，有权拒绝不符合标准的证券的发行和交易。形式审查，是旨在保证义务人披露信息之真实、准确、完整的审核制度。在偏重于形式审查的体制下，法律无须对证券发行和交易的实质条件作出规定，监管机构主要审查发行人履行信息披露义务的情况。

在多数国家，法律不规定证券发行和交易的实质条件，监管机关主要审查发行人履行信息披露义务的情况。在这种体制下，即使发行人准备发行垃圾证券，只要发行人严格履行信息披露义务，只要投资者或市场愿意接受垃圾证券，发行人也可以发行该种证券。

在我国，证券法采用实质审查原则。《证券法》规定了证券发行的条件，监管机关也制定了证券发行的实质条件，监管机关审查发行申请时，必须关注发行人状况与法定条件之间的一致性。在证券交易方面，《证券法》亦采用实质审查原则。对于上市公司收购和重组，监管机关制定了上市公司收购的实体规则。违反规定实施收购的，监管机关有权予以否决。

（三）形式上的集中管理

原《证券法》施行前，我国实行分散监管的体制，国务院、国务院所属多个部委及地方人民政府，都可监管证券市场。各监管机构不仅拥有专属职权，还与其他机构共享职权。由于监管职权交错不清，监管效率必然降低，还容易出现监管漏洞。为了消除分散监管体制的缺陷，提高证券监管效率，各界普遍主张建立集中监管体制，消除证券委与证监会并存、中央管理与地方管理并存的分散管理局面。①

原《证券法》第7条明确规定，“国务院证券监督管理机构依法对全国证券市场实行集中统一监督管理”，“国务院证券监督管理机构根据需要可以设立派出机构，按照授权履行监督管理职责”。现行《证券法》坚持集中管理体制，重申国务院证券监督管理机构是我国证券市场的集中管理者，不仅有助于克服多头管理、分散管理的局面，也有助于发挥证券市场的集资功能，推动社会资源的合理配置和流动。

必须看到，长期发展形成的庞大的行政管理体制，对于公司发行证券仍然有实质性约束。发行人通过发行证券而筹集资金，多是为了从事项目建设，而建设项目立项必须取得国家或地方发展改革委员会的批复同意。证监会在审核证券发行申请时，不得不尊重其他

① 参见陈耀先在“里昂证券98中国投资论坛”的演讲，载《中国证券报》，1998-05-14。

主管部门的批复意见，从而在客观上形成了“隐形”的多头监管格局。

三、证券监管体制的发展趋势

我国证券市场属于“新兴加转轨”的证券市场，未来必然逐渐走向成熟。通常认为，成熟证券市场必然是以“市场化”作为其基本特征的市场，必然要求减少现有的政府审批和许可。随着我国证券市场和金融创新的发展，政府体制改革方案的出台和实施，我国证券监管体制必然发生相应变化。在此过程中，必须注意处理好三方面的关系。

（一）证券监管与金融监管的关系

证券市场是金融市场的组成部分，金融市场的变动必然会引起证券市场的变动。我国金融市场采取了分业监管模式，即证监会、银行业监督管理委员会（简称银监会）、保险业监督管理委员会（简称保监会）分别承担证券市场、货币市场和保险市场的监管责任，国务院财政部和中国人民银行也履行部分监管职责。

证券市场、货币市场和保险市场有密切联系。在立法上，《证券法》、《商业银行法》和《保险法》开启了混业经营的大门；在实践中，金融行业不断发展衍生金融产品。因此证监会、银监会和保监会分别监管的模式正在面临前所未有的实践挑战。针对此种情况，有的学者主张金融市场采用统一监管模式，应当建立横跨证监会、银监会和保监会的，具有综合监管职能的金融监管局或者金融监管委员会。

必须看到，保监会和银监会已分别成立了保险消费者权益保护局和金融消费者权益保护局，证监会正在筹组证券投资者权益保护局。政府金融消费者保护组织的建立，是政府进行金融监管体系改革的重要尝试。为了减少监管机关的职能重叠、堵塞监管漏洞，必然要建立统一的金融监管机构。在未来，究竟应将证监会、保监会和银监会归入统一的金融监管机构中，还是维持现状并设置临时的协调机制，抑或是维持三个监管机构并存并组建统一的金融消费者保护组织，需要国务院在制定行政体制改革方案时加以综合考虑。

（二）形式审查与实质审查的关系

实质审查是我国证券监管的重要特点，我国应当逐渐淡化实质审查，走向形式审查。

一方面，根据实质审查原则，监管机构应当按照法定条件审核证券发行申请。因此，实质审查的前提条件，是立法机关以及监管机构针对各种证券发行和交易，分别规定不同的实质条件。然而，证券发行既有融资性的证券发行，也有非融资性的证券发行，还有各种变异的证券发行（如借由公司合并而发行新股）。就证券交易来说，既有典型的证券买卖，也有质押、拍卖、大宗交易等特殊的证券交易。监管机构不可能详细列举证券行为的各种形态，不可能分别设定各种法定条件。可以说，实质审查不是科学的证券监管思路。

另一方面，在我国证券市场上，个体投资者所占比例偏高。个体投资者的自我保护意识不强，单纯凭借完善信息披露规则，尚不足以保护投资者的利益。适当保留实质审查，还是有一定积极意义的。但是，随着证券市场逐渐成熟，监管规则日趋完善，投资者风险意识逐步加强，实质审查理念已不能完全适应证券市场的发展状况。

在我国，证券监管体制已呈现了由实质审查向形式审查过渡的迹象。例如，证券公司发行第三人权证的，只需要证券公司进行备案，法律法规没有规定实质条件。再如，现行《证券法》取消了新股发行的盈利性指标，允许证券交易所制定较高的上市条件。笔者认为，为了保护投资者的利益，监管机关应当逐渐放松实质审查，但必须辅以更完善的信息披露制度，而且要积极开展投资者教育活动。

（三）政府监管与自律监管的关系

在我国证券监管体制中，政府监管向来居于主导地位，对自律监管重视不足。各国实践表明，政府监管与自律监管是共存的，不是相互排斥的；在承认政府监管主导地位的同时，必须肯定自律监管的优势。自律监管是自律组织实施的监管，它更贴近于证券市场，能够柔性、深度地实施监管，市场主体更乐于接受自律组织的监管。

自律监管是各国监管体制中不可或缺的重要组成部分。英美等国家是市场经济的典型代表，经历过长期的经济自由主义阶段，向来重视自律监管的地位，形成了自律监管的深厚传统，其基本精神至今仍受到推崇。美国《证券法》虽建立起集中统一的证券监管体系，但并未放弃自律监管的思想，监管者依然尊重自律监管的地位。美国证券交易委员会主席道格拉斯（Willam O. Douglas）指出："将大量的事实管理行为委托于自律组织进行，不仅必须，而且可行。这样，政府将在管理活动中取得自由权，从而扮演监督者的角色。政府始终握有管理的武器，处于为管理手段的实施扫清各种障碍的地位。政府随时准备出击，但他希望自己永远按兵不动。"

笔者认为，对于涉及金融安全或者社会公众利益的事项，应该交给政府监管机构实施监管；其余事项，应该更多地借助自律组织实施监管。政府监管机构应在尊重自律监管的基础上实施行政监管。我国《证券法》确定了证券业协会和证券交易所的自律组织地位。充分发挥自律组织的监管职责，将成为完善我国证券市场监管体制的重要内容。

【问题与思考】

1. 简述证券市场的基本特点。
2. 简述我国证券市场监管体系的特点。
3. 分析我国证券市场监管体系的发展趋势。

第六章

证券发行制度

本章概要

发行证券是发行人直接融资的主要手段，发行人在实现融资需求的同时，必须充分保护投资者利益。一方面，证券法设定了证券发行的法定条件，发行人必须严格遵守法律的规定，才能获准发行证券。另一方面，发行人必须遵守法律规定的信息披露义务。证券监管机构应采取必要手段，促使发行人真实、准确和完整地披露与证券发行有关的信息，协助投资者进行正确的投资判断，努力减少劣质证券或垃圾证券的发行，减少投资风险。《证券法》、《公司法》以及《股票条例》是我国规范证券发行的主要法律法规。

关键术语

证券募集　公开发行　非公开发行　直接发行　间接发行　招股说明书　招股说明书概要　核准制　登记制　信息披露　新股发行　增发股份　配售股份　转增股本　分离交易的可转换公司债券

第一节　证券发行的概念和性质

一、证券发行的概念

证券发行，是发行人制作并向投资者交付证券的行为，包括制作证券和交付证券。(1) 制作证券，是将特定权利附加在证券上的行为，包括印制有纸化的证券文书以及确认无纸化证券的权利范围。(2) 交付证券，是发行人将证券及证券权利有偿或无偿地授予投资者的行为。制作并交付证券，是证券发行的主要含义。发行人为了发行证券而从事股份制改造，这是证券发行的准备活动，本身不是证券发行。

我国《证券法》除采用“证券发行”的表述外，还常采用“募集”或相关概念，如

"募集资金"、"募集文件"及"募集办法"等。[①]《证券投资基金法》第四章标题为"基金的运作方式和组织"，在条款上则采用"募集"、"募集申请"和"募集资金"等概念。笔者认为，证券发行和募集是相互关联的不同概念。

1. 实务操作上的差异

股票发行的典型操作模式是：发行人披露股票发行文件，并向投资者招募股份；投资者缴纳投资款项后，发行人向投资者出具相关凭证，并办理股份有限公司的设立或资本变更登记；最后，发行人向投资者交付股票。至此，股票发行活动即告结束。

澳大利亚专家小组在一份研究报告中指出，在澳大利亚和新加坡等国家，证券进入市场分为三个阶段：(1) 授权集资的股份有限公司提交有关财务报告；(2) 公司依照认募者申请，决定证券的分配；(3) 公司将证券交给投资者持有。"尽管认募者在证券发行前可以主张发行证券的合同权利，但是，直到第三阶段，投资者才拥有实质意义上的证券财产权。"[②] 由此可见，从我国及境外证券实践来看，证券发行和募集均属于不同概念。

2. 行为目的上的差异

有学者提出，证券发行"是指符合发行条件的商业组织或政府组织，以筹集资金为直接目的，依照法律规定的程序向社会投资人要约出售代表一定权利的资本证券的行为"[③]。还有学者提出，证券发行"指发行人以集资或调整股权结构为目的作成证券并交付相对人的单独法律行为"[④]。

笔者认为，证券发行和募集都是"行为"，然而，两者目的不同。募集之目的在于获得投资者的出资款项，可将"募集"和"资金"结合使用，称为"募集资金"。证券发行的目的，还包括向投资者授予证券权利或权利凭证。在理论上，必须先有募集，后有证券发行。仅在特殊情况下，发行人未募得资金，却要交付证券凭证。例如，上市公司向股东配股或送股时，不直接产生资金募集的效果；再如，《上海证券交易所权证管理暂行办法》和《深圳证券交易所权证管理暂行办法》规定，发行人以外的第三人发行权证时，无须以筹集资金为目的。[⑤] 但是，凡向投资者交付证券凭证的，均构成证券发行。就此而言，证券发行是指授予权利凭证的行为，与发行人是否募集或募得资金之间，没有直接关系。

3. 境外法律上的差异

在多数境外证券法中，立法者通常关注"证券发行"和"募集"的区别。我国台湾地区"证券交易法"规定，募集行为是指发起人于公司成立前或者发行公司于发行前，向非特定人公开招募股份或者公司债之行为；证券发行是发行人于募集后，制作和交付有价证券的行为。日本《证券交易法》第2条规定，有价证券募集是指以多数人为相对人而发出的要约取得新发行有价证券的劝导；有价证券的销售即证券发行，"指要约卖出或者买进已发行有价证券的劝导中，以均一条件，以多数人为相对人且符合政令所定情形者"。美国《统一商法典》第3—102 (1) 条规定，发行系将流通证券首次交付给持有人或者汇付人。在上述境外法中，证券发行和募集实乃不同概念。

---

① 参见《证券法》第15、17、25、31、58、60、64、69、194条。

② 转引自杨志华：《证券法律制度研究》，51页。

③ 董安生等：《证券发行与承销》，1页，北京，中国人民大学出版社，2001。

④ 杨志华：《证券法律制度研究》，53页。

⑤ 所谓权证，是指标的证券发行人或其以外的第三人发行的，约定持有人在规定期间内或特定到期日，有权按约定价格向发行人购买或出售标的证券，或以现金结算方式收取结算差价的有价证券。

综上，证券募集包含“招募资金”或“劝诱出资”之意；证券发行是指发行人向投资者交付证券凭证。通常，募集与证券发行在时间上是连续的，募集资金必然引起证券发行；在特殊情况下，没有募集，却有证券发行。募集与证券发行的结合程度，取决于发行人是否具有筹集资金的目的。证券发行和募集的法律性质不同，不是同等概念。

二、募集行为的法律性质

在证券法上，“募集”有两方面理解。一是，募集作为单方意思表示，是发行人向投资者发出的要约邀请，即劝诱投资者出资或缴纳出资款，为发行人向投资者发出的单方意思表示。二是，募集作为一项法律制度，主要指发行人与投资者订立的，旨在向投资者出售股份或公司债的契约行为。

在实践中，需要结合术语使用的语境，才能确定“募集”的含义。以募集股份为例，发行人募集资金前，必须依法制作招股说明书等文件，向投资者发出募集资金的意思表示。发行人还应向投资者提供与募集资金相关的资料，制备认购书。投资者认购并缴纳款项后，发行人应按投资者认购数量与拟发行证券总数之间的比例，确定具体投资者获得的股份数量，再将所得股份记入投资者的账户。

1. 公布招股说明书是发行人招募股份的单方意思表示。发行人在向投资者分派股份前，无法确定认购者能否得到所认购的股份，换言之，发行人与投资者还无法确定地形成合同关系。因此，在合同法上，公布招股说明书被归入要约邀请。《合同法》第 15 条和《股票条例》第 81 条规定，要约邀请是希望他人向自己发出要约的意思表示。根据合同法理论，要约邀请原本没有确定的法律效力，然而，为了保护投资者利益，证券法得赋予招股说明书以特殊效力，即发行人应当保证招股说明书不存在虚假、不真实、重大遗漏和使人误导的内容。招股说明书存在虚假信息披露的，构成证券欺诈行为，发行人应依法承担民事责任。

2. 投资者填写认股书并申购，属于合同法上的要约。在申购期间，投资者按照发行人确定的发行价格，依委托买入股票的方式进行申报。根据股票认购规则，投资者完成申报后，不得撤回报单。投资者填制并提交认购书或委托单，只是表达了投资者准备购买股份的最高数额，发行人未必能将认购的全部股份分派给投资者。因此，投资者认购只是单方意思表示，相当于《合同法》和《股票条例》规定的要约，意思表示的内容须具体、确定，投资者在发行人承诺后，要受领所认购的证券。多数学者据此认为，认股书是合同法上的要约。

3. 发行人核定投资者的认购数额，属于合同法上的承诺。根据实践做法，发行人根据全体投资者的认购数量与拟发行股份的比例，分别确定每个投资者获得的股份数量。换言之，认股书仅确定投资者认购股份的最高数额，发行人完成核定后，随机确定每个投资者应得的实际股份数量。因此，发行人核定股份数量并告知投资者的行为，为合同法上的承诺。

经过发行人发出要约邀请（招股说明书）、认购人提出要约（填写认股书）和发行人承诺（核定投资者的应得股份数量），才能完成股份募集的全部过程。在此意义上，募集既是单方意思表示，也是证券销售合同订立的步骤。

三、证券发行的法律性质

（一）三种学说

关于证券发行的性质，存在契约说、单独行为说和折中说三种学说。

1. 契约说认为，证券权利是根据发行人和投资者订立的授受契约而成立的民事权利，证券发行属于契约行为。

2. 单独行为说认为，证券权利基于发行人制作并交付证券而成立，属于单独行为。其中，认为证券权利因证券制作而产生的主张，被称为"创造说"，即证券一经制作完成，即导致证券权利的产生。认为证券权利系因交付而产生的学说，被称为"发行说"，即在交付证券后，才能产生证券权利。

3. 折中说认为，证券权利的产生基础，是发行人制作证券及发行人与投资者之间存在交付契约。只有在证券制作完成并交付后，才能产生证券权利。

（二）单独行为的合理性

证券权利是财产权利，证券行为是证券权利变动的基础。对于证券行为的性质，可参考物权行为理论，采用单独行为说。

1. 投资者与发行人达成股份授受协议，不当然产生证券权利。投资者认购股份，为要约；发行人向投资者分派股份，为承诺。根据股份授受协议，发行人有义务将核定后的股份数额记载于投资者名下，或将证券凭证交付给投资者，投资者有权向发行人主张证券交付请求权。如果证券未记载于投资者名下，或证券未交付给投资者，投资者只能请求发行人继续履行交付，或请求发行人承担损害赔偿责任，却无法对抗发行人以外的第三人。

2. 投资者持有证券或证券记载于投资者名下，即构成投资者享有证券权利的外观证明。股份授受协议即使存在效力瑕疵，也不影响投资者与第三人之间的关系。如某金融机构获准对外发行4亿元的金融债券，却实际发行了6亿元。某公司不知道发行人存在违法发行，并认购了1亿元金融债券。随后，认购金融债券的公司为了偿还银行贷款本息，将该1亿元金融债券全部转让给银行，用以抵偿全部贷款本息。发行人违法发行的事实败露后，发行人已无法向受让债券的银行全额兑付债券本息。但此时，银行基于接受该金融债券抵偿了全部贷款本息，已无权要求原债务人继续履行偿还贷款本息的义务。

3. 阻断证券权利与证券授受协议的效力联系，这是实现证券流通性的法律基础。按照单独行为说，只要发行人完成证券制作并将该证券交付投资者，投资者即获得完整的证券权利。换言之，证券权利产生于证券授受协议，却不依赖于证券授受协议。证券权利的独立性，有助于实现证券权利的流通性，有助于稳定证券市场秩序。反之，如果采用契约说或折中说，证券权利必然受制于授受契约或交付契约，这种主张不利于解释证券权利的形成和存续，容易损害投资者权利，影响证券市场的稳定和效率。

4. "发行说"较好地解释了证券发行的性质。单独行为说，分为"发行说"和"创造说"，其中，"创造说"可以较好地解释"有纸化证券"的发行，即发行人只有完成有纸化证券的制作，才能向投资者交付证券。证券制作是有纸化证券发行的前提。我国已普遍采用无纸化证券，无须制作证券。发行人将证券权利记入投资者的证券账户，就足以创设证券权利。就此而言，我国缺乏"创造说"的实证法基础，"发行说"具有更大的合理性。尤其在允许库存股的国家中①，"发行说"有利于确定库存证券的性质和地位。

---

① 库存证券通常是指发行人未能发售并交付投资者的证券，有时也包括发行人从证券市场购回的证券。《股票条例》第81条采用了"发行在外的普通股"，此为与库存股相对应的概念。

第二节 证券公开发行的概念与分类

一、公开发行和私募发行

证券发行，分为公开发行和非公开发行，公开发行又称为“公募发行”，非公开发行又称为“私募发行”。在理论上，证券法主要规范证券公开发行，在实践中，有时难以厘清公开发行和非公开发行的界限，为了防止发行人“借私募之名，行公募之实”，避免该等发行损害投资者利益，证券法亦需规范证券之私募发行。

（一）公开发行和非公开发行的概念

公开发行，指发行人向社会公众要约出售、出售或销售证券的行为。1992 年，《股份有限公司规范意见》首次采用“公开发行”概念，《股票条例》第 81 条将“公开发行”规定为，发行人通过证券经营机构向发行人以外的社会公众发出的购买股票之要约邀请、要约或者销售行为。认定是否为公开发行，应以是否为公众认购作为标准，是否通过证券经营机构出售证券，不是公开发行的认定标准。

非公开发行，是发行人向社会公众以外的投资者要约出售、出售或销售证券的行为。我国法律没有明确规定非公开发行或私募发行的概念，在理论上，凡不属于公开发行者，皆为非公开发行或私募发行。在美国，非公开发行的证券，包括：（1）公司在内部发行并由本公司职工认购的证券；（2）由一家公司发行并在几家关系密切的公司范围内发行的证券；（3）由固定关系的购买者认购的，不公开作出发行广告且发行额不足 15 万美元的证券。[①]

（二）公开发行和非公开发行的区分意义

1. 在信息披露方面，发行人公开发行证券的，必须依法履行信息披露义务，必须采用招股说明书的形式，详细披露与所发行证券有关的重大信息。在非公开发行场合下，发行人无须制作内容详细的招股说明书，通常以“信息备忘录”替代招股说明书。

2. 在发行条件方面，发行人公开发行证券的，必须符合证券法规定的财务和法律条件。非公开发行证券的，通常只需遵守公司法规定的发行条件和程序，非公开发行的财务和法律条件低于公开发行的条件。

3. 在发行监管方面，发行人公开发行证券的，必须履行法定的核准程序，并获得证监会同意公开发行的核准意见。非公开发行证券的，通常只需要履行发行人内部审议程序，无须报请证券监管机构核准。

4. 在法律适用方面，公开发行证券的，必须符合证券法关于公开发行证券的实体和程序规定。非公开发行证券的，通常只需遵守公司法规定。为了避免证券发行“借私募之名，行公募之实”，避免“先私募，再转售”的变相公开发行，美国证券法规定，私募证券可以豁免办理证券登记。私募证券的认购者出售私募证券的，在转售期限、金额、受让人资信和出售方式等方面，必须遵守证券法的规定。

（三）定向募集

我国《股份有限公司规范意见》最早提出了“定向募集”的概念，而《公司法》和

① 参见徐冬根等编著：《美国证券法律与实务》，111 页。

《证券法》没有沿用“定向募集”的概念。但在我国证券实践中，继续使用了“定向募集”或“定向发行”的概念。

1. 原有规定

根据1992年《股份有限公司规范意见》，股份有限公司的设立方式分为发起设立和募集设立，募集设立再分为定向募集和社会募集。采取定向募集方式设立股份有限公司的，可以向其他法人发行股份；经过批准，也可向本公司内部职工发行股份，但不得向社会公众发行股份。《股份有限公司规范意见》没有明确限定“其他法人”的具体身份，加之“公司内部职工”人数众多，内部职工的身份认定标准不很明确，所以在采用定向募集方式设立股份有限公司，实践中的做法混乱，引起了实践中“超范围、超比例”发行股份的情况。所谓“超比例”定向募集，是指向内部职工发行的股份总数，超过股份有限公司股本总额的20%；所谓“超范围”定向募集，是指股份有限公司向不具有公司内部职工身份的人员发行股份。

定向募集是跨越公开发行和非公开发行的特殊概念。一方面，“其他法人”的外延不确定，“公司内部职工”人数变动不居，定向募集很容易转化为公开发行。另一方面，如果“其他法人”或“公司内部职工”的数量较少，定向募集就相当于非公开发行。应该看到，定向募集的内涵和外延不尽确定，公司在采用定向募集方式时，很容易引起不必要的混乱。

2. 实践做法

《公司法》和《证券法》未明确延续或废止定向募集的做法。在实践中，我国出现了利用定向募集的多种情形：(1) 在公司吸收合并时，公司采取定向募集方式，向被吸收公司的股东发行股票；(2) 在增加公司股本时，公司采取定向募集方式，向公司现有股东或债权人发行股份；(3) 在设立股份有限公司时，发起人采取定向募集方式，向其他投资者募集股本；(4) 上市公司向少数“战略投资者”定向发行新股。由此可见，定向募集或定向发行依然是我国公司融资的一种方式。

在法规层面上，证监会于2004年修订的《证券公司债券管理暂行办法》第5条规定，证券公司债券经批准可以向社会公开发行，也可以向合格投资者定向发行。定向发行的债券不得公开发行或者变相公开发行。第15条规定，定向发行的债券，经中国证监会批准可以由发行人自己组织销售。第30条规定，定向发行债券的募集说明书及相关资料不得在媒体上公开刊登或变相公开刊登。

《证券法》明确规定了公开发行的认定标准，无论采取定向募集方式设立股份有限公司，还是采取定向募集方式增加公司股本，凡符合公开发行标准的，均应遵守法定的公开发行的条件和程序。定向募集运用不当的，有可能违反《证券法》有关公开发行的规定。

3. 非上市公众公司定向发行

2012年10月14日，证监会发布《非上市公众公司监督管理办法》(于2013年1月1日起施行)。根据该监督管理办法第2条规定，非上市公众公司又称公众公司，是指有下列情形之一且其股票未在证券交易所上市交易的股份有限公司：(1) 股票向特定对象发行或者转让导致股东累计超过200人；(2) 股票以公开方式向社会公众公开转让。第4条规定，公众公司股票应当在中国证券登记结算公司集中登记存管，公开转让应当在依法设立的证券交易场所进行。

该监督管理办法第五章标题为“定向发行”，明确规定，定向发行包括向特定对象发行股票导致股东累计超过 200 人，以及股东人数超过 200 人的公众公司向特定对象发行股票两种情形。所称“特定对象”的范围包括下列机构或者自然人：(1) 公司股东；(2) 公司的董事、监事、高级管理人员、核心员工；(3) 符合投资者适当性管理规定的自然人投资者、法人投资者及其他经济组织。公司确定发行对象时，符合上述第 (2) 项、第(3) 项规定的投资者，合计不得超过 35 名。

二、公开发行的认定标准

《证券法》明确规定了“公开发行”的认定标准。根据该法第 10 条第 2、3 款以及第 13 条的规定，“公开发行”包括五种情况：

(一) 不特定对象

“不特定对象”，指与公司不存在稳定的业务、任职关系的机构或者个人，主要是指公众投资者。公司发起人、股东、董事、监事、高级管理人员、公司职工以及与公司存在稳定业务关系的机构或者个人，不属于“不特定对象”。按照《证券法》第 10 条，公司向“不特定对象”发行证券的，无论该“不特定对象”之人数多寡，都是公开发行。

(二) 特定对象

发行人向特定对象发行证券的，特定对象总数累计不得超过 200 人。根据《证券法》第 10 条，向特定对象发行证券累计超过 200 人的，为公开发行。该规定与《公司法》有关发起人不得超过 200 人、《信托法》有关不得发行超过 200 个基金单位的规定，在逻辑上是相互衔接的。在解释和适用该条款时，应注意以下问题：

1. 特定对象与不特定对象的划分

特定对象，指与公司存在业务或者任职关系的特定相对人；与发行人不存在稳定业务或者任职关系的机构或个人，无论数量多寡，皆为不特定对象。特定对象主要包括：

(1) 发起人要缴纳出资，还要负责公司筹备事务并承担发起设立的责任，通常担任或委派他人在公司内担任特定职务，属于特定对象。根据《公司法》第 79 条，设立股份有限公司，应有 2 人以上 200 人以下为发起人，即发起人不得超过 200 人。

(2) 公司现有股东与公司之间存在出资授受关系，属于特定对象。在公司法上，股份有限公司股东，分为发起人和募集对象。前者要向公司缴纳出资，还应承担公司筹备事务并承担设立失败的风险。后者有义务缴纳所认缴的出资，但不负责公司设立事务，不承担公司设立失败的风险和责任。发起人和募集对象均与公司存在出资授受关系，应视为特定对象。

(3) 公司董事、监事、高级管理人员和职工，与公司之间存在任职关系，属于特定对象。有些公司采取公司董事、监事、高级管理人员和职工入股的做法。在通常情况下，公司董事、监事和高级管理人员的数量较少，公司职工人数较多，很容易突破《证券法》关于特定对象不得超过 200 人的规定。证监会在审核证券公开发行申请时，通常将类似情况视为“公开发行”。

(4) 与公司存在稳定业务关系的银行、供应商、销售商、业务合作机构等。在认定是否属于特定对象时，发行人应提供与相对人存在业务关系或任职关系的合理证据。发行人未提供相关证据，或无法根据现有证据作出合理推定的，由监管机构或司法机关斟酌具体情况加以确定。

2. 间接的特定对象

特定对象，可分为直接的特定对象和间接的特定对象。“向特定对象发行证券累计超过200人”是否包括“向特定对象间接发行证券累计超过200人”？在实践中曾出现类似情况，即直接持有证券的特定对象不超过200人，但该特定对象系受托持有他人证券，委托人和受托人总和超过200人。该类似情况应否纳入公开发行的范畴？《证券法》没有对此作出明确规定。笔者认为，特定对象不超过200人仅为法律文义上的规定，从保护投资者权益的立法宗旨来看，为了避免发行人变相采取公开发行，逃避有关公开发行的管制规定，实务上应采取严格解释态度，将“向特定对象间接发行证券累计超过200人”，视为公开发行证券。

（三）其他公开发行

证券创新活动层出不穷，完全依赖《证券法》的明文规定，难以全面应对随时变动的市场需求。《证券法》将新型活动交由其他法律、行政法规另作规定，有助于堵塞法律漏洞。需要注意的是，按照通常理解，公司发行职工股份超过200人以上的，视同证券公开发行。在政策层面上，这种做法尚可研究。公司职工具有特定身份，相对于公司外部人员，更了解公司经营和财务情况。为了鼓励职工参与公司事务，提升公司职工福利，很多国家在鼓励公司职工持股时，施加必要限制，形成了特殊持股规则。笔者认为，应将职工持股列为需要法律、行政法规特别规范的事项，不宜将公司职工持股超过200人的情况，简单地视为公开发行。

（四）公开发行的推定

《证券法》第10条第3款规定，“非公开发行证券，不得采用广告、公开劝诱和变相公开方式”。在文义上，该条款是对非公开发行方式的法律限制，同时也是对公开发行的特别推定，即若发行人以非公开发行名义发行证券，却采取了广告、公开劝诱或变相公开发行的方式，即可认定为“实质意义上的公开发行”，适用公开发行的法律规定。

（五）非公开发行准用公开发行规则的特例

根据《证券法》第13条第2款，上市公司非公开发行新股，应当符合经国务院批准的国务院证券监督管理机构规定的条件，并报国务院证券监督管理机构核准。据此，上市公司无论公开发行或非公开发行股份，均适用有关证券公开发行的规则。上市公司向外部投资者招募资金的，无论采取定向发行方式，还是采取公司合并等方式，都构成公开发行。上市公司以送股或配股等形式向原股东发行股票的，也受到证券公开发行规则的约束。

三、公开发行的分类

根据证券种类、发行价格、发行时间、发行方式和发行承销等标准，公开发行有多种分类。

（一）证券种类与公开发行

根据证券种类，公开发行分为股票公开发行、公司债券公开发行及其他证券的公开发行。不同证券之公开发行条件不同，法律适用存在较大差别。

1. 股票公开发行

股票公开发行，是股份有限公司向投资者出售或要约出售股票的行为。按照是否附有设立公司之目的，再分为设立发行和增资发行。

(1) 设立发行，指发行人以设立股份有限公司为目的而公开发行股票。根据《公司法》第78条，设立股份有限公司，可采取发起设立或募集设立方式。如果募集设立构成公开发行，应视为股票公开发行。在实践中，股份有限公司在设立时，已没有采用公开发行者。

(2) 增资发行，指已设立的股份有限公司为了增加公司股本，向原股东或向其他投资者出售或要约出售股票的行为。增资发行主要指首次公开发行股票（简称IPO）和新股发行（包括上市公司定向增资发行和公开发行新股）。除此以外，还包括配股、分派红利股票、公积金转增股份等。上市公司无论采用何种增资发行方式，都适用证券法的规定。

2. 公司债券的公开发行

在理论上，有限责任公司具有封闭性，无须向公众承担信息披露义务，也不得向公众投资者发行债券；股份有限公司具有开放性，承担信息披露义务，是公开发行公司债券的唯一主体。与此不同，我国《公司法》规定，股份有限公司抑或有限责任公司，都可依法公开发行公司债券。公司债券，分为普通公司债券和可转换公司债券。

在债券关系中，发行人承担到期还本付息的义务。发行人发行普通公司债券的，其股本总额和股权结构不受影响，仅负债结构和资产负债率发生改变。然而，发行可转换公司债时，将影响发行人的负债结构和资产负债率；债券持有人选择转换股票的，将影响到发行人的股本结构和总额。

3. 政府债券的公开发行

政府证券仅限于政府债券，而不包括股票，在美国证券法上称为“豁免证券”。我国虽无豁免证券的称谓，但是，发行政府债券的，应当按照《国库券条例》办理，而不适用《证券法》；政府债券的上市交易，应当按照《证券法》的规定办理。

4. 证券投资基金凭证的公开发行

证券投资基金凭证，为特殊的证券。在我国，证券投资基金凭证的公开发行，适用《证券投资基金法》的规定。证券投资基金凭证的上市交易，适用《证券法》的规定。

（二）发行价格与公开发行

发行价格，是投资者购买发行人首次出售的证券所支付的价格。依照发行价格与证券券面金额的关系，证券发行分为面值发行、折扣发行和溢价发行。

1. 面值发行。是按照券面记载的金额发行证券，也称平价发行。以面值发行证券时，发行人应从发行所得款项中支付发行成本，实际所得金额小于券面金额与发行总量的乘积。在实践中，为了使得所得款项相等于券面金额与证券数量的乘积，发行人在券面金额外，可以向投资者加收一定的手续费。

2. 折扣发行。是按照低于券面金额的价格发行证券。例如，证券券面金额为100元，发行价格为95元，即为折扣发行。以折扣价格发行股票的，公司的名义资本和实际资本必然存在差异。为了满足公司资本充实原则的要求，我国《公司法》禁止股份有限公司以折扣价格发行股票。

3. 溢价发行。是以超过券面金额的价格发行证券。溢价发行主要适用于股票发行，很少用于基金和债券的发行。我国《公司法》规定，股票发行的溢价金额，应列为公司资本公积金，属于全体股东的共同权益，可用来弥补亏损，也可用来转增股本，但不得分配给股东。

在实践中，还有所谓的“中间价发行”，即按照券面金额和市场价格之中间价格发行证券。中间价发行，通常适用于新股发行和配股。如每股股票面额为1元，市场价格为10

元，发行人确定发行价格为7元。如果券面价格高于市场价格，中间价发行即为折扣发行；反之，相当于溢价发行。

（三）证券承销与公开发行

按照证券公司是否介入发行，公开发行分为直接发行和间接发行。直接发行，是指发行人自行办理发行事务，直接向投资者要约出售、出售或者销售证券，而无须证券公司进行代销或包销。间接发行，指发行人委托证券公司承销拟发行的证券，证券公司受托办理证券发行事宜并承担约定的风险。间接发行，再分为证券包销和证券代销。

证券发行的专业性较强，在实践中，发行人普遍采用间接发行方式。根据《证券法》规定，发行人发行证券的，必须采用规定的发行方式。具体如下：

1. 根据《证券法》，向不特定对象发行证券，法律、行政法规规定应当由证券公司承销的，发行人应当与证券公司签订承销协议。向不特定对象发行的证券票面总额超过人民币5 000万元的，应当由承销团进行承销，承销团应当由主承销和参与承销的证券公司组成。①

2. 发行境外上市的外资股是否必须采用间接发行方式，我国法律未作明确规定。在实践中，境内公司不了解境外法律，在发行境外上市外资股时，都委托境外证券公司参与发行，通常都采用间接发行。

3. 发行可转换公司债券的，应由证券公司承销发行。对于发行普通公司债券的，我国法律未作明确规定。参照《公司法》第155条关于发行人应当公告债券募集办法的规定，似应采取间接发行方式。

（四）发行方式与公开发行

在我国，证券发行方式几经变化。原《证券法》施行前，发行人发行证券时，应按规定选定发行方式并报请证监会审批。2004年，证监会取消了对股票发行方式的审批，允许发行人在规定发行方式中选定发行方式并报送证监会。目前，主要采取的发行方式包括：上网定价方式，上网询价方式，网下法人配售和上网定价结合方式，向二级市场投资者配售和上网定价结合方式，向二级市场投资者配售方式，网上、网下累计投标询价方式。在实践中，常见的四种方式如下：

1. 上网定价发行方式

上网定价发行，指主承销商利用证券交易所的交易系统，以股票唯一“卖方”的身份，将拟发行股票输入其在证券交易所开设的股票发行专户，投资者在指定时间内按照确定的发行价格，通过与证券交易所联网的各证券公司营业网点进行委托申购。

上网定价发行，是一种价定、量定的发行方式。主承销商在“上网定价”发行前，应在证券交易所设立股票发行专户和申购资金专户。申购结束后，根据资金到位情况，由证券交易所主机确认有效申购。当有效申购总量等于该次股票发行量时，投资者按有效申购量认购股票；当有效申购总量小于该次股票发行量时，投资者按其有效申购量认购股票后，余额按照承销协议办理；当有效申购总量大于该次股票发行量时，证券交易所主机自动按照每1 000股确定一个申购号，连续排号，然后通过摇号抽签，每一中签号认购1 000股。换言之，申购结束后，由证券交易所的系统主机统计有效申购总量和有效申购户数，

---

① 参见《证券法》第28、32条。

并根据发行数量、有效申购总量和有效申购户数确定申购者的认购股数。

2. 上网询价发行方式

上网询价发行，是一种量定、价不定的发行方式，类似于股票的上网定价发行。区别在于：发行当日（申购日），主承销商只给出股票的发行价格区间，投资者在申购价格区间进行申购委托。

申购结束后，主承销商根据申购结果，按照一定的超额认购倍数（如5倍）确定发行价格。高于或等于该发行价格的申购为有效申购，再由证券交易所交易主机统计有效申购总量和有效申购户数，并根据发行数量、有效申购总量和有效申购户数确定申购者的认购股数。

3. 向二级市场投资者定价配售发行

向二级市场投资者配售发行，是发行人按照投资者持有的证券市值，向其配售股票的发行方式。在向二级市场投资者配售股票时，发行人需要界定投资者持有证券市值的时点、持有证券市值的种类、证券市值的可申购数额等基本事项。

配售股票是国际上通用的股票发行方式，由发行人根据证券市场及潜在投资者的预约认购情况，将全部或者部分拟发行股票出售给投资者。我国允许发行人采取上网发行和配售发行相结合的方式发行股票，尚未允许单独采取配售方式发行股票。

(1) 股本在4亿元以下的公司，采取上网定价、全额预缴款或者与储蓄存款挂钩的方式发行股票。股本在4亿元以上的公司，可在对一般投资者采取上网发行的同时，对法人（战略投资者和一般法人）配售部分股票。

(2) 发行人与承销商应在规定的发行价格区间内，通过召开配售对象问答会等方式，了解配售对象的认购意愿，最终确定网下配售的发行价格。

(3) 配售对象分为战略投资者和一般法人投资者。战略投资者是与发行人业务联系紧密且准备长期持有发行人股票的法人，拥有优先配售权，但在规定期限内，不得转让配售取得的股票。发行人向战略投资者配售股票后，可向一般法人配售股票。配售给一般法人的股票，于股票上市之日起3个月后，方可上市流通。

(4) 对法人的配售和对一般投资者的上网发行，为同次发行，应按同一价格发行股票。

4. 网上、网下累计投标询价发行

网上、网下累计投标询价发行，是一种价不定、量不定的发行方式。在股票发行日，主承销商给出申购价格区间，以及网上、网下预计发行的数量，最终的发行数量和价格，根据网上、网下申购结果确定。在发行价格上，网上、网下申购结束后，主承销商根据申购数据，按照报价由高至低的顺序，计算每个价位及该价位以上的累计申购总量，并协商按照一定的认购倍数确定发行价格。在发行数量上，申购结束后，主承销商根据实际申购情况在网上、网下进行回拨。若网上有效申购不足，网下超额认购，应将网上剩余部分向网下回拨；若网下有效申购不足，网上超额认购，应将网下剩余部分向网上回拨；若网上、网下均超额认购，则通过回拨机制，使网上其他公众投资者和网下机构投资者的配售比例相等。

除上述分类外，依照发行条件的确定方式，分为议价发行和招标发行。依照标的之形式，分为有纸化发行和无纸化发行。依照发行者身份和次序先后，分为初次发行和二次发行。

第三节 股票公开发行的条件

一、证券公开发行条件的特点

证券发行条件，是公开发行证券必须具备的法定条件。《证券法》第10条规定，“公开发行证券，必须符合法律、行政法规规定的条件”；《证券法》还分别规定了股票和公司债券的发行条件；《企业债券管理条例》规定了企业债券的发行条件。为了增强公开发行法定条件的可操作性，证监会专门制定了若干解释性规章。

从《公司法》和《证券法》的规定来看，证券发行的条件有以下特点：

1. 发行条件限于公开发行条件。我国《证券法》规定了公开发行的条件以及上市公司新股发行条件，但未规定非公开发行的条件。非上市公司私募证券的，不适用《证券法》的规定，而要遵守《公司法》规定的条件和程序。

2. 发行条件是法定条件。不同证券采用不同的发行条件。对于发行人发行股票和公司债券的，现行法律规定了严格的法定条件，不得低于法定条件而发行证券。这种做法有助于减少劣质证券进入证券市场，也奠定了证监会实施实质审核体制的法律基础，但容易受到政府干预过多的负面评价。

3. 发行条件是实质条件。实质条件主要包括法律条件和财务条件。即使申请人充分履行了信息披露义务，若不符合法定的财务或法律条件，申请人亦不得公开发行证券。

4. 发行条件偏重于财务条件。《证券法》列举了公开发行证券的主要条件。从证监会发布的审核规则来看，这些条件包含了大量财务指标。例如，《证券法》第13条规定，公司公开发行新股的，应当“具有持续盈利能力，财务状况良好”。《上市公司证券发行管理办法》第7、8条进一步解释了持续盈利能力和财务状况良好的财务指标。

5. 发行条件不同于上市条件。在原《证券法》实施期间，公开发行股票的条件与股票上市条件基本一致，经批准公开发行的证券，皆为上市证券。在《证券法》修改后，证券交易所可以制订高于发行条件的上市条件，实现了发行条件与上市条件的分离。在理论上，证监会负责审查发行申请是否符合法定条件，证券交易所负责审核发行人的上市申请。因此，即使符合公开发行条件或获准公开发行，也未必符合证券交易所制订的上市条件。

二、公司募集设立之公开发行

在我国，股份有限公司可采取募集方式设立，即股份有限公司在设立时，可对外公开发行股票。《公司法》第78条规定，股份有限公司的设立，可以采取募集设立的方式，“由发起人认购公司应发行股份的一部分，其余股份向社会公开募集或者向特定对象募集而设立公司”。《证券法》第12条规定，“设立股份有限公司公开发行股票，应当符合《中华人民共和国公司法》规定的条件和经国务院批准的国务院证券监督管理机构规定的其他条件”。

在实践中，现已没有采取公开募集方式设立股份有限公司的案例。之所以出现法律规定与现实之间的差异，主要有两方面原因：一方面，证监会《首次公开发行股票并上市管理办法》第8条规定，发行人应当是依法设立且合法存续的股份有限公司。第9条规定，发行人自股份有限公司成立后，持续经营时间应当在3年以上，但经国务院批准的除外。

然而，国务院并无另外作出规定，“向社会公开募集而设立股份有限公司”的做法没有明确的法律依据。另一方面，我国《证券法》第11条又通过引入保荐人制度，确认了首次公开发行股票的辅导工作制度，这在事实上废除了允许“向社会公开募集而设立股份有限公司”的规定。

我国《公司法》和《证券法》并未明令禁止“向社会公开募集而设立股份有限公司”的做法，因此仍然存在公开募集设立股份有限公司的可能性。概括现有规定，向社会公开募集而设立股份有限公司的，应当符合以下主要条件。

（一）特殊行业的前置审批

《公司法》废除了原《公司法》规定的、设立股份有限公司必须获得前置审批许可的一般规定①，却没有全面废止前置审批程序。《证券法》第12条第3款规定，“法律、行政法规规定设立公司必须报经批准的，还应当提交相应的批准文件”。可见，在设立某些股份有限公司时，还应履行必要前置审批程序。

1. 证券公司。《证券法》第128条规定，申请设立证券公司必须由证券监管机构根据法定条件和法定程序审查批准；取得批准的，申请人应当及时办理设立登记，领取营业执照。

2. 金融机构。《银行业监督管理法》第19条规定，“未经国务院银行业监督管理机构批准，任何单位或者个人不得设立银行业金融机构或者从事银行业金融机构的业务活动”。

3. 保险公司。《保险法》第71、74、75、77条规定，经过保险业监督管理机构初步审查，才能筹建保险公司；筹建完成后，必须向保险业监督管理机构提出正式申请；经批准设立的保险公司，由批准部门颁发经营保险业务许可证，并凭经营保险业务许可证向工商行政管理机关办理登记，领取营业执照。

（二）发起人及出资形式

1. 发起人。设立股份有限公司的，应有2人以上、200人以下的发起人，其中，半数以上的发起人须在中国境内有住所。自然人住所，通常指自然人的户籍所在地，还可指自然人的经常居住地。公司住所，是公司主要办事机构所在地，应是公司登记机关辖区内的唯一住所。外国公司的主要办事机构所在地在中国境外，有些外国公司在我国境内设有办事处或代表处，也可以视为在中国境内有住所。必须指出，外国公司或自然人即使不充当发起人，也可以成为募集对象，取得公司股东资格。

2. 出资财产。《公司法》第27、83条规定，发起人可以用货币出资，也可以用实物、知识产权、土地使用权等可以用货币估价并可以依法转让的非货币财产作价出资。《公司登记管理条例》第14条第2款规定，不得出资的财产，包括“劳务、信用、自然人姓名、商誉、特许经营权或者设定担保的财产”。

（三）股本条件

1. 最低注册资本限额。在我国，股份有限公司的最低注册资本限额为人民币500万元，法律和行政法规对注册资本最低限额有较高规定的，从其规定。股份有限公司申请股票上市的，公司股本总额不少于人民币3 000万元。

2. 发起人认购的股份。发起人认购的股份不得少于公司股份总数的35%，法律、行政

① 原《公司法》第77条规定，“股份有限公司的设立，必须经过国务院授权的部门或者省级人民政府批准”。

法规另有规定的，从其规定。据此规定，股份有限公司对外募集的股份总数，不得超过公司股份总数的65%。发起人持有较高比例的股份，有利于持续、稳步推进公司发展战略，有利于落实招股说明书记载的筹资目的，有利于保护投资者的合法权益。

（四）招股说明书

《公司法》第86条规定，发起人向社会公开募集股份，必须公告招股说明书，并制作认股书；第87条规定，招股说明书应当附有发起人制订的公司章程，并载明发起人认购的股份数、每股的票面金额和发行价格、无记名股票的发行总数、募集资金的用途、认股人的权利和义务、本次募股的起止期限及逾期未募足时认股人可以撤回所认股份的说明。

招股说明书是公开募集股份的最重要法律文件，证监会已制定了招股说明书的通常格式和指导内容。发起人制作的招股说明书，应当采用证监会制定的标准格式，必须签署招股说明书，并保证招股说明书真实、准确和完整。

三、首次公开发行股票（IPO）

首次公开发行股票，即英文“Initial Public Offerings”（简称为IPO）。证监会于2006年5月17日发布《首次公开发行股票并上市管理办法》（以下简称《主板发行管理办法》），并于2009年3月31日发布《首次公开发行股票并在创业板上市管理暂行办法》（以下简称《创业板发行管理办法》）。根据《主板发行管理办法》，在我国境内首次公开发行股票并上市的，应当符合《证券法》、《公司法》和该管理办法规定的发行条件。该管理办法第二章列示了首次公开发行股票的各项条件，分别如下：

（一）主体资格

1. 发行人应是依法设立且合法存续的股份有限公司；有限责任公司依法变更为股份有限公司时，可以采取募集设立方式公开发行股票。

2. 发行人自股份有限公司成立后，持续经营时间应在3年以上，但经国务院批准的除外。

3. 发行人的注册资本已足额缴纳，出资财产的财产权转移手续已办理完毕，不存在重大权属纠纷。

4. 发行人的生产经营符合法律、行政法规和公司章程的规定，符合国家产业政策。

5. 发行人最近三年内主营业务以及董事和高级管理人员没有重大变化，实际控制人没有发生变更。

6. 发行人的股权清晰，控股股东和受控股股东、实际控制人支配的股东持有的发行人股份不存在重大权属纠纷。

（二）独立性

有些公司过度依赖控制股东，容易诱发关联交易，损害公众投资者利益。该管理办法强调发行人必须具有独立性，在独立性上不得有严重缺陷。根据规定，发行人必须具有完整的业务体系和直接面对市场独立经营的能力，表现为：资产完整、人员独立、财务独立、机构独立和业务独立。

（三）规范运行

股份有限公司的运行比较复杂，不仅要做到“合法”，还要做到“合规”。合规，有别于合法，是使得公司活动与法律、法规、监管规定、规则、行业准则和业务准则相一致的各种做法。“合规管理”是公司风险管理的重要组成部分，主要适用于金融行业。该管理办法吸收了合规管理的国际经验，试图将合规管理思想引入公司治理。具体内容是：

1. 在组织机构方面，发行人依法建立了公司组织机关，公司组织机关能够依法履行职责。

2. 在内控制度方面，发行人内部控制制度健全并被有效执行，能够合理保证财务报告的可靠性、生产经营的合法性、营运的效率与效果。

3. 在管理人员方面，发行人董事、监事和高级管理人员知晓自己的义务和责任，不存在禁止进入证券市场、遭受证券交易所公开谴责以及涉嫌违法违规的情形。

4. 在公司运行方面，不存在违法发行证券、严重违反经济管理法规、虚假陈述和严重损害投资者利益与公共利益的情形。

5. 在资金运用和担保方面，建立了严格的资金管理制度和对外担保审议制度，不存在为控股股东、实际控制人和其控制的其他企业进行违规担保的情形，不存在控股股东、实际控制人和其控制的其他企业占用发行人资金的情形。

(四) 财务与会计

该管理办法除要求发行人资产质量良好、资产负债结构合理、盈利能力较强、现金流量正常以外，规定发行人必须符合下列条件：

1. 净利润指标。最近三个会计年度净利润均为正数且累计超过 3 000 万元。

2. 现金流量净额指标。最近三个会计年度经营活动产生的现金流量净额累计超过 5 000万元；或者最近三个会计年度营业收入累计超过 3 亿元。

3. 股本总额指标。发行前股本总额不少于 3 000 万元。

4. 无形资产指标。最近一期末无形资产（扣除土地使用权、水面养殖权和采矿权等后）占净资产比例不高于 20%。

5. 亏损弥补指标。最近一期末不存在未弥补的亏损。

除此以外，公开发行股票的申请文件不得存在违法记载，不得存在影响公司持续盈利能力的情形。

(五) 募集资金的运用

有些公司不能按照既定用途运用、管理和使用募集资金，挪用资金或随意改变资金用途的事例时有发生。该管理办法要求，募集资金原则上应当用于主营业务，除了金融企业外，募集资金使用项目不得为持有交易性金融资产和可供出售的金融资产、借与他人、委托理财等财务性投资，不得直接或者间接投资于以买卖有价证券为主要业务的公司。

四、上市公司发行新股（再融资）

上市公司，也称挂牌公司，是股票在证券交易所上市交易的股份有限公司[①]，有别于上柜公司和非上市公司。上市公司发行新股，必须遵守《证券法》、《公司法》及证监会的规定。《证券法》第 13 条规定了增发新股的一般条件。2006 年 5 月 6 日，证监会发布《上市公司证券发行管理办法》（以下简称《再融资管理办法》）[②]，具体规定了上市公司发行股

---

① 参见《公司法》第 121 条。

② 同时废止《上市公司新股发行管理办法》、《关于做好上市公司新股发行工作的通知》、《关于上市公司增发新股有关条件的通知》、《上市公司发行可转换公司债券实施办法》、《关于做好上市公司可转换公司债券发行工作的通知》。

票、可转换公司债券以及其他证券的条件和程序。其中，上市公司发行新股的，要遵守如下条件：

（一）新股发行的一般条件

上市公司发行新股，又称为“再融资”，主要方式包括：（1）增发新股；（2）配售股份；（3）非公开发行新股。再融资的一般条件，是发行人增发新股、配售股份以及非公开发行新股时应当遵守的基本条件。法律法规规定了特殊条件的，还应符合该特殊条件。

根据《再融资管理办法》的规定，再融资之一般条件如下：

1. 组织机构。上市公司的组织机构健全、运行良好。该项条件涉及公司章程合法、有效，公司组织机构制度健全，公司内部控制制度健全、完整、合理、有效，现任董事、监事和高级管理人员具备任职资格，与控股股东或者实际控制人的人员、资产、财务分开，机构、业务独立等诸多具体要求。

2. 盈利能力。上市公司盈利能力具有可持续性。该项条件包括最近三个会计年度连续盈利，业务和盈利来源相对稳定，现有主营业务或投资方向能够可持续发展，高级管理人员和核心技术人员稳定，公司重要资产、核心技术或其他重大权益的取得合法，不存在可能严重影响公司持续经营的担保、诉讼、仲裁或其他重大事项等。

3. 财务状况。上市公司的财务状况良好，包括会计基础工作规范符合国家统一会计制度，最近三年及一期财务报表未被注册会计师出具保留意见、否定意见或无法表示意见的审计报告，资产质量良好，经营成果真实，现金流量正常，最近三年以现金或股票方式累计分配的利润不少于最近三年实现的年均可分配利润的20%。

4. 会计记录。上市公司最近36个月内财务会计文件无虚假记载，不存在下列重大违法行为，如受到证监会的行政处罚或者受到刑事处罚，违反工商、税收、土地、环保、海关法律、行政法规或规章并受到行政处罚且情节严重。

5. 募集资金。上市公司募集资金的数额和使用应当符合规定，如募集资金数额不得超过项目需要量，募集资金用途符合国家产业政策和有关环境保护、土地管理等法律和行政法规的规定，不会与控股股东或实际控制人产生同业竞争或影响公司生产经营的独立性，建立募集资金专项存储制度。

6. 其他条件。上市公司存在下列情形的，不得公开发行证券：（1）本次发行申请文件有虚假记载、误导性陈述或重大遗漏；（2）擅自改变前次公开发行证券募集资金的用途而未作纠正；（3）上市公司最近12个月内受到过证券交易所的公开谴责；（4）上市公司及其控股股东或实际控制人最近12个月内存在未履行向投资者作出的公开承诺的行为；（5）上市公司或其现任董事、高级管理人员因涉嫌犯罪被司法机关立案侦查，或涉嫌违法违规被中国证监会立案调查；（6）严重损害投资者的合法权益和社会公共利益的其他情形。

（二）再融资中的增发新股

增发新股，是上市公司向不特定对象公开募集股份的行为。增发新股除应符合一般条件外，还应当符合下列特别条件：

1. 净资产收益率。最近三个会计年度加权平均净资产收益率平均不低于6%。扣除非经常性损益后的净利润与扣除前的净利润相比，以低者作为加权平均净资产收益率的计算依据。

2. 财务管理。除金融类企业外，最近一期末不存在持有金额较大的交易性金融资产和可供出售的金融资产、借与他人款项、委托理财等财务性投资的情形。

3. 发行价格。发行价格应不低于公告招股意向书前20个交易日公司股票均价或前一个交易日的均价。

(三) 再融资中的配售股份

配售股份，是上市公司向原股东授受股款并发行股票的融资工具，亦称“配股”。根据《再融资管理办法》，上市公司向原股东配售股份，除符合上市公司发行证券的一般条件外，还应满足下列特别条件：

1. 配售数量。拟配售股份数量不超过本次配售股份前股本总额的30%。

2. 控股股东之配售承诺。控股股东应在股东大会召开前公开承诺认配股份的数量；控股股东不履行认配股份的承诺，或代销期限届满，原股东认购股票的数量未达到拟配售数量70%的，发行人应按发行价并加算银行同期存款利息将认购款返还已经认购的股东。

3. 配售方式。采用《证券法》规定的代销方式发行。

(四) 再融资中的定向募集

定向募集，即非公开发行股票，指由上市公司向特定投资者定向募集或发行股票。证券法虽坚持公开原则，却承认非公开发行的独特制度价值，并加以特别规制。《证券法》第13条第2款规定，上市公司非公开发行新股，应当符合经国务院批准的国务院证券监督管理机构规定的条件，并报国务院证券监督管理机构核准。鉴于定向募集的特殊性，《再融资管理办法》在“特定对象”、“发行条件”和“禁止发行”三方面，构造了定向募集的基本制度。

1. 特定对象。也称定向募集对象。《再融资管理办法》第37条规定，非公开发行股票的特定对象应当符合下列规定：(1) 符合股东大会决议规定的条件；(2) 发行对象不超过10名。发行对象为境外战略投资者的，应当经国务院相关部门事先批准。

2. 发行条件。应符合下列规定：(1) 发行价格不低于定价基准日前20个交易日公司股票均价的90%；(2) 本次发行的股份自发行结束之日起，12个月内不得转让；控股股东、实际控制人及其控制的企业认购的股份，36个月内不得转让；(3) 募集资金使用应当符合规定；(4) 本次发行将导致上市公司控制权发生变化的，还应当符合证监会的其他规定。

3. 禁止发行。根据《再融资管理办法》，公司存在下列情形之一的，不得非公开发行股票：(1) 本次发行申请文件有虚假记载、误导性陈述或重大遗漏；(2) 上市公司的权益被控股股东或实际控制人严重损害且尚未消除；(3) 上市公司及其附属公司违规对外提供担保且尚未解除；(4) 现任董事、高级管理人员最近36个月内受到过中国证监会的行政处罚，或者最近12个月内受到过证券交易所公开谴责；(5) 上市公司或其现任董事、高级管理人员因涉嫌犯罪正被司法机关立案侦查或涉嫌违法违规正被中国证监会立案调查；(6) 最近一年及一期财务报表被注册会计师出具保留意见、否定意见或无法表示意见的审计报告，保留意见、否定意见或无法表示意见所涉及事项的重大影响已经消除或者本次发行涉及重大重组的除外；(7) 严重损害投资者合法权益和社会公共利益的其他情形。

五、公积金和利润转增股份

资本公积金转增股本以及分配股票股利，是我国上市公司广泛采用的股本增加方式。资本公积金转增股本，指股份有限公司动用资本公积金，依法向公司现有股东分派股份。与此不同，分配股票股利，指股份有限公司通过分配股票股利的方式，向公司股东分配利润。

（一）资本公积金转增股本

在实践中，资本公积金转增股本，被称为“送股”。资本公积金属于公司股东权益，由股东按照所持股份的比例分享。公司动用资本公积金向股东送股，将减少资本公积金数额、扩大公司股本总额，却不影响公司净资产和股东权益。

（二）分配股票股利

股票股利、现金股利和实物股利，是三种主要的分配利润方式。公司根据具体情况，可分别或合并采用诸多方式。根据《公司法》第167条第4款，公司弥补亏损和提取公积金后所余税后利润，股份有限公司按照股东持有的股份比例分配，但股份有限公司章程规定不按持股比例分配的除外。股份有限公司以分派股票方式分配公司利润的，即为分配股票股利。

分配股票股利不影响公司的净资产，但将增加公司股本总额，是公司向原股东发行股份的特殊情况。如果公司股东人数超过200人，公司分配股票股利的，应视为股票的公开发行。在理论上，若无法律之特别规定，应适用股票发行的一般规定。然而，鉴于获得股利分配是股东的基本权利，股票股利分配不影响公司的股本结构，也不增加公司股东人数，在实务中，应当采取特别的监管策略，不宜简单适用新股发行的监管规则。

第四节 股票发行审核程序

一、股票公开发行的审核体制

股票发行不仅涉及发行人的融资利益，也影响投资者的权益，每个证券市场都有必要建立适合的股票发行审核制度。在股票发行审核体制上，美国目前采取登记制（“Registration”，又译为“注册制”），我国经历了“审批制——审批制和核准制并存——核准制”的转变。我国应否废弃核准制，转而采用登记制，是股票发行制度改革的热点问题。

（一）核准制的概念与特征

股票发行核准制，指发行人在发行股票时，既要遵守信息披露义务，又要符合法律规定的发行条件，还要接受监管机构的实质监管；监管机构应当审查股票发行人的发行资格，并有权决定是否准许股票发行。在新西兰、瑞典和瑞士等国家，证券发行采用了核准制。[①]

1.《证券法》规定了发行人资格和证券发行的实质条件。借由该等实质条件，将尽力

① 参见《证券管理与证券法》，郭峰等译，北京，群众出版社，1989。

排斥劣质证券或垃圾证券的发行。按照这种体制，公司规模和盈利能力等已成为确定发行资格的重要条件。不具备法定资格或不符合法定条件的，不能发行证券。

2. 监管机构享有证券发行的审查决定权。在审核中，如果发现发行人不适格，或申请人不符合法定条件，监管机构有权拒绝证券发行。如果申请人和监督机构关于发行人资格或发行条件出现争议，在理论上，申请人可以依法提起行政诉讼。

3. 监管机构核准发行申请后，如果发现申请人存在其他违法情势，有权撤销核准决定。通常情况下，证券监管机构撤销核准，无须承担责任。

（二）登记制的概念与特征

登记制是境外证券发行监管的重要制度，澳大利亚、巴西、加拿大、德国、法国、意大利、荷兰、菲律宾、新加坡、英国和美国等采取登记制。①

美国是采用登记制的代表性国家。“在公司或属于某个公司的人或实体对该公司的证券进行出售时，这些证券的潜在购买方应获得有关的财务资料及有关该公司的其他重要资料的充分披露，以便它们能作出知情的投资决定”；“一个公司上市，无须证券交易委员会或任何其他联邦管理机构的批准。任何公司，不论它有多大或多小，无论它是否盈利，无论它重要或不重要，均可上市，只要全面披露证券交易委员会要求的资料，当然，还要有一旦获得此种资料便要购买它的股份的人。简言之，在美国是市场而不是管理者决定什么样的公司可上市”②。

在登记制下，发行人必须将依法应当公开的、与所发行证券有关的一切信息和资料，合理制成法律文件并公之于众，内容不得含有虚假陈述、信息误导，不得存在重大遗漏。监管机构有权审查发行申请人履行信息披露义务的状况，却无权决定所发行证券的品质。在此意义上，登记制的主要内容如下：

1. 证券法未规定发行股票的实质条件。发行人可以是业绩优良的公司，也可以是业绩平平乃至亏损的公司。

2. 公司享有股票发行的平等机会。发行证券仅为发行人向投资者融资的手段，投资者有权决定接受或拒绝申请人发行的股票，监管机构无权决定申请人是否发行证券，也无权决定证券的上市或不上市。

3. 监管机构不提供投资回报的承诺。投资者回报，取决于发行人的经营状况，投资者应当自主判断是否购买发行人的股票，自行承担投资风险。

4. 发行人必须全面公开与证券发行有关的资料。发行人不得隐瞒与所发行证券有关的任何重要或重大信息，否则，发行人及相关人员将承担法律责任。

5. 中介机构协助发行人准备信息披露文件。在放松对证券发行实质条件的规范时，加强程序审核，加重中介机构的责任，有助于最大限度地实现信息披露的真实、准确和完整。

（三）登记制与核准制的比较

在股票发行中，登记制和核准制都重视信息披露的作用，但在诸多方面存在差异。

1. 制度观念的差异。在发行登记制下，信息披露占据主导地位，监管机构不关注证券的品质好坏，不排斥乃至容忍发行劣质证券和垃圾证券。在发行核准制下，发行人仍应履

---

① 参见《证券管理与证券法》，郭峰等译。

② 中国证券监督管理委员会编：《证券立法国际研讨会论文集》，52页。

行信息披露义务，但监管机构将努力取缔劣质证券的发行。在此意义上，是否允许发行劣质证券或垃圾证券，就成为识别登记制和核准制的重要标志之一。

2. 发行条件的地位。在核准制下，证券法明定发行人的营业状况、盈利状况、支付能力及股本总额等条件。监管机构既要审查信息披露事项，还要审查其与法定条件的一致性。在登记制下，证券法未规定证券的发行条件，监管机构也无须审查该发行条件。

3. 信息公开的实现。在登记制下，市场和政府行为是实现信息披露的重要推动力。政府的作用非常特殊，“我们的任务只有一个，就是坚持每种在州际新发售的证券必须完全公开信息，并且不允许与发行相关的任何重要信息在公开前遗漏”，“这一信条，将提供真实信息的义务赋予发行者，使其成为诚信发行证券和公众对市场建立信心的动力”①。换言之，政府审查的作用不是评价证券品质，政府接受登记并不代表肯定所发行证券的品质，也不是证券品质的合格证书。在核准制下，也要求发行人履行信息披露义务，而且要求所发行的证券满足法定的发行条件。

4. 投资者素质的假定。在采用登记制环境下，投资者通常被视为消息灵通的人。如果能够得到充分、准确的信息，他们就能作出正确的投资判断。美国总统罗斯福曾指出，对于证券公开发行来说，证券交易委员会不会对一个公司，也不会对一个公司发行的证券，评审其有无价值。相反，1933年法令要求为接受募股的人提供一份招股说明书。这种说明书，从理论上讲应当包括一个消息灵通人士作出一项投资决定所必需的资料。这样，作出投资决定的责任就落在投资者身上；而保证投资者得到有关资料的责任，则在证券交易委员会。② 在核准制下，投资者被视为是非专业投资者，缺乏投资经验，不能理性把握和处理相关信息。即使信息充分、准确和完整，他们也无法保护自己的利益，监管机构必须适度审查。

（四）历史上的审批制

对于我国原《证券法》施行前的证券发行监管体制，我国学者称之为“审批制”。在股票发行方面，根据原《公司法》第139条以及《股票条例》第12条等，我国明确采取审批制。在债券发行方面，根据原《公司法》第163～166条，我国同样采取审批制。“我国目前对股票公开发行实行严格的审核主义原则。任何意欲发行股票的股份有限公司，不仅须取得发行额度许可，而且在发行前还须取得行政管理机关和证券监管部门的批准；发行审批部门对于发行人的申请采取实质审查或内容审查制度；立法对于股票发行的审批又规定了较严格的程序。”③

原《证券法》施行后，我国开始采取“审批制+核准制”的双轨制审核程序。④ 例如，原《证券法》第10条规定，“公开发行证券，必须符合法律、行政法规规定的条件，并依法报经国务院证券监督管理机构或者国务院授权的部门核准或者审批；未经依法核准或者审批，任何单位和个人不得向社会公开发行证券”。原《证券法》第11条还规定，股票发行采取核准制，债券发行采取审批制。可见，原《证券法》实施过程中，我国根据证券种类的不同，分别采取了不同的审核体制。

---

① 美国前总统罗斯福语。转引自杨志华：《证券法律制度研究》，64～65页。

② 参见《证券管理与证券法》，郭峰等译，215页。

③ 董安生等：《证券发行与承销》，74页。

④ 参见原《证券法》第10、11条。

现行《证券法》实现了从双轨制向核准制的转变。《证券法》第 10 条第 1 款规定，“公开发行证券，必须符合法律、行政法规规定的条件，并依法报经国务院证券监督管理机构或者国务院授权的部门核准；未经依法核准，任何单位和个人不得公开发行证券”。根据现有的监管职权划分，证监会负责股票、公司债券和信托基金凭证等证券的发行审核；发行公司债券的，还应接受国务院授权部门的审核监管。从《证券法》的规定来看，尽管不同监管部门之间存在职权交叉，却都采取了核准制。

二、股票公开发行的核准机构和工作流程

(一) 核准机构

根据《证券法》的规定，国务院证券监督管理机构是股票发行的唯一审核机构。在国务院批准的“三定”方案中，国务院证券监督管理机构，即指证监会。《证券法》第 22 条规定，证监会设发行审核委员会，依法审核股票发行申请。发行审核委员会由证监会的专业人员以及所聘请的外部专家组成，以投票方式对股票发行申请进行表决，提出审核意见。发行审核委员会的具体组成办法、组成人员任期、工作程序，由证监会规定。

1999 年 8 月 19 日，国务院批准了《中国证券监督管理委员会股票发行审核委员会条例》(以下简称《发行审核委员会条例》)。该条例规定了发行审核委员会的组成办法、组成人员任期和工作程序等。在我国，发行审核委员会是负责股票公开发行的法定审核机构。发行审核委员会，由证监会专业人员和所聘请的外部专家组成。委员分为当然委员和其他委员。当然委员，包括证监会首席稽查、证监会首席律师、证监会首席会计师、上海证券交易所总经理和深圳证券交易所总经理。发行审核委员会委员依法履行职责，独立发表审核意见并享有表决权，不受任何单位和个人的干涉。发行审核委员会委员身份应当保密，委员不得在发行审核委员会会议以外的场合公开其发行审核委员会委员身份，不得以发行审核委员会委员的名义参加证监会以外的部门、单位组织的活动，不得泄露发行审核委员会委员名单。2000 年 3 月 16 日，国务院批准证监会发布《中国证监会股票发行核准程序》，针对受理申请文件、初审、发行审核委员会审核、核准发行和复议等事项，作出了具体规定。

根据规定，发行审核委员会遵循“专家审核、独立判断、公正规范”的原则，但是，发行审核委员会表决结果不是证监会发布核准意见的唯一依据，证监会可能作出与发行审核委员会表决结果不同的核准结论。

(二) 工作流程

发行不同证券，要遵守不同的审核程序。股票是最重要的证券，其发行审核程序最为典型，也是其他证券发行审核程序的重要参考。根据证监会发布的《首次公开发行股票审核工作流程》，股票发行的审核分为 10 个主要步骤，见图 6—1。

三、股票发行申请和推荐程序

经申请人申请，才能启动股票公开发行审核程序。原《证券法》施行前，先要由地方人民政府或国务院主管部门主持并完成股票发行额度的分配，经过初步审查后，再由地方人民政府或者国务院主管部门进行推荐。原《证券法》出台后，证监会取消了预选程序，改由保荐人保荐申报。

《再融资管理办法》第 46 条规定，证监会按照下列程序审核发行证券的申请：(1) 收到申请文件后，5 个工作日内决定是否受理；(2) 证监会受理后，对申请文件进行初审；

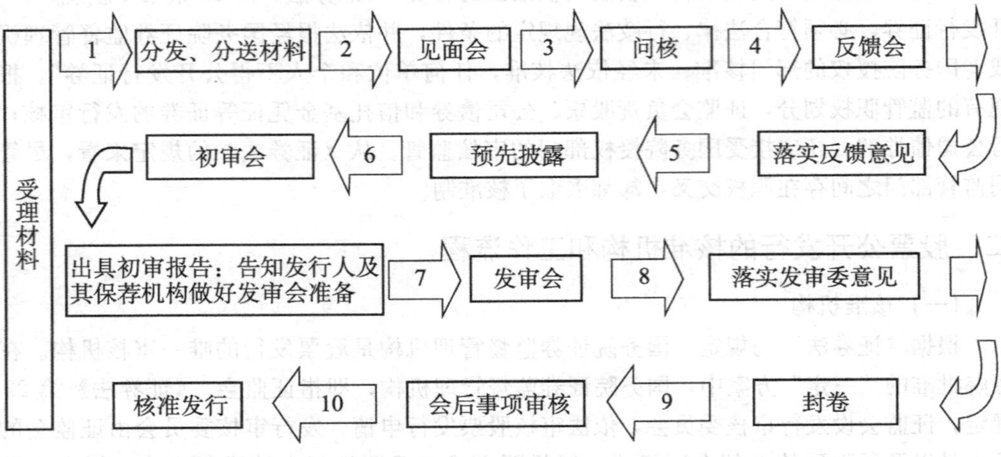

图 6—1

（3）发行审核委员会审核申请文件；（4）证监会作出核准或者不予核准的决定。

（一）申请人报送募集申请文件

在募集设立发行以及发行新股时，申请人报送的募股文件不完全相同。

1. 募集设立时报送的募股文件

设立股份有限公司公开发行股票，应当符合《公司法》规定的条件和证监会规定的其他条件，向证监会报送募股申请和下列文件：

（1）公司章程；

（2）发起人协议；

（3）发起人姓名或者名称，发起人认购的股份数、出资种类及验资证明；

（4）招股说明书；

（5）代收股款银行的名称及住址；

（6）承销机构名称及有关的协议；

（7）依法应聘请保荐人的，还应报送保荐人出具的发行保荐书；

（8）其他设立批准文件。

2. 新股发行时报送的募股文件

根据《证券法》第14条，公司公开发行新股，应当向国务院证券监督管理机构报送募股申请和其他文件：

（1）公司的营业执照；

（2）公司章程；

（3）股东大会决议；

（4）招股说明书；

（5）财务会计报告；

（6）代收股款银行的名称和地址；

（7）承销机构名称及有关协议；

（8）应聘请保荐人的，还应报送保荐人出具的发行保荐书。

3. 募股文件的标准格式

为了方便股票发行的申请和审核，证监会于1996年12月26日发布《申请公开发行股票公司报送材料的标准格式》，详细规定了发行申请材料的纸张、封面及份数，并对发行申请材料目录作出规定。

（二）保荐程序

2003年12月28日，证监会发布了《证券发行上市保荐制度暂行办法》。[①] 根据该暂行办法第22条，保荐机构推荐发行人证券发行上市，应按法律、行政法规和证监会的规定，对发行人及其发起人、大股东、实际控制人进行尽职调查，根据发行人委托，组织编制申请文件并出具推荐文件。在推荐文件中，保荐人应就下列事项作出承诺：

(1) 有充分理由确信发行人符合该暂行办法规定的要求，其证券适合在证券交易所上市、交易；

(2) 有充分理由确信发行人申请文件和公开发行募集文件不存在虚假记载、误导性陈述或重大遗漏；

(3) 有充分理由确信发行人及其董事在发行募集文件中表达意见的依据充分、合理；

(4) 有充分理由确信与其他中介机构发表的意见不存在实质性差异；

(5) 保证所指定的保荐代表人及本保荐机构的相关人员已勤勉尽责，对发行人申请文件进行了尽职调查、审慎核查；

(6) 保证推荐文件、与履行保荐职责有关的其他文件不存在虚假记载、误导性陈述或者重大遗漏；

(7) 保证对发行人提供的专业服务和出具的专业意见符合法律、行政法规、中国证监会的规定和行业规范；

(8) 自愿接受中国证监会依照该暂行办法采取的监管措施；

(9) 中国证监会规定的其他事项。

四、预披露程序

《证券法》第21条规定，发行人申请首次公开发行股票的，在提交申请文件后，应当按照证监会的规定，预先披露申请文件。发行人应在申请文件受理后、发行审核委员会审核前，在证监会网站上预先披露招股说明书的申报稿，还可同时或随后刊登在企业网站上；预先披露的招股说明书必须真实、准确、完整，不得含有价格信息。

在创设预披露制度以前，信息披露是在证监会单一主导下实施的。发行人获准发行股票，取决于证监会审查后是否作出核准决定。为了实现股票发行的目的，有些申请人采取捏造事实或报送含有虚假信息的文件等手段，骗取证监会同意发行股票的核准决定。由于股票发行申请数量很多，而既有工作方式存在一定限制，证监会无法逐一进场核查申请人的情况，因而不得不更多仰仗中介机构的审查及其结论。伴随此，我国出现了数起影响重大的信息披露不规范乃至骗取证监会核准决定的案例。

预披露程序是我国2005年修改《证券法》时新增的制度，目的在于提高证券监管机构审核的透明度，加强社会公众对证券发行申请的监督。在预披露制度施行后，社会公众在获知申请人提出的发行申请后，可以通过适当途径向证监会反映相关情况。预披露制度将促使申请人、中介机构更审慎地处理信息披露事务，使得证监会可以更深入了解申请人具

① 证券发行上市保荐制度替代了自1995年推行的公开发行股票企业辅导制度。

体情况，最终提升信息披露的质量。

五、初审和复审程序

证监会在受理申请人申请文件后，即启动初审和复审程序。

1. 初审是指由证监会工作人员主持进行的初步审查。在初审过程中，证监会发行部将就股票发行申请提出反馈意见，包括对申请文件的完整性、真实性及其他方面问题进行调查、查询和对证。一般情况下，申请人将根据该反馈意见对申请文件进行补充、修改和调整。并将经补充、修改和调整后的股票发行申请文件，再次报送证监会。

2. 复审是指在证监会发行部初审通过后，由抽选专家组成的发行审核委员会工作组以投票方式作出复审决定。发行审核委员会是证监会的内部工作机构，该委员会工作组按照少数服从多数的原则和方式作出发行审核决议。每位委员具有同等投票权，在同意票数与反对票数相等的情况下，召集人有投决定票的权利。发行审核委员会工作组投票作出复审决议后，应出具复审意见书，并由证监会主席或者副主席签发。

《证券法》第24条规定，国务院证券监督管理机构或者国务院授权的部门应当自受理证券发行申请文件之日起3个月内，依照法定条件和法定程序作出予以核准或者不予核准的决定，发行人根据要求补充、修改发行申请文件的时间不计算在内。

六、核准与复议

根据审核情况，证监会有权作出核准或者不予核准证券发行的决定。证监会予以核准的，应当出具核准公开发行证券的文件。不予核准的，应当出具书面意见，并说明不予核准的理由。

发行申请未被核准的企业，接到中国证监会书面决定之日起60日内，可提出复议申请。证监会收到复议申请后60日内，对复议申请作出决定。

第五节 公司债券发行制度

一、公司债券概述

债券发行和交易活动，是我国证券市场最初形成的重要推动力量。为了规范债券发行和交易活动，全国人大常委会、国务院及相关部委先后发布了很多规范文件。主要有：(1) 国务院于1993年8月2日发布的《企业债券管理办法》，该管理办法适用于在我国境内企业法人在境内发行的企业债券；(2) 全国人大常委会于1993年12月29日发布的《公司法》，专章规定了公司债券；(3) 全国人大常委会于1998年12月29日发布的《证券法》，专门规定了公司债券的发行审核体制；(4) 证监会于2003年8月29日发布《证券公司债券管理暂行办法》；(5) 证监会于2007年8月14日发布《公司债券发行试点办法》，明确规定公司债券发行要经证监会核准。根据上述规定，我国业已形成企业债券和公司债券并存的结构。

(一) 公司债券与企业债券

在我国证券法上，存在“公司债券”和“企业债券”是两个相关术语。公司债券，是指股份有限公司或有限责任公司依照法定程序发行的，约定在一定期限内还本付息的有价证券。《公司债券发行试点办法》限制了公司债券的发行主体和偿还期限，将公司债券定义为“公司依照法定程序发行、约定在一年以上期限内还本付息的有价证券”。企业债券，指具有法人资格的企业依照法定程序发行的，约定在一定期限内还本付息的有价证券。

两种债券在本质上是相同的，即依照法定程序发行、约定在一定期限还本付息的有价证券。两种债券在功能上也是相同的，都是发行人的债权融资工具，发行人承担到期还本付息的义务，从而有别于股票。在此意义上，公司和企业债券都是特殊的债权凭证，债券发行人和持有人形成了内容确定的债权债务关系，债券发行人承担还本付息的义务。但是，根据《公司法》、《证券法》、《公司债券发行试点办法》和《企业债券管理条例》，公司债券和企业债券在技术规范上存在明显差异：

1. 发行人的范围不同。我国学术界通常认为，企业是大概念，公司是小概念，企业债券发行人，可以是股份有限公司和有限责任公司，也可以是公司以外的其他企业。在实务上，公司债券发行人仅限于股份有限公司和有限责任公司，其他企业只能发行企业债券，不得发行公司债券。

2. 证券法规范的适用不同。公司债券的发行、交易，必须适用《证券法》和《公司债券发行试点办法》的规定。《公司债券发行试点办法》第 3 条明确规定，申请发行公司债券，应当符合《证券法》、《公司法》和本办法规定的条件，经证监会核准。发行企业债券应否符合《公司法》和《证券法》，存在不同意见。

3. 公司法规范的适用不同。《公司法》仅规范股份有限公司和有限责任公司，不调整非公司企业。根据《公司法》第 38 条和第 100 条，公司发行债券的，必须由公司股东（大）会按照多数决定原则形成公司决议。在非公司企业中，不设置股东（大）会，也无法形成股东（大）会决议，而要取得主管单位、主办单位或投资单位的授权。

4. 监管体制不同。《证券法》第 17 条规定，申请公开发行公司债券，应当向国务院授权的部门或证监会报送相关文件，《公司债券发行试点办法》更将核准机构限定为证监会。企业债券的发行，依据《企业债券管理条例》第 25 条规定，由中国人民银行及其分支机构和证监会依法监督检查。换言之，中国人民银行和证监会都是企业债券的监管机关。

两种债券在本质和功能上相同，本应受到相同法律的规范，但在技术规范层面上，两者存在重大差别，受到不同法律的规范，甚至受到不同监管机构的监管，这种状况容易诱发市场和法律适用的混乱。笔者认为，历史原因是造成这种状况的主要原因。在《企业债券管理条例》实施初期，我国刚开始推行企业公司制改造，多数发行人不是公司，而是企业法人；在当时情况下，证券监管机构主要是中国人民银行，而不是证监会。然而，我国证券市场法制正逐渐走向成熟，从功能主义角度来看，应当尽快将企业债券纳入《证券法》调整范围内，至少将企业债券纳入“国务院依法认定的其他有价证券”，以保护企业债券投资者的合法权益。

(二) 公司债券的重要分类

公司债券的分类，可以采取多种标准。按照权利功能，公司债券分为普通公司债券和可转换公司债券。按照公司债券是否附有担保，公司债券分为无担保公司债券和有担保公司债券。按照信用等级，公司债券可分为 A 级、B 级、C 级等。

1. 一般公司债券和可转换的公司债券

一般公司债券，也称普通公司债券，可简称为公司债券，是公司债券的一般形式；可转换公司债券，是指发行人依法发行，在一定期间内依据约定的条件可以转换成股份的公司债券。[1]

公开发行一般公司债券，必须遵守《公司法》和《证券法》；由于可转换公司债券具有未来转换为股份或股票的可能性，因而发行可转换公司债券的，应同时遵守《再融资管理办法》。《再融资管理办法》规定，公开发行可转换公司债券的，应当委托具有资格的资信评估机构进行信用评级和跟踪评级。资信评估机构每年至少公告一次跟踪评级报告。

2. 有担保公司债券和无担保公司债券

公司债券项下的还本付息义务，如果取得发行人或第三人另行提供的担保，即为有担保公司债券。如果公司债券未取得发行人或第三人另行提供的担保，即为无担保公司债券。在我国，公开发行的公司债券，大多数属于有担保公司债券。

对于上述两种分类，还可以交叉分类。相应地，公司债券可再分为有担保的普通公司债券、有担保的可转换的公司债券、无担保普通公司债券和无担保可转换的公司债券四种形式。

3. 投资级公司债券、投机级公司债券和风险级公司债券

按照信用评级，公司债券可分为三种。信用评级，是对发行人能否如约还本付息的能力和可信任程度的评估，是对公司债务偿还风险的技术评价。信用评级结果，一般借由若干简单符号加以表示。

(1) 投资级（A级）公司债券。具体划分为AAA级、AA级和A级三种级别。AAA级债券投资风险最小，公司具有稳定的资金来源，并能保证本金及利息的如期支付，通常设置了各种必要的保护性措施。与AAA级债券相比，AA级债券的保护性因素不那么稳定，风险稍高于AAA级。但是，该类债券能够到期兑付，基本没有风险。

(2) 投机级（B级）公司债券。具体划分为BBB级、BB级和B级三种。BBB级债券缺乏完善保护，有一定的投资风险。保护性措施的波动以及其他不良因素，可能对及时还本付息产生不利影响。该类债券属于投资级公司债券，但带有投机性因素。BB级债券是中下品质的债券，具有一定投机性，保护性措施不足，还本付息能力脆弱，投资风险较大。B级债券明显具有投机性，到期还本付息的能力低，投资风险大。

(3) 风险级（C级）公司债券。具体分为CCC级、CC级和C级三种级别。CCC级债券到期还本付息能力很低，投资风险很大。CC级债券属于倒闭级债券，到期还本付息能力极低，投资风险极大。C级债券之发行人濒临破产，缺乏到期还本付息能力，属于绝对有风险的公司债券。

在证券市场上，信用评级机构是由经济、法律、财务专家组成的，专门提供评级服务的中介组织。评级对象主要是公司债券和政府债券等，不包括股票。我国无公信力强的信用评级机构，相应地，债券评级业务已被穆迪、标准普尔和惠普三大国际信用评级机构所把持，公司债券融资成本深受这三个评级机构信用评级的影响。在这种背景下，我国公司在境内发行公司债券的，不得不侧重采用有担保公司债券的发行方式。发行有担保的公司债券，有助于缓和国际信用评级机构的过度影响。然而，公司债券发行，增加了财产担保，却不能放弃国际上通常的信用评级，必然增加公司的融资成本。我国在发展债券市场时，必须突破这种市场瓶颈。

---

[1] 参见《再融资管理办法》第14条。

二、公司债券之一般发行条件

《证券法》规定了公开发行公司债券的一般条件，《公司债券发行试点办法》又增加了其他发行条件。另外，证监会于2003年8月29日发布的《证券公司债券管理暂行办法》，还专门规定了证券公司发行公司债券的条件。

(一) 公司债券的一般发行条件

结合《证券法》第16条和《公司债券发行试点办法》第7条的规定，公开发行公司债券，应当符合以下条件：

1. 净资产条件

股份有限公司的净资产应不低于人民币3 000万元，有限责任公司的净资产应不低于人民币6 000万元。在公司法上，净资产＝总资产－总负债，即为资产负债表所记载的“股东权益”。在原《公司法》施行期间，公司净资产包括：公司股本、公积金、公益金和未分配利润。根据现行《公司法》，公司无须从税后利润中提取公益金，净资产由公司股本、公积金和未分配利润三部分组成。

2. 债券余额条件

公司累计债券余额应不超过公司净资产额的40%。按照公司债券余额和净资产额之间的比例，限制公司债券的发行总额，有助于保障公司到期还本付息的能力，是国外公司法采取的通常做法。《日本商法典》第297条第1项规定，“公司债，不能超过资本和公积金的总额进行募集”。我国《证券法》规定，公开发行公司债券的最高限额，为“公司净资产额×40%”。

3. 可分配利润条件

公司最近三年平均可分配利润足以支付公司债券1年的利息。可分配利润，是公司财务制度上的概念，指从公司税后利润提取公积金以后剩余的金额。我国采取公历年制确定财务年度，“最近三年”，指以最后一个完整财务年度的12月31日为截止日期，向前追溯3年的期限。因此，条件是：

(前三年可分配利润之和)÷3＞公司债券券面的年度利息

4. 募集资金投向条件

《证券法》规定，筹集资金的投向应当符合国家的产业政策。在各国，产业政策必然随着国家经济、社会的发展而变化，因此，应当根据发行公司债券时的国家产业政策确定。

5. 债券利率条件

公司债券的利率不得超过国务院限定的利率水平。《企业债券管理条例》第18条规定，企业债券的利率不得高于银行相同期限居民储蓄定期存款利率的40%。

6. 募集资金用途

公开发行公司债券募集的资金，必须用于核准的用途，不得用于弥补亏损和非生产性支出。《企业债券管理条例》第20条规定，企业发行债券所筹集资金，不得用于房地产买卖、股票买卖和期货交易等与本企业生产经营无关的风险性投资。

7. 公司内控制度

根据《公司债券发行试点办法》，发行债券的公司，其内部控制制度健全，内部控制制度的完整性、合理性、有效性不存在重大缺陷。

8. 信用评级

根据《公司债券发行试点办法》，经资信评级机构评级，债券信用级别应为良好。

9. 消极条件

《公司债券发行试点办法》规定，有下列情形的，不得发行公司债券：

(1) 最近36个月内公司财务会计文件存在虚假记载，或公司存在其他重大违法行为；

(2) 本次发行申请文件存在虚假记载、误导性陈述或者重大遗漏；

(3) 对已发行的公司债券或者其他债务有违约或者迟延支付本息的事实，仍处于继续状态；

(4) 严重损害投资者合法权益和社会公共利益的其他情形。

10. 再次发行的禁止条件

对于再次公开发行公司债券的，为了保护债券持有人的合法权益，《证券法》规定，有下列情形之一的，不得再次公开发行公司债券：

(1) 前一次公开发行的公司债券尚未募足；

(2) 对已公开发行的公司债券或者其他债务有违约或者迟延支付本息的事实，且处于继续状态；

(3) 违反证券法规定，改变公开发行公司债券所募集资金的用途。

11. 国务院对公开发行公司债券有其他规定的，应当符合其他条件

(二) 证券公司发行公司债券的特别条件

证券公司发行的公司债券，在本质上属于金融债券，即金融机构发行的公司债券。发行该等公司债券的，除要符合《公司法》和《证券法》的前述规定以外，还应符合《证券公司债券管理暂行办法》的规定，并报经证监会批准。

1. 发行人为综合类债券公司；

2. 最近一期期末经审计的净资产不低于10亿元；

3. 各项风险监控指标符合证监会的有关规定；

4. 最近两年内未发生重大违法违规行为；

5. 具有健全的股东会、董事会运作机制及有效的内部管理制度，具备适当的业务隔离和内部控制技术支持系统；

6. 资本未被具有实际控制权的自然人、法人或其他组织及其关联人占用；

7. 证监会规定的其他条件。

(三) 中小企业私募债券

2012年5月，上海和深圳证券交易所各自发布《中小企业私募债券业务试点办法》，以自律规范方式创设了“中小企业私募债券”(简称私募债券)，允许中小微型企业在中国境内以非公开方式发行和转让约定在一定期限还本付息的公司债券。与一般公司债券相比，私募债券包括以下主要内容：

1. 发行人应当以非公开方式发行私募债券，不得采用广告、公开劝诱和变相公开方式，每期私募债券的投资者合计不得超过200人。两个或两个以上的发行人，可以采取集合方式发行私募债券。

2. 私募债券的发行采用备案制。证券交易所对备案材料进行完备性核对，无须证监会核准。备案材料完备的，证券交易所自接受材料之日起10个工作日内出具《接受备案通知书》。根据备案制的要求，试点办法仅要求发行人具备基本的主体资格并提交规定的备案

文件。其中，发行人主体资格要求如下：(1) 发行人是中国境内注册的有限责任公司或股份有限公司；(2) 发行利率不得超过同期银行贷款基准利率的3倍；(3) 期限在一年（含）以上；(4) 证券交易所规定的其他条件。发行人必须提交私募募集说明书等备案文件。

3. 私募证券的发行承销。由于私募证券是证券交易所自律管理的证券，因而证券交易所规定由证券公司（通常是证券交易所会员）开展承销业务，发行人应与承担承销业务的证券公司签订私募证券承销协议，证券公司应当履行尽职调查责任并提交尽职调查报告，上述活动应当符合法律、行政法规、中国证监会有关监管规定和中国证券业协会的相关规定。

4. 实行"投资者适当性管理"政策。根据上海和深圳交易所发布的试点办法，参与私募债券认购和转让的合格投资者，应符合下列条件：(1) 经有关金融监管部门批准设立的金融机构，包括商业银行、证券公司、基金管理公司、信托公司和保险公司等；(2) 上述金融机构面向投资者发行的理财产品，包括但不限于银行理财产品、信托产品、投连险产品、基金产品、证券公司资产管理产品等；(3) 注册资本不低于人民币1 000万元的企业法人；(4) 合伙人认缴出资总额不低于人民币5 000万元，实缴出资总额不低于人民币1 000万元的合伙企业；(5) 经证券交易所认可的其他合格投资者。

三、可转换公司债券的发行和转换条件

可转换公司债券，是具有独特属性的公司债券，再分为普通的可转换公司债券和"分离交易的可转换公司债券"。我国原《证券法》规定了上市公司发行可转换公司债券。国务院批准发布了《可转换公司债券管理暂行办法》，证监会制定了《上市公司发行可转换公司债券实施办法》。之后，证监会于2006年5月6日发布《再融资管理办法》，废止了《上市公司发行可转换公司债券实施办法》。

(一) 债券发行条件

根据《再融资管理办法》，公开发行可转换公司债券的，应当符合以下条件：

(1) 证券发行的一般条件（参见本章第三节"四"）。

(2) 盈利条件。最近3个会计年度加权平均净资产收益率不低于6%以上。扣除非经常损益后的净利润与扣除前的净利润相比，以低者作为加权平均净资产收益率的计算依据。

(3) 债券余额。本次发行后累计公司债券余额，不超过最近一期末公司净资产额的40%。

(4) 可分配利润。最近3个会计年度实现的年均可分配利润不少于公司债券1年的利息。

(5) 债券利率。可转换公司债券的利率，由发行人和主承销商协商确定，但必须符合国家有关政策。

(6) 债券期限。可转换公司债券的期限最短为1年，最长为6年。

(7) 债券担保。发行可转换公司债券的，应当提供担保。但是，最近一期末经审计的净资产不低于15亿元的公司除外。

(二) 可转换公司债券转换为股份

可转换公司债券之持有人，根据募集说明书约定的转换期限和转换价格，有权将所持有的可转换公司债券转换为发行人股票。"持有人有权选择债券转换为股票"，是可转换公

司债券的核心特征；同时，发行人也可以按照约定条款赎回发行在外的公司债券，以阻止债券持有人的转换请求权。

1. 转换期限

可转换公司债券自发行结束后6个月内，方可转换为公司股票。具体转换期限，根据可转换公司债券的存续期限及公司财务状况，由发行人确定。

2. 转换价格

即募集说明书约定的、可转换公司债券转换为每股股份所支付的价格。转换价格具有波动性：

(1) 按照规定，转换价格应不低于募集说明书公告前20个交易日该发行人股票交易均价以及前一交易日的均价。

(2) 募集说明书应当约定转换价格的调整原则及方式。由于股本变动及分红派息引起上市公司股份变动的，应当调整转换价格。

3. 阻止转换

根据募集说明书约定的赎回条款，发行人有权赎回债券，阻止持有人请求将债券转换为股票。《再融资管理办法》第23条规定，募集说明书可以约定赎回条款，规定上市公司可按事先约定的条件和价格，赎回尚未转股的可转换公司债券；债券持有人也可依事先约定，将所持债券回售给上市公司。

(三)"分离交易的可转换公司债券"

"分离交易的可转换公司债券"，是《再融资管理办法》规定的新型公司债券。在再融资管理办法征求意见稿中，采用了"附认股权公司债券"的说法，现称为"认股权和债券分离交易的可转换公司债券"。

分离交易的可转换公司债券，是将认股权证从附有认股权证的可转换债券中分离出来的债券结构。根据《再融资管理办法》第27、28条，上市公司公开发行认股权和债券分离交易的可转换公司债券，公司债券和认股权证分别符合证券交易所上市条件的，应当分别上市交易。

1. 发行条件

分离交易的可转换公司债券的发行，应当符合下列规定：

(1) 符合证券发行的一般条件（参见本章第三节"四"）。

(2) 公司最近一期末经审计的净资产不低于人民币15亿元。

(3) 最近3个会计年度实现的年均可分配利润，不少于公司债券1年的利息。

(4) 最近3个会计年度经营活动产生的现金流量净额，平均不少于公司债券1年的利息；或者最近3个会计年度加权平均净资产收益率平均不低于6%。扣除非经常性损益后的净利润与扣除前的净利润相比，以低者作为加权平均净资产收益率的计算依据。

(5) 本次发行后累计公司债券余额，不超过最近一期末净资产额的40%，预计所附认股权全部行权后募集的资金总量不超过拟发行公司债券金额。

(6) 债券期限最短为1年。

2. 公司债券与认股权证的分离

"分离交易的可转换公司债券"，实现了公司债券与认股权证的分离，使公司债券和认股权证成为彼此相关、相互独立的证券类型，公司债券和认股权证可分别上市交易。在此意义上，"分离交易的可转换公司债券"的交易，已转换成公司债券和认股权证的分别交易。

已分离的公司债券，其上市交易应当符合公司债券交易的一般规则。已分离的认股权证，属于衍生证券，是认股权证持有人按照事先约定的行权价格、期限、比例等要素，购买发行人股票的选择权。认股权证的上市交易应当符合《再融资管理办法》的如下特别规定：

(1) 行权价格。不低于公告募集说明书日前20个交易日公司股票交易均价以及前一交易日的均价。

(2) 存续期限。认股权证的存续期间不得超过公司债券的期限，自发行结束之日起不少于6个月。

(3) 行权期限。认股权证自发行结束至少已满6个月后方可行权。行权期间是存续期限届满前的一段期间，或者是存续期限内的特定交易日。

四、公司债券的发行审核程序

在公司债券公开发行的审核上，《证券法》实现了从审批制向核准制的过渡。上市公司和证券公司发行公司债券的，由证监会审核；其他公司、企业发行公司债券和企业债券的，由国务院授权的部门审核。《公司债券发行试点办法》规定，各种公司债券的发行均由证监会审核，从而排除了国务院其他授权机构的审核权。

(一) 核准机构

《证券法》第17条规定，国务院授权的部门和证监会负责核准公开发行公司债券申请。该条款没有划分国务院授权部门和证监会的职权范围。但是，根据《公司债券发行试点办法》，证监会承担了公司债券发行审核职责。其他机构负责审核或批准其他企业债券的发行。

1. 证监会与公司债券。按照现行规定，证监会负责审核的公司债券发行，包括上市公司、非上市公司以及证券公司发行的公司债券。换言之，凡属于《公司法》规定的公司，其发行公司债券的，都要由证监会审核。

2. 国务院授权的部门与企业债券。除公司债券外，企业债券的发行，由国务院授权的其他部门审核。根据《企业债券管理条例》第11条，企业债券发行的审批权，属于中国人民银行和国家计委（现在为国家发改委）。自1999年起，中国人民银行将发行审批的主要职权移交给国家发改委，由国家发改委从产业政策、项目可行性、企业财务状况、债券发行条款、评级担保等方面进行审查，决定企业能否发行债券，但在发行利率确定问题上，会征求中国人民银行的审批意见。

笔者认为，根据《证券法》规定，证监会和国务院授权的部门是并列审核机构，既有权审核公司债券的发行，也有权审核企业债券的发行。由于证监会和国务院授权的部分在职责划分上不很清楚，如果将企业债券视为“国务院依法认定的其他证券”，那么，国家发改委、中国人民银行和证监会都有权审核企业债券的公开发行。在这种多层审批结构下，企业发行企业债券时，主要会遭遇两方面困扰：一方面，仅由证监会或国务院授权的其他机构审核，是否合法地完成了各项必需的审核，企业依照单一部门的审核意见发行债券，是否构成违法发行？另一方面，企业债券发行必须符合法定推荐程序，主要包括发行额度分配程序。[①] 企业未向国家发改委等部门申请发行指标或额度而发行企业债券，是否

① 参见《企业债券管理条例》第10条。

构成违法发行，以及是否要承担法律责任，带有不确定性。

（二）报送文件

结合《证券法》第17条和《公司债券发行试点办法》，发行公司债券的，发行人应向证监会报送以下申请文件：

1. 公司股东会或股东大会决议。决议应当记载发行债券的数量、向公司股东配售的安排、债券期限、募集资金的用途、决议的有效期、对董事会的授权事项以及其他需要明确的事项。

2. 公司营业执照。

3. 公司章程。

4. 公司债券募集办法。保荐人负责编制募集办法，发行人全体董事、监事、高级管理人员应当在债券募集说明书上签字。募集办法自最后签署之日起6个月内有效。

5. 资产评估报告、审计报告、验资报告、信用评级报告和法律意见书。根据规定，债券募集说明书所引用的审计报告、资产评估报告、资信评级报告，应当由有资格的证券服务机构出具，并由至少2名有从业资格的人员签署。债券募集说明书所引用的法律意见书，应当由律师事务所出具，并由至少2名经办律师签署。

6. 保荐人推荐文件。保荐人应当对债券募集说明书的内容进行尽职调查，并由相关责任人签字，确认不存在虚假记载、误导性陈述或者重大遗漏，并声明承担相应的法律责任。

7. 国务院授权的部门或者证监会规定的其他文件。

（三）核准程序

《公司债券发行试点办法》第20条规定，证监会依照下列程序审核发行公司债券的申请：

1. 受理程序。证监会于收到申请文件后5个工作日内决定是否受理。

2. 初审程序。证监会在受理后，对申请文件进行初审。

3. 审核程序。证监会发行审核委员会按照《中国证券监督管理委员会发行审核委员会办法》规定的特别程序审核申请文件。

4. 决定程序。证监会作出核准或不予核准的决定。根据《证券法》第24条，国务院授权的部门或证监会应当自受理证券发行申请文件之日起3个月内，依照法定条件和法定程序作出予以核准或者不予核准的决定，发行人根据要求补充、修改发行申请文件的时间不计算在内；不予核准的，应当说明理由。

5. 发行公告程序。根据《公司债券发行试点办法》第22条规定，公司应当在发行公司债券前的2～5个工作日内，将经证监会核准的债券募集说明书摘要刊登在至少一种中国证监会指定的报刊，同时将其全文刊登在中国证监会指定的互联网网站。

6. 重新审核程序。根据《公司债券发行试点办法》第21条，发行公司债券，可以申请一次核准，分期发行。自中国证监会核准发行之日起，公司应在6个月内首期发行，剩余数量应当在24个月内发行完毕。超过核准文件限定的时效未发行的，须重新经证监会核准后方可发行。

7. 发行完毕后的备案程序。根据《公司债券发行试点办法》，首期发行数量应当不少于总发行数量的50%，剩余各期发行的数量由公司自行确定，每期发行完毕后5个工作日内报证监会备案。

五、债券持有人权益的特别保护

《公司债券发行试点办法》第四章专门规定了“债券持有人权益保护”，填补了我国在债券持有人特别保护上的制度空白和不足，是我国证券法制建设方面的新发展。这种做法夯实乃至奠定了债券市场发展的法律基础，有助于增强债券持有人的投资信心，壮大债券市场的发展，促进多层次资本市场的建设。

根据《公司债券发行试点办法》，债券持有人权益的特别保护制度包含两项主要内容：

（一）债券受托管理人制度

债券受托管理人是发行人必须聘请的、有偿提供服务并保护债券持有人利益的专业组织。各期企业债券的管理人，由各次发行的保荐人或其他经中国证监会认可的机构（主要是证券公司）担任。为该次债券发行提供担保的机构，不得担任本次债券发行的受托管理人，个人也不得担任。

债券受托管理人具有特殊地位。一方面，它是债券发行人聘请的专业机构，必须与债券发行人签订债券受托管理协议，有权依照约定收取一定比例的服务费。另一方面，投资者在事实上要介入受托管理协议，即“公司应当在债券募集说明书中约定，投资者认购本期债券视作同意债券受托管理协议”，由此，受托管理协议在事实上成为约束债券发行人、债券受托管理人和投资者三方的特殊债权债务关系，带有信托合同和信托关系的明显特征，债券受托管理人也因此承担了特殊的忠实义务和勤勉（可称为善管）义务，以及约定的其他义务。

1. 忠实义务。在债券存续期限内，必须依照协议的约定维护债券持有人的利益，应当为债券持有人的最大利益行事，不得与债券持有人存在利益冲突。

2. 勤勉或善管义务。《公司债券发行试点办法》明确规定，债券受托管理人应当履行下列职责：

（1）持续关注公司和保证人的资信状况，出现可能影响债券持有人重大权益的事项时，召集债券持有人会议；

（2）公司为债券设定担保的，债券受托管理协议应当约定担保财产为信托财产，债券受托管理人应在债券发行前取得担保的权利证明或其他有关文件，并在担保期间妥善保管；

（3）在债券持续期内勤勉处理债券持有人与公司之间的谈判或者诉讼事务；

（4）预计公司不能偿还债务时，要求公司追加担保，或者依法申请法定机关采取财产保全措施；

（5）公司不能偿还债务时，受托参与整顿、和解、重组或者破产的法律程序。

3. 其他约定义务。债券受托管理人还应履行债券受托管理协议约定的其他义务。

（二）债券持有人会议制度

债券持有人人数众多，且具有相似的利益，承担相似的风险。通过适当的机制，将债券持有人结成同一主体或群体，有助于增强债券持有人的自我保护力量，提升债券发行人的公司治理水平，促进债券发行人合法、有效地利用所募集的资金。

1. 债券持有人会议的性质

债券持有人会议是债券持有人组成的团体，反映了债券持有人的共同利益和意志。按照现行规定，它是在债券发行人内部必须设置的团体，却不代表债券发行人的利益。全体债券持有人自动加入债券持有人会议，债券持有人无法申请退出，受让债券的持有人也自动成为债券持有人会议的成员。债券持有人会议规则是由债券发行人和债券受托管理人制定的，债券发行人应当在债券募集说明书中约定，投资者认购本期债券视作同意债券持有人会议规则。该会议规则应当约定债券持有人通过债券持有人会议行使权利的范围、程序和其他重要事项。

2. 债券持有人会议的召开

根据《公司债券发行试点办法》，存在下列情况时，应当召开债券持有人会议：

（1）拟变更债券募集说明书的约定；

（2）拟变更债券受托管理人；

（3）公司不能按期支付本息；

（4）公司减资、合并、分立、解散或者申请破产；

（5）保证人或者担保物发生重大变化；

（6）发生对债券持有人权益有重大影响的事项。

第六节 公开发行证券的审核规则

一、证券发行的审核规则

监管部门核准、审批证券发行申请时，依法遵守以下规则：

1. 报送文件应当符合法律规定。发行人向监管机构提出证券发行申请的，应当按照规定的信息披露准则提交有关申请文件，申请文件必须真实、准确、完整。为证券发行出具有关文件的专业机构和人员，必须严格履行法定职责，保证其所出具文件的真实性、准确性和完整性。如果发行人报送的文件以及中介机构出具的文件不符合真实、准确和完整的要求，审核机关有权作出不予以核准的决定。

2. 审核机关依照法定条件审核。证券类型不同，发行审核条件也有差别。审核机关应当依照法定条件审核股票发行申请，不得在法定条件外，不合理地附加新的条件或者要求。审核机关工作人员滥用职权，故意刁难有关当事人的，应当依法承担行政责任乃至刑事责任。

3. 审核机关按照法定文件以及格式进行审核。发行人需要按照法律规定及审核机关公开的规程提交文件。鉴于目前采取实质审查机制，为了核实与所披露信息相关的情况，审核机关有权要求发行人提供辅助材料。

4. 核准程序应当公开并依法接受监督。《证券法》第23条规定，“核准程序应当公开，依法接受监督”；第184条规定，证券监管机构依法制定的规章、规则、监督管理工作制度应当公开；证券监管机构依据调查结果，对证券违法行为作出的处罚决定，也应公开。上述规定不仅重申了公开原则的适用，也有助于实现社会公平。

5. 审核程序应当遵守法定的审核期限。《证券法》规定，证监会应当自受理证券发行申请文件之日起3个月内作出决定；不予核准的，应当作出说明。证监会受理的申请，必须是申请人依法报送的、文件内容齐备且格式符合要求的申请。如果报送文件存在遗漏、格式错误等，不构成已受理的申请文件，证监会还有权要求其改正或者补充。明确规定适当的核准期限，是证券发行核准制的内在要求，它反映了申请人的利益，有利于消除审核工作的匆忙与草率，有利于防止“久审不核”。

6. 审核人员应当依法履行职责。审核程序直接涉及申请人的切身利益，审核人员依法履行职责，是实现审核程序公平的基础，必须确立审核人员的义务与职责。《证券法》第23条第2款规定，“参与审核和核准股票发行申请的人员……不得直接或者间接接受发行申请人的馈赠，不得持有所核准的发行申请的股票，不得私下与发行申请人进行接触”。

二、证券发行审核的法律后果

证券发行审核程序，是在监管机构主持下开展的审核程序，产生以下法律效果：

(一) 确认发行人资格的合法性

审核的基本任务，是审核申请人之资格与法律要求之间的一致性，避免非法发行证券。审核机关审查法定的报送文件，并作出核准决定，说明报送文件揭示的内容符合发行的法定条件，说明申请人在形式上具备了发行资格。

(二) 确认证券发行的程序合法性

证券公开发行，必须事先获得审核机关的核准意见，未经核准发行证券的，构成违法发行。《证券法》第10条第1款规定，“公开发行证券，必须符合法律、行政法规规定的条件，并依法报经国务院证券监督管理机构或者国务院授权的部门核准；未经依法核准，任何单位和个人不得公开发行证券”。该法第188条还规定，未经法定机关核准，擅自公开或者变相公开发行证券的，责令停止发行，退还所募资金并加算银行同期存款利息，处以非法所募资金金额1%以上5%以下的罚款；对擅自公开或者变相公开发行证券设立的公司，由依法履行监督管理职责的机构或者部门会同县级以上地方人民政府予以取缔。对直接负责的主管人员和其他直接责任人员给予警告，并处以3万元以上30万元以下的罚款。在此意义上，是否获得审核机关的核准意见，是判定证券发行合法与否的前提。

(三) 奠定了发行人和投资者自担风险的基础

审核机关作出同意核准的决定，表明审核机关确认了报送文件与法定条件的一致性，审核机关不对发行人未来经营和收益状况提供担保，也不对投资者的未来收益提供担保。《证券法》第27条规定，“股票依法发行后，发行人经营与收益的变化，由发行人自行负责；由此变化引致的投资风险，由投资者自行负责”。

【问题与思考】

1. 试比较证券发行与募集的异同。
2. 试比较公开发行与非公开发行之异同。
3. 试述核准制与登记制的主要区别。
4. 简述招股说明书的法律性质。
5. 试比较企业债券与公司债券的异同。
6. 试述非上市公众公司的股票定向发行。
7. 简述中小企业私募债券的主要规则和特点。
8. 简述我国证券发行核准规则的主要内容。
9. 某集团公司为了解决资金短缺问题，在征求企业法律顾问的意见后，决定采取“吸收职工入股”方式筹集资金。该集团公司向职工及其家属作出承诺，集资收益高于同期银行存款利率，不收利息税。该集团公司随后统一印制了借据，记载了“数额、利率、期限”及“双方不得违约，到期保证偿还”等字样，并加盖了集团公司财务专用章，集团公司财务处专门设立了集资代办点，向内部职工及周边村镇群众集资，集资金额累计超过1亿元人民币。请问：

（1）该集团公司可以采取何种筹资方式？

（2）应当如何认定该集团公司筹资活动的法律性质？

（3）该集团公司向“内部职工及周边村镇群众集资”，应当履行何种法律手续？

第七章

证券发行的承销和保荐

本章概要

发行人可以依法选择直接发行和间接发行。随着发行专业化和职业化水平的提高，通过证券公司的承销，间接发行证券，已成为证券发行的主要形式。根据法律规定，发行人向不特定对象发行的证券，法律、行政法规规定应当由证券公司承销的，必须采取间接发行方式。证券公司介入发行，提高了发行质量和效率，减少了证券发行失败的网站。为了减少劣质证券的发行机会，更好地保护投资者的利益，我国引入了保荐人制度，以协助发行人提高信息披露的质量。

关键术语

承销　包销　承销团承销　承销协议　超额配售选择权　保荐　市盈率法辅导

第一节　证券承销的概念和分类

证券承销具有很强的专业性，直接规范发行人、承销商和投资者三方的关系，涉及承销过程中其他中介机构的切身利益，因此有必要作出特殊的法律安排。在我国，规范证券承销的主要法律、法规是：(1) 全国人大常委会发布的《证券法》；(2) 证监会发布的《证券发行与承销管理办法》(2006 年 9 月 17 日发布、2012 年 5 月 18 日作出重大修改)。

一、证券承销的概念

证券公司按照发行人委托，向投资者销售、促成销售或代为销售拟发行证券的行为，即为证券承销。在证券承销中，发行人为委托人，证券公司为受托人，双方当事人签订和履行证券承销协议，最终完成证券发行事务。

1. 证券承销是通过证券公司发行证券。证券发行，以是否通过证券公司承销作为标准，可分为直接发行和间接发行。直接发行，是发行人不通过证券公司，直接向投资者出售证券的方式。间接发行，是发行人通过证券公司向投资者出售证券的方式；从承销商（证券公司）角度来看，即为证券承销。

2. 证券承销是证券的销售行为，包括销售、促成销售和代为销售等。承接证券承销事务的证券公司，被称为承销商，它们以自己的名义，或以发行人的名义，并为发行人利益从事发行活动，包括但不限于推荐、宣传、销售、购买、顾问、办理证券交割或过户、款项收取等事务。

3. 证券承销主要反映了发行人和承销商之间的权利义务关系。承销商是为了发行人的利益办理证券发行事务，发行人有权选择适合的承销公司，并应向其支付约定的报酬。因此，证券承销为特殊的合同关系，承销协议应当明确双方的权利、义务，既要符合合同法一般规定，还要遵守证券法的特别规定。

4. 证券承销的适用范围较广。发行人向不特定对象发行的证券，法律、行政法规规定应当由证券公司承销的，发行人应当与证券公司签订承销协议。向不特定对象发行的证券面值超过5 000万元的，应当由承销团承销。

二、证券承销的分类：包销和代销

按照发行人与承销商商定的承销权利、义务内容，可将证券承销分为代销和包销，证券包销又分为全额包销和余额包销。发行人与承销商商定具体的承销方式，其实质是发行人和承销商商定如何划分证券销售的风险。对于发行人来说，代销—余额包销—全额包销，风险逐渐降低。对于承销商来说，代销—余额包销—全额包销，风险逐步升高。在承销费用方面，全额包销费用最高，余额包销费用次之，代销费用通常最低。

（一）证券代销

证券代销，指证券公司代发行人发售证券，在承销期结束时，将未售出证券全部退还给发行人的承销方式。① 在采用代销时，未售出证券的风险，由发行人承担。为了最大限度减少未售出证券的数量，降低发行风险，代销协议可以特别约定证券公司采取各种促销措施。在国际上，代销主要适用于证券私募。

发行人采用代销方式的，可能遭遇发行失败并引起募集资金返还的后果。《证券法》第35条规定，股票发行采取代销方式，代销期限届满，向投资者出售的股票数量未达到拟公开发行股票数量70%的，为发行失败。发行人应当按照发行价并加算银行同期存款利息返还股票认购人。

在我国，代销主要适用于两种场合：

1. 约定代销。如果发行人信誉很好，或证券公司拥有良好的客户群，按照发行人和证券公司的共同预期，可以避免发行失败的，可选择代销方式。从证券种类来看，证券代销主要适用于公司债券的发行，在股票公开发行中，较少采用代销方式。

2. 必须代销。上市公司非公开发行股票未采取自行销售（即直接发行）或者上市公司配股的，应当采取代销方式。

（二）证券包销

证券包销，是指证券公司按照协议全部购入发行人的证券，或者在承销期结束时全部

---

① 参见《证券法》第28条第2款。

自行购入发行人剩余证券的承销方式。[1] 在包销方式下，证券公司承担了发行失败的主要风险，多数发行人也乐于接受包销方式，它在我国已成为最主要的承销方式。证券包销分为全额包销和余额包销。

1. 全额包销，是指证券公司以自有资金一次性全部买进发行人所发行的全部证券，再以自己名义和风险向投资者出售所购证券的承销方式。全额包销实际分为两个销售阶段：

(1) 证券公司全额购买发行人发行的全部证券。发行人是拟发行证券的唯一卖方，证券公司是拟发行证券的唯一买方，发行人将全部证券出售给证券公司。

(2) 证券公司以自己的名义和风险，将购得的证券再次出售给投资者。在此阶段，投资者是证券的买方，证券公司是该证券的唯一卖方。证券公司如果不能将所购得的证券再度出售给投资者，也必须按照约定价格向发行人支付全部款项。证券公司同意采取全额包销方式，通常是基于证券公司拥有较好的支付能力，并对证券的成功发行有较好预期。

2. 余额包销，是指证券公司在承销期内积极销售发行人的证券，如果在承销期结束时仍有未售出证券的，证券公司应以自己的名义和资金，购买发行人未售出的证券。在采用余额包销方式时，在承销期内，证券公司相当于发行人的代理人，应当为了发行人利益尽力销售证券；在承销期结束时，证券公司自动转为未售出证券的购买人，应当以自有资金与发行人办理销售结算。

全额包销和余额包销的共性在于，销售风险已转移给证券公司，发行人避免了发行失败的风险。然而，在募集资金来源上，全额包销和余额包销有所不同。在采用全额包销时，募集资金由证券公司的自有资金作为担保，证券公司必须在约定时间内，将募集资金全部支付给发行人。在采用余额包销时，募集资金是投资者缴纳的资金，不足部分由证券公司承担。

(三) 证券代销和包销的风险分配

证券发行是商业活动，必然存在发行失败的风险。证券代销，系将发行风险主要转移给发行人；证券包销，系将发行风险转移给证券公司。因此，采取代销方式时，发行人可能面临发行失败的风险，并应向募集对象返还款项本息；采取包销方式时，证券公司有义务全额购入未售出的证券，发行人避免了发行失败，却加大了证券公司的负担。为了避免或者限制发行风险，避免特定承销方式带来的局限，应该创设各种化解发行风险的技术方法。

1. 证券公司尽力销售的义务。无论采取何种承销方式，证券公司都将承担尽力销售的义务。根据代销协议，证券公司应当努力采取各种促销手段，不得预留部分证券或者全部证券，以最大限度地实现证券销售。

2. 限定责任和分担风险条款。无论采取何种承销方式，承销协议都应记载责任限定条款。如约定不可抗力的含义和范围，以准确限定各方责任范围；约定"鉴于条款"或者"保证条款"，以使各方清晰预见证券发行的长期利益；约定免责条款，以澄清各方的利益关系。通过类似特别约定，将有助于实现发行人和证券公司利益的渐趋平衡。

3. 承销费用条款与利益平衡。从发行成功率来看，包销有利于发行人，代销有利于证券公司；从承销费用来看，包销费用通常高于代销费用；从包销利益来看，如果市场情况

[1] 参见《证券法》第28条第3款。

良好，证券公司再度售出包销证券，可能提高自身的收益率。妥善商定承销费用和包销比例等，有助于平衡发行人和证券公司的利益关系。

三、证券承销的分类：独立承销和承销团承销

按照参与承销的承销商数量，可将证券承销分为独立承销和承销团承销。独立承销，也称为一般承销，指由一家证券公司单独或者独立承担全部承销活动。承销团承销，是指由多个证券公司组成承销团，共同完成证券的销售。

独立承销更适合于小规模的证券发行，在资金实力、网点分布、宣传效果和风险分担等方面，带有一定的局限性，不太适合规模较大、区域广泛的证券承销。承销团成员数量较多，资金实力较强，销售网点分布广泛，有助于优势互补、加强制约、降低风险。承销团承销是实践中运用最为广泛的承销方式。

（一）必须采取承销团承销

发行人有权自行决定采取独立承销或者承销团承销，但法律规定必须采取承销团承销的，发行人不得采取独立承销。《证券法》第32条规定，向不特定对象发行的证券票面总值超过人民币5 000万元的，应当由承销团承销。据此，必须采取承销团承销方式的，应当同时符合两个条件：一是向不特定对象发行证券；二是证券票面总值超过人民币5 000万元。

（二）任意采取承销团承销

任意采取承销团承销的，包括两种情况：一是，发行人向特定对象发行证券。无论发行的票面金额或者销售金额多寡，均可协商采取独立承销。二是，向不特定对象发行票面总值低于人民币5 000万元的证券。

第二节 证券承销关系

一、证券承销关系的特殊性

通过签订承销协议，发行人与证券公司确立承销法律关系，通过履行承销协议，最终实现各自经济利益。承销协议是民事合同，承销关系属于民事关系，但具有以下法律特点：

（一）主体的特殊性

证券关系的主体，主要是发行人和承销商。发行人是经核准发行证券的有限责任公司和股份有限公司。承销商必须是具有法定资质的证券公司，证券公司以外的机构以及不具备法定资质的证券公司，不得从事证券承销业务。证券公司分为综合类证券公司和经纪类证券公司。综合类证券公司，有权从事承销、经纪和自营业务；经纪类证券公司只能从事经纪业务，不得从事承销和自营业务。在我国，综合类证券公司又分为取得主承销商资格的证券公司以及未取得主承销商资格的证券公司。在我国，证监会负责证券公司的资质管理。组建证券公司或者从事证券承销业务，必须事先取得证监会的批准。

（二）内容的特殊性

承销协议规定了发行人和证券公司的权利、义务，包括约定以及法定的权利、义务。在通常情况下，当事人有权自行约定承销权利义务关系。但是，法律规定承销协议必须包

含的内容，双方当事人不得以约定形式加以改变。例如，证券公司不得事先预留所发行的证券。再如，证券公司有义务核查发行人申请发行文件；发现违法发行证券的，不得进行销售活动并应当采取纠正措施。

（三）效力的特殊性

承销协议具有“涉他性”，当事人应承担对投资者的法定保护义务。在民法上，合同具有相对性，既不能向第三人提供某种利益，也不能使第三人承受特殊义务。然而，签订承销协议的最终目的，是将拟发行证券最终交付给投资者。投资者是最终持有证券人，也是证券市场健康发展的基础。我国《证券法》确立了保护投资者合法权益的宗旨，发行人和证券公司必须保证证券的合法性，必须确保相关信息的真实、准确和完整。

（四）结构的特殊性

在不同承销方式下，发行人、证券公司与投资者之间的关系不同，承销法律关系的性质也有差异。包销反映了发行人与证券公司之间的证券买卖关系，代销则体现了证券公司与发行人之间的代理关系。在采用承销团承销时，不仅涉及发行人与主承销商的关系，还涉及承销团内部成员的相互关系。在承销团内部，通常分为主承销商、副主承销商和其他承销团成员。主承销商与发行人签订承销协议，依照约定对发行人承担发行责任；承销团内部成员，不仅要按照各方约定相互承担法律责任，还要对投资者承担相应的法律责任。

二、证券承销协议

证券承销协议是证券承销制度的核心问题，是发行人与证券公司签署的、旨在规范和调整证券承销法律关系以及承销行为的合同文件。

（一）证券承销协议的特点

1. 承销协议是要式合同

为了防止发行人和承销商借口头合同，或者借补充、修改和变更之名，规避证监会的法律监管，承销协议必须采取要式合同形式：(1) 承销协议必须采取书面形式，不得采取口头或者其他形式。(2) 承销协议应当记载法律、法规要求记载的事项；证监会要求记载的事项，承销协议也必须进行记载。(3) 承销协议经双方当事人签署后，必须提交证监会批准、备案。对承销协议的任何补充、修改和变更，也须提交证监会批准和备案。

2. 承销协议是发行送审文件的组成部分

《证券法》规定，承销协议是证券发行的法定送审文件。[①] 在实践中，证券公司介入发行准备工作时，即处于与发行人协商承销协议的事实状态。发行人向证监会报送送审文件时，必须提供与承销机构草签的承销协议以及承销方案。证监会对承销协议内容提出反馈意见的，承销双方应当根据该反馈意见对承销协议进行补充、修改。《证券发行与承销管理办法》第44条规定，承销协议和承销团协议，可在发行价格确定后签订。通常来说，只有临近招股说明书公布时，才能确定发行价格。因此，承销各方是在临近招股说明书公布时，才正式签署最终的承销协议。

3. 承销协议不得违反强行法规定

对于承销协议记载的条款，法律、法规有特别规定的，必须按照该特别规定签订承销

---

① 参见《证券法》第12、14条。

协议。如前所述，我国《证券法》规定，向不特定对象发行的证券面值超过人民币5 000万元的，必须采取承销团承销；《证券法》第33条还规定，证券的代销、包销期最长不得超过90日。承销协议违反上述规定者，相关条款无效。

（二）股票承销协议主要条款

根据《证券法》和我国实践中的做法，股票承销协议主要包括以下内容①：

1. 协议当事人情况。如发行人和证券公司的名称、地址、法定代表人姓名以及联系地址。

2. 鉴于条款或者背景条款。主要描述双方当事人的签约背景，包括注明拟发行股票尚待证券监管机构核准等内容。此类条款不是承销协议必备条款，但对于限定协议条款的效力和解释当事人真实意思，具有重要意义。

3. 定义条款。即解释股票承销协议采用的特定概念。此类条款不是承销协议必备条款，但实践中运用非常普遍，主要目的是避免各方对合同条款的理解形成偏差，并澄清合同条款含义。

4. 标的条款。即指明承销股票的种类、数量、金额等。我国外汇管制程度较高，加之公司海外上市所募资金币种有异，我国存在A股、B股和H股等不同类别股票，因此股票承销协议应当分别约定不同种类股票的数量和金额。

5. 承销方式条款。承销协议应当明确承销属于包销或者代销，并就发行人和证券公司双方的权利、义务和责任等作出特别约定。

6. 发行价格条款。根据《证券法》第34条，“股票发行采取溢价发行的，其发行价格由发行人与承销的证券公司协商确定”。承销协议也可约定每股发行价格或者价格确定方法。现行《证券法》删除了向监管机构备案的内容。据此，双方可自行商定发行价格，无须征求证监会意见。

7. 分销条款。向不特定对象发行的证券面值总额超过人民币5 000万元的，应当组织承销团承销。通常由三家以上证券公司组成承销团，主承销商与发行人签订承销协议，再由主承销商与其他证券公司签署分销协议，分销协议应当约定对所承销股票的分派方式和原则。

8. 承销日期条款。应当指明承销期的起止日期，承销期最长不超过90日。

9. 承销费用条款。具体规定承销费用的计算标准和支付方法。证监会为平衡证券发行人与承销商之间的利益关系，曾专门发文限定承销费用的幅度。

10. 付款和结算条款。规定承销商收取认购款项后，向发行人支付款项的金额、时间和方式等。

11. 推介和发售限制条款。发售限制条款主要是限定证券发行区域以及募集对象的身份和资格的条款。推介条款则规定证券公司向发行人承担的宣传和介绍等义务。实践中，为了提升股票发行的影响，承销协议会对路演（roadshow）事宜进行具体安排。

12. 保证条款。即约定发行人对有关证券发行和承销的重大问题作出特别保证，通常是指发行人承诺向承销商全面、真实、准确地提供资料等。

13. 不可抗力条款。民法上的不可抗力，是当事人不能预见、不能避免和不能克服的

① 参见《证券法》第30条。

客观情况。在证券承销协议中，双方当事人为了限定发行和承销风险，可以协商列举不可抗力的具体范围。

14. 违约条款。

15. 证券监管机构规定的其他条款。

(三) 公司债券承销协议的主要条款

公司债券承销协议，通常包括以下主要条款：(1) 当事人的名称、住所及法定代表人姓名；(2) 承销方式；(3) 债券发行方式（无记名式或者记账式）；(4) 承销债券的种类、金额；(5) 承销团各成员的承销份额；(6) 承销期及起止日期；(7) 债券款项的划款日期及方式；(8) 承销费用的计算、支付方式和日期；(9) 债券到期兑付责任及兑付债券的销毁办法；(10) 债券担保事项；(11) 违约责任；(12) 中国人民银行要求的其他事项。

三、证券分销协议

分销协议，是承销团成员根据承销协议协商达成的，在承销团成员内部分配拟发行证券的协议，它是采取承销团承销时签订的特别协议。分销协议可约定分销商的包销义务或者积极促销义务，有助于减轻主承销商的经营风险，有助于在较短期限内完成证券发行，实现发行人融资需求。我国证券市场逐渐成熟，证券发行的卖方市场局面逐渐被打破，承销风险增大，分销协议的作用也日渐明显。

分销协议具有如下特点：

1. 分销协议是承销团成员签订的承销文件。在采取承销团承销方式时，主承销商与发行人签订承销协议，主承销商承担承销的风险，再由主承销商与承销团成员签订分销协议。分销商就是与主承销商签订分销协议，承担部分承销事务的证券公司。

2. 分销协议是承销团承销时必须签订的协议文件。在我国，向不特定对象发行证券面值总额超过人民币 5 000 万元的，应当组织承销团承销，也必须签订分销协议，具体约定各分销商承担的发行数量以及其他责任。

3. 分销协议属于附生效条件的协议。分销协议之生效，以承销协议生效为前提。在承销协议签订前，承销团成员就磋商、准备分销协议；在签署承销协议时，承销团成员将签订分销协议。这就导致了分销协议对承销协议效力的依赖。

4. 分销协议对承销团成员具有约束力。承销协议确定了主承销商与发行人之间的权利、义务和责任，分销协议是约束承销团成员的协议文件。在条款内容上，分销协议与承销协议十分相似，然而，分销协议更侧重于各成员分销的证券种类、数量、协作条件、分销费用、分销保证等事项。

四、证券发行定价

发行价格是发行人通过承销商向投资者售出证券的价格，它是投资者获得证券所支付的代价，是决定发行人融资规模的重要因素，也是影响承销商承销风险的重要因素，直接涉及发行人、承销商和投资者的利益，自然成为承销协议约定的主要事项。

(一) 发行定价机制的历史演变

以股票为例，我国发行定价机制先后发生多次重大变化，分别是固定价格定价阶段、相对固定市盈率定价阶段、累计投标定价阶段、控制市盈率定价阶段和询价定价阶段，目前正逐渐发展为“协商定价为主、市场询价为辅”的定价机制。

1. 固定价格

在上海和深圳证券交易所成立前，股票发行未形成明确的定价机制，多数公司以面值价格发行股票。在证券交易所成立后，主要由证监会确定股票发行价格和市盈率，即采用固定价格确定发行价格。

2. 相对固定市盈率定价方法

自1994年开始，我国尝试采用市盈率法协商确定股票发行价格。由于证券市场规模太小，市盈率定价方法无法有效实施。自1996年至1999年期间，我国开始较多地采用相对固定市盈率的定价方法，即股票发行价格=每股税后利润×发行市盈率。其中，市盈率通常为12~15倍，最多不超过15倍。这种人为确定发行市盈率的定价方法，带有行政定价色彩，造成发行市盈率与交易价格的脱节，新股上市后价格暴涨，带来复杂的社会问题。

3. 累积投标定价

原《证券法》施行后，我国开始采用发行人和承销商协商定价的做法。根据《关于进一步完善股票发行方式的通知》，发行人和承销商在协商定价时，应引入机构投资者参与定价。随后，证券实务界借鉴国外做法，开始采取"路演"和向机构投资者询价的方式，但同样造成发行市盈率大幅上升。2001年，证监会发布《新股发行上网竞价方式指导意见》，明确规定采用累计投标定价方式，旨在提高新股发行价格，减少新股申购获利机会，迫使部分申购资金进入交易市场，以减少二级市场的波动，促进股票市场平稳发展。但是，这种半市场化改革也没有达到预期效果，反而推高了交易价格，诱发了过渡融资问题。

4. 控制市盈率定价

2001年下半年，证监会在国有股减持过程中重拾市盈率定价方法，经调整后，形成了控制市盈率定价方法。即规定发行价格区间的上下幅度约为10%，发行市盈率不超过20倍。承销商和发行人在上述区间内，通过累积投标询价决定股票发行价格。但随着国有股减持放缓，市盈率定价重现负面效应。为了贯彻《行政许可法》的定价市场化规定，我国取消了新股发行价格的审批。2004年8月28日，全国人大常委会在审议通过的《公司法》和《证券法》修正案中，删除了新股发行价格须经监管机构核准的规定，在法律上奠定了股票发行定价市场化的基础。

5. 市场询价法

市场询价法，是发行人及承销商根据询价对象的反馈，确定发行价格的方法。证监会曾于2000年8月21日发布《法人配售发行方式指引》，具体规定了询价法的含义；2004年12月7日发布《关于首次公开发行股票试行询价制度若干问题的通知》，废止了《法人配售发行方式指引》，规定了市场询价法的操作方法。2006年9月19日，我国开始施行《证券发行与承销管理办法》，并同时废止了多项有关部门规章。2010年10月，证监会发布修改决定，将询价分为初步询价和累计投标询价。发行人和主承销商应当通过初步询价确定发行价格区间，在发行价格区间内通过累计投标询价确定发行价格。该管理办法还详细规定了市场询价的操作程序、方法和规则。

6. 市场询价法+协商定价法

在新股发行中，长期存在"三高"现象，即高股价、高市盈率、高超募，公众投资者对此深恶痛绝。为了遏制"三高"现象，回应公众投资者的诉求，证监会于2012年5月18日作出修改《证券发行与承销管理办法》的决定，修改后的管理办法第5条第1款前段明确规定，“首次公开发行股票，可以通过向询价对象询价的方式确定股票发行价格，也可以通过发行人与主承销商自主协商直接定价等其他合法可行的方式确定发行价格，发行人应在发行公告中说明本次发行股票的定价方式”。同年5月30日，证监会发行监管部门下发《关于新股发行定价相关问题的通知》，规定发行市盈率超过同行业上市公司平均市盈率25%的公司，如果存在三种列明情形的，发行监管部门将按会后重大事项的监管规定，将发行人的首发申请重新提交发审会审核。证券实务界将这种定价政策指引称为“定价天花板的25%规则”。

证券是商品，证券价格必须反映市场规律，我国证券定价机制必将最终实现全面市场化。我国新股发行定价机制的演变历史，呈现了逐渐市场化的总体特征。“市场询价法+协商定价法”是相对成熟的定价机制，必须继续发挥市场的自我疗伤机能。监管机关在实施“定价天花板的25%”政策时，采用了重新提交审核的措施，这种做法有助于遏制新股发行中的“三高”现象，却仍然施加了行政干预的力量，定价市场化依然任重道远。为了解决新股发行中的“三高”问题，不排除在短期内采用行政干预措施，但从长期来看，必须摒弃行政干预，而代之以具有持续作用的市场化措施，包括设置市场稳定义务、强化承销商的风险承担责任，让虚抬股价者承担市场价格过高的风险，实现股票价格的合理回归。

（二）发行价格的确定原则

1. 市场定价

市场是由买卖双方共同构成的，证券发行价格要由发行人、承销商及投资者共同参与确定。证券能否卖出，不仅取决于发行人和承销商（卖方）的主观愿望，还决定于投资者（买方）的接受程度。在以往实践中，体现了政府定价思想的各种做法，难以充分体现发行人和承销商的意见，也无法有效体现投资者的意见。随着市场化水平的逐渐提高，发行定价的市场化趋势更加明显。全国人大常委会2004年修改《公司法》时，取消了监管机构确定债券发行价格的条款；2005年修改《证券法》时，又取消了发行价格报监管机构备案的规定，明确规定发行人和承销商可自行商定发行价格，市场定价正成为主导的定价模式。

2. 依法定价

为了保持相关法律规定的相互协调，发挥市场定价的积极功能，平等保护投资者利益，《证券法》规定了“不得折扣发行证券”以及“同次发行、同股同价”规则，成为市场定价的有益补充。

（1）禁止股票折扣发行

禁止股票折扣发行，指股票发行价格不得低于股票票面金额。股票发行价格，主要取决于股票的市场供求以及发行人的经营状况，却将影响到发行人的股本总额或净资产数额。根据公司资本制，发行人公司应以实际收到的出资登记为注册资本，公司注册资本为公司股份的总和。折扣发行，即按照低于股票票面金额的价格发行，必然降低发行人实收资本，违反法定资本制的要求。有鉴于此，我国《公司法》第128条明确规定，“股票发行价格可以按票面金额，也可以超过票面金额，但不得低于票面金额”。公司债券不涉及公司实收资本问题，因此我国法律没有明确禁止债券折扣发行。

（2）同次发行、同股同价

同次发行、同股同价，指“同次发行的同种类股票，每股的发行条件和价格应当相同；任何单位或者个人所认购的股份，每股应当支付相同价额”①。在我国，公开发行的股票均为普通股，同次发行的普通股股票采用相同的发行价格，符合国际通行的做法，也符合证券法和公司法的理念。一方面，在同次发行中，投资者认购虽有先后，价款缴纳时间略有不同，但同次发行的股票采用相同价格，无疑符合公平原则。另一方面，如果同次发行的股票价格有差异，必然导致低价认购者获取高价认购者利益的情况，必然导致股东之间的利益输送，不仅投资者之间存在差别待遇，而且投资者关系将更为复杂，从而加大法律调整的难度。在此意义上，同次发行的股票，应当采取相同的发行价格。

（三）确定发行价格的技术方法

2012年《证券发行与承销管理办法》第5条关于询价定价和协商直接定价等的规定，是行为规范和指引规范，在坚持市场化定价原则下，为了确定证券发行的合理价格，发行人和承销商可以兼采多种技术方法，常见的技术方法有：

1. 初步询价＋协商价格

初步询价，是由发行人和主承销商向符合规定的证券投资基金管理公司、证券公司、信托投资公司、财务公司、保险机构投资者、合格境外机构投资者，以及证监会认可的其他机构投资者询价，以确定发行价格区间。根据《证券发行与承销管理办法》，在招股说明书（申报稿）预先披露后，发行人和主承销商可与特定询价对象以非公开方式进行初步沟通，征询价格意向，预估发行价格区间，也可通过其他合理方式预估发行价格区间。但是，初步沟通不得采用公开或变相公开方式进行，不得向询价对象提供除预先披露的招股说明书（申报稿）等公开信息以外的发行人其他信息。

在初步询价基础上，发行人与承销商就可以直接协商确定发行价格。对于协商定价，《证券发行与承销管理办法》没有提出细节要求和协商程序，在实践中，双方当事人必然要综合考虑同行业市盈率水平以及发行人的盈利能力等多种因素，最终协商确定发行价格。如果首次公开发行的股票在中小企业板上市的，发行人和承销商可以根据初步询价结果确定发行价格，不再进行累计投标询价。上市公司发行证券，可以通过询价方式确定发行价格，也可以与主承销商协商确定发行价格，无须采取询价方法。

2. 初步询价＋累计投标询价

在初步询价基础上，可引入累计投标询价的做法。累计投标询价，是指在初步询价结束后根据有效申购确定发行价格的方式。根据以往的规定，如果投资者的有效申购总量大于本次股票发行量，但超额认购倍数小于5倍的，以询价下限为发行价格。随着网络技术的发展，这种传统的路演同时搬到了互联网上，出现了网上路演，即借助互联网的力量来推广。网上路演现已成为上市公司展示自我的重要平台，以及推广股票发行的重要方式。

3. 市盈率法定倍数确定法

市盈率法定倍数确定法，简称市盈率确定法、市盈率法或者“本益率法”，是指以发行人每股利润与市盈率一定倍数的乘积作为股票发行价格。市盈率包括发行市盈率和交易市盈率，是指每股股票的市场价格与每股股份的盈利之间的比率或者倍数。通俗地说，市盈率表明在发行人财务数据不变、现有每股盈利全部分配的前提上，投资者收回投资所花费的年限。相应地，股票价格＝每股盈利×市盈率，市盈率＝股票价格÷每股盈利。

---

① 《公司法》第127条。

根据上述公式，股票发行价格主要取决于每股盈利和市盈率两个指标。发行人每股盈利相对确定，计算公式是：每股盈利＝全部税后利润÷发行人股本总额。鉴于发行人股本总额是确定的，无论是按照加权摊薄法还是加权平均法计算，全部税后利润也是相对确定的。因此，市盈率就成为确定股票发行价格的主要变量。必须指出，在采用法定倍数市盈率的情况下，在追求高价发行的心理驱使下，有些发行人采取包装上市、虚报利润、增加每股利润的方法来提高股票发行价格。市盈率倍数法作为一种技术手段，本无优劣之分，在特定市场环境下，却可能充当损害投资者利益的工具。

4. 竞价确定法

竞价确定法，指投资者在指定时间内，通过交易柜台或证券交易所交易网络，以不低于发行底价的价格并按限额比例或数量进行认购委托，申购期满后，由证券交易所将所有有效申购按照价格优先、同价位申报按照时间优先的原则，将所有认购委托由高价位向低价位排队，并由高价位到低价位累计有效认购数量，当累计数量恰好达到或者超过本次发行数量时的价格，即为本次发行价格。[①] 所以，通过竞价确定法形成的发行价格，是发行人售出全部股票的最高统一价格。

竞价确定法，是根据交易所交易情况确定发行价格。它比较准确地反映了证券的真实市场价格。然而，竞价确定法也有尚待完善之处。首先，投资者支付的认购成本相对最高，容易导致投资者对未来回报形成较高期待，如果发行人经营状况发生负面变化，很容易引起投资者的消极反应。其次，在采取竞价确定法时，发行人披露的招股说明书只是描述发行价格的确定方法，无法清晰说明股票的具体认购价格，必须要等到申购期满后，才能最终确定认购价格，这就加大了投资者申购成功的不确定性。最后，采用竞价确定法，难免诱使机构投资者哄抬发行价格。根据竞价确定法，投资者提出的最高申购价格，不是最终的发行价格，而是投资者认足股票的最低价格。这样，机构投资者可能利用资金优势，直接影响发行价格，影响发行人的股本结构，甚至转变为对拟上市公司的收购。

必须指出，任何定价的技术方法都不是孤立使用的。发行人和承销商在商定发行价格时，不仅要斟酌市场情况以及同类股票的定价情况，还要关注不同定价方法下形成的发行价格，最终确定双方当事人都可以接受的定价。

五、承销商的特殊权利和义务

承销商是专业服务机构，不仅向发行人提供发行服务，还承担了证券购买和分销职能。承销商要实现自身利益，更要保护发行人利益。为了协调发行人和承销商的关系，避免证券公司利用独特地位谋取不当利益，《证券法》专门规定了承销商的特殊权利和义务。

(一) 超额配售选择权

它是发行人授予主承销商的一项选择权。超额配售选择权，是指主承销商根据新股发行的市场认购情况，有权在股票发行上市后的一段时间内，请求发行人额外发行一定数量股票，由主承销商将额外发行的股票出售给申购者；或者有权通过市场购入一定数量股票，并出售给新股申购人。在行使超额配售选择权时，主承销商额外发售或购买的股票数额，一般不超过该次新股发行总额的15%。即主承销商按不超过包销数额115%的股份向

① 参见陈共、周升业、吴晓求主编：《公司并购原理与案例》，139～140页，北京，中国人民大学出版社，1996。

投资者发售。在增发包销部分的股票上市之日起30日内，主承销商有权根据市场情况选择从集中竞价交易市场购买发行人股票，或者要求发行人增发股票，分配给对此超额发售部分提出认购申请的投资者。

超额配售选择权，是旨在稳定股票市场价格的特别措施，是安定操作的特殊表现形式。在超额配售选择权行使期限内，如果股票交易价格高于发行价格，主承销商就可按发行价格向申购者额外出售相当于本次发行总额15%的股票，股票价款由主承销商支配。也即通过增加新股供给数量，抑制交易价格过高的行情。如果交易价格低于发行价格，主承销商可以利用超额发售获得的资金，按照交易价格购得部分股票，再将所购买股票按照新股发行价格过户给申购者。即通过买进股票，维持或者提升交易价格。这样，通过行使超额配售选择权，既可在市场价格低迷时维护股票交易价格的相对稳定，又可在市场价格高启时为发行人筹集到额外资金。

（二）顾问和销售义务

证券承销具有顾问、购买和分销功能。一方面，发行人初步形成发行计划后，证券公司即参与发行准备活动，包括进场调查、验证资料、启动律师和会计师的专业工作，协调各方参与者关系，提出并随时调整证券发行方案，起草证券发行申请文件等。证券公司早在签订承销协议前，就已实质性地开展了承销服务活动，发挥了发行顾问的功能。另一方面，在签订承销协议后，承销商应当根据商定的承销方式，履行证券包销或者代销义务。自参与证券发行准备工作时起，证券公司即与发行人形成了顾问及销售服务关系。

（三）禁止违法招揽

证券公司承担承销业务，必将与其他证券公司发生业务竞争。为了争取承销业务，有些证券公司向发行人支付"过桥费"，以争取承销机会；有的证券公司通过各种行政干预，迫使发行人接受其参加承销；有的机构或者人员利用手中职权，逼迫发行人接受某个证券公司作为承销商；还有的证券公司采取诋毁同行等手段，违法招揽证券承销业务。采取上述手段招揽承销业务，属于违反《反不正当竞争法》和《证券法》的行为。

根据《反不正当竞争法》，从事商品经营或营利性服务的经营者，违反法律规定，损害其他经营者合法权益，扰乱社会经济秩序的，构成不正当竞争。[①] 证券承销属于证券公司的营利活动，应受到《反不正当竞争法》约束。根据《证券法》第29条，"公开发行证券的发行人有权依法自主选择承销的证券公司。证券公司不得以不正当竞争手段招揽证券承销业务"。证券公司违反上述规定的，证监会可以采取包括警告、罚款、暂停承销资格等在内的各种措施加以处罚。

（四）审核发行文件的义务

招股说明书、债券募集办法、财务会计报告以及其他文件，是公众投资者判断证券投资价值的基础，发行人必须依法履行信息披露义务并应当保证所披露的信息真实、准确和完整。承销商协助发行人编制信息披露文件时，必须履行注意义务，认真核查发行文件的真实性、准确性和完整性，避免发行文件存在虚假记载、误导性陈述和重大遗漏。《证券法》第31条规定，"证券公司承销证券，应当对公开发行募集文件的真实性、准确性、完整性进行核查；发现有虚假记载、误导性陈述或者重大遗漏的，不得进行销售活动；已经

① 参见《反不正当竞争法》第2条第2、3款。

销售的，必须立即停止销售活动，并采取纠正措施”。承销商的审核义务，包含以下主要内容：

1. 审慎调查义务。审慎调查是承销商发现、消除信息披露不当的基础，承销商必须全面搜集、分析、整理有关文件，全面了解发行人的实际情况。

2. 文件核查义务。承销商报送文件前，必须仔细核对、审查送审文件与基础文件之间的一致性，以确保公开披露的文件与基础文件相吻合。

3. 限制销售义务。如果发现招募文件存在虚假记载、误导性陈述或重大遗漏的，承销商不得进行证券销售。

4. 停止销售义务。在开始证券销售后，如果承销商发现发行文件存在虚假记载、误导性陈述或者重大遗漏的，应当立即停止销售，并采取纠正措施。

(五) 禁止事先预留义务

既然主承销商可与发行人商定超额配售权，就不应允许承销商私下故意囤积或截留证券。否则，将对市场产生错误引导，损害公众投资者的利益。《证券法》第 33 条第 2 款规定，“证券公司在代销、包销期内，对所代销、包销的证券应当保证先行出售给认购人，证券公司不得为本公司预留所代销的证券和预先购入并留存所包销的证券”。据此，承销商应当履行积极促销义务，尽力开展发行推介，提高认购数量。如果认购数量超过发行数量，应当保证先行向认购人出售证券。代销证券是以发行人名义向投资者出售证券的行为，预留代销证券则是承销商向发行人买入证券，与代销的本旨相悖。包销必须首先满足认购者的购买意愿，预留证券损害了投资者的利益。为了有效地约束承销商预留证券，应将承销商预留证券所得利益，收归发行人所有。

第三节 证券发行上市保荐制度

证监会于 2003 年 12 月 28 发布《证券发行上市保荐制度暂行办法》，开始引入和改良保荐制度，全面规定了证券发行上市保荐制度，《证券法》随后确认了保荐制度的地位。从数年实践来看，保荐制度发挥了积极作用，也显现了自身的缺陷。对于应否继续采用保荐制度的问题，实务界和学术界存在争议。

一、概述

保荐制度，有广义和狭义之分：(1) 狭义上的保荐制度，是指有资格的保荐人推荐符合上市条件的公司上市，对所推荐的上市公司提供持续性训示、督促、辅导、指导和信用担保的制度；(2) 广义上的保荐制度，还包括推荐符合条件的公司公开发行证券。在保荐制度的含义上，我国采取广义解释，全称为“证券发行上市保荐制度”。

(一) 保荐制度的特点

现行《证券法》第 11 条第 1 款规定，发行人申请公开发行股票、可转换为股票的公司债券，依法采取承销方式的，或者公开发行法律、行政法规规定实行保荐制度的其他证券的，应当聘请具有保荐资格的机构担任保荐人。根据上述规定，我国保荐制度有以下特点：

1. 我国保荐制度不仅适用于主板市场，也适用于创业板市场。境外保荐制度最初适用于创业板市场，以提高创业板市场的透明度，适应创业板上市公司经营不稳定、前途不明确及投资风险较高的特点。我国保荐制度适用于创业板和中小企业板市场的同时，考虑到主板市场市场化程度较低，股票投资风险较大，在主板市场也引入了保荐制度。

2. 保荐制度不仅适用于证券上市，也适用于证券公开发行。境外保荐制度主要适用于证券上市阶段，即发行人向交易所提出上市申请时，必须遵守保荐制度的相关要求。在证券公开发行阶段，主要由承销商协助进行相关信息披露。在我国，保荐制度适用于证券上市，也适用于证券发行，并延续到证券上市后的一定期限。保荐制度已成为跨越证券发行、上市及上市后全过程的制度。但在发行和上市阶段，保荐事项以及推荐书内容稍有不同，应当关注发行保荐和上市保荐之间的实践差异。

3. 保荐制度吸收了以往的成功经验，具有创新性。《证券发行上市保荐制度暂行办法》出台前，证监会陆续推行过"通道制"、"辅导制"和"回访制"等一系列措施，取得了一些经验和教训。《证券发行上市保荐制度暂行办法》总结了以往做法的成功经验和失败教训，提升了发行保荐和上市保荐的地位，将辅导、审核、持续督导和承销等工作有机结合在一起。

4. 保荐制度不仅强调保荐机构的责任，还强调保荐代表人的职责。在我国的既有观念中，中介机构是以机构名义承担职责的，中介机构的成员原则上不承担个人责任。我国保荐制度在继续强调保荐机构承担职责的同时，特别强调保荐代表人应就保荐事项承担个人职责和责任。这样，保荐代表人既是保荐机构的职员，又是独立承担法律责任的自然人。保荐责任深入保荐工作的各环节，有助于落实保荐工作，提升保荐工作的质量。

在我国推行保荐制度初期，个人要取得该资质，必须参加保荐代表人的严格考试。这种做法在短期内提升了证券发行质量，却形成了保荐代表人"供不应求"的局面，有些保荐机构高薪挖人，造成保荐代表人的职业垄断，促成了保荐代表人薪酬过高的局面。目前，保荐机构和保荐代表人数量逐渐增多，市场环境变化很大，有必要重新审视保荐制度的优劣，有必要从证券发行的特点出发，重新构造保荐制度。

（二）保荐与承销的关系

在我国证券市场建立初期，没有建立保荐制度，发行人发行证券或上市，主要依赖于承销商。承销商不仅承担了证券购买和分销职责，还承担了发行和上市推荐职责。按照这种体制，会计师、资产评估师和律师等中介机构主要承担专业审核职责，承销商全面承担与证券发行、上市有关的各项工作。引入保荐制度以后，承销商和保荐人的职责开始分离。证券保荐是为了保证所发行证券的品质，证券承销主要是为了取得最佳的发行效果。

保荐人主要负责提升和揭示所保荐证券的品质。《证券法》第11条第2款规定，保荐人应当遵守业务规则和行业规范，诚实守信，勤勉尽责，对发行人的申请文件和信息披露资料进行审慎核查，督促发行人规范运作。换言之，证券保荐是为了最大限度地确保所发行证券符合《证券法》规定的发行条件，保证相关信息披露真实、准确、完整，不存在虚假记载、误导性陈述或者重大遗漏。保证证券符合招股说明书所揭示的品质，是保荐的核心职能。证券承销主要是为了实现销售利益最大化。在市场化发行机制下，如何实现证券发行，如何取得最佳发行效果，如何推介证券，如何避免证券发行失败等商业性问题，已变得越来越重要，专业色彩也渐趋浓厚。

然而，证券保荐和承销又存在密切联系。在理论上，承销商和保荐人可以由不同证券公司分别担任，承销商主要负责所发行证券的销售，保荐人侧重负责确保相关信息披露的真实、准确和完整，并通过各种持续性监督，实现对投资者利益的持续性保护。但是，在实践中，保荐机构必须同时兼任主承销商。《证券发行上市保荐制度暂行办法》第5条规定，保荐机构负责证券发行的主承销工作，依法对公开发行募集文件进行核查，向中国证监会出具保荐意见。即保荐人同时担任主承销商。

（三）保荐与辅导的关系

我国于2000年开始实施股票发行、上市辅导制度，这是我国证券发行、上市制度的特有组成部分。证监会于2000年3月16日发布《股票发行上市辅导工作暂行办法》（已于2001年10月16日废止）。2001年10月16日，证监会发布《首次公开发行股票辅导工作办法》，延续了股票发行辅导的做法，但删除了股票上市辅导的内容。发行保荐和辅导是股票发行制度的不同组成部分，但也存在密切联系。

1. 保荐与辅导的目标不同。发行保荐旨在确认证券的发行品质。辅导工作的总体目标则是，促进辅导对象建立良好的公司治理；形成独立运营和持续发展的能力；督促公司的董事、监事、高级管理人员全面理解发行、上市有关法律法规、证券市场规范运作和信息披露的要求；树立进入证券市场的诚信意识、法制意识；具备进入证券市场的基本条件；同时，促进辅导机构及参与辅导工作的其他中介机构履行勤勉尽责义务。

2. 保荐与辅导的工作机制不同。在进行辅导过程中，辅导机构应当建立“辅导工作底稿”，还应当每三个月向证监会派出机构报送一次辅导工作备案报告。证监会派出机构负责监管辅导工作，证监会对于辅导工作认为不合格的，可不受理辅导对象的申请；受理辅导对象的申请文件后发现辅导不合格的，可中止或者终止审核。

3. 保荐与辅导的承担机构不同。证监会对于保荐机构和保荐代表人实行严格的资质管理，承担保荐职责的机构和代表人必须经考试合格并持有证监会核发的资格证书。辅导机构应该是具有主承销商资格的证券机构以及其他经有关部门认定的机构。辅导工作可由主承销商承担，也可由其他机构承担。保荐机构推荐其他机构辅导的，应当在推荐前对发行人至少再辅导6个月。

4. 保荐和辅导的工作文件不同。保荐机构应当按照《保荐人尽职调查工作准则》开展工作，保荐机构同意保荐的，应当出具“证券发行推荐书”和“上市推荐书”。辅导机构应当按照《首次公开发行股票辅导工作办法》开展工作，并完成“辅导对象基本情况备案表”、“辅导工作备案报告”、“辅导工作总结报告”。

根据规定，保荐机构可以担当辅导机构，发行人唯经辅导并符合要求的，保荐机构方可保荐其股票发行、上市。所以，股票公开发行的保荐和辅导，是存在密切联系的两项重要制度。

二、保荐机构和保荐代表人

保荐制度是一种专业资质管理制度，分为保荐机构资质和保荐代表人资质两方面。根据规定，依法应当聘请保荐人的证券发行、上市，只有在取得保荐人的肯定性保荐意见后，才能向监管机关提交证券发行申请。《证券发行上市保荐制度暂行办法》规定，经证监会注册登记并列入保荐机构、保荐代表人名单的证券经营机构、个人，可依照规定从事保荐工作。未经证监会注册登记为保荐机构、保荐代表人并列入名单，任何机构、个人不得从事保荐工作。

（一）保荐机构的资格

综合类证券公司可以申请注册登记为保荐机构，并应当向证监会提交自愿履行保荐职责的声明、承诺。证券公司有下列情形的，不得注册登记为保荐机构：(1) 保荐代表人数量少于2名；(2) 公司治理结构存在重大缺陷，风险控制制度不健全或者未有效执行；(3) 最近24个月因违法违规被中国证监会从名单中去除；(4) 证监会规定的其他情形。

证券公司向证监会提交的保荐机构注册登记申请文件，存在虚假记载、误导性陈述或者重大遗漏的，证监会不予注册登记；已注册登记的，从名单中去除。

（二）保荐代表人

保荐代表人是受保荐机构指定或者委派，直接负责某个证券发行或者上市保荐事务的自然人。个人申请注册登记为保荐代表人的，应当具有证券从业资格、取得执业证书并且符合下列要求，通过所任职的保荐机构向证监会提出申请，并提交有关证明文件和声明：(1) 具备证监会规定的投资银行业务经历；(2) 参加证监会认可的保荐代表人胜任能力考试且成绩合格；(3) 所任职保荐机构出具由董事长或者总经理签名的推荐函；(4) 未负有数额较大到期未清偿的债务；(5) 最近36个月未因违法违规被证监会从名单中去除或者受到证监会行政处罚；(6) 证监会规定的其他要求。

保荐代表人有下列情形的，证监会应将其从名单中去除：(1) 被注销或者吊销执业证书；(2) 不具备证监会规定的投资银行业务经历；(3) 保荐机构撤回推荐函；(4) 调离保荐机构或其投资银行业务部门；(5) 负有数额较大到期未清偿的债务；(6) 因违法违规被证监会行政处罚，或者因犯罪被判处刑罚；(7) 证监会规定的其他情形。

保荐代表人注册登记申请文件存在虚假记载、误导性陈述或者重大遗漏的，中国证监会对个人不予注册登记；已注册登记的，从名单中去除，自去除之日起6个月内不再受理该保荐机构推荐的保荐代表人注册登记申请。从名单中去除的保荐代表人符合注册登记要求的，可再次申请注册登记为保荐代表人。自去除之日起超过6个月的，应当重新参加保荐代表人胜任能力考试。

（三）保荐人的注册登记

证券公司和个人应当保证注册登记申请文件真实、准确、完整。申请期间，文件内容发生重大变化的，应当自变化之日起5个工作日内向证监会提交更新资料。证监会自受理注册登记申请之日起20个工作日内，对于符合要求的，予以注册登记，将其列入名单，并予以公布；对于不符合要求的，不予注册登记，并书面告知不予注册登记的理由。

保荐机构应当自保荐机构、保荐代表人注册登记或者前次备案满12个月之日起1个月内，向证监会报送年度备案表及相关资料，更新注册登记的内容。保荐机构、保荐代表人注册登记内容发生重大变化的，保荐机构应当自变化之日起5个工作日内向证监会报告。

三、保荐机构的职责

保荐机构依照与发行人签订的保荐协议履行保荐职责。根据《证券发行上市保荐制度暂行办法》，保荐机构的职责主要包括：

（一）首次公开发行股票前的辅导

保荐机构在推荐发行人首次公开发行股票前，应当按照中国证监会的规定对发行人进行辅导。保荐机构推荐其他机构辅导的，应当在推荐前对发行人至少再辅导6个月。

（二）尽职推荐发行人证券发行、上市

保荐机构推荐发行人证券发行、上市，应当按照法律、行政法规和证监会的规定，对发行人及其发起人、大股东、实际控制人进行尽职调查、审慎核查，根据发行人的委托，组织编制申请文件并出具推荐文件。

1. 准予推荐的条件。在《证券发行上市保荐制度暂行办法》中，引入了多项软性发行条件。根据该暂行办法第21条，发行人经辅导符合下列要求的，保荐机构方可推荐其股票发行、上市：(1) 符合证券公开发行、上市的条件和有关规定，具备持续发展能力；(2) 与发起人、大股东、实际控制人之间在业务、资产、人员、机构、财务等方面相互独立，不存在同业竞争、显失公允的关联交易以及影响发行人独立运作的其他行为；(3) 公司治理、财务和会计制度等不存在可能妨碍持续规范运作的重大缺陷；(4) 高管人员已掌握进入证券市场所必备的法律、行政法规和相关知识，知悉上市公司及其高管人员的法定义务和责任，具备足够的诚信水准和管理上市公司的能力及经验；(5) 中国证监会规定的其他要求。

2. 不得推荐的情况。上述暂行办法第35条规定，存在下列可能影响公正履行保荐职责情形的，保荐机构不得推荐发行人证券发行、上市：(1) 保荐机构及其大股东、实际控制人、重要关联方持有发行人的股份合计超过7%；(2) 发行人持有或者控制保荐机构股份超过7%；(3) 保荐机构的保荐代表人或者董事、监事、经理、其他高级管理人员存在拥有发行人权益、在发行人任职等可能影响公正履行保荐职责的情形；(4) 保荐机构及其大股东、实际控制人、重要关联方为发行人提供担保或融资。

(三) 独立、审慎的核查和判断职责

保荐人受聘承担证券发行、上市的保荐职责，应当遵守保荐业务规则和行业规范，本着诚实守信和勤勉尽责原则，对发行人的申请文件和信息披露资料进行审慎核查，督促发行人规范运作。[①] 所谓独立，是指保荐人开展保荐工作时，应当独立于发行人、控制股东以及其他中介机构。所谓审慎，是指保荐人应当全面了解发行人的各种相关情况，对发行人的发行条件进行合法性审查，本着诚实守信和勤勉尽责的执业准则，对发行人进行合规性审查。

1. 保荐机构对中介机构及其签名人员出具的专业意见存有疑义的，应当主动与中介机构进行协商，并可要求其作出解释或者出具依据。

2. 保荐机构对于发行人公开发行募集文件中无中介机构及其签名人员专业意见支持的内容，应当进行充分、广泛、合理的调查，对发行人提供的资料和披露的内容进行独立判断，并有充分理由确信所作的判断与发行人公开发行募集文件的内容不存在实质性差异。

3. 保荐机构对于发行人公开发行文件中有中介机构及其签名人员出具专业意见的内容，应当进行审慎核查，对发行人提供的资料和披露的内容进行独立判断。

4. 保荐机构所作的判断与中介机构的专业意见存在重大差异的，应当对有关事项进行调查、复核，并可聘请其他中介机构提供专业服务。

(四) 承诺和担保义务

保荐人签署肯定性保荐意见，表明保荐人确认发行人具备证券发行的法定条件。这种保荐意见本身具有公示性，将对社会公众投资者作出投资决定产生重要影响。为了督促保荐人认真履行保荐职责，《证券发行上市保荐制度暂行办法》要求保荐人在推荐文件中就下列事项作出承诺：

---

① 参见《证券法》第11条第2款。

（1）有充分理由确信发行人符合《证券发行上市保荐制度暂行办法》第21条规定的要求，且其证券适合在证券交易所上市、交易；（2）有充分理由确信发行人申请文件和公开发行募集文件不存在虚假记载、误导性陈述或者重大遗漏；（3）有充分理由确信发行人及其董事在公开发行募集文件中表达意见的依据充分、合理；（4）有充分理由确信与其他中介机构发表的意见不存在实质性差异；（5）保证所指定的保荐代表人及本保荐机构的相关人员已勤勉尽责，对发行人申请文件进行了尽职调查、审慎核查；（6）保证推荐文件、与履行保荐职责有关的其他文件不存在虚假记载、误导性陈述或者重大遗漏；（7）保证对发行人提供的专业服务和出具的专业意见符合法律、行政法规、中国证监会的规定和行业规范；（8）自愿接受中国证监会依照本办法采取的监管措施；（9）中国证监会规定的其他事项。

如果发行人、上市公司公告的招股说明书、公司债券募集办法、财务会计报告、上市报告文件等信息披露资料有虚假记载、误导性陈述或者重大遗漏，致使投资者在交易中遭受损失的，保荐人应与发行人、上市公司承担连带责任，但能证明自己没有过错的除外。[①]

（五）持续督导发行人履行法定义务

发行人证券上市后，保荐机构应当持续督导发行人履行规范运作、信守承诺、信息披露等义务，针对发行人的具体情况，确定持续督导的内容和重点并承担下列工作：

（1）督导发行人有效执行并完善防止大股东、其他关联方违规占用发行人资源的制度；（2）督导发行人有效执行并完善防止高管人员利用职务之便损害发行人利益的内控制度；（3）督导发行人有效执行并完善保障关联交易公允性和合规性的制度，并对关联交易发表意见；（4）督导发行人履行信息披露的义务，审阅信息披露文件及向中国证监会、证券交易所提交的其他文件；（5）持续关注发行人募集资金的使用、投资项目的实施等承诺事项；（6）持续关注发行人为他人提供担保等事项，并发表意见；（7）中国证监会规定及保荐协议约定的其他工作。

首次公开发行股票的，持续督导的期间为证券上市当年剩余时间及其后两个完整会计年度；上市公司发行新股、可转换公司债券的，持续督导的期间为证券上市当年剩余时间及其后一个完整会计年度。持续督导的期间自证券上市之日起计算。持续督导期届满，如有尚未完结的保荐工作，保荐机构应当继续完成。保荐机构在尽职推荐期间、持续督导期间未勤勉尽责的，持续督导期届满，保荐机构仍应承担相应的责任。

（六）协助配合职责

保荐制度的重要目的，是通过市场力量，约束证券的发行和上市。在保荐制度施行前，证监会负责对发行人申请进行实质审核，中介机构难以充分发挥职责。《证券发行上市保荐制度暂行办法》规定，保荐人要独立履行调查、核查职责，并就相关事项作出明确承诺，从而实现了实质审查工作的有效前移。[②]

保荐机构提交推荐文件后，应当主动配合证监会的审核，并承担下列工作：（1）组织发行人及其中介机构对中国证监会的意见进行答复；（2）按照中国证监会的要求对涉及本次证券发行、上市的特定事项进行尽职调查或者核查；（3）指定保荐代表人与中国证监会进行专业沟通；（4）证监会规定的其他工作。

---

① 参见《证券法》第69条。

② 参见《证券发行上市保荐制度暂行办法》第23～26条。

【问题与思考】

1. 简要比较证券包销和代销的异同。
2. 简述承销团承销的适用范围。
3. 简述证券发行的定价原则和方法。
4. 简述承销商的特殊权利和义务。
5. 简要比较保荐、承销和辅导的异同。
6. 简述保荐机构的特别义务。
7. 请思考证券发行之市场化改革的要点。

第八章
证券交易基本理论

本章概要

投资流动性是投资者最关注的问题之一，通过证券买卖，投资者既可以实现投资获利，又可以减少投资损失。现货交易是早期证券交易的主要形式，现代证券市场已逐渐发展了远期交易、期货交易和期权交易。证券交易还可分为场内交易和场外交易，在不同市场进行的交易，遵循不同的交易规则。在不同的证券市场上，证券流通性的实现程度不尽相同。证券交易所交易是最主要的交易形式，申请证券上市是进行证券交易所交易的前提条件。然而，证券上市条件相对严格、程序比较复杂，发行人应当依法承担公司信息的持续披露义务。现代证券交易已发展成为分担、分散交易风险的重要机制，证券交易规则宛如一个整体运行的机器系统，发挥了保证交易安全、快捷的功能。我国证券交易市场自产生以来，经历了诸多波折，投资者经受了诸多磨炼，交易规则也在不断发展和完善。

关键术语

现货交易　期货交易　期权交易　信用交易　融资融券　短线交易　归入权

第一节　证券交易制度概述

一、证券交易的概念和特点

证券交易，是指证券持有人依照证券交易规则，向交易对手转让证券。证券交易是以证券作为标的的，因此应当符合《证券法》规定的以及证券交易所制定的证券交易规则，证券法和证券交易所的交易规则没有规定的，应当遵守《公司法》和《合同法》等法律的规定。

（一）证券交易包括多种形式的交易行为

证券买卖是证券交易的基本形式，是投资者基于自由意志有偿转让证券的行为。证券交易具有自主性和有偿性的特点。证券交易除了证券买卖以外，还包括以下交易形式。

1. 无偿转让证券。证券赠与、继承和划拨等，属于无偿转让。依法无偿转让证券时，受让方取得证券，但无须支付对价。

2. 旨在限制证券权利的行为。证券质押、冻结、托管、委托持股、征集表决权等，也属于特殊的证券交易。

3. 被动交易。基于拍卖、标购和强制收购等发生的证券转让，是证券法规定的证券交易。

4. 特殊主体进行的交易。发行人购回股票、出售库藏股、基金凭证的赎回、债券赎回，以及公司合并引起的证券转移，也是证券交易。

5. 衍生的证券交易形式。除了现货交易，证券交易还涵盖远期交易、信用交易、融资融券交易、期货交易、期权交易、卖空交易、回转交易以及大宗交易等。

证券交易种类繁多，交易类型不同，交易规则存在差别。证券法是特别法，不同于民事一般法，应当注重证券交易的特殊性；证券法是技术性规范，需要具体明确的证券交易规则，不能过分依赖于原则性规范；在不同的证券市场上，组织者分别制定各自的交易规则，从而造成交易规则更加复杂，必须尊重各种交易的特殊性。

（二）证券交易是投资者转让证券的行为

在狭义上，证券交易与证券发行是相互独立的概念。证券发行是创设证券权利的行为，证券发行结束后，投资者合法取得了证券权利，有权依法转让或处置证券权利。只要证券未被发行人购回或者兑付，只要发行人依法存续，已发行的证券始终处于可转让或可交易状态。在此意义上，证券交易是投资者转让证券的行为，不同于证券发行。

在某些情况下，发行人也可充当特殊的交易主体。例如，发行人购回股份，基金管理公司赎回发行在外的基金份额，债券发行人因债券到期或还本付息而收回公司债券凭证，发行人向投资者换发证券，发行人将库藏股出售给投资者等，是发生在发行人与投资者之间的交易。在证券法上，这种特殊交易虽然发生在发行人和投资者之间，也是证券交易，应当适用证券交易的规则，不适用证券发行的规则。

证券交易各方可能彼此相互了解，也可能互不相识。在协议转让证券时，交易各方彼此相互了解。在集中交易时，交易双方却不知道彼此。证券交易以存在交易对手为前提。在我国，证券交易所主要采取撮合成交方式达成交易。即按照价格优先、时间优先的成交规则，出价最高的买入指令和出价最低的卖出指令配对成交。在此情况下，交易系统中的交易记录可以显示证券交易双方的真实身份，但是，有学者认为，在集中竞价交易中，投资者是以证券公司或证券登记结算公司作为其交易对手的，投资者买卖证券时，无须了解其他交易者的身份，其他交易者也不是投资者的交易对手。笔者认为，在集中交易场合，确定交易对方身份要支付高昂成本，不仅没有实际意义，还损害了证券市场的交易效率，因此，买卖双方通常无须考虑交易对方的身份，无须了解对方的交易数量，甚至无须了解对方交易的目的，也无法适用传统的合同法规则。

（三）证券交易必须符合证券交易的特殊规则

普通商品的交易主体和标的，比较容易识别。通过要约和承诺，交易各方签订合同，交易关系即告确立，交易规则直观、易懂。然而，在证券交易中，交易主体和标的都难以直观判断，证券交易规则改变了合同法的基本规则，表现了极强的技术性。

1. 证券是特殊的信息载体，证券价值不仅决定于发行人的经营以及财务状况，还受制于行业状况、国家经济政策乃至政治变动，股票价格是社会变动的晴雨表。只有全面了解各类证券信息，才能合理确定交易价格。同时，交易价格的时效性很强，投资者买进证券后再予卖出，交易价格就将发生变化。这不仅解释了投资者的买卖动机，还说明时间经过是影响证券价格的重要因素。

2. 买卖双方必须通过证券公司，才能参与证券交易所交易。集中交易是各国证券交易所普遍采取的交易形式，国际性证券交易所几乎都是由证券公司组建或参与组建的。买卖双方从事证券交易，必须委托具有会员资格或交易席位的证券公司，这就形成了投资者对证券交易所和证券公司的高度依赖。证券公司具有专业优势，拥有证券交易的特权，证券交易是劣势投资者在优势力量支配下从事的交易，具有特殊的风险。

3. 投资者的真实意思无法得到充分体现。证券交易所在制定交易规则时，要关心投资者的财产安全和投资者的真实意思。然而，现实的交易规则却舍弃真实意思，高度关注证券交易的外观形式。只要买卖双方完成了全部交易程序，证券交易即告完成。对于交易规则的设计来说，交易者的真实意思是极其重要的；在认定证券交易是否完成时，买卖双方的真实意思却不具有特别价值。因此，必须通过特别法手段，规范证券交易活动。

为了实现证券交易的安全、快捷，维护资本市场的稳定和发展，立法机关颁布了相关法律法规。在我国，《证券法》是调整证券交易的特别法，《公司法》包含了调整证券交易的抽象规则[①]，《合同法》是调整证券市场交易的一般法律，也适用于调整证券交易关系。《民法通则》、《商业银行法》、《保险法》和《刑法》等法律，也直接或者间接发挥了调整证券交易关系的作用。在国家制定法以外，证券交易所和证券业协会发布的自律规范，具体规定了证券交易遵循的各项技术规则。按照“有法律，遵法律；无法律，遵习惯”以及“特别法优于普通法”的法律适用原则，《证券法》和《公司法》对证券交易有特别规定时，应当优先适用特别法规定；特别法没有明确规定的，应当适用普通法规则。即使《民法通则》和《合同法》具有调整证券交易关系的效能，但通常不能直接按照《民法通则》和《合同法》等法律规定作出处理。

二、证券交易的主要类型

证券交易的早期形式是现货交易，随着资本市场的发展和成熟，已呈现出“从低级向高级、从简单向复杂、从单一向复合”的发展趋势。笔者认为，“分类”和“类型”的含义不同。分类，是在封闭体系下，按照一定标准进行的类别划分；类型是在开放体系下进行的类别罗列。证券交易是特殊的市场交易，市场主体为了自身利益，业已创造了各种交易形式，因此，交易形式具有开放性，无法将证券交易严格地分为界限清晰的不同种类，无法穷尽证券交易的所有类型。在学术上，只能抽取出证券交易的若干典型形式。证券交易形式主要包括现货交易、信用交易、期货交易和期权交易等。

（一）现货交易

现货交易，是指交易双方在成交后，即时清算交割证券和价款。现货交易的双方，分别为持券待售者和持币待购者。持券待售的投资者意欲出售证券，换取货币，持币待购者

---

① 参见《公司法》第五章第二节、第七章。

希望购买证券，将货币转为证券。现货交易的最初含义，是在成交后即时交割证券和钱款，即“一手交钱、一手交货”。然而，在现实交易中，几乎不可能存在绝对的“一手交钱、一手交货”。

在现货交易中，成交和交割之间，必然存在一定的时间间隔。间隔时间或长或短，应当依照证券交易所规定的交割日期加以确定。证券成交与交割日期可以在同一日期，也可以不在同一日期。在国际上，现货交易的成交与交割的时间间隔，一般不超过20日。我国目前实际执行T+1交割规则①，证券公司与投资者应当在成交后的下一个营业日开始前办理完毕交割事宜；如果下一个营业日恰逢法定休假日，交割日期顺延至该法定休假日开始后的第一个营业日。

考虑到证券交易所和证券公司处理财务事宜（包括准备证券交收和处理往来款项）需要合理的时间，法律允许证券交易所具体规定成交和交割的时间间隔。但是，为了防止时间间隔过长而影响交割的安全性和效率，在习惯上，交割日期可采用当日交割、次日交割和例行交割。当日交割，也称“T+0”交割，即在成交当日进行交割；次日交割，称为“T+1”交割，即在成交完成后下一个营业日前办理交割；例行交割，依照交易所规定确定，可能是成交后5个营业日内进行交割。

在现货交易中，出卖人必须持有证券，购买人必须持有货币，成交日期与交割日期相对比较接近，交割风险较低。现货交易的安全度较高，是我国证券交易采取的主要形式。

（二）期货交易

期货交易，与现货交易相对应，还可包括远期交易，具有以下特点：

1. 期货交易的对象不是证券本身，而是期货合约。国务院于2012年10月24日修订的《期货交易管理条例》第2条第3款规定，“本条例所称期货合约，是指期货交易场所统一制定的、规定在将来某一特定的时间和地点交割一定数量标的物的标准化合约。期货合约包括商品期货合约和金融期货合约及其他期货合约”。即期货合约由交易所制定，属于标准合约。根据期货合约，一方当事人应当在交割期限内，向持有期货合约的另一方交付期货合约指定数量的金融资产。

2. 期货合约的期限通常比较长。有些期货合约的期限可能长达数月，甚至1年。在合约期限来临前，期货合约持有人可依照公开市场价格向他人出售期货合约，转让期货合约项下的权利，以避免在交割日期来临时交付金融资产。因此，在合约期限来临前，由于多次转让期货合约，期货合约的持有人可能出现多次变化。

3. 证券交易所制定标准期货合约时，要参考期货合约项下证券资产的当时市场价格。在期货合约期限内，证券资产的实物价格会发生变动，但在交割证券资产时，期货价格已接近于期货合约项下实物资产的一般市场价格。

期货交易具有预先成交、定期交割和价格独立的特点，交易双方在达成期货合同时，通常无意等到指定日期来临时实际交割证券资产，而是在买进期货合约后的适当时机，再行卖出期货合约，以谋取利益或减少损失，从而出现“多头交易”和“空头交易”。多头交易与空头交易，是在对期货价格走势不同判断的基础上所进行交易的称谓，都属于低买高卖、借此谋利的交易行为。

---

① 原《证券法》明文规定T+1交割，现行《证券法》删除了该条款。根据此等修改，证券法不对交割日期作出明确规定，证券交易所有权自主决定采取T+1、T+0或者其他交割日期。

在期货合约期限届满前，有一段交割期限。在该期限内，期货合约持有人有权要求对方向其交割证券资产。证券交易所为保持信誉和交割安全性，不仅要提供担保，还要求交割方存入需要交割的证券或者金钱。

（三）期权交易

期权交易，是指当事人为了获得证券市场价格波动带来的利益，约定在一定时间内，以特定价格买进或者卖出指定证券，或者放弃买进或卖出指定证券。[①] 期权交易是以期权作为交易标的之交易形式，分为看涨期权和看跌期权。根据看涨期权，期权持有人有权在未来某一确定时间，以某一事先确定的价格，购买一定数量的标的资产即有价证券；期权出卖方应在到期日向对方卖出标的资产。根据看跌期权，期权持有人有权在某一确定的时间，以某一事先确定的价格出售标的资产，期权买入方有义务依此价格买入标的资产。根据期权交易规则，看涨期权持有人可以在确定的日期购买证券实物资产，也可在到期日时放弃购买证券资产；看跌期权持有人，可以在确定日期出售证券实物资产，也可拒绝出售证券资产而支付保证金。在本质上，期权交易属于选择权交易。

（四）信用交易

我国原《证券法》第35条规定"证券交易以现货进行交易"，从而否认了证券期货交易、期权交易等信用交易方式，也否认做空机制。在修改《证券法》过程中，学术界对信用交易存在反对和赞同两种意见。现行《证券法》第42条规定，证券交易采取现货交易和国务院证券监管机构规定的其他证券交易形式，从而开启了证券信用交易的大门，但没有明确信用交易的具体种类。我国现行《证券法》还解除了对融资融券的禁令。根据《证券公司融资融券业务试点管理办法》第2、3条的规定，证券公司开展融资融券业务试点，必须经证监会批准，应当遵守法律、行政法规，加强内部控制，严格防范和控制风险，切实维护客户资产的安全。

1. 信用交易的含义

对于信用交易的含义，学术界存在不同解释，信用交易的种类也很多。在广义上，现货交易以外的交易都属于信用交易，包括期货交易和期权交易等。在狭义上，只有保证金交易才是信用交易。即信用交易是投资者自己提供保证金并申请取得经纪人信用，在买进证券时由经纪人提供贷款，在卖出证券时由经纪人贷给证券而进行的交易。

在经济机能上，信用交易也可称为做空机制。所谓做空机制，是指以股指期货和股票期货为主的期货交易，按照交易制度，投资者可以在并未实际持有证券的情况下先行卖出证券，并在未来某一约定的时间再行买入证券。如果证券价格呈现下跌走势，投资者就可以在先卖后买的过程中获利。通过做空机制，投资者可以在股市下跌过程中直接获利。在我国证券市场中，投资者通常只能在股票价格上涨过程中才能获利。与这种单边市场机制相比，做空机制具有独特的属性。

2. 信用交易的条件

信用交易，必须符合以下条件：

(1) 信用交易是保证金交易。即投资者必须向经纪人交付一定数额的保证金，才能进行该种交易，因此，这种交易也称为保证金交易。保证金比例，通常由证券交易所的交易规则加以确定；能否进行信用交易，取决于投资者与经纪人的协商。期货交易和期权交易

---

① 《期货交易管理条例》第2条第4款规定，本条例所称期权合约，是指期货交易场所统一制定的、规定买方有权在将来某一时间以特定价格买入或者卖出约定标的物（包括期货合约）的标准化合约。

也具有信用交易的特点，但在证券界，通常将其排斥在信用交易之外。

(2) 信用交易须有融资或者融券的内容。经纪人向投资者提供购买证券的贷款，为融资信用交易；经纪人向投资者提供以出售的证券，为融券信用交易。因此，在狭义上，信用交易也被称为“融资融券交易”。投资者可以向经纪人办理融资或者融券，为了降低信用交易风险，有些国家和地区设立了从事融资融券业务的专业公司，由独立于经纪人和投资者之外的证券金融机构，具体办理融资融券业务。

(3) 信用交易是证券交易所依法创设的证券交易形式。信用交易具有活跃市场、创造公正市场价格以及满足投资者需求的优点。但是，信用交易存在较大投资风险，必须均衡信用交易的优劣，设置合理、周密的风险控制制度，才能实现扬长避短。

3. 信用交易的基本种类

融资和融券是证券信用交易的两种形式。融资是借钱买入证券，融券是借股票来卖出，两者皆以信用扩张来赚取更高报酬。2006年8月1日实施的《证券公司融资融券业务试点管理办法》第2条第2款规定，“本办法所称融资融券业务，是指向客户出借资金供其买入上市证券或者出借上市证券供其卖出，并收取担保物的经营活动”。

(1) 融资是指投资人以部分自有资金作担保，向证券金融公司办理融资以购买股票，等到投资人卖出证券或者被强制平仓后，由其得到的金额来支付融资的利息和费用。例如，融资比例60%的股票，投资人只需先支付成交金额的40%，其余60%的金额，由证券金融公司先代付。当投资人看好后市时，才会采用融资的信用交易。

(2) 融券是指投资人缴纳一定比例的保证金，向证券金融公司借入证券后卖出，在未来规定的期限内，再买入同种类证券归还给证券金融公司。当投资人看跌后市时，为了规避价格下跌风险，才会采取融券交易。

此外，按照信用提供者的身份，信用交易还可分为经纪人提供信用以及证券金融公司提供信用两种。前者，是投资者直接与经纪人进行融资融券；后者，是投资者向专业证券金融公司融资融券，投资者并据此进行信用交易。

三、证券交易场所的概述

证券交易必须通过证券交易场所才能完成。证券交易场所为投资者从事证券交易提供媒介，向各方参与者提供交易所需要的服务，并保障按照公开、公平、公正、安全和高效的原则进行证券交易。证券交易场所，分为证券交易所和场外交易市场。美国纽约证券交易所、英国伦敦证券交易所、德国法兰克福证券交易所、我国上海和深圳证券交易所，都是典型的证券交易所。场外交易市场，是证券交易所以外的交易市场，具体情况复杂。美国全美证券商自动报价系统（NASTAQ）以及各国店头交易场所，都是场外交易市场。我国原来的STAQ和NET两个交易系统，以及中国证券业协会开设的股份转让代办系统，属于场外交易市场。

（一）场外交易场所

场外交易场所，也称为场外交易市场，在历史上，是从事证券交易的初级场所。据考察，世界上最早的证券交易所是1680年成立的荷兰阿姆斯特丹证券交易所。在此之前，证券交易都是通过证券公司的交易柜台进行的。

美国政府在独立战争结束后，为了信守战争时期关于“赎回大陆券”的承诺，开始发行公债券。公债券作为期票，表明政府到期还本付息的承诺。然而，对公债券持有人来说，除非所持公债券能够随时变现，否则，接受战争后兑现的任何承诺将失去意义。市场需求为华尔街的投机拍卖商提供了商业机会，拍卖商开始经手办理公债券交易。投机拍卖商介入公债券交易，按照交易额的一定比例获得收入。随后，许多人开始追随华尔街的投机拍卖商，建立专门机构办理证券交易。为了垄断证券交易这一新兴产业，24名拍卖商于1792年5月17日在距离现纽约证券交易所不远的一棵梧桐树下，成立了纽约证券交易所的前身——纽约证券交易协会，并于1793年迁至汤迪恩咖啡馆，开始了证券的室内交易。可见，现代证券交易所，亦源于场外交易场所。

在证券市场高度发达的今天，场外市场依然非常活跃，并发挥了巨大的作用。场外交易继续发挥优势的重要原因，在于它吸收了证券交易所交易的某些优点。

1. 场外市场可承受巨大无比的证券交易量。现代科技发展大大地扩充了证券交易所的交易量，但场外市场依然发挥着不可替代的作用。

2. 场外市场没有确定的上市交易标准，证券只要具有可转让性，即能进入场外市场进行交易，从而省去履行上市信息和持续性信息披露义务，为发行人创造了简易的融资市场，也为持有人转让证券提供了简便场所。

3. 场外交易场所种类多样，借助现代科技手段，其信息传播速度和成交效率足以与证券交易所相媲美。

4. 场外市场借助现代通信系统完成交易，逐渐减弱了协议转让带来的高成本和低效率。

（二）证券交易所

证券交易所，也称"场内交易市场"或者"场内市场"。随着大规模证券交易的开展，西方国家出现了最早的证券交易所。在荷兰1680年组建世界上首家证券交易所以后，德国、法国等相继成立了证券交易所。19世纪以来，股份有限公司快速发展，证券发行数量激增，适应大规模融资交易的证券交易所应运而生。纽约证券交易所、伦敦证券交易所、巴黎证券交易所已成为世界上著名的证券交易所。

证券交易所，是依法设立并依照事先制定的交易规则、固定地提供证券交易服务的场所，具有以下特点：

1. 证券交易所是依照国家特许成立的证券交易场所。证券交易所汇集众多投资者，交易数额巨大，流动性更强。为了降低证券交易风险，为了向投资者提供稳定、安全的证券服务，为了便于国家合理监管，在证券交易所的设立上，各国都采取了比较严格的许可管理制度，唯有符合法定条件的，才可能获得监管机构的个案审批。

2. 证券交易所制定了完善、详细的交易规则。证券交易规则必须体现公开、公平和公正的证券法原则，应当实现证券交易的有效开展，还应当适合各种证券交易品种的交易。此外，证券交易所必须制定、实施有效的风险控制和防范制度，避免证券交易引发的社会问题。

3. 证券交易所应当具备完善的交易服务设施，硬件环境包括交易大厅、电脑设备及其附属设施，软件环境包括具备相应资格的交易人员和电脑网络系统等。

证券交易所的出现，改变了证券市场的格局。一方面，以证券交易所为代表的证券交易市场，已成为证券交易市场的核心和主干，影响力波及场外市场。另一方面，股票及其衍生证券已成为证券交易所的主要品种。各国早期证券交易所是以国债为主要的交易对象，现代证券交易所的交易品种日益增多，股票及其衍生证券更是主要的交易对象。此外，证券交易所的国际化趋势增强，金融证券、国际证券以及外国证券所占比例逐渐提高。

证券交易所在形成合理的证券交易价格，实现资源有效配置，减少、控制投资风险，联结市场和长期利率与短期利率等方面，发挥了举足轻重的作用。同时，证券交易所自产生伊始，也显现了某些消极作用。随着各种信用交易和衍生产品的不断涌现，交易对象已逐渐远离实际金融资产，证券交易的投机因素有所增强。

(三) 我国的情况

在我国，证券市场也分为场外市场和场内市场。《证券法》第39条规定，依法公开发行的股票、公司债券及其他证券，应当在依法设立的证券交易所上市交易或者在国务院批准的其他证券交易场所转让。该条规定的“国务院批准的其他证券交易场所”，即指场外交易市场。

我国自1992年开始，先后成立了上海和深圳证券交易所，还陆续开设多个场外交易市场，不仅包括STAQ和NET交易系统，还包括在各地设立的证券交易中心，如天津证券交易中心、沈阳证券交易中心和海南证券交易中心。① 有些证券公司通过柜台开展场外交易。鉴于我国证券市场当时正处于初期阶段，证券市场容量有限，证券法制建设尚待加强，证券监管尚待完善，因而场外交易过度分散，导致市场秩序混乱。国家随后逐渐规范各证券交易场所，STAQ和NET两个交易系统的业务规模逐渐萎缩，各地证券交易中心逐渐并入证券交易所的业务范围。

目前，我国场外交易场所主要包括证券登记结算公司结算系统、中国证券业协会举办的股份转让代办系统以及证券公司办理债券转让的交易柜台。必须指出，随着国家关于建立多层次资本市场政策的逐步落实，我国在未来时间里将平稳发展场外交易市场，尤其是发展以“新三板”为代表的场外交易市场。

第二节 证券交易方式

证券交易以证券作为标的物，可以采取多种转让形式。《证券法》第40条规定，证券在证券交易所上市交易，应当采用公开的集中交易方式或者国务院证券监督管理机构批准的其他方式。该条款仅规定了证券的场内上市交易，没有规定场外交易方式。在理论上，证券交易方式，分为集中竞价交易和非集中竞价交易，非集中竞价方式又分为协议转让、裁判转让、报价转让和大宗交易等。

一、集中竞价

集中竞价是指，投资者发出买卖指令，证券公司按照时间序号向证券交易所主机输入指令，通过竞价方式撮合成交，最终确定证券的买卖价格。根据我国上海和深圳证券交易所的交易规则，集中竞价分为电脑集合竞价和连续竞价。

(一) 集合竞价

集合竞价，是指对一段时间内接受的买卖申报一次性集中撮合的竞价方式。按照现行交易规则，每个交易日的上午9：15至9：25为集合竞价时间。在此时间段内，证券交易所主机只接受买卖申报而不成交。在正式开市前一瞬间，证券交易所主机将所有买卖盘价格和数量进行处理，以产生该证券的当日开盘价。

在集合竞价时，成交价格的确定原则为：

① 参见中国证券业培训中心编：《证券从业人员理论与实务》，55～62页，北京，中国人民大学出版社，1994。

1. 成交量最大的价位。

2. 高于成交价格的买进申报与低于成交价格的卖出申报全部成交。

3. 与成交价格相同的买方或卖方至少有一方全部成交。若两个以上价位符合上述条件的，上海证券交易所取其中间价为成交价，深圳证券交易所取距前收盘价最近的价位为成交价。集合竞价的所有申报都以同一价格成交。

(二) 连续竞价

连续竞价，是指对买卖申报逐笔连续撮合的竞价方式。在集合竞价结束后，证券交易所开始当日的正式交易，交易系统将在当日交易时间内（9：30～11：30以及13：00～15：00，即连续竞价时间），按照价格优先和时间优先的撮合成交原则确定每笔交易的具体价格。① 集合竞价未成交的买卖申报，自动进入连续竞价。

依此规则，每一时点的证券买进申报如高于或等于证券卖出申报时，即按价格顺序撮合成交；在申报价格相同的情况下，如买卖申报有时间差异，按时间顺序使先申报者成交。凡不能成交者，将等待机会成交；部分成交者，剩余部分将处于等待成交状态。投资者的委托如未能全部成交，证券公司在委托有效期限内可继续执行，直至有效期限届满。

在我国，集中竞价交易几乎成为证券交易所交易的代名词，学术界经常将两者交叉使用。在实践中，集中竞价交易是证券交易所惯用的交易方式，但不是唯一的交易方式，场外交易市场也可以采用集中竞价交易方式。就此而言，集中竞价交易只是证券的交易和定价方式，与交易场所的类型没有关联，场内交易不同于集中竞价交易。

二、协议转让

在我国完成上市公司股权分置改革以前，上市公司股票分为流通股和非流通股。流通股，是能通过证券交易所集中竞价系统买卖的股票；非流通股，是指上市公司向社会公众以外的人发行的、不能通过竞价交易系统转让的股票，主要包括发起人持有的股票、国家股、国有法人股和其他社会法人股。非流通股只能采取协议方式转让，无法采用集中竞价方式转让。

已完成股权分置改革的上市公司，其发行在外的股票均已转为流通股股票。原《证券法》规定，集中竞价是流通股股票的唯一交易方式。现行《证券法》第40条规定，流通股既能采用集中竞价的转让方式，也能依法采用监管机构批准的其他方式，包括但不限于协议转让方式。《证券法》还规定，投资者还可采取协议收购等方式收购上市公司。②

对比集中竞价交易和协议转让，二者主要存在以下差别：

1. 交易模式上的差异。集中竞价是按照"多对多"交易模型来设计交易规则的。所谓"多对多"交易，是指众多卖方和众多买方同时参加交易，交易对手素不相识，无须彼此知晓。协议转让是以"一对一"作为基本的交易模型，交易双方相互知晓，彼此有成交愿望，通常进行了充分协商。

2. 定价机制上的差异。在集中竞价交易中，买卖双方各自申报自己的交易价格，证券交易所的交易系统按照"时间优先、价格优先"的规则撮合成交，买卖双方无法按照商定

---

① 根据上海和深圳证券交易所交易规则，成交时价格优先的原则为：较高价格买进申报优先于较低价格买进申报，较低价格卖出申报优先于较高价格卖出申报。成交时时间优先的原则为：买卖方向、价格相同的，先申报者优先于后申报者。先后顺序按交易主机接受申报的时间确定。

② 参见《证券法》第85条及《证券法》第四章的相关条款。另见本书第十二章。

条件进行交易。协议转让发生在特定交易主体之间，交易各方按照协商一致的原则确定价格，完全脱离了“时间优先、价格优先”的交易规则。

3. 交易结果上的差异。在集中竞价场合下，交易各方通过证券交易所的交易系统进行交易，通过证券登记结算公司办理登记结算，凡是按照交易规则完成交易的，交易结果不得改变。在协议转让下，交易各方除要协商交易内容外，还要通过证券登记结算机构办理股份的过户。除非法律作出特别规定，该项交易适用证券法及合同法。因此，如果交易违反法律、行政法规，有可能被宣告无效。

三、裁判转让

人民法院行使司法裁判权时，也会引起证券转让：一是，债务人以股权设定质押，法院裁决债务人以质押股权清偿债务；二是，为执行生效判决或裁定，人民法院变卖、拍卖债务人的股权，或者以股权折抵债务。

依照司法裁决转让证券的，不完全适用通常的交易规则，却发生了证券转让的效果。这种特殊交易对上市公司、控制股东、社会公众将产生重大影响，必须受到特殊的制度约束。最高人民法院于2001年9月发布《关于冻结、拍卖上市公司国有股和社会法人股若干问题的规定》，规范了经由司法途径转让国有股权的行为；财政部于同年10月25日发布了《关于上市公司国有股质押有关问题的通知》。根据上述司法解释和规范性文件，非流通股的裁判转让应当遵循以下主要规则：

1. 裁判转让优先采取拍卖转让形式。为了避免当事人滥用司法裁判程序，不当地获得上市公司股权，司法解释明确规定，人民法院执行股权，必须进行拍卖。股权持有人或者所有权人以股权向债权人质押的，人民法院执行时也应当通过拍卖方式进行，不得直接将股权执行给债权人。在人民法院执行法院判决或者仲裁机构裁决时，应当优先采取拍卖方式处置股权。只有经三次拍卖仍不能成交时，人民法院才可以将所拍卖的股权按第三次拍卖的保留价折价抵偿给债权人。

2. 拍卖转让须办理资产评估。在拍卖股权之前，人民法院应当委托具有证券从业资格的资产评估机构对股权价值进行评估。人民法院收到资产评估机构作出的评估报告后，须将评估报告分别送达债权人和债务人以及上市公司。债权人和债务人以及上市公司对评估报告有异议的，应当在收到评估报告后7日内书面提出。人民法院应当将异议书交资产评估机构，要求该机构在10日之内作出说明或者补正。

3. 拍卖转让须履行通知及告知程序。人民法院裁定拍卖上市公司股权，应当在委托拍卖之前将法律文书送达股权持有人或者所有权人并书面通知上市公司。拍卖股权，人民法院应当委托拍卖机构于拍卖日前10天，在《中国证券报》、《证券时报》或者《上海证券报》上进行公告。

4. 拍卖转让的价格确定。第一次拍卖最高应价未达到保留价时，应当继续进行拍卖，每次拍卖的保留价应当不低于前次保留价的90%。经三次拍卖仍不能成交时，人民法院应当将所拍卖的股权按第三次拍卖的保留价折价抵偿给债权人。人民法院可以在每次拍卖未成交后主持调解，将所拍卖的股权参照该次拍卖保留价折价抵偿给债权人。

5. 拍卖转让的过户登记。财政部《关于上市公司国有股被人民法院冻结、拍卖有关问题的通知》规定，在国有股权被拍卖成交后，国有股东应将情况报财政部备案，但未规定备案的具体要求。最高人民法院《关于冻结、拍卖上市公司国有股和社会法人股若干问题的规定》中规定，拍卖成交后，人民法院应当向证券交易市场和证券登记结算公司出具协助执行通知书，由买受人持拍卖机构出具的成交证明和财政主管部门对股权性质的界定等有关文件，向证券交易市场和证券登记结算公司办理股权变更登记。

四、报价转让

报价转让，可称为做市商制度，指由取得做市商资格的证券公司给出证券的买卖价格（即报价），投资者不直接配对成交，而是按照做市商提出的报价向其买进证券，或将股票卖给做市商。做市商买进和卖出报价的差异，即成为做市商的补偿。

在外汇交易和国债交易中，我国已先行引入了做市商制度。在从事外汇交易时，人民币与西方国家主要货币之间的兑换，即通过商业银行公布和执行买入价和卖出价来实施的，外汇买卖差价即构成商业银行的利润或者补偿。在记账式国债的交易中，投资者向代理机构购买或者卖出国债时，也是按照代理机构报价完成交易的，包含了做市商交易因素。

应否将做市商制度引入股票交易中，我国法律尚不明确。根据证监会于 2013 年 1 月 31 日发布的《全国中小企业股份转让系统有限责任公司管理暂行办法》第 24 条规定，挂牌股票转让可以采取做市方式、协议方式、竞价方式或证监会批准的其他转让方式。据此，我国新三板市场率先在股票转让中采用做市商报价制度。笔者认为，集中交易、竞价交易、协议转让是重要的定价方式。选择何种定价机制，不是法定主义的调整事项，而应由市场决定。竞价制有助于体现市场调配资源、市场决定价格的思想。但将定价机制限定为竞价制，可能损害上市公司及投资者利益。如能合理运用做市商制度和协议制，将有助于发挥证券市场的功能。境外证券交易所采取做市商制度时，通常将做市的范围限定在若干种股票上，甚至限定了做市商买卖证券的数量，并为其做市定价提出指导性规则，以抵消做市制的弱点。因此，我国在引入做市商制度以后，应当充分发挥做市商制度的优点。

五、大宗交易

大宗交易，是指证券单笔买卖申报达到证券交易所规定的某一数额或者规模时，该项证券买卖由证券交易所按照特殊交易方式成交。上海及深圳证券交易所交易规则都采纳了上述定义，规定证券单笔买卖申报达到一定数额的，交易所可以采用大宗交易方式进行交易。证券交易所可以根据市场情况，调整大宗交易的最低限额。

根据上海证券交易所《大宗交易实施细则》规定，在上海证券交易所进行的证券单笔买卖达到如下限额的，可以采取大宗交易方式：(1) A 股交易数量在 50 万股以上，或者交易金额在 300 万元以上；(2) B 股交易数量在 50 万股以上，或者交易金额在 30 万美元以上；(3) 基金交易数量在 300 万份以上，或者交易金额在 300 万元以上；(4) 债券交易数量在 2 万手以上，或者交易金额在 2 000 万元以上；(5) 回购交易数量在 5 万手以上，或者交易金额在 5 000 万元以上。深圳证券交易所《综合协议交易平台业务实施细则》[①] 规定，A 股和基金每笔申报数量不低于 500 000 股（份），债券每笔申报数量不低于 5 000 手，为大宗交易。

与其他交易方式相比，大宗交易有如下特点：

1. 交易模式不同。在典型交易模式下，无论是集合竞价还是连续竞价，都是按照“价

① 深圳证券交易所已废止原来的《大宗交易实施细则》，实施《综合协议交易平台业务实施细则》，该实施细则明确规定了大宗交易规则。

格优先、时间优先”的原则撮合成交。在境外，大宗交易通常采取场外协商与场内撮合、场外交易、盘后交易和场内交易四种交易方式进行。[①] 在我国，现行大宗交易采取了买卖双方场外协商定价，按照“一对一”模式成交。

2. 交易时间不同。在典型交易模式下，交易时间为正常交易日 9：30～11：30 以及 13:00～15：00，即连续竞价时间，大宗交易时间一般是在正常交易时间以外。上海证券交易所的大宗交易时间，为正常交易日的 15：00～15：30 进行；深圳证券交易所的大宗交易时间，为交易日的 14：55 前输入，每日收盘后由证券交易所进行成交确认。因此，我国大宗交易实际不占用正常交易时间。

3. 交易价格不同。在典型交易模式下，交易价格按照撮合成交的市场价格确定。大宗交易价格，是根据证券交易所规则协商确定的。根据深圳证券交易所规定，大宗交易的交易价格由买卖双方在涨跌幅价格限制范围内确定。某证券无价格涨跌幅限制的，由买卖双方在前收盘价的上下 30%或在其当日已成交的最高价和最低成交价之间协商确定。上海证券交易所没有类似限制。

4. 对交易指数的影响。典型交易模式下的证券交易计入当日指数，大宗交易则不计入即时行情和指数，成交量在大宗交易结束后计入当日成交总量[②]，上海和深圳证券交易所都通过专门的交易系统提供大宗交易服务。

第三节 证券交易的限制规则

证券交易是高收益、高风险的投资活动，为了保证有序开展证券交易，应对证券交易加以适当监管。我国《证券法》在可交易证券种类、证券转让、竞价规则、交易方式、信用交易、保护客户账户保密、非法持券以及不正当交易等方面，设置了多项限制规则。

一、交易证券的合法性

《证券法》第 37 条第 1 款规定，证券交易当事人依法买卖的证券，必须是依法发行并交付的证券；第 2 款规定，非依法发行的证券，不得买卖。据此条款规定，证券合法性原则包含三方面要求，即依法发行、实际交付以及形式合法。

(一) 依法发行

依法发行，指符合《公司法》和《证券法》等法律法规规定的发行条件，并获得证监会和国务院授权部门核准。违反法定条件和程序发行的证券，以及未获得核准发行的证券，无论名称如何，都属于非法证券，不得交易。笔者认为，“依法发行”主要是对发行人的限制，不是针对交易当事人的限制。

1. 监管机关核准发行申请后，发行人违法发行证券的，发行人及承销商应当承担责任。交易当事人不知道发行人违法发行而买卖证券的，交易当事人在主观上是善意的，应当认定交易有效。

2. 已公开发行并上市的证券，应认定证券持有人为合法持有人。根据《证券法》第 26 条规定，证监会对已作出的核准发行决定，发现不符合法定条件或者法定程序，已经发行尚

① 参见李明良：《证券市场热点法律问题研究》，225～227 页，北京，商务印书馆，2004。

② 参见《上海证券交易所交易规则》第 3、7、10 条；《深圳证券交易所交易规则》第 3、6、8 条。

未上市的，撤销发行核准决定，发行人应当按照发行价并加算银行同期存款利息返还证券持有人。至于对于公开发行后已经上市的证券，证券监管机构是否有权决定撤销发行核准，以及如何处理证券持有人的利益，相关规定不明确。笔者认为，公开发行的证券已上市的，证券持有人亦为合法持有人，不应采取返还“发行价＋利息”的做法，应当给予特别保护。

（二）实际交付

发行人将有纸化证券交付给投资者，或者将无纸化证券权利记载于投资者名下，均为实际交付。至于公司依法购回发行在外的股份，在性质上属于交易行为，不属于证券发行，也不受《证券法》第37条的限制。

（三）形式合法

《证券法》第41条规定，“证券交易当事人买卖的证券可以采用纸面形式或者国务院证券监督管理机构规定的其他形式”。在我国，公司股票全部采用了无纸化形式，债券既有有纸化形式，也有无纸化形式。凡是进入交易的证券，必须采用法律允许的表彰形式。

二、限定期限内禁止买卖、出售

《证券法》第38条规定，依法发行的股票、公司债券及其他证券，法律对其转让期限有限制性规定的，在限定的期限内不得买卖。这是对证券转让期限的限制。结合其他法律法规，主要包括：

1. 公司发起人转让股份的法定限制

根据《公司法》第142条第1款，发起人持有的本公司股份，自公司成立之日起1年内不得转让。在通常情况下，发起人既是公司主要股东，也是公司经营宗旨的设计者和执行者，还是公司业绩的预测分析者，应当对公司及其业绩承担相应的责任。限制发起人转让股份，有助于将发起人与公司、其他股东利益结为一体，督促发起人认真、敬业和勤奋地履行职责。

2. 董事、监事和高级管理人员转让股份的法定限制

对于公司高级管理者[①]持有的股份转让的限制，各国存在两种立法例。有的要求高级管理者在任职期间必须拥有资格股份。通过这种资格股份安排，能够将高级管理者与公司利益联系起来，形成“一荣俱荣、一损俱损”的利益机制。有的不要求高级管理者拥有资格股份，也不禁止高级管理者持有公司股份。我国采用了后种做法。

在我国，高级管理者任职不以持有股份作为条件，然而，高级管理者持有本公司股份的情况比较普遍。高级管理者是公司事务的掌管者，公司重大事务的建议者、决定者和执行者，与普通投资者相比，他们更了解公司状况。任由高级管理者转让股份，难免增大高级管理者与公司利益的冲突，容易诱发内幕交易，因此，有必要适当限制高级管理者转让股份的行为。

《公司法》第142条第2款规定，公司董事、监事、高级管理人员应当向公司申报所持有的本公司股份及其变动情况，在任职期间每年转让的股份不得超过其所持有本公司股份总数的25%；所持本公司股份自公司股票上市交易之日起1年内不得转让。上述人员离职后半年内，不得转让其所持有的本公司股份。值得注意的是，由于高级管理者持有的股份可能发生变动，因而，究竟是以最初持股作为基数，还是以尚未出售的股份作为基数，该

① 为了便于表达，本章所称高级管理者，是指公司法规定的董事、监事和高级管理人员。

条款没有给予清晰规定，容易产生理解上的偏差。

3. 高级管理者转让股份的章定限制

根据《公司法》第 142 条，除前述法定限制外，公司章程也可以对高级管理者转让所持有本公司股份作出其他限制。

4. 股权分置改革中的禁售和限售

根据《上市公司股权分置改革管理办法》第 27 条，改革后公司原非流通股股份的出售，应当遵守下列规定：（1）禁止出售。自改革方案实施之日起，在 12 个月内不得上市交易或者转让。（2）限制出售。持有上市公司股份总数 5%以上的原非流通股股东，在前项规定期满后，通过证券交易所挂牌交易出售的原非流通股股份，出售数量占该公司股份总数的比例在 12 个月内不得超过 5%，在 24 个月内不得超过 10%。

三、禁止持有、买卖股票

《证券法》第 43 条规定，“证券交易所、证券公司和证券登记结算机构的从业人员、证券监督管理机构的工作人员以及法律、行政法规禁止参与股票交易的其他人员，在任期或者法定限期内，不得直接或者以化名、借他人名义持有、买卖股票，也不得收受他人赠送的股票”，“任何人在成为前款所列人员时，其原已持有的股票，必须依法转让”。依照上述规定，禁止持有、买卖股票之规则，包括以下内容：

（一）禁止持有的证券

现行法律禁止相关人员持有股票，却没有禁止其持有公司债券及其他证券。公司发行债券时，即事先确定债券利率，该利率不受持有人身份和职业的影响，因而，无须限制公司债券持有人的身份和职业，也无须禁止持有债券。至于有关人员能否持有可转换公司债券，法律规定不甚清楚。鉴于发行可转换公司债券应当同时符合股票发行条件，因此，相关人员亦不得持有可转换公司债券。

（二）禁止持股人的范围

禁止持股人员主要包括：（1）证券服务中介机构的从业人员，包括证券交易所、证券公司、证券登记结算机构的从业人员；（2）证券监管机构的工作人员，包括证监会和证券业协会的工作人员；（3）法律规定的禁止持股的其他人员。上述人员在任职期间或者法定期限内，不得直接或者间接地、以真实名义或者化名等方式持有或者买卖股票。

（三）禁止的行为

1. 禁止直接持股。义务人不得以自己名义直接持有和买卖股票。无论义务人是购买、受赠、继承股票，还是以其他方式获得股票，都属于禁止之列。

2. 禁止间接持股。间接持有和买卖股票的情况比较复杂，既有配偶或其他家庭成员以共同财产购买或持有股票，也有义务人以化名或借用他人名义持有或买卖证券的情况。

3. 禁止合理持股状况的不当延续。相关人员在任职前合法获得股票的，应在任职时依法转让所持股票，以避免持股状况的延续。

立法上禁止上述人员持有或买卖股票，其立法初衷是可以理解的，却未必是合理的。一方面，在实务中，几乎无法排除上述人员间接持有、买卖股份，因此，与其概括禁止相关人员持有、买卖股份，莫如让其承担严格的信息披露义务。另一方面，获得股份的方式多种多样，全面禁止有以偏概全之嫌。如果排除了继承取得，还将损害相关人员的正当权利。

四、限制证券服务机构和人员买卖股票

证券服务机构主要包括律师事务所、投资咨询机构、财务顾问机构、资信评级机构、资产评估机构和会计师事务所，证券服务机构及其人员与发行人及其股票存在密切关系，可能掌握公众投资者难以了解的信息。任由证券服务机构及其人员买卖股票，将难以平衡与公众投资者的利益关系，还容易诱发内幕交易。为了尽力排斥知情人从事股票买卖，应当扩大解释专业机构及其人员的范围。即凡是参与股票发行及准备活动的专业服务机构及其人员，无论是否具有专业资格，均应受到本条款约束。但应看到，证券信息的时效性强，当证券信息失去时效性时，相关人员买卖证券不仅无害于公众投资者，甚至还会提升市场的活跃度，全面和永久禁止证券服务机构及其人员买卖股票，没有充分理由。

根据《证券法》第45、71条规定，存在三种限制买卖的情况。

1. 股票发行服务机构及其人员的买卖限制。根据《证券法》第45条第1款，为股票发行出具审计报告、资产评估报告或者法律意见书等文件的证券服务机构和人员，在该股票承销期内和期满后6个月内，不得买卖该种股票。即（1）股票承销期内禁止买卖的义务。在股票承销期（90日）内，专业服务机构及其人员不得买卖该种股票。（2）股票承销期满后6个月内，专业服务机构及人员不得买卖相关股票。

2. 上市公司服务机构及其人员的买卖限制。根据《证券法》第45条第2款，为上市公司出具审计报告、资产评估报告或者法律意见书等文件的证券服务机构和人员，自接受上市公司委托之日起至上述文件公开后5日内，不得买卖该种股票。

3. 投资咨询机构及其从业人员的买卖禁止。根据《证券法》第171条，投资咨询机构及其从业人员从事证券服务业务，不得买卖本咨询机构提供服务的上市公司股票。在该条款中，没有区分咨询客户是投资者还是上市公司，也没有限定禁止投资咨询机构买卖股票的期限。笔者认为：（1）如果投资咨询机构针对某种股票向投资者提供咨询服务，却被永久禁止买卖该种股票，这种规定过于苛刻。（2）如果投资咨询机构向上市公司提供咨询意见，所掌握信息之时效性将随着时间经过而失去意义，全面和永久禁止投资咨询机构买卖该上市公司股票，是不合理的。就此而言，限制而非禁止投资咨询机构及其人员买卖股票，才是比较合理的做法。

五、保守客户账户秘密

《证券法》第44条规定，证券交易所、证券公司、证券登记结算机构，必须依法为客户开立的账户保密。

客户账户分为证券账户和资金账户。前者，开立于证券登记结算机构，主要记录投资者持有证券的余额及其变动情况；后者，开立于证券公司，主要记录投资者的资金余额及其变动情况。在我国，证券开户采取实名制，客户在开立账户时，必须向证券登记结算机构和证券公司提供开户人的真实资料，并与证券登记结算机构和证券公司签订开户协议。派生于此，证券登记结算机构和证券公司应当向客户承担法定和约定的保密义务。

证券交易所虽然不接受客户的直接开户申请，却也是证券交易服务的提供者，当然掌握客户的账户及其变动情况。按照目前的登记结算体制，投资者应当委托证券公司托管其持有的证券，证券公司应当将其自有证券和所托管的客户证券交由证券登记结算机构存管。证券登记结算机构按照与证券交易所达成的协议提供相关服务。因为证券交易所也掌

握客户账户情况，因而应当与证券公司和证券登记结算机构承担同样的诚信和保密义务。

必须指出，除证券公司、证券登记结算机构以及证券交易所以外，参与证券交易的其他金融业者，也应承担保密义务。即使在金融分业的体制下，证券业与其他金融机构也形成了各种合作模式，其他金融机构必然掌握证券投资者的相关信息。例如，投资者开立"银证通"等特殊账户，即可实现银行账户和证券账户的对接，其他金融机构也得以了解投资者的账户情况，因此，应将保密义务扩张至其他金融机构。

六、合理收费规则

证券交易收费，指有权的收费机构依照法律、行政法规和其他收费规则，向证券交易参与者收取费用。除此以外，根据税务机关的授权，收费机关还可代收印花税等税款。

(一) 证券交易收费的特点

1. 证券交易收费发生在证券交易中，有别于承销费、审计费、评估费和律师费等。

2. 证券交易收费属于服务性收费，不属于国家税收，也不由税收机关收取。

3. 证券收费项目依照法律和行政法规确定，收费权人不得另设收费项目。

4. 收费标准及收费办法应当合理、公开，还应履行必要的法律程序。

5. 收费权人收取费用后，必须向缴费人提供有效的收费凭证。

(二) 主要收费项目

证券交易费用，主要分为上市公司支付的上市费用、证券公司支付的会员席位费以及投资者买卖上市证券的费用。其中，投资者支付的费用包括委托费、佣金、印花税、过户费等。《证券法》规定，证券交易收费必须公开、合理，收费项目、收费标准和收费管理办法由国务院主管部门统一规定。

1. 委托费，主要用于支付通信等开支。一般采取"按笔"计算的方法。

2. 佣金，是投资者在委托买卖成交后所需支付给券商的费用，一般按照成交金额的百分比计算。

3. 印花税，是投资者在买卖成交后支付给财税部门的税收，不属于收费。印花税税款由证券公司代扣后，由证券交易所统一代缴。债券与基金交易均免交印花税。

4. 过户费，是指股票成交后，更换户名所需支付的费用。

5. 转托管费，这是办理深圳股票、基金转托管业务时所支付的费用。此费用按户计算，每户办理转托管时需向转出方券商支付 30 元。

(三) 证券交易所收费和代收税费一览表

上海和深圳证券交易所收费和代收税费的标准基本相同。2012 年 9 月，上海证券交易所发布新的收费及代收税费一览表，如下：

<table>
<tr><th colspan="2">业务类别</th><th>收费项目</th><th>收费标准</th><th>最终收费对象</th></tr>
<tr><td rowspan="5">交易</td><td rowspan="3">A 股</td><td>经手费</td><td>成交金额的 0.006 96%（双向）</td><td>会员等交上证所</td></tr>
<tr><td>证管费</td><td>成交金额的 0.002%（双向）</td><td>会员等交证监会（上证所代收）</td></tr>
<tr><td>印花税</td><td>成交金额的 0.1%（单向）</td><td>投资者交税务机关（上证所代收）</td></tr>
<tr><td rowspan="2">B 股</td><td>经手费</td><td>成交金额的 0.026%（双向）</td><td>会员等交上证所</td></tr>
<tr><td>证管费</td><td>成交金额的 0.002%（双向）</td><td>会员等交证监会（上证所代收）</td></tr>
</table>

续前表

业务类别			收费项目	收费标准		最终收费对象
交易	证券投资基金（封闭式基金、ETF）		经手费*	成交金额的0.004 5%（双向）		会员等交上证所
			证管费	免收		
	权证		经手费	成交金额的0.004 5%（双向）		会员等交上证所
			证管费	免收		
	债券现券（国债、企业债、公司债、可转换公司债券、分离交易的可转换公司债券、可转债回售等）		经手费	成交金额的0.000 1%（双向）（固定收益平台现券交易，最高不超过100元/笔）		会员等交上证所
			证管费	免收		
	质押式回购	1天	经手费	成交金额的0.000 05%（双向）	暂免	会员等交上证所
		2天	经手费	成交金额的0.00010%（双向）		会员等交上证所
		3天	经手费	成交金额的0.000 15%（双向）		会员等交上证所
		4天	经手费	成交金额的0.000 20%（双向）		会员等交上证所
		7天	经手费	成交金额的0.000 25%（双向）		会员等交上证所
		14天	经手费	成交金额的0.000 50%（双向）		会员等交上证所
		28天	经手费	成交金额的0.001 00%（双向）		会员等交上证所
		28天以上	经手费	成交金额的0.001 50%（双向）		会员等交上证所
	国债买断式回购	7天	经手费	成交金额的0.000 625%（双向）	（同上）	会员等交上证所
		28天	经手费	成交金额的0.002 5%（双向）		会员等交上证所
		91天	经手费	成交金额的0.003 75%（双向）		会员等交上证所
	大宗交易	A、B股、证券投资基金	经手费	相对于竞价市场同品种费率下浮30%		会员等交上证所
			证管费	同同品种竞价交易		会员等交证监会（上证所代收）
		债券现券（国债、企业债、公司债、可转换公司债券、分离交易的可转换公司债券等）	经手费	成交金额的百万分之一的90%，最高不超过100元/笔（双向）		会员等交上证所
			证管费	同同品种竞价交易		会员等交证监会（上证所代收）
	ETF申购、赎回		经手费*	暂免		会员等交上证所
	专项资产管理计划转让		经手费	转让金额的0.000 09%		会员等交上证所
发行	新股认购		经手费	成交金额的0.012%，暂免		会员等交上证所
	可转换公司债券认购		经手费	成交金额的0.01%，暂免		会员等交上证所
	投资基金认购		经手费	成交金额的0.008 5%		会员等交上证所
	配股、转配股、职工股配股、国家股配售、股票配可转换公司债		经手费	成交金额的0.012%（双向），暂免		会员等交上证所
	投资基金配售		经手费	成交金额的0.008 5%（双向）		会员等交上证所
上市	股票		上市初费	A、B股总股本2亿股（含）以下的，30万元 2亿股至4亿股（含）的，45万元 4亿股至6亿股（含）的，55万元 6亿股至8亿股（含）的，60万元 8亿股以上的，65万元		上市公司交上证所
			上市年费	上年末A、B股总股本2亿股（含）以下的，5万元/年 2亿股至4亿股（含）的，8万元/年 4亿股至6亿股（含）的，10万元/年 6亿股至8亿股（含）的，12万元/年 8亿股以上的，15万元/年 上市不足1年的，按实际上市月份计算，上市当月为1个月		上市公司交上证所

续前表

业务类别		收费项目	收费标准	最终收费对象
上市	证券投资基金	上市初费	上市首日基金总份额的0.01%，起点1万元，不超过3万元	基金管理人交上证所
		上市年费	600 00元/年	基金管理人交上证所
	权证	上市初费	20万元	发行人交上证所
	企业债券	上市初费	上市总额的0.01%，起点8 000元，不超过4万元（暂免）	发行人交上证所
		上市年费	上市总额的0.009 6%，起点4 800元，不超过24 000元（暂免）	发行人交上证所
	可转换公司债券	上市初费	上市总面额的0.01%，起点1万元，不超过3万元（暂免）	发行人交上证所
		上市年费	6 000元/年（暂免）	发行人交上证所
席位	非B股席位	初费	60万元/个	会员等交上证所
	B股席位	初费	7.5万美元/个	会员等交上证所
交易单元		交易单元使用费	会员等机构拥有的每个席位可抵免一个交易单元的使用费。对超出其席位数量的部分，本所收取每个交易单元每年5万元的交易单元使用费。（2010年12月1日起，暂免收取债券现券及回购交易专用的交易单元使用费。）	会员等交上证所
		流速费	会员等机构接入交易系统流速之和超出其免费流速额度时，超出部分每年按每个标准流速计收1万元的流速费。（2010年12月1日起，暂免收取债券现券及回购交易专用的交易单元流速费。）	
		流量费*	1. 计费期间为上年12月1日至当年11月30日。 2. 流量费=（该机构所用交易单元的年交易类申报笔数总和－3万笔/年×持有席位数）×0.10元+（该机构所用交易单元的年非交易类申报笔数总和－3万笔/年×持有席位数）×0.01元。 3. 详见《关于调整本所席位年费收费模式有关问题的通知》和《关于收取2010年交易单元年费的通知》。 4. 2010年12月1日起，暂免收取各交易参与人参与债券现券及回购交易的流量费。	
其他业务		费用项目、标准、收取方式按照相关业务规定执行		

注：(1) 该收费一览表不含券商佣金和登记结算公司收费情况；

(2) 该收费一览表所列收费项目、金额或者比例，可能随时调整。

第四节　短线交易与归入权

短线交易和归入权是与证券交易相关的特殊问题。我国《证券法》第47条第1款规定，“上市公司董事、监事、高级管理人员、持有上市公司股份百分之五以上的股东，将其持有的该公司的股票在买入后六个月内卖出，或者在卖出后六个月内又买入，由此所得收益归该公司所有，公司董事会应当收回其所得利益。但是，证券公司因包销购入售后剩余股票而持有百分之五以上股份的，卖出该股票不受六个月时间限制”。

一、短线交易的概念和构成

短线交易，是上市公司的董事、监事、高级管理人员以及主要股东，在法定期间内，买入本公司股票再行卖出，或者卖出本公司股票后再行买入的行为。归入权是指公司取得短线交易者所得收益的权利。据此，短线交易的构成要件如下：

（一）主体条件

短线交易主体，是法定特定范围的主体。在境外法律中，短线交易主体包括两类：一是公司的董事、监事和高级管理人员；二是公司的主要股东。在有些国家，除股东以自己名义持股外，还有以配偶、未成年人子女、共同生活家属、合伙人、信托人的名义持有股份者，他们被通称为股权受益所有人，他们与股东所持股份通常合并计算，超过法定持股数额或者比例者仍然受到短线交易规则的约束。①

我国《证券法》规定的短线交易主体范围比较狭窄，包括公司董事、监事、高级管理人员以及持有本公司股份5%以上的股东（应当根据公司决议和股东名册等认定其主体资格）。对于事实董事、监事、高级管理人员及在事实上持有公司5%以上股份的股东，参考《公司法》第21条的规定，可推定为短线交易主体。

必须指出，事实上的推定，是可以被推翻的。例如，在一致行动人中，部分股东认购新股，部分股东在对应期限内卖出股票，彼此不分享认购和卖出的差价利益，则不宜视为短线交易。再如，证券公司未能卖出包销股票而取得公司5%以上股份的，乃是基于证券包销协议产生的义务，与短线交易主体的谋利或减损目的不同。因此，从政策角度来看，不宜限制或禁止证券公司随时出售包销的股票。《证券法》第47条第1款之“但书”条款允许证券公司随时售出包销股票，不受短线交易规则的约束。

（二）行为条件

短线交易由一组买进和卖出之两个行为构成，既可以是“先买入、再卖出”，也可以是“先卖出、再买入”。短线交易的构成要素是：

1. 必须有一组买进和卖出行为。如果只有单一的买入或卖出行为，不构成短线交易。美国、日本及我国台湾地区也采用相似认定标准。

2. 必须是两个方向相反的交易。如初次交易是买进股票，二次交易必须是卖出股票；如果初次交易是卖出股票，第二次交易就应是买进股票。交易主体实施两次相同方向的交易，无论是持续买入，还是持续卖出，均不构成短线交易。

（三）客体条件

短线交易包括一组买进和卖出行为，应当针对同一证券。至于买进股票、卖出同一公司发行的可转换公司债券，以及在现货市场买入股票、在期货市场上做对冲，是否构成短线交易，尚待研究。

---

① 参见梁慧星主编：《民商法论丛》，第1卷，220页，北京，法律出版社，1994。

在有些国家和地区，短线交易的客体除包括上市股票外，还包括场外交易的公司股票。在美国，短线交易适用于一切内幕人可能滥用公司内幕信息进行交易的股票，包括集中交易的股票和场外交易的股票。我国台湾地区“证券交易法”第157条规定，短线交易证券只限于上市公司的股票，不包括场外交易的股票。有学者认为，从短线交易立法的目的来看，场外交易的证券也应纳入短线交易的客体之列。

（四）期间条件

在短线交易中，“短线”是指期限之短暂。由于判断标准不同，很难形成确切的时间。为了便于识别，各国法律都根据生活经验，设定短线交易的法定期限。凡在该法定期限内，短线交易主体从事证券交易，即可被认定为短线交易。逾越该法定期限的，即使两次交易方向相反，也不构成短线交易。

短线交易所称的法定期间，是指证券买进与卖出的时间间隔期，各国立法大都规定为6个月。我国《证券法》采纳了各国通行的认定标准，规定在6个月内买进并卖出或者卖出再买入的，即可认定为短线交易。

（五）主观态度之地位

在认定短线交易时，在原则上应当采取客观标准，即无论行为主体是否具有主观故意或过失，只要在法定期限内，交易主体就同一种股票发生方向相反的两个交易，都构成短线交易。无须判断行为主体是否具有营利意图，无须考虑行为主体是否实际获得盈利。如果交易主体低价买入股票，并在法定期限内高价卖出股票，所得利益为积极利益；交易主体高价买入股票，后在法定期限内低价卖出，所减少的损失可称为消极利益。但是，若交易主体所得利益为消极利益，通常不适用短线交易规则。

采用客观标准认定短线交易，使得短线交易有别于内幕交易。一方面，内幕交易是知情人员根据内幕信息进行的交易，认定内幕交易，必须斟酌交易主体的主观态度，但认定短线交易时，只需考虑客观标准。另一方面，内幕交易不受法定期限的限制。如果内幕人员从事内幕交易，即使超过短线交易的法定期限，也应认定为内幕交易。因此，短线交易与内幕交易是相互交叉的概念。

二、归入权及其行使

（一）归入权的性质

归入权是公司依法享有的、将短线交易主体所得利益收归公司所有的权利。公司有权要求短线交易行为人向公司给付短线交易所得利益，行为人有义务将利益给付公司。

在归入权的性质上，存在形成权说、请求权说及形成权兼具请求权的学说。

1. 形成权说。是指当事人一方以自己的意思和行为，使法律关系发生变化的权利。采取此种学说的立法，强调剥夺公司董事、监事、高级管理人员以及大股东短线交易所得；同时，公司得因自己的意思和行为，最终确定短线交易的利益归属，剥夺短线交易行为人的利益，体现出对短线交易主体的民事制裁。

2. 请求权说。是指请求他人为一定行为（作为或者不作为）的权利。请求权人自己不能直接取得某项利益，却可通过他人的特定行为取得该项利益。在理论上，请求权必须以某种基础法律关系作为存在前提。短线交易的形成基础是公司董事、监事、高级管理人员和大股东买卖本公司股票而发生的交易关系，短线交易利益为该交易关系的结果。坚持请求权说的学者认为，只有公司向短线交易主体提出请求，才能发生公司取得短线交易利益的效果，故归入权属于请求权范畴。

3. 形成权兼具请求权学说。该学说认为，归入权以公司单方意思表示为成立条件，一经行使即发生短线交易所得归属于公司的法律效果。在实务中，若仅承认归入权的形成权性质，而否定其请求权性质，公司将难以实现归入权。尤其在短线交易主体拒绝给付短线交易利益时，公司归入权可转化成为请求权，公司得就该短线交易利益请求短线交易主体进行给付。

笔者认为，形成权兼具请求权学说是比较合理的学说。一方面，该学说有助于公司实现归入权，可以避免将公司应得利益视同行为人的非法所得，从而避免监管机关的没收。另一方面，也有利于适用民法上的期间理论。请求权和形成权适用不同的期间理论。诉讼时效适用于请求权，得因法定事由而发生中止、中断和延长。除斥期间适用于形成权，属于法定期间或者不变期间，不存在中止和中断的情形。公司应于何种期限内行使归入权，我国《证券法》没有明确规定，因此，并不存在所谓的“法定期间”，无法直接适用形成权的理论。

（二）归入权的行使

对于归入权的行使主体、程序以及法律后果等，《证券法》做了明确规定。

1. 归入权的行使主体

公司是归入权的权利主体，在原则上，应由公司行使归入权。《证券法》第47条规定，“公司董事会应当收回其所得收益”。该条款所称“公司董事会”应当视为公司，所得收益应进入公司账户，不能以公司董事会或董事名义存储。

2. 归入权的实现程序

归入权的实现方式有三：主动履行、公司诉讼和股东派生诉讼。主动履行，指短线交易主体将所得利益主动交付公司。公司诉讼，是指公司以自己名义向短线交易行为人提起诉讼。股东派生诉讼，是指股东根据《公司法》规定，要求短线交易行为人将所得利益交付公司。

3. 归入权与股东派生诉讼

短线交易行为人拒绝将所得利益交付给公司的，公司有权向短线行为人提出主张。然而，公司董事、监事、高级管理人员和持有公司5%股份的股东，往往是公司事务的实际控制者，他们可能采取放弃诉讼或减少索赔金额等方式损害公司利益。因此，《证券法》特别设置了股东派生诉讼，以弥补公司诉讼的不足。

股东提起派生诉讼是公司实现归入权的重要方式。《证券法》第47条第2款规定，“公司董事会不按照前款规定执行的，股东有权要求董事会在三十日内执行。公司董事会未在上述期限内执行的，股东有权为了公司的利益以自己的名义直接向人民法院提起诉讼”①。在实践中，派生诉讼的原告通常不直接参与公司经营管理活动，也不掌握公司印章，因此无法在起诉书上加盖公司印章。为了实现派生诉讼制度的目的，在股东提起派生诉讼时，人民法院通常将公司股东列为原告，并将公司列为第三人。然而，在理论上，短线交易所得利益应当归于公司所有，公司作为该利益的权利人，自应充当归入权诉讼的适格原告。公司以外的其他人不得充当民事诉讼的原告。

---

① 此条款与《公司法》规定的股东派生诉讼的规则一致（参见《公司法》第152条第2款）。

4. 股东派生诉讼的前置程序

根据《证券法》第 47 条，公司股东就归入权利益提起派生诉讼前，有权要求董事会在 30 日内执行归入权。唯有公司未在上述期限内执行归入权，股东才得提起归入权之派生诉讼。为派生诉讼设置前置程序，有助于遏制股东滥用诉权，避免过度浪费司法资源，有助于推动公司自主处理公司内部事务。此做法为各国公司法普遍采用。

该条款规定的是股东“有权要求”行使归入权，从而使得前置程序的地位不很确定。按照对“有权要求”的一般解释，公司股东既可以要求董事会主张归入权，也可以以自己名义向人民法院提起诉讼。但笔者认为，该前置程序属于必经程序。

5. 董事会成员的连带责任

《证券法》第 47 条第 3 款规定，“公司董事会不按照第一款的规定执行的，负有责任的董事依法承担连带责任”。短线交易所得利益既然归属于公司，那么放弃该所得利益即为公司遭受损失。为了实现公司利益，公司董事自应履行忠实和勤勉义务，积极执行归入权。

笔者认为，要求负有责任的董事承担连带责任，显得过于苛刻。一方面，《证券法》没有明确规定“负有责任”的认定标准，容易扩大连带责任的适用范围；如果将负有责任的董事解释为短线交易的董事，无异于重申短线交易所得利益归属于公司；如果将负有责任的董事解释为未从事短线交易的董事，法律规定又不尽清晰。另一方面，执行归入权和取得短线交易所得利益是不同的概念。在字面解释上，如果短线交易主体失去所得利益的支付能力，负有责任的董事将以自己的财产承担连带责任，此种加重责任过于苛刻。笔者认为，可规定其他董事承担赔偿责任，具体数额根据董事过错程度加以判断。

【问题与思考】

1. 简述证券交易的概念与特点。
2. 简述证券交易的主要限制规则。
3. 试述集中竞价交易的主要类型。
4. 比较证券的集中竞价交易和协议转让。
5. 简述证券交易中的做市商规则。
6. 简述短线交易的概念及构成。
7. 分析归入权的性质及行使方法。
8. 某公司是东京证券交易所创业板的上市公司，事发当日的股票交易价格约为每股 61 万日元。某证券公司交易员将“以 61 万日元的价格出售 1 股股票”的操作指令，错误地操作为“以 1 日元价格出售 61 万股股票”。在操作屏提示“输入有误”的警告后，该交易员忽视了警告提示并继续操作。证券交易所发现错误后，立即电话通知该交易员取消交易，但未能成功。该证券公司为此损失了 270 亿日元。请问：

(1) 证券公司交易员操作错误，对已完成的交易有何种影响？

(2) 与该证券公司从事反向交易的投资者，是否应该返还所得利益，为什么？

(3) 根据我国《证券法》的规定，应当如何处理类似案件？

第九章 证券上市与交易

本章概要

证券上市，即证券取得上市证券的资格，可以按照交易规则进行买卖。证券上市，提升了证券的流通性，增强了投资者的热情，提高了发行人的融资能力。然而，证券能否上市，不仅取决于发行人的主观愿望，还取决于证券交易所规定的上市条件，更受制于证券交易所与发行人最终达成上市协议。上市协议是证券交易所实施自律监管的重要基础，证券交易所有权决定证券上市、暂停上市和终止上市。证券上市交易，必须遵守证券交易所的交易规则，非上市证券的交易，必须遵守场外市场组织者制定的交易规则以及合同法的规定。

关键术语

证券上市　安排上市　直接上市　竞价交易　上市条件　成交　停牌　暂停上市　恢复上市　终止上市　代办股份转让　全国中小企业股份转让系统

第一节　证券上市制度概述

一、证券上市的概念

证券上市，是指经过证券交易所的审核，证券获准在证券交易所挂牌交易的过程。证券一旦获准上市，即称为上市证券，发行人称为上市公司。在我国，证券上市主要指证券在证券交易所挂牌上市。[①] 在多层次证券市场结构下，证券上市还泛指证券在场外市场挂牌交易的情况。通常情况下，证券上市是指在证券交易所上市，与场外交易市场无关。

① 如无特别说明，所称证券上市均指证券在证券交易所挂牌上市。

（一）证券上市与证券发行的异同

只有依法发行的证券，才能申请并获得上市资格，证券上市不同于证券发行。证券发行，是发行人向投资者募集资金的行为，证券上市是证券获准在证券交易所上市交易。两者主要区别是：

1. 条件不同。在我国，证券发行必须遵守法律法规规定的条件，即符合法定的发行条件；证券上市的条件，既包括法律法规规定的条件，也包括证券交易所执行的上市条件。在国际上，各证券交易所有权制定自己的证券上市条件。有的倾向于接受发行国际性证券的公司挂牌上市，有的倾向于接受高科技企业的股票上市，有些证券交易所鼓励中小企业挂牌上市，有的主要接受地区性发行人的证券上市。因此，在上市条件方面，有些证券交易所的上市条件比较宽松，有的上市条件比较严格。

2. 审核机构不同。在我国，证券发行的审核机构，是证监会和国务院授权的部门，证券交易所只负责审核证券上市申请。前者属于行政审核，后者属于自律组织的审核。2005年《证券法》施行前，对于证券发行和上市，我国采取合并审核体制。证监会在审核发行申请时，同时完成了上市审核。经证监会核准后，发行人有权公开发行证券，证券交易所也应安排已发行证券的上市。现行《证券法》采取了发行审核和上市审核分离的双轨制。证监会负责证券的发行审核，证券交易所负责上市审核。

3. 功能不同。证券发行是发行人筹集社会资金的手段，证券上市主要是为了提高证券的流通性。在实践中，多数公司筹备发行时，已形成了上市预想，证券上市是发行人发行证券的目的所在。因此，证券发行与证券上市在功能上是不同的，却是相互影响的。

4. 法律适用不同。证券发行和证券上市存在重大区别，公开发行的证券未必是上市证券。根据《首次公开发行股票并上市管理办法》第69条规定，在中华人民共和国境内，首次公开发行股票且不上市的管理办法，由证监会另行规定。另外，已上市的证券不符合上市资格条件，被依法终止上市，亦属于公开发行但未上市的证券。

（二）证券上市与证券交易的异同

证券上市不同于证券交易。通过证券上市，已发行证券取得了在证券交易所上市的资格。证券交易泛指让渡和转让证券权利的行为和过程，不同于证券上市。发行人可申请将所发行的证券在证券交易所挂牌交易，也可将已发行的证券在其他交易场所进行交易。凡未经证券交易所接纳上市的证券，即无法在证券交易所内进行买卖，只能进行场外交易。在此意义上，证券上市是启动证券场内和场外交易的前提，是证券取得挂牌资格的各项活动之总括，有别于证券交易。然而，上市证券必须在证券交易所内交易，上市证券通常是可交易的。因此，在实践中，证券上市与证券交易经常并用，合称为“证券上市交易”。

二、证券上市的本质

在上市过程中，首先由发行人提出证券的上市申请，再由证券交易所进行审核，经过证券交易所审核同意的，双方应签订上市协议。根据上市协议，证券交易所向发行人提供证券转让所需的各种条件，发行人既要遵守上市协议约定的条款和义务，也要遵守证券交易所制定并不时修改的各项规则。证券交易所或发行人违反上市协议的，构成违约。可以说，证券上市是特殊的合同行为，上市协议反映了特殊的民事法律关系。

（一）再融资服务合同关系

上市公司再融资时，通常要借助证券交易所的交易系统。如在上网定价发行中，发行人和主承销商将利用证券交易所的交易系统，由主承销商作为股票唯一卖方，投资者在指定时间内，按照现行委托买入股票的方式进行申购。主承销商在上网定价发行前应在证券交易所设立股票发行专户和申购资金专户。申购结束后，根据实际到位资金，由证券交易所主机确认有效申购。无论股票发行采取承销商代销还是包销方式，证券交易所将直接或者间接地与上市公司形成特殊的再融资服务法律关系。

在此阶段，证券交易所主要承担两方面职责：一方面，证券交易所提供股票发行所需要的设施和服务，按照《合同法》关于按照最相类似合同确定彼此间权利义务关系的规定，此类法律关系接近于设施租用关系。另一方面，证券交易所向上市公司提供与股票发行相关的服务，包括确认有效申购、排号及抽签、冻结及划转资金等。

（二）持续服务合同关系

《证券法》第113条规定，证券交易所应当为组织公平的集中交易提供保障，公布证券交易即时行情，并按交易日制作证券市场行情表，予以公布。《证券交易所管理办法》第10条规定，证券交易所应当创造公开、公平、公正的市场环境，保证证券市场的正常运行。证券交易所负有提供场所与设施，维持证券市场正常有序运行的义务，上市公司依赖证券市场的有序运行，发行上市证券，实现融资等目的，两者由此将发生相应的法律关系。

（三）持续监管关系

上市协议奠定了证券交易所对上市公司实施自律监管的基础。自律监管，是指证券交易所依照法律法规或者合同，对上市公司实施的民事监管。签订上市协议，意味着上市公司同意接受证券交易所的监管，这种监管是政府监管以外的自律监管或者他律监管，上市公司必须遵守证券交易所颁布、执行的相关规则。上市公司违反证券交易所的规则时，证券交易所有权依据上市协议和上市规则作出处理，情节严重的，证券交易所还可以终止上市。

根据上市协议，上市公司必须接受证券交易所的监管，证券交易所有权监督上市公司履行信息披露义务、监督上市公司建立合理的公司治理结构等。这些监管可能造成上市公司的某种“不方便”，证券交易所对上市公司实施处罚时，更将造成上市公司的某种“不利益”。所以，证券交易所在行使监管权力时，必须审慎行事，不得损害上市公司的正当权益。

（四）民事关系与民事责任

证券交易所实施持续监管时，与上市公司发生多种民事关系，也可能产生多种纠纷：

1. 证券交易所决定暂停股票交易或终止上市，与上市公司发生纠纷。我国台湾地区曾发生过类似案例①，一家公司获得证券交易所同意上市，后来，主管机关发现有未揭露重要事项，因此暂停其上市。该公司依据当时“证券交易所经营细则”第134条关于“因上市契约而生争议，应依约以仲裁方式解决”的规定提起仲裁，仲裁裁决证券交易所应允许该公司上市，从而造成法律上的尴尬。后来，该案经审理改判，认定主管机关有权决定上市与否，仲裁庭无权作出判断。据此，我国台湾地区司法实践认可，在是否批准上市申请方面，无论上市申请是否满足法律规定及证券交易所规定的上市标准，主管机关都拥有最

---

① 参见余雪明：《证券交易法》，571页，台北，证券暨期货市场发展基金会，2000。

终决定权。

2. 证券交易所发布公开谴责，与上市公司或负责人发生纠纷。公开谴责是对上市公司或其负责人的消极评价，涉及是否构成侵犯法人和公民个人名誉权。公开谴责应内容属实，属于对上市公司及其负责人的公正、客观评价，不涉及侵犯名誉权问题。反之，可能构成侵害法人或公民个人的名誉权。

三、证券上市的类型

对于证券上市，可采用不同标准进行分类。依照上市程序，证券上市分为授权上市与安排上市；依照证券种类，证券上市分为股票上市与公司债券上市；依照上市与证券发行的关系，证券上市可分为普通上市与首次发行上市；依照上市地点，可分为第一上市与第二上市。等等。

(一) 证券交易所上市与场外市场挂牌

按照上市场所，证券上市分为证券交易所上市与场外市场挂牌。证券交易所上市，是发行人申请其证券在“证券交易所”挂牌交易。场外市场挂牌，指证券在“证券交易所”以外的其他市场挂牌交易。

《证券法》第39条规定，依法公开发行的股票、公司债券及其他证券，应当在依法设立的证券交易所上市交易或者在国务院批准的其他证券交易场所转让。依据规定，在我国上海和深圳证券交易所上市交易的证券，即为证券交易所上市；获准在其他证券交易场所挂牌的，即为场外市场挂牌。证券在证券交易所上市和场外市场挂牌，在如下方面存在明显区别：

1. 上市或挂牌条件。证券交易所的上市条件高于场外市场的挂牌条件。

2. 审核程序。凡在证券交易所上市的，发行人必须接受证券交易所的严格审核；在场外市场挂牌的，审核程序比较宽松。

3. 法定义务。凡在证券交易所上市的，发行人必须依法严格履行信息披露义务；在场外市场挂牌的，发行人承担的信息披露义务较少。

4. 上市或者挂牌费用。发行人在证券交易所上市证券的，应缴纳较高费用；在场外市场挂牌的，发行人承担的费用较低。

(二) 授权上市与安排上市

1. 授权上市。也称核准上市，指证券交易所根据发行人申请，依照法定程序核准证券上市。在我国，上市申请人主要为股份有限公司，上市证券主要是公司证券（如股票和公司债券）。证券交易所在受理上市申请时，必须严格履行审查程序，对于不符合法律或证券交易所规定条件的申请，证券交易所有权拒绝，即使证券上市后，也有权终止其继续上市交易。

2. 安排上市。有学者称之为认可上市，指证券交易所根据监管机构要求，必须接受某些证券在证券交易所上市，主要适用于政府证券。对于政府证券，证券交易所不进行上市审查，亦无权拒绝或终止政府证券的上市。在美国，政府证券又被称为“豁免证券”，即豁免证券交易所的上市审核。

《证券法》第48条第1、2款分别规定了授权上市和安排上市。在授权上市方面，该条第1款规定，申请证券上市交易，应当向证券交易所提出申请，由证券交易所依法核准同意，并由双方签订上市协议。在安排上市方面，该条第2款规定，证券交易所根据国务院授权的部门的决定安排政府债券的上市交易。从实践来看，我国政府证券的数量低于非政府证券，因此，所称“证券上市”，主要是核准上市。

(三) 普通上市与首次发行上市

普通上市，指在证券发行完成后，发行人另择日期申请上市。在发行人选择普通上市时，证券招募文件只说明证券将在未来上市的可能，但没有确定的上市时间表和日期。证券发行成功后，发行人股东大会或董事会另定证券上市事宜。

首次发行上市，指发行人在公开发行证券时，就已确定近期上市计划，并于发行成功后的合理时间内申请证券上市交易。在首次发行上市中，证券发行也是证券上市的前提。即使证券发行和上市在某一时间段内分别实施，也属于同步进行。

首次发行上市是我国证券上市的主要类型，但随着有更多发行人采取私募方式募集资金，人们逐渐接受证券发行与上市的分离体制，普通上市的情况将逐渐增多。在普通上市中，证券发行和上市的时间间隔不应太长。在通常情况下，发行人的招募文件已就首次发行上市作出安排和预期，这种预期将引起投资者的兴趣，提高证券的发行效率。如果证券发行成功后拖延上市，发行人的情况及营业环境等可能发生较大变化，进而会改变发行人的实质条件，也会影响投资者的合理预期。

(四) 第一上市与第二上市

第一上市和第二上市是对应的概念，即唯有存在第二上市时，才有第一上市，反之亦然。据此，当发行人的证券同时在两个以上证券交易所上市时，最早的上市称为第一上市，后一上市称为第二上市。在发行A+H股票的我国上市公司中，就有第一上市和第二上市之分。仅发行A股或H股股票的上市公司，就无所谓第一上市和第二上市。

不同的证券交易所可能处于不同的司法区域，而不同上市地的法律和规则有所差别，因此，为了协调第一上市与第二上市的关系，沪深证券交易所《股票上市规则》第16.1条规定，在本所上市的公司同时有证券在其他证券交易所上市的，其他证券交易所要求披露的信息，上市公司应当同时向本所报告，经本所审核后同时公告。

(五) 股票上市与公司债券上市

依照上市股票种类，股票上市可再分为股票境内上市和股票境外上市。在股票境内上市中，又分为A股股票上市和B股股票上市；股票境外上市，因上市地不同而有不同称谓，如H股股票上市，指在香港联合证券交易所上市，N股股票上市，指股票在纽约证券交易所上市。在我国，不同种类股票的境内上市条件有所不同，股票境外上市的，因上市地不同而应遵守不同的上市条件及审查程序。但是，无论境内上市还是境外上市，我国公司申请股票上市的，必须遵守我国现行法律法规的规定。

公司债券上市，分为普通公司债券上市以及可转换公司债券上市两种。公司债券上市，应当同时符合《公司法》及《证券法》的有关规定；可转换公司债券的上市，还应当遵守关于可转换公司债券上市的其他规定。

(六) 直接上市与间接上市

1. 直接上市

直接上市，即公司以自己的名义直接提出申请并获准在证券交易所上市。以上市地作为标准，再分为境内直接上市和境外直接上市。境内公司以自己名义申请在上海或者深圳证券交易所挂牌交易其股票的，为境内直接上市；境内公司以自己名义向境外证券监管机构申请并获准在境外证券交易所上市的，称为境外直接上市。在我国，A股和B股，即为境内直接上市公司的股票；H股、N股、S股等，为国内公司境外直接上市的股票。

2. 间接上市

直接上市程序繁复、成本较高、时间较长。为了避开严格的境内审批程序，有的公司采取间接方式在海外上市。即国内企业先在境外注册公司，再以境外公司名义直接在海外发行股票，募得资金用于收购国内公司控制的资产或者股权，然后再由境外公司以自己名义在境外证券交易所上市。

在间接上市中，采取了在境外设立关联公司、海外发行股票、海外公司收购境内资产等多项法律技术，最终实现了境外公司对境内资产的事实控制，或者实现了境内资产转移到海外的目标。因此，间接上市成为我国法律监管的重要内容。《证券法》第238条规定，"境内企业直接或者间接到境外发行证券或者将其证券在境外上市交易，必须经国务院证券监督管理机构依照国务院的规定批准"。

第二节　证券上市条件

一、证券上市条件的概述

证券上市条件，是证券交易所要求的、上市申请人或证券必须满足的各项条件，既包括法律规定的条件，也包括证券交易所制定的证券上市条件。既然证券上市体现了民事关系，在理论上，就应当允许双方当事人协商确定上市条件，然而，上市证券是公众投资者买卖的证券，为了保护公众投资者利益，《证券法》明确规定了证券上市的法定条件，证券交易所也制定并公布了上市条件，在实质上限制了自由协商上市条件的机会。

（一）法律规定的条件

原《公司法》和《证券法》分别规定了证券的上市条件，现在则由《证券法》作出统一规定。这种做法有助于公众简约地了解和掌握证券上市的条件。对比证券上市的新、旧条件，主要差异如下：

1. 在上市条件的内容方面。原《证券法》采取了严格管制态度，股票和公司债券的上市条件比较严格。根据原有规定，公开发行股票公司的股本总额应不少于5 000万元，且公司最近三年连续盈利。现行《证券法》规定，公司股本总额不得少于3 000万元人民币，公司无须持续三年连续盈利。

2. 在上市条件的法定化方面。原《证券法》设定了各种证券的上市条件，上海和深圳证券交易所也采取了完全相同的上市标准。在实践中，证券交易所从未与发行人商定过特殊的上市条件，从未制定有别于法定条件的其他条件。现行《证券法》第50条第2款规定，"证券交易所可以规定高于前款规定的上市条件，并报国务院证券监督管理机构批准"。

3. 在监管机构方面。原《证券法》规定，证监会审核证券上市申请，并可授权证券交易所审核证券上市申请。但在实践中，证监会从未授权证券交易所行使上市审核权。2005年《证券法》规定，证券交易所承担证券的上市审核职权，证监会只承担监管职责。

4. 在暂停和终止上市方面。原《证券法》规定，由证监会决定证券的暂停上市和终止上市。按照现行《证券法》规定，该项职权已交由证券交易所行使。

(二) 上市规则规定的条件

根据《证券法》第50条第2款规定，证券交易所可以规定高于股票上市法定条件的条件，并报国务院证券监管机构批准。至于证券交易所能否对公司债券上市制定更高标准，《证券法》没有明确规定，但目前证券交易所制定的公司债券上市条件均高于法定条件。

1. 股票上市条件

上海和深圳证券交易所于1998年正式实施各自的《股票上市规则》，并分别于2000年、2001年、2002年、2004年、2006年、2008年和2012年作出修订。另外，深圳证券交易所为了满足创业板股票上市的需要，还专门制定了《创业板股票上市规则》。

2. 公司债券上市条件

上海和深圳证券交易所原来制定有《企业债券上市规则》，后于2007年修订并更名为《公司债券上市规则》；此外，上海和深圳证券交易所还于1998年制定有《可转换公司债券上市交易规则》，后修订并更名为《可转换公司债券上市规则》。迄今已数次修订。

3. 证券投资基金上市条件

证监会于2003年批复同意实施《上海证券交易所证券投资基金上市规则》和《深圳证券交易所证券投资基金上市规则》。迄今已多次修订。

二、股票上市条件

根据《证券法》第50条规定以及上海和深圳证券交易所上市规则，在主板上市股票的主要条件是：

1. 股票经国务院证券监督管理机构核准已经公开发行；
2. 发行后公司股本总额不少于人民币5 000万元[①]；
3. 公开发行的股份达到公司股份总数的25%以上；公司股本总额超过4亿元人民币的，公开发行股份的比例为10%以上；
4. 公司最近三年无重大违法行为，财务会计报告无虚假记载；
5. 证券交易所要求的其他条件。

三、公司债券上市条件

(一) 普通公司债券的上市条件

《证券法》第57条规定，公司申请公司债券上市交易必须符合下列条件：

1. 公司债券的期限为1年以上；
2. 公司债券实际发行额不少于人民币5 000万元；
3. 公司申请债券上市时仍符合法定的公司债券发行条件。

(二) 可转换公司债券的上市条件

根据上海和深圳证券交易所上市规则，主要上市条件如下：

1. 可转换公司债券的期限为1年以上；
2. 可转换公司债券实际发行额不少于人民币5 000万元；

---

① 《证券法》第50条第1款第2项规定的上市条件是“公司股本总额不少于三千万元”，该条件低于沪深两家证券交易所规定的5 000万元。

3. 申请可转换公司债券上市时，仍符合法定的公司债券发行条件。

第三节 证券上市程序

一、证券上市的审核机构

根据原《证券法》的规定，证监会负责审核证券的上市申请。根据现行《证券法》，证券交易所是证券上市的审核机构。在性质上，证券上市是民事合同关系，证券交易所作为接受证券上市的市场组织者，有权依法独立审核证券上市。证券交易所行使证券上市审核权，在理论和实践中具有重要意义。

1. 突出了证券上市的民事关系性质。证券上市是发行人和证券交易所之间的协议行为。签订证券上市协议，即表明发行人接受证券交易所制定的各项规则，证券交易所愿意接受发行人的上市申请。证券交易所为了扩大市场规模、增加交易量，通常不会拒绝合法提出的上市申请，但其保留拒绝的权利。证监会作为监管机构，不宜过多介入，但仍应承认其否决权。

2. 确立了上市规则的相对独立性。证券交易所是证券交易的组织者，有权根据变动的情况确定上市规则，自行确定接纳上市的证券类型，决定接纳上市的发行人类型，有权制定高于法定上市标准的更严格标准。上市申请即使符合《证券法》规定的条件，证券交易所也并非必须接受证券上市。

3. 协调了证券公开发行与证券上市之间的关系。如果证券交易所有权自行制定上市标准，却由证监会审核证券上市申请，证监会就不得不遵守证券交易所制定的上市规则，这将有悖于证监会的法定职权。为了专注于保护投资者利益，证监会应当主要负责证券公开发行的审核。

二、证券上市申请和保荐

申请人必须是依法设立、合法存续至今的股份有限公司和有限责任公司。保荐人必须是取得保荐人资格的保荐机构。

（一）股票上市申请

上市申请人提出股票上市交易申请时，应向证券交易所报送以下文件[①]：

1. 上市报告书；
2. 申请股票上市的股东大会决议；
3. 公司章程；
4. 公司营业执照；
5. 依法经会计师事务所审计的公司最近三年的财务会计报告；
6. 法律意见书和上市保荐书；
7. 最近一次的招股说明书；
8. 证券交易所上市规则规定的其他文件。

① 参见《证券法》第52条。

（二）公司债券上市申请

公司债券上市申请人申请公司债券上市交易的，应当向证券交易所报送以下文件[①]：

1. 上市报告书；
2. 申请公司债券上市的董事会决议；
3. 公司章程；
4. 公司营业执照；
5. 公司债券募集办法；
6. 公司债券实际发行数额的证明文件；
7. 证券交易所上市规则规定的其他文件。

（三）上市保荐书

上市申请人向证券交易所申请证券上市的，应当依法提交保荐人出具的上市保荐书。[②]在我国，保荐分为发行保荐和上市保荐，不排除申请人在证券发行和上市阶段分别聘请不同的保荐人。然而，为了提高证券发行和上市效率，减少不必要的工作重复，发行保荐人通常兼任上市保荐人。

报送上市保荐书，主要适用于：（1）股票的上市申请；（2）与股票性质相似证券的上市申请。[③]申请普通公司债券上市的，不需要提供上市保荐书。因为公司债券是发行人承诺到期还本付息的权利凭证，发行人的偿付能力取决于其财产能力和信用等级等，保荐制度无法解决发行人的偿付能力，因此申请普通公司债券上市的，无须提交上市保荐书。

三、证券交易所的审核同意

上市审核，是证券交易所依照法律以及上市规则，对于申请人的上市资格和条件进行的审查。同意上市，是证券交易所基于审核结果，接纳发行人及证券挂牌交易的肯定性意思。在通常情况下，证券交易所在内部设立上市审核委员会，负责具体审核工作；上市审核委员会审核合格后，再由证券交易所作出同意上市的决定。

（一）上市审核委员会的审核

上市审核委员会，是证券交易所内部设立的工作机构，负责审核证券上市申请。上市审核委员会的成员包括证券交易所内部成员和外部成员，上市审核委员会按照“少数服从多数”的原则审核每宗上市申请。

上市审核委员会审核时，主要考虑如下因素：

1. 上市条件。证券上市申请，必须符合法律法规以及证券交易所制定的上市条件。

2. 产业政策。《证券法》第51条规定，国家鼓励符合产业政策并符合上市条件的公司股票上市交易。产业政策是极具变动性的概念，在不同时期，产业政策不尽相同，斟酌产业政策作出的审核结果，具有某种不确定性和差异性。正因如此，证券交易所以及上市审核委员会应当站在公平、不偏不倚的立场上，慎重作出审核决定。

3. 审核期限。证券交易所应当制定、公示合理的审核期限，应当在合理期限内完成对上市申请的审核。审核期限不确定，申请人的上市预期就容易落空，这必将加大申请人的

---

① 参见《证券法》第58条。

② 关于保荐人制度，参见第七章第三节的相关内容。

③ 参见《证券法》第49、52、58条。

成本，还将影响到投资者的投资热情。

（二）证券交易所的同意

在完成审核程序后，证券交易所应将审核结果通知申请人。如果同意证券上市申请的，证券交易所应与申请人尽快正式签订上市协议；如果需要申请人补充文件、资料的，应以书面形式告知申请人；如果证券交易所不同意上市申请，应当尽快通知申请人。对证券交易所作出的不予上市决定不服的，可以向证券交易所设立的复核机构申请复核。[①]

四、上市协议的签订

上市申请人收到证券交易所发出的上市通知后，应与证券交易所正式签订上市协议。上市协议是上市申请人与证券交易所签订的、用以明确彼此权利义务关系的民事协议。

（一）上市协议的特点

1. 上市协议属于服务协议。根据上市协议，上市证券必须在证券交易所内交易，证券交易所有义务为上市证券的交易提供完善、有效、安全的交易设施和条件；上市公司必须向证券交易所交纳规定的上市费用。

2. 上市协议属于格式条款。上海及深圳证券交易所已制定了上市协议的标准条款，证券交易所与各上市公司签订的上市协议，在内容和格式上应当保持基本一致。经过双方协商，证券交易所和上市公司可以签订特别的协议条款。

3. 上市协议是证券交易所对上市公司实施自律监管的基础。证券交易所对上市公司实施监管，不仅要符合《证券法》和《证券交易所管理办法》的规定，还要符合上市协议的约定。这种做法不仅反映了我国证券上市的实际情况，也符合国际通行做法。

4. 上市协议是转引证券交易所交易规则的法律依据。为了实现公开、公正和公平的原则，证券交易所可以根据证券市场的变化情况，及时制定、发布与证券交易有关的各项具体规则。上市公司拒绝接受约束的，证券交易所有权单方终止双方签署的上市协议。

（二）上市协议的内容

上市协议的主要条款如下：

1. 上市公司名称及法定代表人；
2. 上市费用的项目与数额；
3. 双方的权利与义务；
4. 上市公司证券事务负责人；
5. 上市公司定期报告、临时报告的报告程序及回复交易所质询的规定；
6. 证券停牌事宜；
7. 违反上市协议的处理方式；
8. 仲裁条款；
9. 证券交易所认为应当规定的其他内容。

五、上市公告

申请人收到证券交易所上市通知书并签订上市协议后，应当安排上市公告书及其他文

① 参见《证券法》第62条。

件的公告。上市公告，是上市申请人向社会公众发布、告知证券获准上市交易的各种行为，是证券上市交易的重要前置程序。

根据《证券法》第53条和第59条，股票和公司债券上市交易申请经证券交易所审核同意后，签订上市协议的公司应当在规定的期限内公告股票上市的有关文件，并将该文件置备于指定场所供公众查阅。

(一) 披露规则

根据《证券法》规定，股票或者公司债券上市申请获得证券交易所同意后，证券发行人应当在上市交易的5日前，公告经核准的股票上市或公司债券上市的有关文件，并将该等文件置备于指定场所供公众查询。主要披露规则如下：

1. 披露期限。上市公告文件应在证券上市交易的5日前进行披露。在实践中，早在股票或者公司债券发行准备阶段，就已完成了公告文件的起草。但由于尚未获得证券交易所的同意，所以已起草的文件属于公告文件的初稿。在审核上市申请期间，任何人不得擅自披露公告文件的相关信息。

2. 披露文件。股票上市公告文件，主要分为上市公告书和简要上市公告书，应当根据情况，分别采用上市公告书和简要上市公告书。

3. 披露方式。可采取三种方式披露上市公告文件：(1) 报刊刊登方式，即在证监会指定的披露上市公司信息的全国性报刊上刊登上市公告文件；(2) 置备查询方式，即将公告文件置备于证券发行人所在地、证券交易所、有关证券经营机构及其网点；(3) 按照规定的份数，报送证监会。

(二) 上市公告书

鉴于现行《证券法》采取了证券发行和上市分离审核的体制，原由证监会发布的、涉及上市公告的部门规章已经废止。比如《公开发行股票公司信息披露实施细则（试行）》(证监上自［1993］43号)、《上市公告书的内容与格式（试行）》(证监会于1997年1月6日发布）等。

证监会于2007年1月30日发布了《上市公司信息披露管理办法》，该管理办法第15条针对上市公告书的制作和披露，原则规定如下：申请证券上市交易的，应当按照证券交易所的规定编制上市公告书，并经证券交易所同意后公布。发行人的董事、监事、高级管理人员，应当对上市公告书签署书面确认意见，保证所披露的信息真实、准确、完整。上市公告书应当加盖发行人公章。

(三) 其他公告事项

根据《证券法》第54条，签订上市协议的公司还应公告下列事项：

1. 股票获准在证券交易所交易的日期；

2. 持有公司股份最多的前10名股东的名单和持股数额；

3. 公司的实际控制人；

4. 董事、监事、高级管理人员的姓名及其持有本公司股票和债券的情况。

(四) 公司债券上市公告

对于公司债券上市公告，《证券法》第59条原则规定如下：公司债券上市交易申请经证券交易所同意后，发行人应当在规定的期限内公告公司债券上市文件及有关文件，并将其申请文件置备于指定场所供公众查阅。

六、挂牌交易

证券获准上市后，即可在证券交易所指定的日期上市交易。挂牌交易是完成证券上市程序的最终标志。挂牌上市的证券，即称为"上市证券"，上市证券的发行公司，被称为"上市公司"。上市证券只能在证券交易所内、按照证券交易所的交易规则进行买卖。

第四节 上市证券的委托交易程序

投资者不能进入证券交易所直接交易，必须委托合格的证券公司，才能从事证券交易。投资者委托证券公司买卖证券的程序，主要分为开户、委托、成交、清算、交割和过户等步骤。① 委托交易或代理买卖，是投资者从事证券交易的主要形态。委托交易程序也是典型的交易程序。本节主要介绍委托交易程序，并扼要涉及证券自营买卖。场外交易中的挂牌交易，本章第六节另外介绍。

一、开立账户

开立账户，既包括投资者在证券登记结算机构开设证券账户，也包括投资者在证券公司开设资金账户，简称"开户"②。开户是从事证券交易的前提，本身不是证券交易。从事交易的投资者，需要分别开立证券账户和资金账户。

(一) 开立证券账户

证券账户是专门用来保管投资者证券的账户，是为投资者开出的、记载其证券持有及变更的权利凭证。③ 持有证券的投资者必须将所持证券存入证券账户，才能通过证券交易所的交易系统卖出证券；买入证券的投资者，必须将买入证券存入该证券账户。

开立证券账户时，投资者必须向中国证券登记结算有限公司（以下简称证券登记结算公司）的分支机构或其代理机构，提出开立账户申请。④ 为了便于开设证券账户，证券登记结算公司可以委托证券公司受理开户申请。在实践中，为了避免混乱，证券登记结算公司事先向各受托证券公司核发一定数量或者"号段"的证券账户号码。证券公司接受投资者开户申请并核发证券账户号码后，不得将该号码再行提供给其他投资者。投资者开户时，应当遵守如下规定：

第一，开立证券账户采取实名制。《证券法》第166条规定，证券登记结算机构应当按照规定以投资者本人的名义为投资者开立证券账户。除国家另有规定者外，投资者申请开立账户，必须持有证明中国公民身份或者中国法人身份的合格证件。申请人填写开户申请书后，证券登记结算机构或者其代理机构应当审核开户申请人身份。我国现有沪、深两家证券交易所，投资者为了分别从事沪、深两家证券交易所的证券买卖，通常分别开设两个证券账户。

---

① 具有自营资格的证券公司，有权以自己的名义直接从事证券买卖，此为自营买卖，不涉及委托交易。

② 《证券法》第111条规定，投资者应当与证券公司签订证券交易委托协议，并在证券公司开立证券交易账户，以书面、电话以及其他方式，委托该证券公司代其买卖证券。

③ 参见《中国证券登记结算有限责任公司证券账户管理规则》第1.4条。

④ 《证券法》第166条规定，"投资者委托证券公司进行证券交易，应当申请开立证券账户"。

第二，符合外汇管制政策。我国实行严格的外汇管制政策，人民币和外币不能随意兑换。因此，从事A股和B股股票买卖的投资者，所开立的证券账户不尽相同。A股股票账户的开户申请人，必须是中国公民或者法人，经批准的合格境外机构投资者，也可申请开立从事买卖A股股票的证券账户。B股股票账户的开户申请人，原则上是外国法人、自然人以及我国港澳台地区的法人和自然人。2001年2月19日，经国务院批准，证监会决定允许境内居民以合法持有的外汇开立B股账户。①

第三，符合“一市一户、一人一户”的要求。证券账户按类别分为上海证券账户和深圳证券账户；按用途分为人民币普通股票账户、人民币特种股票账户、证券投资基金账户、其他账户。一个自然人、法人可以开立不同类别和用途的账户，但是，对于同一类别和用途的证券账户，一个自然人、法人只能开立一个。法律法规和行政规章另有规定的除外。②

（二）开立资金账户

在开立证券账户后，投资者应选择在一家具有经纪业务资格的证券公司，申请开立资金账户并办理全面指定交易委托。按照全面指定交易制度，投资者只能选择一家证券公司开立资金账户，避免“一个投资者在数家证券公司开立资金账户”的情况。资金账户是专门用于存储结算资金或者保证金的账户，无须存入资金。但是，投资者从事交易时，必须在资金账户内存有足额结算资金或者保证金。

开立资金账户的规则，主要如下：

第一，开立资金账户采用实名制，资金账户和证券账户的名义必须一致。受理开户的证券公司应当审查开户申请人的身份、证券账户及其他相关资料。

第二，开立资金账户的最低资金限额，由证券公司营业规则加以确定。

第三，账户内资金属于客户保证金，由证券公司受托管理，不属于证券公司的自有资金，证券公司不得挪用客户保证金。

第四，证券公司客户的交易结算资金应当存放在商业银行，以每个客户的名义单独立户管理③，不允许将客户资金集中存放。

（三）开立账户的法律性质

开户是申请人申请开立账户、证券登记结算机构和证券公司受理并办理开户的行为。投资者完成开户手续，即与证券登记结算公司和证券公司分别建立了账户管理关系。证券登记结算公司与投资者存在证券账户管理关系，证券公司与投资者存在资金账户管理关系。

在本质上，账户属于特殊的财产，证券账户和资金账户属于信托账户。证券登记结算机构和证券公司分别是证券账户和资金账户的受托人，投资者是账户委托人和受益人。受托人基于掌握、管理投资者（委托人）的证券账户和资金账户，与投资者形成了信托管理关系。信托关系属于信赖关系，受托人应当竭尽忠实和勤勉义务，保护投资者利益。

在性质上，账户管理关系是投资者与证券公司或证券登记结算公司形成的概括委托关系。所谓概括委托关系，是指投资者委托证券公司或证券登记结算公司料理其账户事务，

---

① 参见第三章第二节。

② 参见《中国证券登记结算有限责任公司证券账户管理规则》第3.1、3.6条。

③ 参见《证券法》第139条。

而非授权受托人利用该账户从事证券交易。

二、委托指令

投资者完成资金账户的开户，意味着证券公司接受了投资者的概括委托；在此基础上，证券公司才能接受投资者发出的买卖指令，为投资者办理证券买卖事务。

(一) 投资者发出买卖交易指令

投资者买卖证券时，必须在营业时间内向证券公司发出买卖指令，证券公司审查并接受指令后，与客户形成了买卖证券的委托关系。投资者发出委托指令时，应详细说明以下内容：(1) 股东账户及密码；(2) 委托序号和时间；(3) 证券名称（全称、简称和证券代码)；(4) 委托买进或卖出数量；(5) 交易性质；(6) 委托价格；(7) 委托期限。委托内容还应包括委托人姓名或名称、证券账户和资金账户等事项。

根据交易所业务规则，买卖委托分为当面委托、电话委托、电报委托、传真委托、信函委托和电脑报单六种形式。

1. 当面委托即柜台委托。投资者在证券公司柜台处填写书面的买卖成交单，证券公司接收书面成交单后，柜台委托即告成立。投资者采取电报委托、传真委托、信函委托形式的，可视为柜台委托的衍生形式。

2. 电话委托和电脑委托属于自助委托。投资者发出委托指令时，无须填写书面委托成交单，而应使用证券公司事先提供的交易密码，自行下达交易指令。投资者有权依照交易规则随时改变交易密码，但没有定期或者不定期地修改密码的义务。投资者通过自助委托方式发出委托指令的，证券公司必须妥善保留相关记录。

投资者办理柜台委托时，必须填写书面成交委托单并签字、盖章，证券公司和投资者各执一份，各方所持的成交委托单，具有书面证据的一般效力，在认定客户是否发出交易指令、确定交易指令的含义上，这种做法可以避免争议。在自助委托中，交易指令是以密码发出的，而非以签字方式记录。在理论上，所有知道密码的人（如投资者的亲属、证券公司营业部工作人员）都可能以投资者名义发出指令。在此情况下，如果发生交易损失，难免引发争议。对于类似问题，我国现有交易规则尚未作出合理回应，必须重视自助委托带来的崭新问题。

(二) 证券公司审查指令的义务

证券公司收到委托指令后，应当按照开户契约、交易规则以及法律法规规定，审查委托指令的合法性、真实性和同一性。

1. 合法性审查，主要是对主体、程序及内容的合法性进行审查。例如，依照交易规则，证券公司不得接受投资者作出的全权委托指令。

2. 真实性审查，即证券公司应核对委托买卖证券的数量及金额，确认其与账户实有证券及资金的数额相一致。在现货交易中，投资者委托买进证券时，须将委托买进的款项全额交付给证券公司；投资者委托卖出股票时，须将股票全额存入证券账户。在信用交易中，证券公司应核查投资者是否交足保证金，以避免透支。

3. 同一性审查，即审查委托人委托报单与在证券公司的开户信息相一致，以确定买卖委托是投资者的有权报单，具体应当核对身份、账号及证件的一致性。

4. 适当性审查。深圳证券交易所《投资者管理适当性管理办法》规定，对于从事创业板股票交易的投资者，证券公司应当切实履行创业板市场适当性管理职责，了解客户的身份、财产与收入状况、证券投资经验、风险偏好、投资目标等相关信息，有针对性地进行风险揭示、客户培训、投资者教育等工作，引导客户在充分了解创业板市场特性的基础上开通和参与交易。

三、竞价与成交

投资者发出指令后，证券公司必须即刻通知场内交易员申报竞价，也称报单。[①] 在手工报单方式下，证券公司通过专柜形式进行竞价。证券公司营业员在证券公司柜台接收、审核投资者的委托指令，对审核合格的委托指令，立即通过电话或电脑送达证券公司驻场营业员，由驻场营业员以手势执行委托指令。

在我国，已不采用传统的手工报单方式，而采取两种报单方式：一是，由证券公司营业人员通过计算机终端向场内申报竞价交易，由营业人员按照输入程序及规则，确定每笔委托的编号，然后输入证券交易所主机。二是，专柜书面竞价交易，即营业人员在接受买卖委托指令后，依顺序编号填制“证券买卖记录单”，并将买卖指令输入证券交易所主机，由计算机撮合成交。在委托成交之前，投资者有权变更、撤销委托。在自助委托形式下，投资者的交易指令直接通过电脑终端发送至证券公司的计算机系统，再转送到证券交易所的交易主机。投资者的交易指令通过证券公司，按照时间序号输入证券交易所计算机主机，通过证券交易所场内竞价方式撮合成交。

在集中竞价环境下，竞价分为集合竞价和连续竞价两种形式。

1. 集合竞价，是为了确定特定营业日的证券开盘价而采取的集中竞价方式。依照交易规则，证券交易所在每个营业日正式开市前规定的时间（9：10～9：25），由证券交易所主机接受所有证券买卖指令。证券交易所主机在该期间仅接收和存储各交易指令，而不进行撮合成交。在正式开市前一瞬间，证券交易所主机将所有买卖盘价格和数量进行处理，以产生该证券的开盘价。撮合成交的规则是：(1) 使高于开盘价的买单和低于开盘价的卖单能够全部成交；(2) 使开盘价下的买卖单成交量最大化。如果依上述规则无法形成当日开盘价，则以前一交易日的收盘价作为当日开盘价。

2. 连续竞价，是通过集合竞价形成开盘价后，在特定营业日内形成各笔证券交易价格的技术手段。在集合竞价结束后，证券交易所开始当日的正式交易，交易系统将在整个交易日内依照价格优先和时间优先规则，确定每笔证券交易的具体价格，此为连续竞价。按照该规则，每一时点的证券买进申报如果高于、等于卖出申报时，即按价格顺序撮合成交；在每一同等成交价格点上，如买卖申报有时间差异，按时间顺序使先申报者成交。凡不能成交者，将等待机会成交；部分成交者，剩余部分将处于等待成交状态。投资者的委托如未能全部成交，证券公司可在委托有效期限内继续执行，直至有效期限届满。

四、证券交易的结算

证券交易的结算，是指证券买卖双方在成交后，通过交易清算系统进行资金和证券的交付与收讫，分为清算和交收。

---

① 《证券法》第112条规定，证券公司根据投资者的委托，按照证券交易规则提出交易申报，参与证券交易所场内的集中交易。

1. 清算

证券交易的清算，分为证券公司清算和证券登记结算公司清算两个步骤。证券公司清算，是证券公司根据投资者的成交情况，计算证券和资金的应收应付数额。证券登记结算公司的清算，是指证券登记结算公司计算证券、资金的应收应付数额。

我国采取“二级清算”或“分级清算”规则，即证券登记结算公司负责办理与证券公司之间的集中清算交收，证券公司负责办理与客户之间的清算交收。在证券登记结算公司与证券公司之间，采取多边净额结算方式办理清算。据此，证券登记结算公司应将证券公司的证券和资金，轧差计算出应收应付的净额，并将清算结果及时通知证券公司。证券公司在进行集中交收前，应向客户收取应付的证券和资金，证券公司的证券交收账户和资金交收账户应当留存足额的证券和资金。

根据二级清算或分级清算规则，投资者直接与证券公司办理清算，与证券登记结算公司之间没有清算关系。证券公司先与客户清算，再与证券登记结算机构清算。

2. 交收

交收，是指证券登记结算公司根据清算结果，转移证券和划拨资金，也称为交割。与清算相似，证券登记结算公司负责办理与证券公司之间的交收，证券公司办理与客户之间的交收，证券登记结算公司与证券公司客户不存在交收关系。

根据交易清算规则，证券公司在代理投资者进行证券交易的当日，应当在收市后首先与证券交易所办理清算业务，由各证券公司依差价交收规则对买卖证券的金额差价予以清偿；然后，每个证券公司对其代理的投资者买卖证券的价款金额进行清抵。根据当日信用结算惯例，投资者在得到成交报告时，账户内资金即已清结；其中，卖出证券者已得到资金，并可将该资金另作其他用途；买入证券者，其账户内资金已被减去，不得再透支购买证券，形成了清算规则上的 T+0 规则。

五、证券登记过户

证券登记过户，是指证券交易成交后，买卖双方通过证券公司以及证券登记结算公司进行证券权利的转移与过户登记。登记是指证券登记结算公司接受发行人委托，通过设立、维护证券持有人名册确认证券持有人持有证券的事实。根据现有交易规则，在证券买卖成交后的下一个营业日，证券登记结算公司为投资者办理完毕过户登记手续，并提供交割单。如逢法定节假日，过户手续顺延至节假日后的第一个营业日。依此，在某营业日买进的证券，只能在下一个营业日卖出，此为 T+1 规则。

第五节 停牌与复牌

根据《证券法》第 114 条规定，因突发性事件而影响证券交易的正常进行时，证券交易所可以采取技术性停牌的措施。证券交易所采取技术性停牌，必须及时报告国务院证券监督管理机构。

一、停牌与技术性停牌

在证券交易中，如果发生某种突发性事件，影响了证券交易的正常进行，上市公司有权申请其所发行的证券暂时停止交易。证券交易所也有权自行暂时停止某上市证券的交易，即为停牌；待该种突发性事件消除后，证券交易所有权自行决定复牌，也有权根据上市公司的申请决定复牌，即恢复交易。

1. 停牌仅指暂停某只或数只证券的交易，不影响上市公司及上市证券的资格。在停牌期间，上市公司及上市证券的资格不变。停牌不同于暂停上市或者终止上市，暂停上市或终止上市，是暂停或终止资格，而非暂停交易。

2. 停牌仅限于暂停某只或数只证券的正常交易。如果在证券交易所上市的多只或全部证券停止交易，可构成停市。停市分为部分停市和全部停市。部分停市的，指数照常计算，全部停市，指数停止计算。

3. 必须基于某种影响证券交易正常进行的突发性事件。突发性事件的种类，由证券交易所之交易规则规定。

4. 引起停牌的原因，是发生了影响证券交易正常进行的突发事件。该突发事件的种类，由证券交易所交易规则明确规定。当该种突发原因消除后，停牌证券恢复交易，即复牌。

5. 经上市公司申请或者由证券交易所决定，可以采取停牌措施。在停牌时，证券行情表中会出现"停牌"字样，该股票买卖自然停止，该股票一栏即是空白。证券交易所采取技术性停牌措施的，必须及时报告证监会。

必须注意到，停牌与复牌是相对应的概念，停牌系停止交易，复牌系恢复交易。

二、停牌原因

停牌原因，由证券交易所上市规则具体规定。我国上海和深圳证券交易所《股票上市规则》第十二章规定了停牌的主要原因：

1. 上市公司于交易日披露年度报告的；

2. 上市公司召开股东大会，会议期间为交易时间的；

3. 上市公司于交易日披露临时报告的；

4. 上市公司发生的购买、出售交易行为属于证监会规定的应向交易所申请停牌的；

5. 公共传媒中出现上市公司尚未披露的信息，可能或者已经对公司股票及其衍生品种交易产生较大影响的；

6. 上市公司股票交易异常波动的；

7. 上市公司财务会计报告被出具非标准无保留意见，且该意见所涉事项属于违反会计准则、制度及相关信息披露规范性规定的；

8. 上市公司未在法定期限和规则规定的期限内公布定期报告的；

9. 上市公司财务会计报告因存在重大会计差错或者虚假记载，证监会责令其改正但未在规定期限内改正的；

10. 上市公司在公司运作和信息披露方面涉嫌违反法律、行政法规、部门规章及交易所业务规则的；

11. 上市公司定期报告或者临时报告披露不够充分、完整或者可能误导投资者，上市公司拒不按要求就有关内容进行解释或者补充披露的；

12. 上市公司严重违反上市规则且在规定期限内拒不按要求改正的；

13. 上市公司因某种原因使交易所失去关于公司的有效信息来源的；

14. 收购人进行上市公司协议收购或者要约收购；

15. 上市公司出现异常状况，交易所对其股票交易采取特别处理的；

16. 其他原因。

第六节 暂停、恢复和终止上市

证券上市后，上市公司应当积极采取措施，持续满足证券的上市条件。否则，就可能面临暂停上市或者终止上市的局面。

一、概念和制度概况

暂停、终止上市，指在法律、法规和规章规定的事由出现时，证券交易所主动或根据上市公司的申请，决定暂停、终止公司（或者证券）的上市资格。其中，暂停上市是对上市公司或者证券资格的限制，终止上市是对发行公司或者其证券的上市资格的终止。与停牌相比，暂停、终止上市是对上市资格的限制，停牌是对交易活动的限制，停牌不影响证券的上市资格。①

在原《证券法》实施期间，我国对于证券发行和上市采取合一制的审核体制，证监会是决定暂停、终止上市的法定机构。经过证监会授权，证券交易所有权决定暂停、恢复和终止上市。证监会于2001年2月11日、2001年11月30日修改的《亏损上市公司暂停上市和终止上市实施办法（修订）》规定，证券交易所依法决定上市公司股票的暂停、恢复或者终止上市。2005年《证券法》列举了股票和公司债券暂停、终止上市的各项事由，并明确规定由证券交易所作出暂停、终止上市的决定。《证券法》第72条特别规定，证券交易所决定暂停或者终止证券上市交易的，应当及时公告，并报国务院证券监督管理机构备案。从上述规定来看，暂停、恢复和终止上市，已呈现了鲜明的民事化趋势。

我国《证券法》第四章第二节规定了暂停、终止上市制度，证监会发布的《亏损上市公司暂停上市和终止上市实施办法（修改）》以及证券交易所《股票上市规则》，明确规定了暂停、恢复和终止上市。上述法律、法规和规章，构成我国规范暂停上市、恢复上市和终止上市的制度体系。

二、暂停上市

暂停上市，指证券交易所根据法律和证券交易所规定的事由，限制已上市证券的上市交易资格。在限制资格的期间内，暂停上市的证券无法交易；在暂停上市的事由消除后，发行人可申请恢复证券上市。我国《证券法》第55、60条分别规定了股票和公司债券暂停上市的法定事由。

（一）暂停股票上市的法定事由

1. 公司总股本、股权分布等发生变化，不再具有上市条件。

2. 公司不按照规定公开其财务状况，或者对财务会计报告作虚假记载，可能误导投资者。

3. 公司有重大违法行为。

---

① 我国《证券法》经常采用“暂停上市交易”来表达“暂停上市”。

4. 公司最近连续三年连续亏损。

5. 证券交易所上市规则规定的其他情形。[①]

（二）公司债券暂停上市的法定事由

1. 公司有重大违法行为；

2. 公司情况发生重大变化，不符合公司债券上市条件；

3. 公司债券所募集资金不按照核准的用途使用；

4. 未按照公司债券募集办法履行义务；

5. 公司最近二年连续亏损。

必须强调，在暂停上市的场合，上市公司及其上市证券的资格没有根本改变。唯在暂停上市期间内，该上市证券无法在证券交易所系统上进行交易。

三、恢复上市

恢复上市，是指在法律和证券交易所规定的暂停上市之事由消除后，由暂停上市证券的发行人提出申请，证券交易所核准暂停上市证券的恢复上市。所以，恢复上市是与暂停上市对应的概念，与终止上市无关。已终止上市的证券，不存在恢复上市的问题。

（一）恢复上市的条件

在总体上，唯有在法定期限内消除了暂停上市的原因，公司才有权在规定的期限内申请恢复上市。由于暂停上市的法定事由很多，故恢复上市的条件同样复杂多样。沪深证券交易所《股票上市规则》第十四章第二节详细规定了恢复上市的各种具体情形。

（二）恢复上市的申请、核准程序

1. 聘请保荐机构并出具恢复上市保荐书。

上市公司应当聘请代办机构担任其恢复上市的保荐机构，保荐机构应当对恢复上市申请材料的真实性、准确性和完整性进行核查，就公司是否具备恢复上市条件出具恢复上市保荐书，并保证承担连带责任。保荐机构出具的保荐书应当包括上市规则要求记载的事项和内容，并由保荐机构法定代表人（或授权代表）和相关保荐代表人签字，注明签署日期并加盖保荐机构公章。

2. 聘请律师并出具法律意见书。

申请股票恢复上市的公司，应当聘请律师对其恢复上市申请的合法、合规性进行充分的核查验证，对有关申请资料进行审慎审阅，并出具法律意见书。律师及其所在律师事务所应当对恢复上市申请材料的真实性、准确性和完整性承担相应的法律责任。就上市规则规定的事项，律师应当明确发表结论性意见。

3. 上市公司提出恢复上市的申请及文件。

4. 证券交易所受理、核准恢复上市的申请。

证券交易所应在收到恢复上市申请文件后5个工作日内，作出是否受理的决定并通知上市公司。上市委员会对公司恢复上市的申请进行审议，作出独立的专业判断并形成审核意见。证券交易所根据上市委员会意见，作出是否核准公司股票恢复上市的决定。

5. 证券交易所的通知与上市公司的公告。

---

① 例如，沪深证券交易所《股票上市规则》第14.1.1条规定，因交易规则规定的情形，股票被实行退市风险警示后，首个会计年度审计结果表明公司继续亏损的，证券交易所暂停其股票上市。

证券交易所作出核准公司股票恢复上市决定后2个交易日内通知上市公司，并抄报证监会。上市公司应当在收到有关决定后及时披露。

四、终止上市

终止上市，也称“退市”，是指证券交易所根据法律和证券交易所规定的事由，取消或者终止已上市证券的上市资格。换言之，终止上市，即为上市资格的消灭，证券不再是上市证券，上市公司亦失去上市资格，有别于暂停上市。

（一）股票终止上市的法定事由

根据《证券法》第56条规定，股票终止上市的，有五种情形：

1. 公司总股本、股权分布等发生变化，不再具有上市条件，在证券交易所规定的期限内仍不能达到上市条件。

2. 公司不按照规定公开其财务状况，或者对财务会计报告作虚假记载，可能误导投资者，且拒绝纠正。

3. 公司最近三年连续亏损，在其后一个年度内未能恢复盈利。

4. 公司解散或者被宣告破产。

5. 证券交易所上市规则规定的其他情形。①

（二）公司债券终止上市的法定事由

根据《证券法》第61条，公司债券终止上市的事由，分别如下：

1. 公司有重大违法行为，经查后果严重的；

2. 公司情况发生重大变化，不符合公司债券上市条件，在限期内未能消除的；

3. 公司债券所募集资金不按照核准的用途使用，在限期内未能消除的；

4. 未按照公司债券募集办法履行义务，经查后果严重的；

5. 公司最近二年连续亏损，在限期内未能消除的；

6. 公司解散或者被宣告破产的。

（三）终止上市的实行程序

1. 证券交易所作出决定。自终止上市事由出现之日起，证券交易所应当在规定日期内作出是否终止上市的决定。终止上市的事由不同，证券交易所作出终止上市决定的期限有所不同，证券交易所作出决定的内容也有不同。

2. 证券交易所的通知与公告。证券交易所应在作出公司股票终止上市决定后两个交易日内通知上市公司，并于两个交易日内发布相关公告，同时报证监会备案。

3. 证券交易所指定代办机构。直至证券交易所作出终止上市决定时仍未聘请代办机构的公司，证券交易所在作出公司股票终止上市决定的同时，为其指定临时代办机构，通知公司和代办机构，并于两个交易日内就上述事项发布相关公告（公司破产、解散或者被依法责令关闭者除外）。

4. 公司发布公告。公司在收到证券交易所关于终止其股票上市的决定后，应及时披露股票终止上市的公告，该公告应当记载证券交易所要求记载的内容。

---

① 《深圳证券交易所股票上市规则》第14.3.1条逐项列举了有关种具体情形，部分事由重复了《证券法》第56条的规定，部分事由属于证券交易所上市规则特别列举的事由，如恢复上市申请未被受理或者未被核准。

5. 安排进入代办股份转让系统。[①] 公司应当在股票被终止上市后，立即安排进入代办股份转让系统的相关事宜，保证公司股份在证券交易所发布终止上市公告后45个交易日内可以进入代办股份转让系统转让。

（四）与终止上市相关的特别程序——“退市风险警示”

上市公司出现财务状况或者其他状况异常，导致其股票存在终止上市风险的，证券交易所有权对该公司股票实行特别处理（Special Treatment，简称ST）。被实行特别处理的公司股票，其股票简称前冠以“ST”字样，以区别于其他股票。股票报价的日涨跌幅限制为5%。

只有在发生了《股票上市规则》列举的、可能引起终止上市后果的特殊情形时，证券交易所才可启动“退市风险警示”程序。“退市风险警示”是证券交易所对上市公司采用的特别处理方式。我国自1998年4月22日起实行的特别处理政策，目的在于揭示上市公司的特殊财务状况或其他异常状况，以约束上市公司股票的交易。沪深证券交易所发布的《股票上市规则》将其分为“退市风险警示”和其他特别处理。按照规定，“退市风险警示”只适用于《股票上市规则》规定的特殊情形，它表明上市证券存在终止上市的可能，具有合理警示、限制交易的功能，不同于暂停上市和终止上市。

第七节 场外市场的挂牌交易

一、场外市场和场外交易

场外市场（Over the Counter，简称OTC），也称为“店头市场”或“柜台交易市场”，即证券交易所以外的证券交易市场。场外市场没有集中的证券交易场所，而是分散和无固定交易场所的市场。我国《证券法》第39条规定，依法公开发行的股票、公司债券及其他证券，应当在依法设立的证券交易所上市交易或者在国务院批准的其他证券交易场所转让。该规定既是我国建立场外市场的法律依据，落实该条款也成为国务院的重要职责。

（一）场外市场的特点

场外市场是古老的市场形式，场外交易是古老的交易方式。美国场外市场非常发达，场外交易异常繁荣。美国于1792年开始出现店头交易市场，后来又发展出第三市场和第四市场。美国NASTAQ是国际上最著名的场外市场，非上市证券和上市证券都可以在场外市场上进行交易。场外交易在数量、规模和效率上，绝不亚于场内交易。

1. 场外市场是开放性的市场。无论是当面协商还是电话通信，投资者总可在某一价位买进、卖出所持证券。投资者既可委托证券公司代为买进、卖出某种证券，也可以自行寻找交易对方，还可与证券公司直接交易，不受证券交易所交易大厅的地理或位置限制。

2. 场外市场能容纳多种证券的交易。在证券交易所上市的证券，必须符合证券交易所规定的上市条件，上市交易品种比较少。在场外市场，交易品种通常是非上市证券，它们无须满足证券交易所规定的上市条件，证券种类丰富，交易数量庞大。必须指出，非上市证券未必是劣质或垃圾证券。美国公司发行新股时，通常先在场外市场进行交易，政府债券和公司债券也主要在场外市场上转让。

① 参见本章第七节“二”的相关内容。

3. 场外市场采用自己的报价系统。在场外市场上，证券买卖主要采取“协商报价的定价机制”。交易价格，有时是通过协商确定的，有时是通过一方挂牌出价、他方购买而形成的，报价方可随时调整报价。

4. 场外交易采取特殊的交易管理结构。为了促进场外市场的发展，监管机构主要采取间接监管措施。一方面，划定场外交易的具体范围，避免“名为场外交易、实为场内交易”的现象；另一方面，支持各种自律组织监管场外交易，鼓励证券公司、证券业协会对场外交易实施监管。场外市场的监管环境相对宽松，却不是没有监管或无序发展的市场。

(二) 我国的证券场外市场

中国人民银行上海市分行于1987年1月15日发布的《证券柜台交易暂行规定》，明确规定了场外交易的定义，即“本暂行规定所称的柜台交易又叫店头交易或直接交易，是指在证券交易所以外的场所进行证券的转让买卖活动”，“凡章程规定可以转让的政府债券、金融债券、公司债券、公司股票和大面额可转让存款证（亦称大面额存款证），均可在批准经营证券转让买卖业务的金融机构办理柜台交易”。

1. 证券交易所成立前的场外市场

在我国，场外市场同样是最早出现的市场形态。1987年3月27日《企业债券股票管理暂行条例》允许经批准的各专业银行和其他金融机构经办企业债券的转让业务。1987年8月5日，中国人民银行发布关于贯彻国务院文件的通知中明确指出，“企业股票、债券的转让，须经人民银行审查批准，其中跨省、自治区、直辖市发行的股票、债券的转让，应报人民银行总行批准”，“经营企业股票、债券等有价证券转让业务的机构，目前仅限于独立核算的信托投资公司和其他非银行金融机构”。1988年中国人民银行和财政部转发《关于开放国库券转让市场试点实施方案的请示报告》，在允许国库券转让的同时，特别提及经批准的金融机构可以办理国库券转让中介业务。1990年以后，中国人民银行发布了《跨地区证券交易管理暂行办法》以及《关于设立证券交易代办点有关问题的通知》等规范性文件，《证券交易营业部管理暂行办法》还明确规定证券交易业务部可以办理“证券的签证、登记过户”、“证券代保管”等业务。上述规章和规定说明，在上海和深圳证券交易所设立前，我国就存在证券场外市场和场外交易。

1990年10月26日，中国人民银行发布《关于建立全国金融市场报价交易信息系统的通知》，并据此筹办全国证券自动报价系统（简称STAQ)，STAQ于1990年12月5日开始运作。1993年2月20日，经中国人民银行批准设立了中国证券交易系统有限公司，该公司交易系统简称NET，承担着场外交易市场的管理。1998年，证监会命令关闭了STAQ和NET两个场外交易市场。

2. 证券交易所成立后的场外市场：“旧三板”

2001年6月12日，中国证券业协会发布《证券公司代办股份转让服务业务试点办法》，代办股份转让工作正式启动，同年7月16日，第一家股份转让公司挂牌。代办股份转让是证券公司以其自有或租用的业务设施，为非上市股份公司提供的股份转让服务；同时，代办股份转让系统是在证券交易所以外独立存在的技术系统，投资者在委托转让股份以前，需要开立非上市股份有限公司股份转让账户。

开设代办股份转让系统的最初目的，是解决原STAQ、NET系统挂牌公司流通股的转让问题。2002年8月29日起，为了解决退市公司的股份转让问题，该代办股份转让系统吸收了上海和深圳证券交易所的退市公司。由于股份转让代办系统主要服务于原STAQ、NET系统的挂牌公司以及沪深证券交易所的退市公司，故证券界将该系统称为“旧三板”市场。2006年1月16日，中国证券业协会发布《证券公司代办股份转让系统中关村科技园区非上市股份有限公司股份报价转让试点办法》等规则和相关协议文本的公告，并同时发布了办理股份报价转让的8项主要文件，开始借助代办股份转让系统，接受中关村科技园区非上市股份有限公司的股份报价转让业务，从而拓宽了代办股份转让系统的场外市场功能。

3. 证券交易所成立后的场外市场：“新三板”

全国中小企业股份转让系统有限责任公司（以下简称“全国股份转让系统公司”）于2012年9月30日在国家工商行政管理总局完成注册登记，并于2013年1月16日正式挂牌运行。全国股份转让系统是经国务院批准设立的全国性证券交易场所，全国股份转让系统公司是其运营管理机构，注册资本30亿元，股东分别是上海证券交易所、深圳证券交易所、中国证券登记结算有限责任公司、上海期货交易所、中国金融期货交易所、郑州商品交易所、大连商品交易所。公司经营范围是“组织安排非上市股份公司股份的公开转让；为非上市股份公司融资、并购相关业务提供服务；为市场参与者提供信息、技术服务”，注册地：北京市西城区金融大街丁26号。

根据证监会2013年1月31日公布的《全国中小企业股份转让系统有限责任公司管理暂行办法》第3条和第34条的规定，全国股份转让系统公司办理的股权转让服务，主要包括：

(1) 原在“旧三板”或称“股份转让代办系统”挂牌股票的交易及相关服务，即该暂行办法第34条规定的“在证券公司代办股份转让系统的原STAQ、NET系统挂牌公司和退公司及其股份转让相关活动，由全国股份转让系统公司负责监督管理”。(2) 在“全国股份转让系统”挂牌的非上市公众公司的股份转让。至于非上市公众公司，根据证监会《非上市公众公司监督管理办法》第2条的规定，“是指有下列情形之一且其股票未在证券交易所上市交易的股份有限公司：（一）股票向特定对象发行或者转让导致股东累计超过200人；（二）股 票以公开方式向社会公众公开转让”。

“新三板”刚刚推出，全国股份转让系统公司刚刚成立，非上市公众公司挂牌交易情况尚待观察。但需要注意，“新三板”有别于“创业板”。1999年，中共中央、国务院正式出台文件提出设立高新技术企业板块。2000年，深圳证券交易所申请筹备创业板（俗称“二板市场”），并于2004年5月17日获准设立“中小企业板”。“中小企业板”在运行过程中，采取了“运行独立、监察独立、代码独立以及指数独立”四项新措施。中小企业板坚持法律法规不变和发行上市标准不变的原则，因此，它只是深圳证券交易所设立的独立板块，依然属于主板市场，不是“二板市场”。2009年3月，国家出台创业板上市管理办法，同年10月23日，深圳证券交易所附设的创业板正式启动。经过前期准备，当年10月30日，首批28家创业板企业的股票开始上市。

经过20年左右的努力，以市场规模计算，上海和深圳证券交易所在国际上已名列三甲，我国场内交易较为活跃，场内市场较为发达，市场规则较为完善，但我国场外市场及其发展却相当落后。在落实国务院建立多层次资本市场的决策中，必须重视场外市场的发展，以及场外市场对场内市场的影响。

（三）我国场外交易的证券

证券都是可以转让的，在逻辑上，凡是未获准在场内交易的证券，都可以在场外交易。在实践中，场外交易的证券主要包括：

1. 定向募集公司发行的股票。根据1992年《股份有限公司规范意见》，我国批准设立了近万家定向募集公司。除了部分公司已停业或转为上市公司外，很多定向募集公司存续下来，它们向社会法人和内部职工发行股权证书，可采取协议形式转让。

2. 非上市公众公司发行的股票。由于股票发行不同于股票上市，获准公司发行的股票未必上市，从而出现“公开发行但非上市”的股票，该等股票可能在场外市场交易。证监会发布《非上市公众公司监督管理办法》后，直接确认了非上市公司股票转让的合法性。

3. 终止上市公司发行在外的股票。《证券法》规定了上市证券终止上市的条件和程序，证券交易所终止上市的股票，可以转入代办股份转让系统进行转让。

4. 非上市的公司债券。未上市公司债券的转让，可通过场外市场进行买卖。

5. 其他非上市证券。我国有上市交易的国债，也有在银行柜台交易的国债，后者可以通过柜台进行交易。根据规定，可以在商业银行柜台交易的债券，必须是财政部指定并经中国人民银行批准的记账式国债。

二、代办股份转让系统的挂牌和交易

代办股份转让服务，是指经中国证券业协会批准并报中国证监会备案，由具有代办非上市公司股份转让服务业务资格的证券公司采用电子交易方式，为非上市公司提供的股份特别转让服务。在实质上，它是以证券公司及相关当事人的契约为基础，依托证券交易所和登记结算公司的技术系统，以证券公司代理买卖挂牌公司股份为核心业务的股份转让系统。代办股份转让系统，是我国场外市场的重要形式。

（一）转让系统的主要参与者

参与代办股份转让系统的主要当事人，分别是股份转让公司和证券公司。

1. “股份转让公司”不同于上市公司，分为三类：（1）原NET、STAQ挂牌的公司。（2）终止在证券交易所上市的公司。（3）中关村科技园区的非上市股份有限公司。这类公司既不是在NET或者STAQ系统挂牌的公司，也不是终止上市的公司，通常是新设立的、具有一定经营业绩的公司。

2. 证券公司，也称主办券商，是指取得从事代办股份转让主办券商业务资格的证券公司。根据中国证券业协会发布、证监会备案的《证券公司从事代办股份转让主办券商业务资格管理办法（试行）》，证券公司取得主办券商资格，必须符合规定的条件。

（二）退市公司的申请挂牌

根据中国证券业协会2001年6月12日发布的《证券公司代办股份转让服务业务试点办法》，退市公司由指定证券公司代办其股份转让。

1. 申请人条件

符合规定条件的非上市公司，可以委托主办券商办理股份转让服务。根据规定，股份转让公司应当具备以下条件：（1）为合法存续的股份有限公司；（2）有健全的公司组织结构；（3）登记托管的股份比例不低于可代办转让股份的50%；（4）中国证券业协会要求的其他条件。股份转让公司只能委托一家证券公司办理股份转让，并与证券公司签订委托协议。

2. 申请文件

股份转让公司委托证券公司办理股份转让的，应向证券公司提交以下文件：(1) 注册地省级人民政府同意或确认的文件；(2) 股东大会关于委托代办股份转让的决议；(3) 企业法人营业执照（副本）及章程；(4) 经具有证券业从业资格的会计师事务所审计的最近一个年度的报告；(5) 经确认的合法有效的股东名册，股东名册应当包括以下内容：股份总额、股东姓名或名称、持股数量、居民身份证号码或工商营业执照号码；(6) 证券公司与股份转让公司商定的其他文件。

（三）新公司的挂牌

2006年以前，在代办转让系统挂牌交易的股份，仅限于股份转让公司在原证券交易所挂牌交易的流通股份。根据《证券公司代办股份转让系统中关村科技园区非上市股份有限公司股份报价转让试点办法》（以下简称《报价转让试点办法》）规定，代办股份转让系统已接受新公司的挂牌申请。

根据《报价转让试点办法》规定，园区公司申请股份进入代办系统挂牌报价转让，必须委托一家报价券商作为其主办报价券商，向协会推荐挂牌。申请挂牌的园区公司应与主办报价券商签订推荐挂牌报价转让协议。

1. 申请人的范围

主办报价券商推荐的园区公司，必须具备以下条件：(1) 设立满3年；(2) 属于经北京市政府确认的股份报价转让试点企业；(3) 主营业务突出，具有持续经营记录；(4) 公司治理结构健全，运作规范；(5) 协会要求的其他条件。

2. 主办报价券商的推荐

股份报价转让挂牌，采取推荐备案制。对于申请挂牌的园区公司，主办报价券商应进行尽职调查，同意推荐挂牌的，出具推荐报告，并向协会报送推荐挂牌备案文件。主办报价券商向协会报送推荐报告、股份报价转让说明书、公司决议文件、股份报价转让申请材料、财务报告、审核工作底稿等文件资料。

3. 中国证券业协会的受理

证券业协会对推荐挂牌备案文件无异议的，应在受理之日起60个工作日内，对备案文件进行审查。经审查无异议的，向主办报价券商出具备案确认函。证券业协会认为必要时，可对主办报价券商的尽职调查工作进行现场复核。证券业协会对备案文件有异议，决定不予备案的，应向主办报价券商出具书面通知并说明原因。

4. 挂牌及转让限制

主办报价券商取得中国证券业协会的备案确认函后，园区公司在股份挂牌报价前，应与证券登记结算机构签订证券登记服务协议，办理全部股份的集中登记。

园区公司股东所持股份分三批进入代办系统挂牌报价转让，每批进入的数量均为其所持股份的1/3。进入的时间分别为挂牌之日、挂牌期满1年和2年。

（四）代办股份转让系统的交易程序

根据证监会批准发布的试点办法，代办股份转让系统的主要交易程序如下：

1. 开户

报价券商，应按证券登记结算机构的规定，为投资者开立非上市股份有限公司股份转让账户（简称股份账户）。投资者开立股份账户后，应与结算银行签订代理资金结算协议，指定股份报价转让业务结算账户（简称结算账户）。报价券商为投资者办理开户、股份账户注册资料变更、账户卡挂失与补办、账户注销等业务，应按时将相关信息传送至证券登记结算机构，并确保传送数据的真实、准确、完整。

2. 委托

投资者参与股份报价转让，应与报价券商签订代理报价转让协议。签订协议前，报价券商应要求投资者阅读并签署风险揭示书。

投资者委托分为报价委托和成交确认委托，委托当日有效。报价委托和成交确认委托均可撤销。成交确认委托一经报价系统确认成交的，不得撤销或变更。投资者报价委托至少应注明股份名称、股份代码、股份账户、买卖类别、拟买卖价格、股份数量、联系方式等内容。委托的股份数量以“股”为单位，每笔委托股份数量应为3万股以上。投资者股份账户某一股份余额不足3万股的，只能一次性委托卖出。股份的报价单位为“每股价格”。报价最小变动单位为0.01元。

3. 报价

报价券商应通过专用通道，按接受投资者报价委托的时间先后顺序向报价系统申报。报价系统收到报价申报后，自动验证该投资者股份账户，如余额不足，报价系统将不接受该笔申报，并反馈至报价券商。

4. 成交确认

投资者达成转让意向后，应各自委托报价券商进行成交确认申报。报价系统收到报价券商的成交确认申报后，验证投资者的股份账户和结算账户。如果卖方的股份余额不足或买方的资金余额不足，报价系统不接受该笔申报，并反馈至报价券商。股份账户和结算账户的余额以成交确认申报前一报价日日终余额为准。报价系统对通过验证的成交确认申报信息进行匹配核对。核对无误的，报价系统予以确认成交，并向证券登记结算机构发送成交确认结果。

5. 股份过户和资金交收

证券登记结算机构根据报价系统成交确认结果，进行股份和资金的逐笔清算。证券登记结算机构在每个报价日终将资金清算数据发送给结算银行。结算银行依据资金清算数据，办理投资者之间的资金交收，并将资金交收结果反馈给证券登记结算机构。证券登记结算机构依据资金交收的结果办理股份过户，资金交收不成功的，不予过户。证券登记结算机构完成股份过户后，将过户结果发送至报价券商。

三、全国股份转让系统的挂牌和转让：“新三板”

全国股份转让系统公司于2013年2月8日发布的《全国中小企业股份转让系统业务规则（试行）》（以下简称《业务规则》），与《非上市公众公司监督管理办法》以及《全国中小企业股份转让系统有限责任公司管理暂行办法》一起，共同构成了全国场外市场运行管理的基本制度框架。根据上述规定，全国股份转让系统的挂牌和交易规则，主要包括以下内容：

（一）主要参与者

1. 全国股份转让系统公司。该公司采用公司制的组织形式，负责接受挂牌公司挂牌申请、安排符合条件的公司挂牌、提供技术系统和设施、制定和修改业务规则、发布和管理信息，负责对主办商、挂牌公司以及市场转让活动的自律监督管理。

2. 挂牌公司。根据业务规则，股份有限公司申请股票在全国股份转让系统挂牌，不受股东所有制性质的限制，不限于高新技术企业，并应当符合《业务规则》第2.1条规定的条件。

3. 主办券商。根据《业务规则》第5.1条规定，主办券商是指在全国股份转让系统从事下列部分或全部业务的证券公司：(1) 推荐业务：推荐申请挂牌公司股票挂牌，持续督导挂牌公司，为挂牌公司定向发行、并购重组等提供相关服务；(2) 经纪业务：代理开立证券账户、代理买卖股票等业务；(3) 做市业务；(4) 全国股份转让系统公司规定的其他业务。

4. 投资者。根据《全国中小企业股份转让系统投资者适当性管理细则》(即业务规则的附件2) 的规定，机构投资者和个人投资者应当分别具备不同的条件。

机构投资者申请参与挂牌公司股票公开转让的，应当具备以下条件：(1) 注册资本500万元人民币以上的法人机构；(2) 实缴出资总额500万元人民币以上的合伙企业。

个人投资者至少要具备以下条件，才可以申请参与挂牌公司股票公开转让：(1) 投资者本人名下前一交易日日终证券类资产市值300万元人民币以上。证券类资产包括客户交易结算资金、股票、基金、债券、券商集合理财产品等，信用证券账户资产除外。(2) 具有两年以上证券投资经验，或具有会计、金融、投资、财经等相关专业背景或培训经历。投资经验的起算时点为投资者本人名下账户在全国股份转让系统、上海证券交易所或深圳证券交易所发生首笔股票交易之日。

(二) 股票挂牌

1. 股票挂牌的基本条件

根据《业务规则》的规定，申请挂牌的公司必须符合以下条件：(1) 依法设立且存续满2年，有限责任公司按原账面净资产值折股整体变更为股份有限公司的，存续时间可以从有限责任公司成立之日起计算；(2) 业务明确，具有持续经营能力；(3) 公司治理机制健全，合法规范经营；(4) 股权明晰，股票发行和转让行为合法合规；(5) 主办券商推荐并持续督导；(6) 全国股份转让系统公司要求的其他条件。

2. 签订推荐协议和挂牌协议

根据《业务规则》，申请挂牌公司应当与主办券商签订推荐挂牌并持续督导协议，在获得同意挂牌意见以及证监会核准后，申请挂牌公司应当在其股票挂牌前与全国股份转让系统公司签署挂牌协议，明确双方的权利、义务和有关事项。

3. 挂牌股票的程序

(1) 挂牌申报。申请挂牌公司在与主办券商签订推荐挂牌协议和持续督导协议后，按照全国股份转让系统公司的有关规定编制申请文件，并向全国股份转让系统公司申报。

(2) 挂牌审查。全国股份转让系统公司对挂牌申请文件审查后，出具是否同意挂牌的审查意见。申请挂牌公司在取得全国股份转让系统公司同意挂牌的审查意见后，应当依法申请证监会核准。

(3) 挂牌核准。挂牌核准属于行政审批程序，申请挂牌公司在完成前述程序后，应当向证监会申请核准文件。在获得证监会核准文件后，按照全国股份转让系统公司规定的有关程序，披露公开转让说明书等文件，并办理挂牌手续。

(三) 挂牌股票的转让

根据《业务规则》，在转让挂牌股票时，全国股份转让系统提供以下主要的规则：

1. 股票转让方式。股票转让可以采取协议方式、做市方式、竞价方式或其他中国证监会批准的转让方式。经全国股份转让系统公司同意，挂牌股票可以转换转让方式。在协议转让方式中，还引入了集合竞价安排。也就是说，挂牌股票采取协议转让方式的，运管机构同时提供集合竞价转让安排。

2. 做市商制度。挂牌股票采取做市转让方式的，须有2家以上从事做市业务的主办券商为其提供做市报价服务。在做市转让方式下，投资者之间不能成交。

3. 转让时间。股票转让时间为每周一至周五上午9：15至11：30，下午13：00至15：00。将开市时间从9：30提前到9：15，这是对原有的股份转让代办系统转让时间的调整，目的是实现转让时间与主板交易时间一致，以适应引入集合竞价的安排。

4. 转让单位和价格涨跌。转让挂牌公司股票，申报数量应当为1 000股或其整数倍。全国股份转让系统对股票转让不设涨跌幅限制。运管机构另有规定的除外。

【问题与思考】

1. 简述证券上市的主要分类。
2. 试述证券上市的性质。
3. 简述证券上市的主要程序。
4. 简述证券委托交易程序。
5. 简述证券暂停、终止上市。
6. 试论我国多层次证券市场的发展。
7. 试析全国股份转让系统的制度要点。
8. 请思考我国公司债券市场发展遇到的主要问题。

9.1997年，马女士开始通过某证券公司营业部买卖股票，累计买入某上市股票12.4万股。2001年11月26日，马女士到营业部买卖股票时，发现交易密码已被改动，账户内所有股票已于2001年8月13日被全部卖掉，余额为79.98元。经查，犯罪嫌疑人李波利用马女士与其长期交往，对之深为信任，并屡次委托其买卖股票之机，掌握了马女士的证券账户和交易密码；随后窃取了原告身份证原件，采用替换照片、伪造证件方式，以马女士名义在某商业银行开立“一卡通”账户，并开通银证转款系统，在异地提取盗卖股票款后潜逃。马女士表示其在2001年11月未进行股票交易，也未开通银证转款及取款业务，营业部应当承担股票被盗卖的责任。请问：

（1）证券公司营业部应当承担何种审查义务？

（2）本案李波涉嫌犯罪，对此证券公司营业部应否承担相关责任？

（3）马女士是否应当承担责任？

第十章 信息公开与虚假陈述

本章概要

信息公开制度也称信息披露制度。证券是特殊的信息产品，信息决定了证券价格。然而，证券信息复杂多样、零散多变，为了尽量使得证券价格准确反映证券的真实价值，切实保护投资者利益，发行人和上市公司必须真实、准确、完整地公布相关信息。此外，中介机构也单独或辅助承担信息公开义务。如果上市公司及相关人员违反信息公开义务，即构成虚假陈述；因虚假陈述而给投资者造成经济损失的，相关当事人应当单独或连带地承担民事责任；情节严重的，还要承担行政乃至刑事责任。

关键术语

招股说明书　定期报告　临时报告　虚假陈述

第一节　证券信息公开的基本理论

证券是供投资者交易的特殊金融商品，证券只有价值，没有使用价值。证券作为记载投资权益的凭证，具有价值发现和价值增值的功能，也是有价格的。证券内在价值一旦被发现，就会引起证券价格涨跌。证券作为特殊商品，在品质识别上存在特殊性，人们无法像对待有形财产那样，采取物理、化学和测量等手段检验证券的品质。然而，证券品质必须以财务和法律等指标反映出来，否则，就无法为投资者所知晓。

一、证券价格信息

影响证券价格的因素很多。经济学研究者倾向于从整体上研究证券价格的形成及波动因素，通常将证券价格的影响因素分为证券市场外部的基本因素和证券市场内部的技术因素。[1] 证券市场外部的基本因素（即“基本因素”），是指在长期趋势中，能够控制证券市场价格的潜在因素，包括公司利润、公司红利、证券分割、利率、工业生产情况、商品价格、国民生产总值、建筑业情况、新资本投资情况、罢工、失业率以及重要经济指标和经济活动，还包括各种潜在政治因素。证券市场内部的技术因素，指影响证券短期价格波动的因素，包括股票交易量、市场卖空、大宗证券买卖、股票交易平稳、证券市场持续性疲软以及季节性波动等。这两者可能循着相同方向发展，也可能朝相反方向进行。“因此，一个证券市场可能在基本上表现为强劲有力，而在技术上表现虚弱”[2]。

（一）证券信息的分类

在广义上，凡是证券市场价格之影响因素的变动情况，都属于证券信息。在实务上，按照价格影响因素的来源，大致分为证券发行人因素、证券市场因素以及证券市场外部因素，相应地，证券信息分为证券发行人内生信息、市场信息和市场外部信息。

1. 内生信息

内生信息，可称为证券发行人信息，是指在发行人内部形成的、对证券价格产生或可能产生影响的各种信息，包括证券发行人自行掌握或决定的、影响证券长短期价格波动的各种因素，如公司利润、公司红利、公司经营、公司财务和公司策略等。内生信息也包括投资者变动的信息。投资者变动的信息虽然不是发行人自身形成的信息，而通常是股东行为产生的信息，但在证券法上，该种信息被视为发行人知道或应当知道的信息。内生信息通常会影响发行人发行的证券价格，却未必影响其他证券的价格。

2. 市场信息

证券市场因素，主要是证券市场内部的技术因素，包括股票交易量、市场卖空、大宗证券买卖、股票交易平稳以及证券市场持续性疲软，可称为“市场因素”。它是影响短期价格的因素，通常是发行人无法掌握和决定的。以行情信息为例，它是基于市场交易活动而形成的，通常分为即时信息（或称实时信息）和历史信息。在我国，证券交易所向市场提供的交易信息为即时行情信息，股价指数也属于即时信息。即时行情内容具体包括：证券代码、证券简称、前收盘价、最新成交价、当日最高价、当日最低价、当日累计成交数量、当日累计成交金额、实时最高三个价位买入申报价和数量、实时最低三个价位卖出申报价和数量等。即时行情信息是投资者对证券作出投资判断的重要依据，未经证券交易所许可，任何单位和个人不得发布证券交易即时行情。

3. 市场外部信息

这是指证券市场外部因素变动的信息，市场外部因素即“外部宏观因素”，主要是指足以影响证券价格的国家政治或经济因素的变动，主要是工业生产情况、商品价格、国民生产总值、建筑业情况、新资本投资情况、罢工、失业率、重要经济指标和经济活动以及各种潜在政治因素。证券发行人因素是影响证券价格的重要因素，市场因素和外部宏观因素虽然是分散的，对证券市场及价格的影响却是整体性，甚至是长期的。

证券价格的影响因素复杂，证券信息内容庞杂，投资者难以自行收集，也无力全面分析。为了保护证券投资者利益，维护证券市场秩序，防止证券欺诈，各国证券法试图采取简便和有效的方式，向投资者提供与证券投资有关的重要信息。通常而言，证券发行人承

① 参见林步止编著：《股票投资指南》，135～146页，香港，万源图书有限公司，1988。

② 同上书，135页。

担信息披露义务，应当真实、准确、完整地披露证券信息；证券交易场所组织者利用已有的交易及监测系统，可以最迅捷、最便利地接触证券成交量、大宗买卖、交易指数等市场因素，可以编制和发布证券交易指数；证券监管机构最便于掌握、控制影响证券市场的政策性因素，它们可以依法确定监管规章的内容和发布时机；政府决策机关以及统计、审计、财政、税务、银行等行政机构会适时地发布有关法规、规章和有关统计数据。

（二）证券信息分类的意义

对证券信息进行适当分类，明确内生信息的含义和地位，在证券法上具有特殊意义。

1. 有助于确定信息披露的重点

信息披露是证券法的核心问题，但在信息披露的范围和方式上，却有不同观点。有种观点认为，信息披露义务人主要是发行人，按照行为人责任自负的原理，信息披露范围应限定于发行人内部一切与投资判断相关的资料；对于市场和政策因素而言，发行人不是此类信息的拥有者，也无须承担披露义务。笔者认为，发行人信息披露的重点在于内生信息，却不限于内生信息。与投资者相比，发行人便于了解、掌握、整理和提供与发行人或证券有关的信息。就信息提供的经济性而言，发行人承担信息披露义务，可免去投资者收集、整理的成本，不应将信息披露的范围局限于"证券发行人内部一切与投资判断相关的资料"。在我国信息披露规则中，亦要求发行人承担较多的信息披露义务。

应该看到，对于内生信息与市场信息和市场外部信息，发行人承担的信息披露义务不尽相同。对于内生信息，发行人应当加以详细披露；对于市场信息和市场外部信息，发行人应在招股说明书中专项披露"风险因素与对策"。其中，风险因素包括经营风险、行业风险、市场风险、政策风险和其他风险及股市风险等。所谓政策风险和行业风险，显然不是证券发行人所直接控制的，但也属于应披露信息的范围。从我国企业进入国际资本市场的情况看，发行人除了要向投资者披露发行人内部信息外，同样要对各种相关信息进行披露。

2. 有助于确定内幕交易控制规则的适用范围

我国证券法确立了"反内幕交易"规则，禁止内幕人士利用内幕信息从事证券交易。其中，所称"内幕信息"应当是公司内部生成或至少是公司掌握的信息，不应包括影响证券价格的市场信息和外部信息。反内幕交易规则所规制的，主要是内幕人士利用公司内部生成的信息从事的证券交易。无论称为"内部信息"、"内幕信息"或者"内生信息"，都说明该种信息是公司掌握的信息，不包括影响证券价格的外部信息。外部信息也会影响证券价格，如新技术的发展、新的矿产资源的发现、期货价格的变动、竞争者的变化情况、评级机构的评级等，这些信息不是公司能够控制的，不属于内部或内生信息，却对公司未来业绩产生影响，进而对于证券价格产生重大影响。当然，外部信息有可能转变为内部或内生信息，例如，管理层收集并整理相关信息并形成自己的判断，这种信息不属于外部信息。内幕人士利用该等信息从事交易，即构成证券法上的内幕交易。如果内幕人士单纯利用市场信息或外部信息从事证券交易，很难满足内幕交易违法犯罪的构成要件。

二、信息披露的价值

投资者希望能够充分地把握各种证券信息，发行人有时却将公司信息视为其独占信息，甚至认为这是发行人的商业秘密。发行人为了出售证券，虽然不得不向投资者公开某些信息，但信息公开程度系以满足证券销售为最高限度。在采取信息自愿公开的时期，在信息公开的范围和方式、信息公开的时间性或者时效性、信息的真实性及准确性等方面，都是站在发行人立场上作出判定的，因此，难免出现损害投资者利益的情形。当社会普遍认同保护投资者利益即为保护证券市场利益的时候，当证券市场监管者感受到投资者利益长期受损必然危及整个证券市场的时候，政府和自律监管机构注意到了信息公开的真正价值，并开始要求发行人履行强制信息披露义务。

（一）信息披露是表现证券价格的基础

证券价格的影响因素多种多样。公司的组织和股权结构、财务状况、发行人经营管理状况等，直接影响证券的品质和价格。公司所处行业、社会经济环境、宏观经济政策等，也会对证券及其价格产生巨大影响。无论对于投资者还是投机者而言，股票价格都是其计算投资收益率的重要指标。美国参议院所属的“银行及货币委员会”在其1934年的一份报告书中称，“一般均承认有关公司财产结构及状态之适当资讯，系明智判断该公司证券质的良莠所不可缺者。所谓自由且公开之证券市场之观念，当指买方及卖方对于公正价格之形成能作受教养之判断而行动者而言，若由于有关公司资讯之不确定、不正确或不完全而使投资人之判断发生偏差，则市场价格即不能反映需要与供给之正常活动。故交易所主要关心者之一，即有关上市证券之公正、完全且正确之资讯能否为公众所利用”。

（二）信息披露是防止证券欺诈的基本手段

证券法确立了保护投资者利益的宗旨，在如何妥善保护投资者利益的问题上，各国却存在着重大分歧。有的国家重视对证券发行的事先核准，有的国家强调信息的强制披露。布朗迪斯在《他人之财，何以为银行所用》一书中指出，“公开确实值得推荐以矫正社会及产业弊端。太阳是最有效的防腐剂，电灯是最有能力的警察”。“盖因投资人对某特定之证券为投资时，为能就有关该证券之投资价值，直接作一合理之判断，必须有可能利用有关该发行公司完全且正确之资讯，否则所能利用之机会愈少，将愈增加公司设立之发起人、内部关系人或证券承销商等为证券欺诈之机会”。1969年，美国证券管理委员会发布了《证券市场特别调查报告》，该报告在“为大众所持有股票之证券发行人之义务”的标题下，分析如下：“联邦证券立法的全部结构的中枢，在于企业内容的公开。利用有关其即将投资或已投资证券之适当的财产状况资料或其他资讯，是为使投资人能作明智之投资判断，且系防止证券欺诈之最好方法。”①

（三）信息披露是提高证券市场效率的重要手段

有美国学者认为，信息披露特别是强制信息披露，是一项高成本的制度，无助于提高市场效率。一方面，为了满足证券法律要求的强制信息公开，发行人必须支付巨额的费用，以获得专业机构的帮助；另一方面，并不是任何投资者都情愿花费巨额资金去了解和分析信息，特别是，证券信息实乃极端复杂的系统因素，投资者很难全面把握专业信息。在此意义上，信息公开越详尽具体，投资者越会觉得无所适从，从而把握真实有用信息的机会就越少。

笔者认为，证券市场效率体系的核心，是引导社会资源流向高盈利的投资领域。投资流向高回报领域，这本身就体现着市场效率。证券市场的高回报与证券市场价格密切相关，也与证券的潜在市场价格相互关联，以较低价格买进并以较高价格出售证券是投资基

① 赖源河：《证券管理法规》（修订版），35页。

本准则。要达到这种市场效率，就必须充分、及时公开各种有用信息，从而使得每个投资者都可以借助公开信息进行证券投资。就此而言，强制信息披露制度发挥着保证证券市场效率的作用。

(四) 信息披露是督促企业改善经营管理的重要手段

在英美公司法理论上，公司分为开放性公司与封闭性公司。封闭性公司是由相对少数投资者持有投资并对财务及经营加以保密的公司形态。封闭性公司因缺乏必要的外部监督机制，容易产生管理惰性。这些公司获得成功往往是建立在公司领导的英明和智慧基础上，在许多场合下，这些公司更容易演变成少数大股东的“暗箱操作”。相对而言，上市公司股权相对分散，资本流动性较强，公司管理层为了获得更好的社会评价，往往会注重改善内部管理，使公司运作更为规范和稳重。

三、信息披露的基本要求

信息披露制度是保护投资者的特别规则，凡关系到投资者利益的信息，均应纳入信息披露范围之列。以时间为基准，公司信息可分为证券发行的信息披露和持续性信息披露。证券发行的信息披露，指发行人为了出售所发行的证券，依照法定方式并按照法定程序，向投资者发布相关信息。持续性信息披露，是指发行人在证券发行后，按时或者及时公开与已发行证券投资价值有关的信息。按时公开信息主要采取年度报告或中期报告等定期报告形式。及时公开信息，通常采取临时报告方式。

无论是发行信息的披露还是持续性的信息披露，都应当符合相应的要求和标准。一般来说，信息披露应当符合全面性、真实性、最新性和适法性。

(一) 信息披露的全面性

证券是发行人融资的重要形式，也是投资者的投资工具，始终具有风险和收益两个临界点，与证券投资风险和收益相关的各种信息，都属于信息披露的范围。因此，全面披露信息是指，发行人应公开与所发行证券投资价值有关的一切信息，既包括发行人内部信息，也包括与所发行证券之投资价值有关的其他信息，既包括可能对证券价格产生积极作用的利好信息，也包括产生消极影响的利空信息。

证券信息多种多样，为了充分揭示所有必要信息，妥善保护发行人和投资者的利益，避免遗漏重大信息，通常采取四种方法加以约束：

1. 由专业机构协助发行人依法确定应当披露信息的具体范围；
2. 证券法规以不完全列举方式规定应当披露信息的清单；
3. 监管机构依照相关规则确定应披露信息的范围；
4. 证券交易所结合不同上市申请，分别要求发行人披露相关信息。

为了保证信息披露的全面和充分，各国证券法规定不得存有重大遗漏、误导性和虚假陈述的情况，对违反信息披露义务者应给予相应处罚，以督促信息全面公开的最终实现。

信息披露全面性受到一定限制。首先，信息应当具有确定性，不应是道听途说或故意捏造的，禁止借披露信息之名，散布流言飞语。其次，应当遵循合法披露的原则。发行人只能披露可以公开的信息，不得泄露国家军事情报等，也不得泄露与发行人有业务合作关系的企业的商业秘密。若这种信息确与证券投资价值存在直接关系，必然引起信息披露的全面性与合法性之间的矛盾，从而影响发行证券的适宜性，这需要加以个案甄别。最后，不得侵害发行人的商业秘密。商业秘密与证券投资价值密切相关，也可给发行人带来巨大商业利益。但若要求发行人披露商业秘密，将给发行人带来巨大损失，也会影响到投资者利益，从而背离保护投资者利益的初衷。因此，确实属于发行人商业秘密的事项，应当采取相对宽容的公开态度，应当建立一种审查和监督机制，实现对发行人及投资者的平衡保护。

（二）信息披露的真实性

发行人披露的信息应当具有真实性、准确性，不得含有虚假或者误导因素。发行人应对可能影响证券品质的、已发生或将发生的情势进行客观反映和披露。但是，真实性和准确性的侧重点稍有不同。信息真实性是指所披露信息应当是实际发生或者将要发生的情势，它必须是确定的，不得虚构或含有虚假内容。信息的准确性是指所公开的信息应当周延地说明所发生情势的状况，不得存有遗漏或者误导性陈述。遗漏信息或者信息披露不全面导致的损害，未必低于误导性或者虚假陈述造成的损害。因为遗漏信息或信息披露不全面，同样会导致投资者作出错误的投资决定。

在理论上，证券信息揭示越充分、越准确，证券价格才可能越接近价值，也才会最大限度地保护投资者利益。因此，各国都将信息的真实性当作信息披露制度的重要内容，但各国实现信息披露真实性的法律手段有所不同。在采用注册制的国家中，它更重视发行人主动披露信息，发行人通过中介机构的协助，可以合理处理和提供相关信息。证券法为了确保所披露信息的真实性，也要求发行人和中介机构承担较高程度的法律责任。在采取核准制的国家中，证券法虽然重视发行人和中介机构的信息披露义务，但特别重视证券监管机构在确保信息披露真实性上发挥的积极作用。

为了促进信息披露的真实性，主要采取以下法律规则：第一，规定发行人承担确保证券信息真实性的一般义务；第二，规定中介机构承担信息披露的协助义务；第三，确立信息披露义务人的法律责任制度；第四，确立证券监管机构在信息披露方面的监管职能。

（三）信息披露的最新性

信息披露的最新性，要求信息披露必须及时。如果确实存在某种影响证券价格的情势时，义务人应当在法定时间内，及时披露相关信息，不得拖延信息披露。信息与证券价格之间存在异常密切的联系，某种证券信息一旦披露，总会影响到部分投资者的投资判断，总会影响到证券价格。确保信息披露的最新性，即要求发行人披露有关的最新事实。信息披露的最新性，同样受到法律规则限制。

第一，信息最新性是对信息公开全面性和真实性的附加要求。要保证所公开信息的全面性和真实性，须有适当时间进行信息处理，如调查核实有关信息及制作信息披露文件。若片面要求信息公开的最新性，忽视全面性和真实性，会引发不真实信息的披露，会与信息披露制度的原则和精神发生背离。

第二，信息最新性要受到法定时间的限制。应披露的证券信息种类繁多，不同证券信息的披露时间也有所不同。如中期报告必须在该年度 6 月 30 日后 60 日内完成并公布，年度报告则必须在财政年度结束后一定期限内披露。

第三，有些证券信息依法必须立即发布或披露。根据原《股票条例》第 61 条的规定，“在任何公共传播媒介中出现的消息可能对上市公司股票的市场价格产生误导性影响时，该公司知悉后应当立即对该消息作出公开澄清”。

（四）信息披露的适法性

信息披露的适法性，侧重于披露资料的形式合法性①，包括披露资料的文件名称和类别、记载事项和披露方式上的适法性。根据资料名称和类别的适法性要求，信息披露义务人应当按照法律规定或惯常采取的资料分类标准和名称披露相关信息。股票发行通常使用的信息披露文件包括招股说明书、股票发行公告、股票发行中签率公告、有效认购结果公告、发行退款或余款转存公告、上市申请书、上市推荐书等；在持续性信息披露中，基本披露文件包括董事会公告、股东大会决议公告、分红派息公告、股份变动公告、股权转让公告、年度报告、年度报告补充说明书、中期报告、中期报告补充说明书、重大事项临时公告，等等。在信息披露文件的名称和类别上，不得出现误用或混用的情况。

根据记载事项适法性的要求，信息披露义务人应当在披露文件中依法记载相关事项。披露文件法定事项，有列举式和例示式两种。列举式是以法律条文明示列举披露文件应当披露的事项种类，例示式则指证券监管机构规定披露文件的基本样式。

根据披露方式适法性要求，信息披露义务人应当采取法定方式披露那些应披露的信息。此等方式包括报纸刊登、通知、备案、备置等，信息披露义务人不得以非正当方式进行信息披露。

四、信息披露的类型

信息披露有多种形态。按照信息披露的目的和时间，可分为发行信息的披露和持续性信息披露，这是最主要的信息披露分类。除此以外，还可按所披露文件的名称和记载事项、信息披露是否应遵守强制性要求、信息披露的主体及证券种类等分类。

发行信息的披露，是为了向社会公众募集或发行证券而进行的信息披露。持续性信息披露，是指发行人、发行人主要股东和有关当事人披露与证券交易和证券价格有关的重大信息。发行信息披露与持续性信息披露作为两种基本信息披露方式，都建立在公开、公正和公平原则的基础上，都包含着对所披露信息的全面性、真实性、最新性和适法性的披露要求。但在具体规则上，发行和持续性信息披露存在较大差异。

1. 信息披露的目的。发行信息的披露指旨在实现发行人募集股份或公司债的目的而向社会公众投资者披露有关信息。证券发行前，发行人必须向社会公众披露与所发行证券有关的各种信息；证券监管机构有权对发行人所披露信息的真实性、准确性和完整性进行审查，并据此审核发行人的发行申请；经核准或审批后，发行人必须公开招募文件，但不得在招募文件公开以前发行证券。持续性信息披露，则在于全面、准确和完整地揭示与证券交易市场价格有关的各种重大信息，以使证券投资者能够合理预见其投资利益和限定投资风险。履行持续性信息披露义务，还是发行人维持上市资格的重要条件。

2. 信息披露的主体。在证券发行中，信息披露的义务主体范围比较广泛，不仅包括发行人及其高级管理人员如董事会成员，也包括参与证券发行活动的各中介机构，如承销的证券公司、律师、会计师和资产评估人员，他们均在各自专业领域范围内，充当信息披露主体。就持续性信息披露而言，其义务主体通常是证券发行人、发行人的高级管理人员以及其他依法履行职责的人员和机构，如出具年度审计报告的会计师事务所。

① 参见杨志华：《证券法律制度研究》，98页。

3. 信息披露的文件。信息披露必须通过制作、公布信息披露文件加以完成。在证券发行中，信息披露文件主要是招股说明书或者债券招募章程。我国现行法规对招股说明书的内容和格式等作有明确规定，对债券招募章程的内容也作有具体规定。持续性信息披露的文件种类繁多，除了年度报告、中期报告和收购公告外，现行法律未全面列举其他类型，也未规定信息披露文件的具体内容。

4. 信息披露的程序。为了避免不正当地披露证券信息，现行法规对证券信息的披露程序作有具体规定。一般来说，所有应披露的证券信息必须事先征得证券监管机构的事先许可。在证券发行过程中，信息披露文件须事先报请证券监管机构核准或审批，在发行申请获得审核或批准后，应在证券监管机构指定的信息披露刊物上披露信息。在持续信息披露中，多数信息无须经证券监管机构事先批准，但依照证券交易所确定的上市规则，信息披露以前，须经证券交易所审核，证券交易所可以对信息披露义务人制作的信息披露文件提出修改建议。

5. 信息披露的期限不同。披露发行信息属于一次性披露信息，由发行人在证监会核准后披露相关信息。持续披露信息分为定期披露和临时披露两类情况，在证券上市交易的整个过程中，上市公司也即发行人，都承担着持续不断地披露相关信息的义务。

6. 信息披露的要求不同。发行信息披露和持续信息披露都要符合真实、准确和完整的法律要求。但与发行信息相比，持续信息披露更强调信息披露的及时性和连续性，而发行信息披露对及时性要求相对较低。

在实践中，发行信息披露与持续信息披露之间存在密切联系。一方面，公司证券挂牌上市后，上市公司可以采用发行新股、公积金转增股本和股票分红等方式再融资。再融资必然同时涉及发行信息披露和持续信息披露，再融资信息披露具有发行信息披露和持续信息披露的双重属性，应当采取特别的信息披露制度。另一方面，发行信息披露和持续信息披露所遵循的披露规则相似，都要符合真实、准确、完整的信息披露原则；否则，都构成虚假陈述，行为人都要承担民事、行政乃至刑事责任。我国《证券法》第三章第三节在“持续信息公开”的标题下，同时规定了两种信息披露制度。[①] 将发行信息披露和持续信息披露绝对分开的观点，不符合信息披露制度的要求，有失片面。

第二节 发行信息披露制度

发行股票是公司直接融资的基本手段，是投资者获得投资工具的基本途径。履行股票发行信息披露义务，是揭示股票品质的基础。股票发行信息的披露有公布与公开两种。“公布”是指将信息披露文件刊登在证监会指定的报刊上的行为；“公开”是指将披露文件备置于发行人及证券承销机构的营业地和证监会，供投资者查阅的行为。在我国股票发行中，大多数信息披露文件既要备置于股票发行人及证券承销机构的营业地和证监会，也要在证监会指定的报刊上刊登，即公布与公开并用。在我国，股票信息通常采取纸质方式披露。随着信息和计算机技术的普及，证监会开始要求发行人同时采取电子化方式披露信息。

① 主要参见《证券法》第63条和第69条。

我国在建立股票市场之始，就高度重视股票发行的信息披露。但股票发行方式不同，信息披露义务也有不同。新设发行与新股发行在信息披露文件的类别、内容、格式等方面都有区别，应根据不同情况进行选择。就股票公开发行来说，我国现行主要法律、法规及规则包括《公司法》、《证券法》、《股票条例》、《公开发行股票公司信息披露实施细则（试行）》及相关附件等。结合目前法律规定，公司公开发行股票，必须公开披露的信息主要包括：（1）招股说明书；（2）招股说明书概要；（3）上市公告书；（4）股票发行公告及其他文件。

一、招股说明书

招股说明书是公开发行股票时应当公开的最基本法律文件。公开发行股票公司必须向证监会报送招股说明书，经证监会审核批准后，发行人应当公布招股说明书。

（一）招股说明书的概念和特点

招股说明书是发行人公开发行股票时，依法向公众披露相关信息的专门文件。招股说明书的制作和公开，必须符合法定格式、内容和程序。根据证监会发布的《招股说明书的内容与格式（试行）》，招股说明书包括封面、目录、正文、附录和备查文件五个组成部分。其正文部分包括以下内容：（1）主要资料；（2）释义；（3）绪言；（4）发售新股的有关当事人；（5）风险因素与对策；（6）募集资金的运用；（7）股利分配政策；（8）验资证明；（9）承销；（10）发行人情况；（11）发行人公司章程或章程草案的摘录；（12）董事、监事、高级管理人员及重要职员；（13）经营业绩；（14）股本；（15）债项；（16）主要固定资产；（17）资产评估；（18）财务会计资料；（19）盈利预测；（20）重要合同及重大诉讼事项；（21）公司发展规划。

据此，可将招股说明书的法律特征概括如下：

1. 招股说明书是为了募集股份而向社会公众发出的法定文件。即使在向原股东配售股票时，也要公布招股说明书。

2. 招股说明书记载事项具有法定性。招股说明书记载的事项、方式和格式等均须符合证券法规的要求，不得就法定内容作出删减，记载格式及形式也不得与证券监管法规相左，除非法定事项要求的内容确实与发行人实际情况不相符合。

3. 招股说明书签署人（发行人、发行人董事或者发起人等）不得对披露事实作出假定前提的陈述，不得声明免除其法定责任；中介机构在各自专业范围内，必须对相关文件及表述的真实性、准确性和完整性承担相应责任。

（二）招股说明书的法律性质

招股说明书是股票发行人向投资者发出的、旨在募集资金的意思表示。有学者认为，该种意思表示符合《股票条例》关于要约的规定，即是“向特定人或者非特定人发出购买或者销售某种股票的口头的或者书面的意思表示”，性质上属于要约。笔者认为，在理论上，不宜将招股说明书视为要约，而应从两个方面理解招股说明书的法律性质。

一方面，招股说明书只能揭示股票发行人向投资者出售的股份总额，而不包括向某个投资者发出的、出售确定股份数量的意思表示。要约和要约邀请都属于意思表示，但两者在性质上不同。要约是以缔结契约为目的，唤起相对人承诺之一种意思表示。要约邀请也属于意思表示，它与要约的区别在于，要约邀请仅仅是唤起对方提出要约，要约邀请人并不希望受到所发出要约的约束。我国《合同法》第14、15条接受了这种观点，并特别规定招股说明书是要约邀请。根据股票发行实践，发行人在获准公开发行股票后，应当首先公布招股说明书，由投资者认购股份和支付认购股份的款项，最后再由发行人根据认购情况分派股票。据此，招股说明书是向投资者作出的发行股票的意思表示，其目的在于唤起投资者认购所发行股票的意愿。在发行人披露招股说明书时，尚无法确定某个投资者未来的持股数量。因此，招股说明书不具有具体、确定的内容，不符合《合同法》规定的要约条件，将招股说明书归入要约邀请是比较恰当的。

另一方面，招股说明书构成对各方利益相关者的特殊保证。招股说明书不是要约，但应当全面揭示与股票发行有关的各种信息。根据各国证券法确立的一般规则，招股说明书披露信息应当真实、准确、完整，不得存在虚假、严重误导性陈述或者重大遗漏。否则，信息披露义务人应当承担相应的民事、行政和刑事责任。就此而言，因为招股说明书具有揭示股票品质的功能，是投资者信赖并据此认购股票的前提，也是发行人承担法律责任的承诺，故可将招股说明书理解为一种特殊形态的保证。凡是出现与招股说明书所述事实不符合的情形时，招股说明书的签署人应就此承担法律责任。

(三) 招股说明书的披露规则

1. 招股说明书须经证监会审核批准。招股说明书在披露前必须报请证监会审核。通常做法是，发行人及其董事在招股说明书经过验证并最终定稿后，应当在招股说明书上签字盖章，然后，应将招股说明书及其他送审文件一并交送证券监管机构核准。证券监管机构在收到送审文件和招股说明书后，应在法定期限内作出审核，未经核准的招股说明书不得披露。

2. 招股说明书于批准后发生要约邀请的效力。在招股说明书签署并获得证券监管机构的核准后，在法定期限内发生要约邀请的效力。发行人及承销商应将其备置于发行人及承销商营业地和证券监管机构办公场所，依照法定方式进行披露。招股说明书有效期为 6 个月，自招股说明书签署完毕之日起计算；发行人应在承销期开始前 2 至 5 个工作日公布招股说明书。

3. 招股说明书签署后且批准前，处于特殊效力状态。一方面，招股说明书签署人应当保证其内容的真实、准确和完整；另一方面，招股说明书并未发生要约邀请效力。根据现行规定，在公开发行股票的申请获批准后，且招股说明书失效之前，如果不修改招股说明书就会产生误导事件的，股票发行人和承销商有责任对招股说明书作出相应的修改。发行人对经证券监管机构复审后批准的招股说明书作出任何改动，必须在公布之前报证券监管机构审核。

二、招股说明书概要

招股说明书概要是依照信息披露准则，简要地提供招股说明书的主要内容，以增强信息传达能力的法律文件。它具有以下特点：

1. 招股说明书概要属于法定信息披露文件。招股说明书概要应当与招股说明书一并报请证券监管机构审批。作为招股说明书的附件，招股说明书概要应依照法律规定和证券监管机构要求记载法定内容。

2. 招股说明书概要属于引导性阅读文件。招股说明书内容详尽但不便于投资者阅读和了解，为增强招股文件的易解性，尽可能广泛、迅速地向社会公众投资者提供和传达有关股票发行的简要情况，应以有限数量的文字作出招股说明书概要，简要地提供招股说明书的主要内容。一般情况下，招股说明书概要约为一万字。

3. 招股说明书概要属于非发售文件。根据现行规定，招股说明书概要标题下必须记载下列文字："本招股说明书概要的目的仅为尽可能广泛、迅速地向公众提供有关本次发行的检验情况。招股说明书全文为本次发售股票的正式法律文件。投资者在作出认购本股的决定之前，应首先仔细阅读招股说明书全文，并以全文作为投资决定的依据。"虽然招股说明书概要并非发售文件，但不得误导投资人。

招股说明书概要虽非发售文件，但作为信息披露文件，必须依照法定程序进行披露，其披露方式与招股说明书基本相同，任何人不得在公开前泄露招股说明书概要的内容。在股票发行获得批准后，股票发行人及承销商应在承销期开始前2至5个工作日，将招股说明书概要刊登在证券监管机构指定的一家全国性刊物上，或同时刊登在另外的其他报刊上。

三、其他方式

除招股说明书及其概要外，在股票公开发行期间，对于与发行有关而且应当公开的信息（如股票认购表抽签结果、交款的地点与时间等），发行人应在至少一种证监会指定的全国性报刊上及时公告。这些方式主要包括：股票发行公告、股票发行中签率公告、有效认购（摇号）结果公告、发行退款或余款转存公告等。

除此以外，针对非上市公众公司的信息披露，证监会《非上市公众公司监督管理办法》第20条规定，非上市公众公司的信息披露文件主要包括公开转让说明书、定向转让说明书、定向发行说明书、发行情况报告书、定期报告和临时报告等。具体的内容与格式、编制规则及披露要求，由中国证监会另行制定。

第三节 持续信息披露制度

一、持续信息披露的概述

证券市场最初是为了满足企业融资需求而出现的，随着证券市场的逐步发展和完善，公司管理者应该清醒地注意到，一个具有高度流通性的证券市场，将吸引众多投资者跻身其中。投资者队伍越庞大，公司资本越充沛；证券交易的效率越高，证券市场的融资功能越强。公司既要关注证券市场的融资功能，又要重视证券市场的持续发展，必须认识到投资者是证券市场的存在基础。在传统上，有些公司以保护公司秘密为借口，试图保持凌驾于投资者利益之上的特殊地位。美国20世纪初的股灾，昭示着这种传统观念的彻底破产，逐渐形成了证券市场持续发展的现代观念。证券市场若要保持融资功能，必须建立透明、安全、快捷和高效的信息披露机制。

持续信息披露包含两层含义。在义务层面上，持续信息披露是上市公司向投资者承担的法定义务。在制度层面上，持续信息披露是以上市公司持续信息披露义务为基础而展开的一整套法律制度，涉及持续信息披露义务的概念、履行以及违反法定义务而产生的法律责任制度等问题。

(一) 制度发展概况

我国证券市场起步比较晚，立法者和监管者在初期就重视持续信息披露制度的作用。

《股票条例》以11个条文对上市公司的信息披露问题作出规定。证监会发布《公开发行股票公司信息披露实施细则（试行)》，对持续信息披露作了更为细致的规定。随后，证监会又发布了《年度报告的内容与格式》及《中期报告的内容与格式》以及其他相关规范性文件，用以规范公司的信息披露行为。这些行政法规和规范性文件带有某些缺点和不足，信息披露的内容和格式不尽完善，却奠定了我国信息持续披露制度的制度基础。

根据上述规定，我国持续信息披露制度呈现以下特点：

1. 履行持续信息披露义务是公司的法定义务。对于上市公司究竟是自愿还是被迫履行持续信息披露义务，各国学术界有过多种意见。但是，占主导地位的效率市场理论、不对称信息理论和公共产品理论都认为，持续地披露相关信息是公司的法定义务，监管机构应当干预信息披露，实行强制信息披露制度。我国《证券法》明确规定上市公司和发行人承担持续性信息披露义务。

2. 持续信息披露逐渐成为相对独立的系统制度。传统理论认为公司才是信息披露的主体，随着人们对公司本质理解的加深，公司承担的持续信息披露已逐渐发展成为各相关者承担的法定义务。公司董事、高级管理人员、实际控制人、中介机构及其工作人员等，都以不同方式负担着持续信息披露义务。与此同时，由于上市公司、中介机构及相关人员职责和作用不同，各方承担义务的程度也会有所差别，从而形成了更为复杂的信息披露体系。

3. 应当披露的信息的范围越来越广。持续信息披露制度建立之初，应当披露信息的范围相对比较狭窄。随着实际经验的总结，投资者地位的逐步提升，以及证券市场运行效率的不断提高，持续信息披露的范围日趋广泛。我国于2005年修改《证券法》时，在总结以往经验的基础上，将公司涉嫌犯罪等纳入法定信息披露范围。

4. 持续信息披露制度逐渐精细化。证券法推崇公开、公正、公平与诚实信用原则，建立了精细化的信息披露法规体系，有助于最大限度地实现证券法宗旨。特别是为了实现有效监管和增强信息披露规则的透明度，各国监管机构都在努力实现信息披露的范围、类型、方式、格式、时机、程度乃至用语的规范性。同时，考虑到证券市场的特殊风险，证券监管机构适时地在定期报告中增加了季度报告的内容。这些规定有助于清晰展现证券法原则的内涵，保证证券市场的健康发展。

从执行情况来看，我国信息披露尚存在以下主要问题：第一，信息披露的非主动性，即有些公司将信息披露看作累赘和额外负担，未能充分认识强制信息披露的重要性。第二，信息披露的随意性和不规范性，即公司在披露信息的方式、内容和时机选择上具有比较强的随意性。第三，信息披露的滞后性和非连续性，即投资者根据已披露信息，尚难对公司真实状况形成全面认识。第四，信息披露的虚假性，即会计制度不完善、中介机构执业质量低下和信息披露制度不尽健全，容易导致披露的信息包含虚假成分。由此可见，信息披露不充分是我国证券市场的重要问题之一。

（二）我国持续信息披露制度的发展

《证券法》作为我国调整证券市场关系的基础法律，取得了两方面重要成绩。一方面，《证券法》以概括性立法语言，重述了以往法规确立的持续信息披露制度，巩固了持续信息披露制度的证券法地位，将信息披露方式划分为中期报告、年度报告、临时报告及其他公告，明确了违反信息披露义务的法律责任，消除了依赖行政法规追究违法者民事责任的法律障碍。另一方面，《证券法》对以往法规进行了修改和补充，将公司股票和债券的持续信息披露视为相关联的整体，奠定了债券发行人履行信息披露义务的法律基础，消除了从前无法可依的局面，保护了债券投资者的利益。我国公司收购制度专门规定了上市公司收购公告规则，立法体例更为科学。我国已初步形成由《证券法》及相关法律、法规和规范性文件共同构成的法律实体。

关于持续信息披露制度，现行《证券法》在以下方面进行了较大修改：

1. 将实际控制人情况纳入信息披露范围。原《证券法》将上市公司实际控制人的相关信息纳入信息披露的范围。考虑到上市公司股权结构的复杂情况，现行《证券法》在第66条和第67条中将其增加到应当披露的法定信息范围内，公司应在年度报告和临时报告中，披露公司实际控制人及其变动情况。

2. 增加了持续信息披露的范围。根据《证券法》第67条第11项，“公司涉嫌犯罪被司法机关立案调查，公司董事、监事、高级管理人员涉嫌犯罪被司法机关采取强制措施”的，公司应当以临时报告形式进行信息公开。

3. 扩张了持续信息披露义务人的范围。《证券法》第68条规定，上市公司董事、高级管理人员应当对公司定期报告签署书面确认意见。上市公司监事会应当对董事编制的公司定期报告进行审核并提出书面审核意见。上市公司董事、监事、高级管理人员应当保证上市公司所披露的信息真实、准确、完整。根据上述规定，公司董事和高级管理人员等，都要对持续信息的虚假陈述承担法律责任。

必须看到，信息披露不充分，有时是义务人不愿意披露或故意造假而引起的，有时是义务人过于轻视而造成的，如董事会秘书没有尽到足够的勤勉或注意义务。对于前者，必须强化信息披露义务，加强对违法行为的处罚，才能实现信息披露的功能；对于后者，应该引导义务人建立内部控制系统，将信息披露义务内化为公司政策，减少因失职或轻视造成的信息披露不充分问题。

二、持续信息披露的形式

持续信息披露是证券法制度的重要组成部分。根据该制度，发行人和上市公司负有公开、公平、及时向社会公众披露一切有关公司和所发行证券的重要信息的持续性责任。在公司披露信息的内容与形式上，境外证券法都作出明确的规定，要求上市公司按期公布定期报告，及时公布临时报告，并根据监管机构或者证券交易所的要求，以指定形式披露其他有关信息。从境外情况看，持续信息披露主要采取定期报告和临时报告两种方式。在我国，也将编制、公布定期报告和临时报告作为持续信息披露的基本途径。

（一）定期报告

1. 定期报告的含义

定期报告是上市公司在法定期限内制作完毕并公告的公司文件。根据《证券法》规定，定期报告分为年度报告和中期报告。证监会发布的规范性文件还要求上市公司发布季度报告，并将季度报告作为中期报告的特殊形式之一。①

按照报告期限，我国定期报告分为年度报告、中期报告和季度报告。另据报告制作人身份，定期报告又分为股票上市公司的定期报告和公司债券上市交易公司的定期报告。根

---

① 参见证监会2001年4月6日发布的《公开发行证券的公司信息披露编报规则第13号——季度报告内容与格式特别规定》。

据上述两种标准，我国定期报告主要包括五种：(1) 上市公司年度报告；(2) 上市公司中期报告；(3) 上市公司季度报告；(4) 公司债券上市交易公司的年度报告；(5) 公司债券上市交易公司的中期报告。

定期报告具有以下特点：

第一，编制和公告定期报告是上市公司和公司债券上市交易公司依法承担的强制性义务。但是，公司债券上市交易公司只需制作年度报告，无须制作、公布季度报告。

第二，定期报告是标准化信息披露文件。定期报告的内容以及具体项目分类，应当按照标准化格式加以记载。标准化格式中未列明但属于应当公告的，定期报告也应当记载和披露。

第三，定期报告的制作和披露必须符合法定时间。定期即指期限的确定性，定期报告必须在规定期限内制作和披露。未经监管机构特别批准，不得延期完成或公布定期报告，监管机构和证券交易所对于无故迟延公告定期报告的上市公司，可予以警告或谴责。

第四，编制、制作和公告定期报告必须履行法定程序。根据定期报告的性质及重要程度，有的定期报告仅需履行公司批准程序，有的则需附加独立审计机构的审计意见。

第五，定期报告必须获得书面确认及审核。根据《证券法》第 68 条规定，上市公司董事、高级管理人员应当对公司定期报告签署书面确认意见。上市公司监事会应当对董事会编制的公司定期报告进行审核并提出书面审核意见。

编制和公告定期报告应当具有连续性。即前次定期报告应与本次定期报告之间存在合理连接，具有可比性。如上一年度报告的期末数应与本年度报告的期初数一致，并应就当年年初数与年末数间的差异作出解释和说明。

2. 年度报告

年度报告是在每个会计年度结束时，由上市公司依法制作并提交的，反映公司本会计年度基本经营状况、财务状况等重大信息的法律文件。年度报告是最重要的定期报告，是股东与经营者交流的最有效工具。与中期报告相比，年度报告的内容、格式和公告规则更严格和细致。

(1) 年度报告的记载内容

根据《证券法》第 66 条规定，年度报告应记载以下内容：1) 公司概况；2) 公司财务会计报告和经营情况；3) 董事、监事、高级管理人员简介及持股情况；4) 已发行的股票、公司债券情况，包括持有本公司股份最多的前十名股东名单和持股数额；5) 公司的实际控制人；6) 国务院证券监督管理机构规定的其他事项。根据证监会《年度报告的内容与格式（试行）》的规定，凡在我国境内公开发行股票的股份有限公司，应当按照准则规定编制年度报告。

(2) 年度报告的公告规则

年度报告的披露，除应当符合中期报告的有关规则外，还应当遵循以下规则：1) 期限规则。上市公司应当在每一会计年度结束之日起 4 个月内，向证监会及证券交易所提交制作完成的年度报告。如果确实无法在该期限内编制完成年度报告，应当在报送最后期限到期前至少 15 个工作日，向证券交易所提出延期申请并报证监会备案。2) 审计规则。上市公司年度报告必须附加具有从业资格的会计师事务所出具的审计报告，未经审计的年度报告，视为未编制完成。

3. 中期报告

中期报告是持续信息披露的重要形式，揭示了上市公司某一会计年度前6个月的营业与财务状况，并向投资者提供预测该营业年度业绩及状况的中期资料，以确保上市公司信息披露的最新性。

(1) 中期报告应当记载的内容

根据《证券法》第65条的规定，中期报告应当记载的事项包括：1) 公司财务会计报告和经营情况；2) 涉及公司的重大诉讼事项；3) 已发行的股票、公司债券变动情况；4) 提交股东大会审计的重要事项；5) 国务院证券监督管理机构规定的其他事项。证监会曾发布《中期报告的内容与格式（试行）》，对中期报告应记载事项、格式及公告规则作了具体要求。

(2) 中期报告披露的规则

根据《证券法》规定，公布中期报告应当遵守以下规则：1) 上市公司及公司债券发行公司应当在每一会计年度的上半年结束之日起2个月内，向证监会和证券交易所提交中期报告，并应同时进行公告；2) 上市公司应当分别向证监会和证券交易所各报送10份中期报告进行备案；3) 上市公司全体董事必须保证中期报告所提供的信息的真实、准确、完整，并就其保证承担连带责任；4) 已在境内和境外两个以上证券市场发行股票并上市的公司，在编制境内和境外的中期报告时，应尽量做到内容一致。

4. 季度报告（简式中期报告）

季度报告是证监会要求上市公司在会计年度前3个月、9个月结束后的30日内编制和公布的信息公开文件。证监会的规定将其确定为中期报告的特殊形式，报告内容及格式由简化、修改中期报告而来，并使其编制和公布活动遵守中期报告的一般规则。也可称为简式中期报告。

我国要求上市公司编制和公布季度报告，经历了一段实验过程。2001年第一季度结束后，股票交易实行特别处理的上市公司应尽量编制并披露季度报告，鼓励其他上市公司编制并披露季度报告；2001年第三季度结束后，股票交易实行特别处理的上市公司必须编制并披露季度报告，其他上市公司尽量编制并披露季度报告；2002年第一季度起，所有上市公司必须编制并披露季度报告。

季度报告注重披露公司新发生的重大事项，一般不重复已披露过的信息。季度报告无须编制季度报告摘要。公司季度报告中的财务资料无须经审计，但中国证监会或证券交易所另有规定的除外。季度报告的编制和公告规则是：

(1) 公司编制季度报告中的财务资料部分时，应遵循如下规定：第一，无须披露财务数据与指标。第二，无须披露完整的财务报表，但应披露简要的合并利润表与合并资产负债表。第三，在财务报表附注部分，只需披露如下内容：与前一定期报告相比，会计政策、会计估计以及财务报表合并范围的重大变化及影响数；季度财务报告采用的会计政策（主要指对不均匀发生费用的确认、计量等）与年度财务报告的重大差异及影响数；应纳入财务报表合并范围而未予合并的子公司名称及未合并原因。

(2) 公司管理层编制季度报告中的经营情况阐述与分析部分时，应遵循如下规定：第一，概述报告期内公司经营情况、所涉及主要行业的重大变化。第二，概述报告期内公司主要投资项目的实际进度与已披露计划进度的重大差异及原因。第三，简要分析、阐述公司报告期经营成果以及期末财务状况，包括经营成果、财务状况、或有事项与期后事项以及其他事项。

(二) 临时报告

1. 临时报告的含义

临时报告，也称为“重大事件临时报告”，指上市公司就发生可能对上市公司股票交易价格产生较大影响、投资者尚未得知的重大事件，为了说明事件起因、目前状况和可能产生的法律结果而出具的临时性报告。根据《证券法》第67条规定，临时报告作为信息披露的重要形式，有以下特点：

(1) 编制和公布临时报告的义务人是股票上市公司，债券发行人无须公布临时报告。

(2) 编制和公布临时报告须依事件之重大程度而定。认定是否属于重大事件，要综合考虑三个因素：第一，是否构成对股票价格的某种影响；第二，投资者是否已知晓；第三，是否构成对股票价格的较大影响。

(3) 临时报告以说明事件实质为核心。上市公司应关心所发行股票的市场价格变化以及与此有关的各方面因素，以确保及时说明事件实质。如果上市公司无法知晓导致股票价格剧烈或不正常波动的具体原因，上市公司仍承担提示义务，但提示义务不属于临时报告。

2. 重大事件的基本类型

重大事件的认定标准带有一定的主观性和弹性，为了便于上市公司恰当地履行信息披露义务，《证券法》将重大事件的常见形态列举如下：

(1) 公司的经营方针和经营范围的重大变化；

(2) 公司的重大投资行为和重大的购置财产的决定；

(3) 公司订立重要合同，可能对公司的资产、负债、效益和经营成果产生重要影响；

(4) 公司发生重大债务和未能清偿到期债务的违约情况；

(5) 公司发生重大亏损或者重大损失；

(6) 公司生产经营的外部条件发生的重大变化；

(7) 公司的董事、1/3以上监事或者经理发生变动；

(8) 持有公司5%以上股份的股东或者实际控制人，其持有股份或者控制公司的情况发生较大变化；

(9) 公司减资、合并、分立、解散及申请破产的决定；

(10) 涉及公司的重大诉讼；

(11) 股东大会、董事会决议被依法撤销或者宣告无效；

(12) 公司涉嫌犯罪被司法机关立案调查，公司董事、监事、高级管理人员涉嫌犯罪被司法机关采取强制措施；

(13) 国务院证券监督管理机构规定的其他事项。

三、持续信息披露的方式和规则

根据持续信息披露规则，上市公司及相关人员应当以合理和适当的方式，及时、公平地向社会公众提供与公司营业、财务及股票价格有关的信息，确保投资者平等获得该等信息利益。公平和便利构成了信息披露规则的重要基础。所谓公平，是指任何与公司营业、财务及股票价格有关的信息，应当向全体投资者进行披露，不得将相关信息仅披露给部分投资者。所谓便利，既采用投资者惯常接受的信息披露方式，确保投资者获得充分的有效信息，又能最大限度降低信息披露成本。

(一) 信息披露的方式

依照现行法规，信息披露的方式主要有：

1. 报刊登载。报刊登载是目前使用最普遍、投资者易于接受的信息披露方式。《证券法》第70条规定，依法必须披露的信息，应当在国务院证券监督管理机构指定的媒体发布。另外，在公司与证券交易所签订的上市协议中，也包含选定或指定刊载报刊的条款，上市公司不得随意改变。凡境内发行股票并同时发行外资股的上市公司，应当同时对境内外投资者披露信息，信息披露文件译成外文的，应将其刊登在证监会指定的外文刊物上。

2. 备置文件。备置文件系将制作完成并进行报刊登载的披露文件，存放于公司所在地和证券交易所，以备公众查阅的信息披露方式。上市公司履行信息披露义务，应当在指定媒体发布时，同时备置于公司所在地和证券交易所。

3. 互联网发布。即将信息披露文件（包括正文及附录）刊载于证监会指定的互联网网站上。

4. 文件备案。我国信息披露规则要求，上市公司应将披露文件或副本报证监会和证券交易所备案。证监会或证券交易所备案文件不易为股东及社会公众投资者查阅，故不应将备案视为独立的信息披露方式。

5. 答复询问。依照证监会《公开发行股票公司信息披露实施细则（试行）》的规定，上市公司应指定专人负责信息披露事务，包括与证监会、证券交易所、有关证券公司、新闻机构等的联系，并回答社会公众提出的问题。为了平等保护投资者的利益，答复询问的内容不宜超过报刊登载的信息范围。

(二) 信息披露的基本规则

1. 依法披露。发行人、上市公司依法披露的信息，必须真实、准确、完整，不得有虚假记载、误导性陈述或者重大遗漏。

2. 公告前保密义务。根据《证券法》规定，证券监督管理机构、证券交易所、保荐人、承销的证券公司及有关人员，对公司依照法律、行政法规规定必须作出的公告，在公告前不得泄露其内容。

3. 接受证监会监督。国务院证券监督管理机构对上市公司年度报告、中期报告、临时报告及公告情况进行监督，对上市公司分派或者配售新股的情况进行监督，对上市公司控制股东和信息披露义务人的行为进行监督。

4. 民事责任规则。定期报告和临时报告存在虚假记载、误导性陈述或有重大遗漏，致使投资者在证券交易中遭受损失的，相关机构和人员应承担赔偿责任。

第四节　虚假陈述的民事责任

《证券法》第63条规定，“发行人、上市公司依法披露的信息，必须真实、准确、完整，不得有虚假记载、误导性陈述或者重大遗漏”。《证券法》第69条还概括地规定了发行人、上市公司、上市公司控制股东、上市公司的董（监）事和高级管理人员、保荐人、承销的证券公司等的民事责任，从而成为追究相关单位和人员虚假陈述民事责任的基础法律条款。

一、虚假陈述的概念和特征

虚假陈述是国内学术界惯常采用的术语，来自英文 Misrepresentation，宜译为不实陈述或者错误陈述。我国现行法律文件很少直接使用“虚假陈述”的术语，而分别称为虚假记载、误导性陈述和重大遗漏。2002 年 12 月 26 日，最高人民法院通过的《关于审理证券市场因虚假陈述引发的民事赔偿案件的若干规定》（以下简称《虚假陈述民事赔偿案件的规定》）较早地明确使用了“虚假陈述”，从而使得这一学术概念成为法律术语，并将不正当披露归纳为虚假陈述的特殊形式。

（一）虚假陈述的含义

在文义上，虚假陈述包含“虚假”和“陈述”两个词语。虚假，指行为人的主观故意；陈述，指行为人作出某种意思表示的积极行动。按照文义解释，虚假陈述即指行为人故意作出某种不符合事实真相的积极意思表示。然而，从有关“虚假陈述”的法律规定来看，其外延不限于故意作出的不真实意思表示，而是泛指各种违反信息披露义务的行为。行为人在提交或者公布的信息披露文件中作出虚假记载、误导性陈述或者有重大遗漏，即使行为人没有过失，也应当认定为虚假陈述。

就此而言，在证券法上，虚假陈述包括各种行为形态而不限于行为人积极作出的某种意思表示，包括各种主观态度而不限于主观故意。因此，一方面，应从“不实陈述”角度解释“虚假陈述”的含义，不应过分强调行为人的主观态度；另一方面，应采取内容解释方法来理解“虚假陈述”，不宜从字面含义解释虚假陈述的含义。

（二）虚假陈述的特征

在我国学术界，学者通常将虚假陈述与内幕交易、操纵市场和欺诈客户等并称为“证券违法行为”，或并称为“证券欺诈行为”①。其中，虚假陈述作为最重要的证券违法行为，与其他证券违法行为有所不同，主要表现为：

1. 虚假陈述是特定主体实施的行为

该特定主体，是依法承担信息披露义务的发行人或上市公司。发行人即为公开发行股票或者公司债券的公司；上市公司是获准在证券交易所上市的股份有限公司。证券法规定的各种主要信息披露文件，最终都是以发行人或者上市公司的名义对外发布的，虚假陈述是发行人或者上市公司对外作出的不实意思表示。

至于公司的发起人、实际控制人、董事、监事、高级管理人员、保荐人和证券公司等，没有对外披露信息的义务，不是虚假陈述的行为主体。他们对外发布虚假信息的行为，可能构成操纵市场或其他违法行为。依照《证券法》规定，这些机构和个人可能与发行人或者上市公司连带承担虚假陈述的法律责任②，从而形成行为人和责任人的相对分离。

2. 虚假陈述是特殊的行为状态

在文义上，虚假陈述指行为人采取作为或积极方式作出背离事实真相的陈述和记载，如捏造或者虚构某种情形，将不存在的情形称为客观存在；或者如篡改行为，将具有特定性质的行为称为他种性质的行为。虚假陈述还包括以不作为方式作出的各种虚假陈述，如

---

① 国务院证券委员会发布的《禁止证券欺诈行为暂行办法》。

② 我国法院审理虚假陈述案件时认为，发行人和上市公司以外的机构或者个人也是虚假陈述的行为人。参见《虚假陈述民事赔偿案件的规定》第 7 条。

遗漏行为，即对依法应作陈述和记载的事项未作记载和陈述。因此，虚假陈述描述着各种背离事实真相的行为和状态，可以分别表述为虚假记载、误导性陈述或者遗漏。

3. 虚假陈述是在信息披露文件中作出的虚假陈述

对于影响证券价格的各种重大事实，义务人都应及时按照规定文件和格式向社会公众披露。无论是招股说明书或各专业机构出具的专业报告，还是年度报告、中期报告或者临时报告，均属于法定信息披露文件。在法定文件中作出与事实不符的虚假记载、误导性陈述或有遗漏，即构成虚假陈述。如果上市公司或发行人在其他文件中作出不实陈述，或者上市公司或者发行人的内部人员在其他场合下发表不实意见，很难认定为证券法上的虚假陈述，但不排除行为人构成其他证券违法行为。

对于虚假陈述，通常分为虚假记载、误导性陈述和重大遗漏三种。在法律上，虚假记载和误导性陈述属于积极行为，即作为；重大遗漏属于消极行为，即不作为。因此，在本质上，发行人和上市公司承担信息披露义务奠定了虚假陈述的基础，虚假陈述即为发行人或者上市公司违反信息披露法定义务的各种行为。发行人和上市公司应当依法承担虚假陈述的法律责任，在法律明确规定的情况下，其他机构和个人也承担虚假陈述的法律责任。

二、虚假陈述的行为主体

(一) 法律规定

在虚假陈述的行为人方面，我国证券立法的主要规定如下：

1.《证券法》第63条规定，“发行人、上市公司依法披露的信息，必须真实、准确、完整，不得有虚假记载、误导性陈述或者重大遗漏”。据此，发行人和上市公司是虚假陈述的行为主体。

2.《证券法》第68条规定，上市公司董事、高级管理人员应当对公司定期报告签署书面确认意见。上市公司监事会应当对董事会编制的公司定期报告进行审核并提出书面审核意见。上市公司董事、监事、高级管理人员应当保证上市公司所披露的信息真实、准确、完整。该条款使用了“保证”的词语，而没有使用“行为人”或者“行为主体”的概念，也没有明确规定上市公司董事、监事和高级管理人员是否承担虚假陈述引发的全部的赔偿责任。

3.《证券法》第69条规定，“发行人、上市公司公告的招股说明书、公司债券募集办法、财务会计报告、上市报告文件、年度报告、中期报告、临时报告以及其他信息披露资料，有虚假记载、误导性陈述或者重大遗漏，致使投资者在证券交易中遭受损失的，发行人、上市公司应当承担赔偿责任；发行人、上市公司的董事、监事、高级管理人员和其他直接责任人员以及保荐人、承销的证券公司，应当与发行人、上市公司承担连带赔偿责任，但是能够证明自己没有过错的除外；发行人、上市公司的控股股东、实际控制人有过错的，应当与发行人、上市公司承担连带赔偿责任”。该条款没有明确提及虚假陈述的行为主体，但明确规定发行人和上市公司须对虚假陈述承担法律责任，其他机构和人员是否承担责任须结合其主观态度作出判定。

4.《虚假陈述民事赔偿案件的规定》第7条规定，虚假陈述证券民事赔偿案件的被告，应当是虚假陈述的行为人，包括：(1) 发起人、控股股东等实际控制人；(2) 发行人或者上市公司；(3) 证券承销商；(4) 证券上市推荐人；(5) 会计师事务所、律师事务所、资产评估机构等专业中介服务机构；(6) 上述第 (2)、(3)、(4) 项所涉单位中负有责任的董事、监事和经理等高级管理人员以及第（5）项中的直接责任人；（7）其他作出虚假陈述的机构或者自然人。

（二）行为主体与责任主体

《虚假陈述民事赔偿案件的规定》规定，上市公司和发行人以外的其他机构和个人，也是虚假陈述的行为主体。该司法解释同时规定，发行人和上市公司以外的其他机构或者人员是否承担责任以及承担何种责任，需要考虑其主观过错，而非当然承担赔偿责任。据此，虚假陈述主体可分为行为主体和责任主体。

1. 行为主体与责任主体的区别

行为主体是实施虚假陈述的主体，责任主体是承担虚假陈述所生损害赔偿后果的主体，两种主体在理论上存在差别。

首先，发行人和上市公司依法承担法定信息披露义务，必须真实、准确和完整地披露信息。发行人和上市公司以外的机构和个人，不是信息披露的义务主体，但承担谨慎勤勉义务，它们须按通常的职业或者行业标准履行编制、审验相关文件的义务。在实务中，发行人和上市公司有义务提供各种相关信息和资料，确保相关信息和资料的真实、准确、完整。其他机构和人员负有收集该等资料的义务，并承担核查该等资料和信息真实性、准确性和完整性的义务。但这种收集和核查义务不属于结果义务，而属于行为义务，只有当该其他机构和人员没有尽到审慎勤勉义务时，才承担相应的单独责任或者连带责任。

其次，发行人和上市公司承担全面义务，而其他机构承担部分或者局部义务。所谓全面义务，是指发行人和上市公司承担各项保证披露信息真实、准确、完整的义务；所谓部分和局部义务，系指就该有关机构和人员职责范围内的信息承担真实、准确、完整的义务。从实务角度来看，法律服务机构仅对法律意见书及工作文件所涉及事项负有勤勉尽责的义务，甚至对中介机构的资格有审核义务，但对中介机构出具的专业报告的内容，没有法定注意义务。

最后，投资者对发行人、上市公司以及其他机构或者人员的信赖程度不同。在多数情况下，行为主体与投资者之间不存在合同关系，虚假陈述为对不特定公众投资者实施的欺骗，在本质上属于侵权行为。公众投资者认购证券或者买卖证券，系以信赖发行人和上市公司公布的招股说明书和公司财务报告等作为基础，而非单纯地信赖保荐书、财务会计报告或者法律意见书等文件。在证券发行过程中，招股说明书属于必须公开的募集文件，其他机构或者人员编制的文件属于备查文件，不足以单纯成为投资者认购或者买卖证券时信赖的法律文件。

2. 责任主体扩张的理论依据

区分行为主体与责任主体，目的不是当然免去发行人和上市公司以外其他机构和人员的法律责任，而是要合理确定这些机构和人员承担法律责任的理论依据。笔者认为，这些机构和人员即使没有实施虚假陈述行为，也并不免除其法律责任，他们可以是虚假陈述的责任主体。

第一，在发行人和上市公司以外的机构和个人承担虚假陈述法律责任的问题上，政策考量是重要原因之一。保护投资者利益是《证券法》的基本宗旨和价值观，只有最佳地保护投资者利益，才能最终建立起健康、稳定的市场秩序，才能正确发挥证券市场的功能。虚假记载是早期证券市场最常出现的虚假陈述类型，也是最重要的虚假陈述类型。在我国证券市场刻意追求融资功能的时期，许多企业都希望利用证券市场的融资功能。在利益驱动下，我国出现了“红光实业”等一批典型的案例。证券信息主要是发行人信息，发行人最接近所披露的信息，最了解事实真相，也最容易取信于投资者。发行人存在虚假记载、误导性陈述或者重大遗漏等情况，最容易损害投资者利益，危害性极大。《证券法》特别确定由发行人和上市公司以外的机构和个人承担法律责任，将有效地遏制虚假陈述案件的发生，切实有效地保护投资者利益。

第二，现代风险分担理论也是促成其他机构和个人承担虚假陈述法律责任的重要依据。证券信息主要是发行人和上市公司信息，发行人和上市公司是主要的信息源，也最了解证券信息的真实状况，固然应当分担由此风险引起的损害后果。相对于发行人和上市公司来说，公司实际控制人和发起人、公司董（监）事和高级管理人员、保荐人及保荐代表人、证券公司和从业人员以及各中介机构，是最接近风险源的机构和个人。发行人和上市公司以外的机构和个人往往都是专业人士，其极尽审慎勤勉地履行各自职责，将有效地抵御、化解该种风险源对证券市场造成的损害。投资者远离风险源，无法采取预防或者化解风险的有效措施，由其承受其他机构及个人应当承担的风险，于理无据。

第三，现代责任观念更是促成其他机构和个人承担虚假陈述法律责任的直接依据。早期民商法观念强调同态复仇思想，行为人只要实施损害他人权益的行为，即应当承担法律责任，由此形成民商法上特有的“结果责任”。近代民商法认为，行为人之所有应受谴责，并非因其行为状态，实基于行为人怀有的可谴责的主观态度，进而出现近代民法上的过错责任。过错责任观念对现代法治社会影响至深，立法者在确定相关机构及人员法律责任时，亦以此为基本的衡量手段。就证券市场实践来看，发行人、上市公司以及其他机构和个人，均在各自范围内对证券信息的真实、准确、完整承担着相应义务，都可采取适当方法避免损害结果的发生。投资者除了远离证券市场之外，绝无避免损害的可能，而投资者远离证券市场又将对证券市场形成根本打击。因此，由发行人、上市公司及其他机构和个人承担法律责任，符合现代责任观念，亦符合证券市场发展的实际情况，甚为可取。

由此看来，现代证券法规定虚假陈述行为人以外的相关机构和个人适当承担法律责任，从而形成行为主体与责任主体的相对划分，是科学合理的。唯须注意该等其他机构和个人承担责任的法律技术原因。根据《证券法》的规定，发行人和上市公司原则上承担无过错责任，发行人和上市公司的董（监）事和高级管理人员承担担保性质的责任，其他机构或者个人则依照过错推定而承担责任。

《虚假陈述民事赔偿案件的规定》没有清晰划分行为主体与责任主体，在理论上有失偏颇。但从审判实践角度看，虚假陈述的受害者提起诉讼时，无法准确断定引起损害的具体原因。唯有通过司法裁判活动，才能由法院最终确定各方责任。由此，可将《虚假陈述民事赔偿案件的规定》所列7类行为人，解释为诉讼程序上的当事人。

三、虚假陈述的行为类型

虚假陈述可以按照多种标准进行分类。按照行为主体标准，可分为发行人虚假陈述和上市公司虚假陈述，另可包含其他主体的虚假陈述。按照虚假陈述发生的阶段，可分为证券发行的虚假陈述和持续信息披露的虚假陈述。在理论和实践中，还可根据行为的性质，将虚假陈述分为虚假记载、误导性陈述、重大遗漏以及不正当陈述。在诸多分类中，对虚假陈述作出行为性质分类，是最常见和普遍的分类。

(一) 虚假陈述的外延

信息披露义务人应当充分披露信息，在最广泛意义上，凡是与投资者作出证券投资判断有关的资料必须完全公开。披露全部信息有助于揭示影响证券价格的各种因素，但是，证券信息极端复杂多样，对证券价格的影响程度有较大差别。对于投资者来说，获得全部信息将使其陷入难以自拔的信息海洋，重要信息混入一般信息，更使得投资者难以作出判断和取舍。事实上，投资者获取信息是为了对证券价格形成的基本趋势作出判断，没有掌握和利用全部信息的必要。因此，有学者曾主张所披露的信息应当具有易得性。对信息披露义务人来说，提供驳杂的信息也将发生极高的成本；而提供巨量信息时，难免出现信息披露的偏差，容易引起信息披露与保护商业秘密之间的尖锐冲突。对立法者和市场监管者来说，全部公开信息同样难以实现。从维护投资者及信息披露义务人权益的角度看，虚假陈述须以重大事件或者重大信息为限定条件。

我国《证券法》及《虚假陈述民事赔偿案件的规定》要求虚假陈述须以重大事件为构成要件，境外证券法则要求虚假陈述以信息重大作为构成条件，也即无论虚假记载、误导性陈述、重大遗漏还是不正当披露，均以重大信息或者重大事件为限。如果信息或者事件不具重大性，即使信息披露义务人披露的信息存在着虚假内容，也难以将信息披露归入虚假陈述。

1.《证券法》相关条款

我国《证券法》第 63 条没有明确限定所披露信息的范围，但该条在“遗漏”之前加上“重大”二字，立法目的在于限定所披露信息的范围。《证券法》第 65 条、第 66 条、第 67 条和第 69 条等条款也都采用了“重大事件”或者类似提法。据此，重大性要求不仅是对信息披露遗漏所作出的限定，也是对虚假记载和误导性陈述的限定。

上述条款没有明确使用“重大事件”或者类似提法，但从信息披露文件的属性来看，所披露的信息自应以重大性为限。如发行人和上市公司应在年度报告和中期报告中披露公司财务会计报告，而财务会计报告编制规则即以反映重大财务事项为限。再如发行人和上市公司披露的信息都包括证监会规定的其他事项，证监会在确定该等其他事项时，亦会斟酌事项的重大性程度而作出披露要求。

2. 最高人民法院司法解释

《虚假陈述民事赔偿案件的规定》第 17 条第 1 款明确规定，证券市场虚假陈述，是指信息披露义务人违反证券法律规定，在证券发行或者交易过程中，对重大事件作出违背事实真相的虚假记载、误导性陈述，或者在披露信息时发生重大遗漏、不正当披露信息的行为。该条第 2 款还规定，对于重大事件，应当结合《证券法》第 59 条、第 60 条、第 61 条、第 62 条、第 72 条及相关规定的内容认定。[①] 可见，最高人民法院司法解释首次在虚假陈述认定上，全面引入了“重大性”判断标准。

3. 境外立法例

境外证券法上的术语也不尽相同。英美等国采取“重大信息（material information)”或者重要内容，日本等国采取“有关信息”，我国台湾地区使用“主要内容”。应该说，各国和地区立法术语稍有差别，含义却大致相当，即虚假陈述的内容，应当是理性投资者作

① 上述各条款已分别修改为现行《证券法》第 63 条、第 65 条、第 66 条、第 67 条和第 78 条。

出投资判断时具有重大影响的信息或者事件。

理性投资者是关于投资者群体的假定，要由法官在个案审理中加以判定，处于中立地位的法官充当着理性投资者的模型。重大性是指对证券价格影响的重大性。凡对证券价格有重大影响的事件、事项或者信息，都具有重大性；相应地，信息披露是指重大信息的披露，虚假陈述是指重大事件、事项或者信息的虚假陈述，而不是全部事项的虚假陈述。重大性具有主观性。在认定某种证券信息是否重大时，不能简单地采用事后验证的判断标准，而要由立法者、监管者、裁判者、中介机构及信息披露义务人作出合理的职业判断。就此而言，重大性包含了对证券价格产生重要影响的可能性。在总体上，重大性信息包括：(1) 重大事件，指既存的、可能影响证券价格的重大事件；(2) 重大变化，指因既存事实引发的、可能影响证券价格的重大改变；(3) 重大信息，指其他各种可以影响证券价格的重大情况。①

必须看到，重大性在内涵上仍然不很确定。为了避免解释上的差异而导致的实践混乱，为了推动信息披露义务人恰当地披露信息，提高信息披露规则的可操作性，引导投资者合理利用所披露的信息，使其预估某些不确定信息可能带来的风险，各国多以信息披露文件内容及格式要求的方式，公开向社会公布应披露信息的范围，并根据实践出现的问题，随时调整信息披露的内容和格式。

(二) 虚假陈述的具体形态

根据《证券法》和最高人民法院司法解释，证券市场虚假陈述分为虚假记载、误导性陈述、重大遗漏和不正当披露四种具体形态。

1. 虚假记载，指信息披露义务人在披露信息时，将不存在的事实在信息披露文件中予以记载的行为。如果在客观上没有发生或者无合理基础的事项，却记载于信息披露文件中，无论属于捏造还是笔误，都可认定为虚假记载。虚假记载是义务人基于过错而实施的积极行为。如招股说明书否认发行人与控制股东之间存在着实际发生过的关联交易，或者持续披露文件记载了没有发生的交易和财务数据。②

2. 误导性陈述，指虚假陈述行为人在信息披露文件中或者通过媒体，作出使投资人对其投资行为发生错误判断并产生重大影响的陈述。如果信息披露文件记载了某个内容，却因表示缺陷而容易被误解，致使投资者无法获得清晰、正确的认识，可认定为误导性陈述。在误导性陈述的场合下，信息披露义务人可能是出于故意，也可能出于过失。陈述是否构成误导性陈述，应当参照社会公众的一般认识加以判断，而不完全拘泥于信息披露文件本身的文字内容。

3. 重大遗漏，指信息披露义务人在信息披露文件中，未将应当记载的事项完全或者部分予以记载。即信息披露文件中未记载应当记载的事项，以及为避免文件内容被人误解而必须记载的重大事项，即应当记载而未加记载重要内容的行为。重大遗漏包括出于主观故意而未予记载的情形，也包括出于过失未加记载的情形。如从事房地产开发的上市公司的招股说明书或者其他募集文件未记载被拆迁者提出诉讼的情形。记载不充分者，有时不可按照重大遗漏对待。

4. 不正当披露，是指信息披露义务人未在适当期限内或者未以法定方式公开披露应当

① 参见郭锋主编：《虚假陈述证券侵权赔偿》，193页，北京，法律出版社，2003。

② 参见“成都红光实业股份有限公司虚假上市案”，载郭锋主编：《虚假陈述证券侵权赔偿》，548～560页。

披露的信息，可泛指信息披露义务人进行的信息披露在披露时间、方式、地点等方面不符合通常的披露规则。如上市公司通过记者发布会方式披露信息。不正当披露是我国现行法律首次划定的虚假陈述类型，它因应了虚假陈述类型多样、相互混杂的实际状况，填补了法律和操作上的漏洞。

虚假陈述情况非常复杂，从保护投资者利益的立法宗旨来考虑，划分虚假陈述的具体形态主要在于说明虚假陈述存在着多种表现形式及可能引起法律后果的轻重，而不在于确定各种虚假陈述的构成条件。在绝大多数情形下，只要信息披露文件对重大事件的披露不真实，总可以归入某类具体形态中，而某个虚假陈述可能同时属于虚假陈述的不同形态。

四、行为主体的主观态度

虚假陈述是行为人在某种主观态度支配下实施的行为，属于原《禁止证券欺诈行为暂行办法》（已废止）规定的四种“证券欺诈行为”之一。鉴于在民商法理论中，“欺诈”向来包含有“主观故意”的内涵，学者在讨论虚假陈述问题时，多将虚假陈述与行为人主观故意联系在一起，认为虚假陈述是行为主体在主观故意支配下作出的虚假陈述。笔者认为，行为人的主观故意不是证券法所称“虚假陈述”的必要条件，行为人在其他主观态度支配下的行为，同样可以构成虚假陈述。

（一）主观态度的基本分析

在证券法中，“虚假陈述”的主观态度分为故意、过失和无过错三种形态；虚假陈述也可分为基于故意的欺诈性虚假陈述、过失的虚假陈述和无过错的虚假陈述三种。①

欺诈是民商法上的特有概念，有确定的含义。依照最高人民法院司法解释，“一方当事人故意告知对方虚假情况，或者故意隐瞒真实情况，诱使对方当事人作出错误意思表示的，可以认定为欺诈行为”②。欺诈行为无论采取作为或不作为方式，无论行为人直接故意还是间接故意，均属于故意。换言之，民事欺诈必须以行为人之主观故意为前提，无故意，即无欺诈。根据《禁止证券欺诈行为暂行办法》，虚假陈述已包括故意的虚假陈述。然而，虚假陈述包括但不限于欺诈。“在过失性虚假陈述中，行为人是由于疏忽或懈怠未能尽到信息披露的责任，而导致投资者在不了解事实真相的情况下作出错误的投资决定。而在无过错虚假陈述的情况下，行为人虽然做到了尽职尽责，但由于意志以外的原因，致使其信息披露仍未达到法律规定的‘真实、准确、完整’的要求，而导致虚假陈述的事实发生”③。

故意或过失的虚假陈述是专业性过错，即专业人员存有特殊的主观态度。在认定无过错状况时，要充分考虑专业人员的注意义务程度。民商法一般规则所建立的过错概念，是以“正常人”作为认定标准的，即凡属于正常人能够预见而行为人未能预见者，构成过错。但就专业人员责任而言，法律会要求其承担高于“正常人”标准的注意义务。因此，即使依照正常人标准被认定为“无过失”，也足以构成专业人员的轻微过失；专业人员在专业领域中实施了符合正常人标准的轻微过失，足以构成专业人员的重大过失；正常人的重大过失，足以构成专业人员的故意。这种仅适用于专业领域的过错认定标准，事实上起

① 参见吴晓求主笔：《建立公正的市场秩序与投资者利益保护》，87页。

② 最高人民法院《关于贯彻执行〈中华人民共和国民法通则〉若干问题的意见（试行）》第68条。

③ 吴晓求主笔：《建立公正的市场秩序与投资者利益保护》，87～88页。

到加重专业人员法律责任的作用，并会有效地推动专业机构及人员谨慎从事业务活动，避免因其专业性疏忽而误导或损害投资者的利益。

按照行为人主观态度划分虚假陈述，具有重要意义。一方面，在追究行政和刑事责任中，行为人的主观态度和过错程度具有决定意义。行为人有过错的，是适用行政处罚或刑事处分的基本前提，也是裁判者行使自由裁量权时的重要考量因素。① 另一方面，在共同虚假陈述的场合下，认定行为人的主观态度，具有重要意义。行为人知道或应当知道虚假陈述，却与其他人合谋作假，或放任他人作假而装作不知，或因怠于职责而未知他人作假，致使向社会公众提供虚假情况者，也构成虚假陈述。

发行人和上市公司披露信息通常是以自己的名义进行的，但这种信息披露往往要借助其他参与者的介入，从而形成事实上的共同披露。对于发行人和上市公司与其他参与人是否必须存在意思联络，应当采取否定态度。一方面，参与信息披露的其他机构和人员必须恪尽职守并尽到审慎勤勉义务，以消除虚假信息，这是中介机构的基本职责。凡是未尽到足够的审慎勤勉义务者，必会为虚假陈述提供便利。从维护证券市场秩序角度看，要求信息披露参与者适度承担加重责任，是极为必要的。另一方面，发行人和上市公司与其他参与者即使存在共同故意或者意思联络，对这方面的证据收集与认定也将面临很大困难，甚至无法实现。因此，有必要根据虚假陈述的特殊性，将行为主体的主观态度外在化、外观化，明确行为主体的法律责任，才有助于实现证券法的基本宗旨。过分强调主观态度的主观性而忽视其外观化属性，将大大削弱强制信息披露制度的功效，也将背离证券法的立法宗旨和价值。

（二）过错的适用分析

在行为主体主观态度的认定和责任划分问题上，我国1999年《证券法》没有给予充分重视。从原《证券法》第63条和第161条规定来看，发行人、上市公司、承销的证券公司应当对信息披露虚假陈述承担连带责任，审计和资产评估机构以及律师事务所就其负有责任的部分承担连带责任。据此，连带责任成为承担虚假陈述民事责任的基本形态。

《证券法》修改以前，我国学者即对普遍采用连带责任的做法提出过质疑。现行《证券法》吸收了学者意见，重新确立了以过错作为虚假陈述民事责任构成要件的地位。根据《证券法》第69条和第173条，虚假陈述的民事责任包括严格责任、过错推定责任和过错责任。

1. 发行人和上市公司承担严格责任。

发行人和上市公司因虚假陈述致使投资者在证券交易中遭受损失的，应当承担赔偿责任。严格责任有时也称为无过错责任，即无论行为人是否具有主观过错，都应当承担民事责任。现行《证券法》没有规定发行人和上市公司免除民事赔偿责任的事由。由此，无论是由于发行人或者上市公司自己原因导致的虚假陈述，还是由于其他机构或者人员的原因导致的虚假陈述，发行人和上市公司都应当承担民事赔偿责任。

2. 发行人和上市公司的董事等承担过错推定责任。

发行人和上市公司的董事、监事、高级管理人员和其他责任人员，除能够证明自己没有过错者外，还应当承担连带责任。发行人和上市公司的董事、监事、高级管理人员

① 参见徐明等主编：《证券市场若干法律问题研究》，359～360页。

和其他责任人员承担勤勉尽责的法定义务，该等人员违反勤勉尽责的法定义务时，即应与发行人和上市公司承担连带赔偿责任。法定免责理由为该等人员能够证明自己没有过错。

值得注意的是，根据《证券法》第68条规定，上市公司董事和高级管理人员应当书面确认公司定期报告，监事会应对公司定期报告提出书面审核意见，董事、监事和高级管理人员应当保证上市公司所披露的信息真实、准确、完整。但所谓“保证”系对勤勉尽责义务的承诺，并非担保法上所称的保证。依照《证券法》第69条规定，董事、监事和高级管理人员只承担过错推定责任而非保证人责任。

3. 保荐人和承销的证券公司承担过错推定责任。

保荐人和承销的证券公司，除了能够证明自己没有过错者外，应当与发行人和上市公司承担连带赔偿责任。此责任程度与发行人和上市公司的董事、监事、高级管理人员及其他责任人员相同。如果公司信息披露存在虚假陈述情形，保荐人和证券公司得证明自己没有过错而免除责任。

4. 专业服务机构承担过错推定责任。

根据《证券法》第173条规定，证券服务机构为证券的发行、上市、交易等证券业务活动制作、出具审计报告、资产评估报告、财务顾问报告、资信评级报告或者法律意见书等文件，其制作和出具的文件有虚假陈述并给他人造成损失的，应当与发行人、上市公司承担连带责任，但是能够证明自己没有过错的除外。

5. 发行人和上市公司的控股股东和实际控制人承担过错责任。即发行人和上市公司的控股股东、实际控制人有过错的，应当与发行人和上市公司承担连带赔偿责任。

由此可见，凡是存在虚假陈述且给他人造成损失的，发行人和上市公司要依照严格责任原则予以赔偿，其他机构、人员承担过错推定责任或者过错责任，但应当与发行人、上市公司连带承担赔偿责任。

五、因果关系的认定

根据责任自负原则，行为人只对自己行为导致的损害后果承担赔偿责任。如果要求行为人对他人损失承担赔偿责任，就必须证明他人所受损失是由行为人的行为所导致的，即行为人的行为与他人损失之间有因果关系。在普通民事案件中，原告承担因果关系的证明责任，即原告所受损害系因被告行为所致。原告无法证明因果关系的，将面临败诉。

（一）证券虚假陈述中的因果关系

在虚假陈述案件中，原告在证明损害与行为的因果关系时，遇到较多困难：

1. 虚假陈述存在于真实信息与虚假信息的对比之中。在很多情况下，原告不仅无法证明真实信息的存在，也难以证明信息的虚假，从而难以证明虚假陈述的确切内容。

2. 证券信息内容驳杂。各种信息对证券价格的影响程度有所差别，虚假陈述是导致损害的主要原因抑或重要原因，在实践中有不同理解。

3. 投资者的损失多与证券价格波动相关。然而，证券价格波动是虚假陈述引起的，还是市场因素或市场外部因素引起的，是否应剔除以及如何剔除市场因素和外部因素的影响，在实践中难以划清界限。

4. 虚假陈述通常是多个行为共同引起的。共同行为人是否存在意思联络，或者彼此独立，是否单独或共同导致损害结果的出现，在认定上也不无疑问。

基于虚假陈述赔偿案件的特殊性，应当合理确定因果关系的举证责任，适当减轻原告的举证责任。

（二）应当认定因果关系的情形

根据《虚假陈述民事赔偿案件的规定》第18条的规定，投资人以被告虚假陈述为由提起诉讼的，原告证明存在以下情形的，人民法院应认定虚假陈述与损害结果之间存在因果关系：

1. 投资人所投资的是与虚假陈述直接关联的证券；

2. 投资人在虚假陈述实施日及以后，至揭露日或者更正日之前买入该证券；

3. 投资人在虚假陈述揭露日或者更正日及以后，因卖出该证券发生亏损，或者因持续持有该证券而产生亏损。

（三）不应认定因果关系的情形

根据《虚假陈述民事赔偿案件的规定》第19条的规定，被告反证以下情形的，人民法院应当认定虚假陈述与损害结果之间不存在因果关系：

1. 在虚假陈述揭露日或者更正日之前已经卖出证券；

2. 在虚假陈述揭露日或者更正日及以后进行的投资；

3. 明知虚假陈述存在而进行的投资；

4. 损失或者部分损失是由证券市场系统风险等其他因素所导致；

5. 属于恶意投资、操纵证券价格的。

在因果关系认定方面，《虚假陈述民事赔偿案件的规定》采用了虚假陈述实施日、虚假陈述揭露日和虚假陈述更正日三个日期概念。根据该司法解释规定，虚假陈述实施日，是指作出虚假陈述或者发生虚假陈述之日。虚假陈述揭露日，是指虚假陈述在全国范围发行或者播放的报刊、电台、电视台等媒体上，首次被公开揭露之日。虚假陈述更正日，是指虚假陈述行为人在中国证券监督管理委员会指定披露证券市场信息的媒体上，自行公告更正虚假陈述并按规定履行停牌手续之日。

六、损失的范围和计算

投资人损失的计算，直接关系到虚假陈述赔偿案件的处理结果。根据损害赔偿责任范围的一般界定原则及最高人民法院司法解释，行为人应当在投资人遭受的实际损失范围内承担赔偿责任。

根据最高人民法院司法解释，投资人实际损失包括投资差额损失以及投资差额损失部分的佣金和印花税。佣金和印花税是投资人买卖证券时向证券公司或者国家支付的成本，应当认定为投资人遭受的实际损失，自应由虚假陈述行为人负责赔偿。但如何确定投资差额损失，司法实践中往往会遇到计算困难。

根据最高人民法院司法解释，投资差额损失要区分两种情况加以确定：

1. 投资人在基准日及以前卖出证券的，其投资差额损失，以买入证券平均价格与实际卖出证券平均价格之差，乘以投资人所持证券数量计算。

2. 投资人在基准日之后卖出或者仍持有证券的，其投资差额损失，以买入证券平均价格与虚假陈述揭露日或者更正日起至基准日期间，每个交易日收盘价的平均价格之差，乘以投资人所持证券数量计算。无论是哪种情况下，已经除权的证券，计算投资差额损失时，证券价格和证券数量应当复权计算。投资人持股期间基于股东身份取得的收益，包括红利、红股、公积金转增所得的股份以及投资人持股期间出资购买的配股、增发股和转配股，不得冲抵虚假陈述行为人的赔偿金额。

在前述最高人民法院司法解释中，投资差额损失的基准日是确定投资人损失的重要概念。所谓投资差额损失计算的基准日，是指虚假陈述揭露或者更正后，为将投资人应获赔偿限定在虚假陈述所造成的损失范围内，确定损失计算的合理期间而规定的截止日期。基准日分别按下列情况确定：

(1) 揭露日或者更正日起，至被虚假陈述影响的证券累计成交量达到其可流通部分100%之日。但通过大宗交易协议转让的证券成交量不予计算。

(2) 按前项规定在开庭审理前尚不能确定的，则以揭露日或者更正日后第30个交易日为基准日。

(3) 已经退出证券交易市场的，以摘牌日前一交易日为基准日。

(4) 已经停止证券交易的，可以停牌日前一交易日为基准日；恢复交易的，可以前述第（1）项规定确定基准日。

七、诉讼程序的特别规定

2002年12月26日通过、2003年2月1日施行的《虚假陈述民事赔偿案件的规定》，就虚假陈述民事赔偿案件涉及的诉讼程序问题作出了若干特别规定。

（一）司法解释的适用范围

根据上述司法解释的规定，所谓证券市场因虚假陈述引发的民事赔偿案件，是指证券市场投资人以信息披露义务人违反法律规定，进行虚假陈述并致使其遭受损失为由，而向人民法院提起诉讼的民事赔偿案件。

因下列交易发生的民事诉讼，不适用本规定：

1. 在国家批准设立的证券市场以外进行的交易。上述司法解释于《证券法》修改前发布施行。根据建立多层次证券市场的需求，现行《证券法》第39条规定，依法公开发行的股票、公司债券及其他证券，应当在依法设立的证券交易所上市交易或者在国务院批准的其他证券交易场所转让。实践中，我国已经建立起以代办股份转让系统为标志的重要场外市场。在该市场进行的证券交易，亦应适用最高人民法院上述司法解释。

2. 在国家批准设立的证券市场上通过协议转让方式进行的交易。原《证券法》第33条规定，证券在证券交易所挂牌交易，应当采取公开集中竞价交易方式。修改后的《证券法》第40条规定，证券在证券交易所挂牌上市交易，应当采取公开的集中交易方式或者国务院证券监督管理机构批准的其他方式。目前，证监会尚未明确对所谓“其他方式”作出解释，但已出现了协议转让、裁判转让和大宗交易等交易形式，证监会有可能开放上市证券的做市商报价转让形式。集中竞价交易以外的交易方式是否都属于协议转让，是否不能适用上述司法解释，在实践中尚存疑问。

（二）诉讼时效的计算

诉讼时效是指对在法定期限内不行使权利的权利人，使其丧失诉权的制度。我国《民法通则》规定的诉讼时效期间为2年，自权利人知道或者应当知道其民事权利受到侵害时起计算。投资人对虚假陈述行为人提起民事赔偿的诉讼时效期间，应当适用《民法通则》的规定。但基于证券市场虚假陈述案件的特殊性，最高人民法院上述司法解释对该时效期间的起算日期，作出特别规定：

1. 证监会或其派出机构公布对虚假陈述行为人作出处罚决定之日；

2. 财政部、其他行政机关以及有权作出行政处罚的机构公布对虚假陈述行为人作出处罚决定之日；

3. 虚假陈述行为人未受行政处罚，但已被人民法院认定有罪的，作出刑事判决生效之日。

因同一虚假陈述行为，对不同虚假陈述行为人作出两个以上行政处罚；或者既有行政处罚，又有刑事处罚的，以最先作出的行政处罚决定公告之日或者作出的刑事判决生效之日，为诉讼时效起算之日。

(三) 受理与管辖

1. 原告

投资人以自己受到虚假陈述侵害为由，依据有关机关的行政处罚决定或者人民法院的刑事裁判文书，对虚假陈述行为人提起的民事赔偿诉讼，符合《民事诉讼法》第108条规定的，人民法院应当受理。

投资人提起虚假陈述证券民事赔偿诉讼，除提交行政处罚决定或公告，或者人民法院的刑事裁判文书以外，还须提交以下证据：(1) 自然人、法人或者其他组织的身份证明文件，不能提供原件的，应当提交经公证证明的复印件；(2) 进行交易的凭证等投资损失证据材料。

2. 管辖法院

虚假陈述证券民事赔偿案件，由省、直辖市、自治区人民政府所在的市、计划单列市和经济特区中级人民法院管辖。投资人对多个被告提起证券民事赔偿诉讼的，按下列原则确定管辖：

(1) 由发行人或者上市公司所在地有管辖权的中级人民法院管辖。但有《虚假陈述民事赔偿案件的规定》第10条第2款规定的情形除外。

(2) 对发行人或者上市公司以外的虚假陈述行为人提起的诉讼，由被告所在地有管辖权的中级人民法院管辖。

(3) 仅以自然人为被告提起的诉讼，由被告所在地有管辖权的中级人民法院管辖。

人民法院受理以发行人或者上市公司以外的虚假陈述行为人为被告提起的诉讼后，经当事人申请或者征得所有原告同意后，可以追加发行人或者上市公司为共同被告。人民法院追加后，应当将案件移送发行人或者上市公司所在地有管辖权的中级人民法院管辖。当事人不申请或者原告不同意追加，人民法院认为确有必要追加的，应当通知发行人或者上市公司作为共同被告参加诉讼，但不得移送案件。

(四) 诉讼方式

原告可以选择单独诉讼或者共同诉讼方式提起诉讼。多个原告因同一虚假陈述事实对相同被告提起的诉讼，既有单独诉讼也有共同诉讼的，人民法院可以通知提起单独诉讼的原告参加共同诉讼。多个原告因同一虚假陈述事实对相同被告同时提起两个以上共同诉讼的，人民法院可以将其合并为一个共同诉讼。

共同诉讼的原告人数应当在开庭审理前确定。原告人数众多的可以推选二至五名诉讼代表人，每名诉讼代表人可以委托一至二名诉讼代理人。

【问题与思考】

1. 简要比较发行信息披露和持续信息披露。
2. 简述持续信息披露文件的主要类型。
3. 简述证券市场虚假陈述民事赔偿责任的构成要件。
4. 简述证券市场虚假陈述民事赔偿案件的特别程序规则。

5. 2007年1月至2月初，浙江杭萧钢构股份有限公司（以下简称杭萧钢构，股票代码600477）与中国国际基金有限公司（以下简称中基公司）就安哥拉住宅建设项目举行了多次谈判。2月8日，双方就安哥拉住宅建设项目合同的价格、数量、付款方式、工期等主要内容达成一致意见。2月10日至13日，双方就合同细节进行谈判，并于13日签署合同草案，合同总金额折合人民币313.4亿元。2月12日下午3点，正值杭萧钢构和中基公司的合同谈判处于收尾阶段，公司董事长在公司2006年度总结表彰大会上，首次提到：2007年对杭萧钢构来说是一个新的起点，如国外的大项目正式启动，公司在2008年的营业额争取达到120亿元，集团公司的目标是150亿元。请问：

（1）上市公司应当采取何种方式披露公司信息？

（2）结合我国《证券法》的相关条款，具体分析杭萧钢构及其董事长的法律责任。

第十一章 不正当交易的法律管制

本章概要

实现公平交易的证券法目标，不仅有赖于信息公开规则的贯彻实施，还有赖于立法者、监管者、市场从业者按照公平、公正原则，制定市场规则，办理证券监管事务，强化抵制、预防不正当交易的制度。不正当交易主要包括内幕交易、操纵市场、欺诈客户和其他不公正交易行为，加强民事、行政和刑事责任制度，是抵制不正当交易的重要手段。

关键术语

不正当交易　内幕交易　内幕信息　操纵市场　欺诈客户　冲洗买卖　连续买卖

第一节　不正当交易概述

证券交易在标的上有别于普通买卖，在程序上带有技术性，在交易上是由诸多交易链条连接起来的。迅捷完成的证券交易看似简单，却必须借助证券公司的介入，必须依赖复杂的交易程序，才能最终完成。不仅如此，证券是特殊的金融产品，脱离了实物交易，价格形成异常敏感。一旦发生欺诈等不正当交易，投资者利益将受到更大影响。

在证券市场上，不公正交易是指利用委托人的名义或者财产，或者使交易对手陷于错误，自己牟利，损害委托人或者交易对手利益的不正当行为。不正当交易管制制度，旨在消除证券欺诈、操纵市场、内幕交易以及其他不正当交易，最大限度避免投资者的利益损失。

一、不正当交易的交易性

不正当交易，是行为人为了获得收益或减少损失而实施的行为，它在本质上是交易行为，从而区别于虚假陈述。唯有在发生证券交易的场合，才存在不正当交易。在认定虚假陈述时，无须考虑行为人是否进行交易，也无须考虑行为人是否获得利益。在认定不正当交易时，必须考虑行为人是否基于交易而获得利益或者可能获得利益，至于这种利益是获得收益还是减少损失，不影响对不正当交易的认定。不正当交易与虚假陈述之间，存在重大差异。在不正当交易中，"交易"的含义比较宽泛，不限于证券的转让，还包括交易的准备活动以及影响证券交易的活动。

1. *证券交易活动*

在不正当交易中，行为人可能通过证券交易，谋取自身利益或者损害交易对手以及其他投资者利益。如知情人利用所掌握的内幕信息，先于其他投资者作出买卖证券的判断，先于其他投资者获利或者减损，这种做法违反了公平和公正原则，构成不正当交易。

2. *交易准备活动*

投资者完成证券交易，通常要借助证券公司的中介职能，从而与证券公司形成各种经济往来。证券公司接受投资者委托，必须忠实于委托人利益，不得利用委托人的名义、资金和账户，为自己谋取利益。例如，证券公司利用客户名义和账户，自己投入资金并从事证券申购。证券公司自行收取申购利益，自行承担申购成本和损失，虽没有直接损害委托人的利益，却影响了其他投资者申购中签的机会。证券公司未经客户许可，擅自利用客户名义、动用客户的资金和证券，无论是否发生了证券公司与委托人之间的证券买卖，都构成不正当交易。

3. *交易之影响活动*

供求关系是影响证券价格的核心因素，行为人为了取得自身利益，干扰证券市场供求关系，进而影响证券市场价格，也构成不正当交易。与实物交易市场一样，证券市场也可能发生操纵市场价格等不公正交易的情况。影响证券交易的活动，旨在通过影响市场供求关系，扭曲市场价格信号，最终实现自身减损或者获利的目的，在客观上也损害了交易对手的利益。以"坐庄"为例，操纵者持有相当数量的证券，并从事连续买卖，人为改变了正常的股票价格信号，诱导交易对手或者其他投资者买进或卖出证券，改变了原本的供求关系。

二、不正当交易的不正当性

不正当有别于违法。在我国证券法学术界，学者通常将虚假陈述与内幕交易、操纵市场和欺诈客户等并列，合称为"证券违法行为"；有关部门规章将其并称为"证券欺诈行为"[①]。这种习惯上的表达，容易混淆不正当交易和违法交易的界限，容易将不公正交易排斥在法律管控之外，进而削弱证券法的功能。

与违法行为相比，不正当交易在外延上更宽泛。除虚假陈述以外，多数证券违法行为都可归入不正当交易之列。操纵市场、内幕交易及欺诈客户明显带有违法性，可视为不正当交易。其他不具有违法性的交易行为，也可纳入不正当交易。例如，证券公司根据委托人委托，负责全权处理委托人的账户事宜。根据证券法规定，全权委托属于欺诈客户的无效行为。然而，既然委托人明确授权证券公司全权处理其账户事宜，就应当推定委托人知

---

① 原国务院证券管理委员会发布的《禁止证券欺诈行为暂行办法》。

道或者应当知道相关风险，不能得出全权处理账户事宜背离委托人意图的结论，也就无从得出欺诈客户的结论。因此，在司法实践中，有的法院在认定全权委托无效的前提下，又以委托人自认或者追认为名，要求委托人承担全权委托操作引起的各项损失。

笔者认为，既然法律明令禁止全权委托，那么法院认定全权委托无效，是有充分法律依据的。然而，如果完全否认全权委托的有效性，在全权委托交易引起损失的情况下，必然诱发委托人提起恶意诉讼，法律禁止就成为委托人“反悔”、“食言”的正当理由。笔者认为，无论是根据我国司法实践经验，抑或是基于法律正当性的考虑，不宜将全权委托简单归入证券欺诈或证券违反行为之列。相反，将其纳入不正当交易，是更好的制度选择。

将“不正当交易”作为“证券违法行为”的上位概念，能更好地容纳各种违法和违规的交易行为，有利于贯彻证券法公平、公正的原则。有些交易缺乏正当性，却未必违法。例如，证券公司营业员发现并利用交易规则的漏洞，通过交易获取利益，就很难归结为合法或者违法。因此，将行为区分为违法行为和合法行为，忽视了介于两者之间的特殊状态，对其冠以“违法”或者“合法”之名，不仅有悖于交易行为的性质，还会导致法律解释和适用的偏差。

三、不正当交易的交错性和复杂性

不正当交易种类繁多，形态彼此交错，难以推定行为人的主观态度，应该求助于对交易方式的规范，以消除各种被广泛认同的不公正交易方法。证监会在2001年查处的“亿安科技”案件，即为其例。[①]

“亿安科技”是深圳证券交易所A股上市公司（股票代码为“0008”，原为“深锦兴”，1999年8月更名为“亿安科技”）。2001年4月23日，证监会发布行政处罚决定：经调查发现，广东欣盛投资顾问有限公司、广东中百投资顾问有限公司、广东百源投资顾问有限公司、广东金易投资顾问有限公司四家公司自1998年10月5日起，集中资金，利用627个个人股票账户及3个法人股票账户，以自己为交易对象，进行不转移所有权的自买自卖，联手操纵“亿安科技”股票价格，大肆牟利。截至2001年2月5日，上述4家公司共实现盈利4.49亿元，股票余额77万股。对此，证监会决定：(1) 没收上述四家公司违法所得4.49亿元，并罚款4.49亿元；(2) 责令上述四家公司收到该处罚决定之日起，在交易所监督下卖出剩余股票77万股，并注销违规开立的个人股票账户，盈利予以没收。

在“亿安科技”案件中，证监会查处了相关当事人的市场操纵行为，提及但未刻意指向当事人违规开立账户的行为。违规开立账户究竟属于何种违规行为，现行法律没有明确规定。在多数案件中，违规开立账户只是从事不正当交易的准备活动，利用违规开立的账户，不仅可能从事市场操纵行为，还可能从事内幕交易等行为。

在立法上，几乎不可能完全列举不正当交易行为的各种类型，典型的不正当交易还可能产生变异。在现实生活中，各种证券违法违规行为相互交织，明确区分不同违法行为的构成要件，已失去了实际意义。有些时候，明定各种证券违法行为的称谓，也缺乏充分合理性和必要性。笔者认为，通过建立不正当交易的整体概念，有助于弥补法律明确列举的不足，也有助于提高行政执法的适应性和灵活性。

---

① 参见中国证券监督管理委员会行政处罚决定书（证监罚字［2001］7号）。资料来源：中国证监会网站。

第二节 内幕交易的法律责任

我国在证券市场建立初期，就开始严格管制证券内幕交易。《股票条例》和原《禁止证券欺诈行为暂行办法》明确禁止从事内幕交易，原《证券法》将内幕交易列入“禁止的交易行为”①。现行《证券法》作出两方面的重要修改：一是，扩大了内幕交易的范围，明令禁止非法获取内幕信息的人利用内幕信息从事证券交易活动。② 二是，加入了民事赔偿责任的条款，行为人从事内幕交易给投资者造成损失的，应当依法承担赔偿责任。③ 最高人民法院和最高人民检察院于2012年6月1日施行的《关于办理内幕交易、泄露内幕信息刑事案件具体应用法律若干问题的解释》（以下简称《内幕交易解释》），具体解释了证券法相关条款的含义，同时提出了“内幕信息敏感期”和“交易行为明显异常”等概念，从追究刑事责任的角度，加强了对内幕交易的法律管控。

一、内幕交易概述

内幕交易，也称为“内部人交易”、“内线交易”、“内情者交易”，有广义和狭义之分。在广义上，凡是内幕人士从事的交易，皆为内幕交易；在狭义上，内幕交易仅指内幕人员利用掌握的、尚未公开的内部信息从事证券交易，或者其他人员利用违法获得的内幕信息从事证券交易。知情人、内幕信息和内幕交易行为，是内幕交易的三个核心构成要素。

（一）内幕交易的本质

证券是特殊的信息产品，投资风险和利益与信息的掌握程度、扩散状况以及证券价格等相互联系。根据经济学理论，证券投资是关于预期收益的投资；有学者提出，投资者的投资效益与其所获得信息的提前量成正比。就此而言，时间和独占性信息，是提高投资收益的核心和关键。内幕人员利用内幕信息从事证券交易，获得额外利益或者避免损失，是内幕交易的本质。

在通常情况下，某些人士总是先行掌握影响证券价格的诸多信息。如国家出台重大经济政策，必然为政策制定者事先掌握。公司经营状况及变动，必然为管理者首先掌握。公司重大决策，通常要由控制股东掌握。“行为人获利的关键就在于所拥有的信息优势，而普通投资者所没有的也恰恰是信息优势。从这个意义上说，在证券市场中，谁比别人先知悉有关信息，谁就已经成了半个赢家。当普通投资者还在像猜谜一样猜测价格走势时，拥有内幕信息的人已经将谜底捏在手心里”④。内幕人士利用信息从事证券交易，先于他人借利好购买证券，或在利空消息发布前抛售证券，必使其先于公众获利或者减损，也必然损害其他投资者的利益。

规制内幕交易是证券法的重要职责，然而，在管制内幕交易的态度和做法上，各国有所区别。少数人认为，内幕交易可以刺激经理人员的热情以及经济发展，应当采取鼓励态度。多数人认为，内幕交易使社会资源转移给少数控制者，违反社会公正，有损于证券市

---

① 原《证券法》第三章第四节“禁止的交易行为”。

② 参见《证券法》第73条。

③ 参见《证券法》第76条第3款。

④ 白建军：《证券欺诈及对策》，2页，北京，中国法制出版社，1996。

场秩序，应当坚决取缔。由于观念和认识不同，有的国家采取严格管制的态度，不仅扩大内幕交易的含义和范围，还严厉制裁内幕交易人。有的国家采取相对宽松的管制态度。在日本，有些人认为内幕交易主要涉及金钱利益分配，内幕人员获得某些额外利益是可以宽恕的，法律管制应当相对宽松。由于对内幕交易的理解不同，各国管制体系呈现了“因国而异”的特点。

笔者认为，内幕交易现象非常复杂。尤其在当事人自身因素构成重大信息时，几乎不可能完全取缔或禁止内幕交易。如上市公司股东制定上市公司收购计划和实施情况，属于内幕信息，法律却容忍收购者按照适当程序和步骤公布收购计划，因此无法禁止收购者在合理限度内从事证券交易。《公司法》允许董事、监事和高级管理人员在任期内依法分次卖出所持股票①，该种股票出售是否基于内幕信息，很难得出确定答案。就此而言，完全禁止或取缔内幕交易，不仅成本极高，也未必可行。

然而，公开原则的核心是信息公开，只有建立在信息公开和共享的基础上，才会形成公正的市场秩序。根据公平原则，投资者享有获得和利用信息的均等机会，内幕交易扰乱了正常市场秩序，使信息和机会的天平向内幕信息利用者倾斜。允许内幕信息利用者从中获利，相当于听凭其他投资者利益受损。因此，在总体上，应当采取禁止、取缔内幕交易的立场。

（二）内幕交易的规范模式

在规范内幕交易方面，有“禁止利用”和“禁止交易”两种规范模式。前者，是指禁止利用内幕信息从事交易；后者，是指禁止知情人士从事交易，也称“戒绝交易”。我国《证券法》第73条和第76条分别反映了两种规范模式，从而在实务上引起争议。

《证券法》第73条采用了“禁止利用”的规范模式，即“禁止证券交易内幕信息的知情人和非法获取内幕信息的人利用内幕信息从事证券交易活动”。在文义上，如果知情人士能够证明证券交易与内幕信息无关，或者其证券交易并非基于内幕信息，就不应对知情人士加以处罚。《证券法》第76条第1款采用了“禁止交易”的规范模式，即“证券交易内幕信息的知情人和非法获取内幕信息的人，在内幕信息公开前，不得买卖该公司的证券，或者泄露该信息，或者建议他人买卖该证券”。在文义上，无论证券交易是否基于内幕信息，知情人士皆不得从事交易。

两个法条在规范模式上存在分歧，在实务上引起了争议。通常情况下，监管机关系依照第76条作出处罚，行为人则依第73条进行抗辩。在《刑法》适用中，为了解决因两法条之差异而引起的实践争议，《内幕交易解释》第4条明确规定了四种不属于犯罪的情形：

1. 持有或者通过协议、其他安排与他人共同持有上市公司5%以上股份的自然人、法人或者其他组织收购该上市公司股份的；

2. 按照事先订立的书面合同、指令、计划从事相关证券、期货交易的；

3. 依据已被他人披露的信息而交易的；

4. 交易具有其他正当理由或者正当信息来源的。

上述四种不属于犯罪的情形，是否可以同时作为免除行为人之行政和民事责任的理由，尚有探讨余地。尤其是，《内幕交易解释》所称“交易具有其他正当理由”，在一定程

① 参见《公司法》第142条第2款。

度上反衬了“不正当交易”概念的合理性。

(三) 内幕交易与短线交易

内幕交易与短线交易，既有共性，又有差异。短线交易，是上市公司董事、监事、高级管理人员以及主要股东，在法定期间内，买入本公司股票并再行卖出，或者卖出本公司股票后再行买入的行为。① 内幕交易和短线交易都是证券法特别规范的交易行为，两者的交易主体存在重叠。短线交易的主体限于公司董事、监事、高级管理人员，内幕交易行为人却不限于公司董事、监事、高级管理人员。然而，内幕交易与短线交易存在着重大差别：

1. 立法观念不同。公司董事、监事和高级管理人员通常掌握公司内幕信息，但其是否在利用内幕信息从事交易，在实践中很难证明。如果单纯规定内幕交易而不规定短线交易，就很容易让董事、监事和高级管理人员逃避责任。如果单纯规定短线交易而不规定内幕交易，还会纵容公司董事、监事和高级管理人员无度谋取私人利益。同时规范两种交易，有助于最大限度抵御损害公众利益的行为。

2. 法律性质不同。内幕交易是法律严禁的不公平交易，《证券法》第 202 条规定了内幕交易者的行政责任，《刑法》第 180 条规定了内幕交易者的刑事责任。现行法律没有禁止短线交易，只要求短线交易者交出所得利益。内幕交易与短线交易的合法性、适法性程度有较大差异。

3. 构成要件不同。内幕交易以内幕人员和内幕信息为主要构成要件，尤其强调内幕信息在认定内幕交易中的地位。短线交易行为人与内幕交易主体有所重叠，公司董事、监事和高级管理人员既可以是短线交易主体，也可以是内幕交易行为人。公司董事、监事和高级管理人员利用内幕信息从事交易的，同时符合内幕交易和短线交易的构成；在确定交易性质时，从保护投资者利益角度，应将其确定为内幕交易而非短线交易。

4. 行为结构不同。短线交易是对在 6 个月内买进后卖出、卖出后买入行为的特别约束，短线交易由买进和卖出证券两个行为构成。构成内幕交易不仅不受 6 个月期限的约束，而且单一的买进或者卖出行为即足以构成内幕交易。

5. 法律后果不同。短线交易所得利益归属于公司所有，由董事、监事和高级管理人员所在公司行使归入权，短线交易主体不承担行政和刑事责任。公司董事、监事和高级管理人员从事内幕交易的，可按归入权规则将其所得收益收归公司所有，该内幕交易行为给投资者造成损失的，行为人还应依法承担民事赔偿责任。除了民事赔偿责任以外，《证券法》第 202 条规定了行为人应承担的行政法律责任，《证券法》第 231 条还规定“违反本法规定，构成犯罪的，依法追究刑事责任”。

二、内幕信息的范围

(一) 内幕信息的概念和特征

根据《证券法》第 75 条第 1 款，内幕信息是指在证券交易活动中，涉及公司经营、财务或者对该公司证券的市场价格有重大影响的尚未公开的信息。据此，内幕信息特征如下：

---

① 参见本书第八章第四节相关内容。

1. 内幕信息主要是价格信息

内幕交易者主要是借助证券价格涨跌而谋利，价格波动信息成为内幕人士进行内幕交易的直接动力。当然，影响证券价格的因素极其复杂，企业信息、产业信息、证券市场信息、国家金融政策、政治体制、社会局势等，都将对证券价格产生直接或者间接影响。

2. 内幕信息是企业信息

内幕信息仅指公司或者企业信息，相当于前述“内生信息”。原《禁止证券欺诈行为暂行办法》第5条第9项规定，内幕信息包括“可能对证券市场价格有显著影响的国家政策变化”。《证券法》将内幕信息限缩于企业或者公司信息，其他信息不属于内幕信息。国家政策变化必然对证券价格产生系统性影响，然而，政策变化由国家权力机关和政府机关掌握，非由企业掌握和控制，此类信息不具有特定性，不属于特定知情人员独占的信息，证券法无力加以调整。国家机关工作人员擅自泄露信息的，可能构成泄露国家机密罪，但与证券违法行为没有直接联系。

3. 内幕信息是未公开信息

内幕信息属于尚未公开的信息。在狭义上，它是指依照持续信息披露制度列明应当披露而尚未披露的信息。对于应披露而未披露的信息，通过比较现行法规定与行为人之行为方式，即可得出信息是否披露的结论。根据《证券法》第67条，凡未依照法定时间、方式公开的信息，都属于内幕信息。

4. 内幕信息是重大信息

内幕信息应当是对证券价格有影响的信息，并应当达到一定影响程度。如果内幕信息与证券价格无关或者影响轻微，则不属于《证券法》规定的内幕信息。对于重大影响的界定标准，《证券法》区分不同情况作出规定：

(1) 某些事件本身构成具有重大影响的内幕信息，如公司合并、分立、解散、破产，如股东会或董事会决议被法院撤销。即凡出现上述情形的，无论对证券价格的影响程度如何，均属于内幕信息。

(2) 达到一定量化标准的事件，如“超过净资产百分之十以上的重大损失”及“公司营业用主要资产的抵押、出售或者报废一次超过该资产的百分之三十”。依此规定，发生损失或者抵押、出售或报废主要资产的情形不绝对构成内幕信息。

(3) 规定一定的弹性标准，如“公司的经营方针和经营范围的重大变化”、“公司的重大投资行为和重大的购置资产的决定”、“公司债务担保的重大变更”。依此，应依照合理标准确定该等事件的重大程度。

(二) 内幕信息的法定范围

《证券法》第67条第2款和第75条第2款采取列举方式，分别规定了“具有重大事件性质的内幕信息”和“其他内幕信息”。

1. 具有重大事件性质的内幕信息

根据《证券法》第67条第2款规定，具有重大事件性质的内幕信息，包括：(1) 公司的经营方针和经营范围的重大变化；(2) 公司的重大投资行为和重大的购置资产的决定；(3) 公司订立重要合同，而该合同可能对公司的资产、负债、权益和经营成果产生重要影响；(4) 公司发生重大债务和未能清偿到期债务的违约情况；(5) 公司发生重大亏损或者重大损失；(6) 公司生产经营的外部条件发生的重大变化；(7) 公司的董事长、1/3以上董事，或者经理发生变动；(8) 持有公司5%以上股份的股东或者实际控制人，其持有股份或者控制公司的情况发生较大变化；(9) 公司减资、合并、分立、解散及申请破产的决定；(10) 涉及公司的重大诉讼；法院依法撤销股东大会、董事会决议；(11) 公司涉嫌犯罪被司法机关立案调查，公司董事、监事、高级管理人员涉嫌犯罪被司法机关采取强制措施；(12) 国务院证券监督管理机构规定的其他事项。

2. 其他内幕信息

《证券法》第 75 条第 2 款第 1 项至第 8 项规定的其他内幕信息，包括：(1)《证券法》第 67 条第 2 款所列重大事件；(2) 公司分配股利或者增资的计划；(3) 公司股权结构的重大变化；(4) 公司债务担保的重大变更；(5) 公司营业用主要资产的抵押、出售或者报废一次超过该资产的 30%；(6) 公司的董事、监事、高级管理人员的行为可能依法承担重大损害赔偿责任；(7) 上市公司收购的有关方案；(8) 国务院证券监督管理机构认定的对证券交易价格有显著影响的其他重要信息。

(三) 内幕信息的界定方法

内幕信息范围的界定方法，分为列举式和概括式。我国现行法除了规定内幕信息的一般概念外，还列举了内幕信息的主要类型。单纯采用列举式，容易引导实践者通过简单对比来认定内幕信息的存在。概括式规定，有助于防止遗漏，但容易造成适用上的困难。其实，即使最成熟的法律也不可能无遗漏地列举各种影响证券价格的因素。我国现行法律采取了概括式与列举式相结合的方式，是一种比较可行的技术方法。

对比《禁止证券欺诈行为暂行办法》,《证券法》未将以下公司信息纳入内幕信息的范围，即：(1) 发行人章程和注册地址的变更；(2) 大额银行退票；(3) 发行人更换为其审计的会计师事务所；(4) 股票二次发行等。

笔者认为，《证券法》删除上述类别，并非否定上述信息属于内幕信息，不意味着利用上述消息进行交易不属于内幕交易。如果这些信息构成对证券价格的重大影响，也属于内幕信息，可纳入《证券法》第 67 条第 2 款所称“国务院证券监督管理机构规定的其他事项”以及第 75 条第 2 款规定的“国务院证券监督管理机构认定的对证券交易价格有显著影响的其他重要信息”。《证券法》授权证监会认定内幕信息的范围是必要的，但是，证监会应当遵循公平合理原则，在认定上做到宽严相济。

三、知情人的范围

原《证券法》使用“知情人员”术语，现行《证券法》采用了“知情人”的术语。在字面解释上，知情人员强调了自然人身份，知情人泛指自然人、公司和机构，涵盖范围更广泛。

(一) 知情人的基本形态

在我国，有学者主张采取“内幕人士”或者“内部人”的概念，认为，采用内幕人士或者内幕人的提法，能与内幕交易相匹配，是比较准确的概念。然而，我国长期采用了知情人或者知情人员的术语，继续使用知情人的术语，有助于保持法律语言的稳定。至于应否采用内部人的概念，笔者认为尚可斟酌。一般来说，内部人通常用于描述承担公司管理事务的人，如公司董事、监事和高级管理人员，无法准确涵盖公司股东、实际控制人、中介机构及从业人员、监管机构及其工作人员等。我国《证券法》采用知情人的术语，是比较合理的。

在广义上，凡是知晓公司内幕信息的人，无论直接还是间接知晓内幕信息，无论获得信息的渠道合法与否，都是知情人，均不得从事相关的证券交易。按照获得内幕信息的合法性与否，可将知情人分为合法知情人、正当知情人和非法知情人。

1. 合法知情人

合法知情人，是指依其职务获得内幕信息的人。根据《证券法》第74条的规定，主要包括：（1）发行人的董事、监事、高级管理人员；（2）持有公司5%以上股份的股东及其董事、监事、高级管理人员，公司的实际控制人及其董事、监事、高级管理人员；（3）发行人控股的公司及其董事、监事、高级管理人员；（4）由于所任公司职务可以获取公司有关内幕信息的人员；（5）证券监督管理机构工作人员以及由于法定职责对证券的发行、交易进行管理的人员；（6）保荐人、承销的证券公司、证券交易所、证券登记结算机构、证券服务机构的有关人员；（7）国务院证券监督管理机构规定的其他人。

2. 非法知情人

非法知情人，是指故意且非法地获取内幕信息的人，包括采取盗窃等非法方式取得内幕信息的人员。非法知情人已形成对内幕信息的事实占有，应视为知情人并应承担法定义务。《证券法》第76条明确规定，非法知情人应当承担禁止证券买卖的义务。《内幕交易解释》第2条特别规定，具有下列行为的人员应当认定为《刑法》第180条第1款规定的"非法获取证券、期货交易内幕信息的人员"：

（1）利用窃取、骗取、套取、窃听、利诱、刺探或者私下交易等手段获取内幕信息的。

（2）内幕信息知情人员的近亲属或者其他与内幕信息知情人员关系密切的人员，在内幕信息敏感期内，从事或者明示、暗示他人从事，或者泄露内幕信息导致他人从事与该内幕信息有关的证券、期货交易，相关交易行为明显异常，且无正当理由或者正当信息来源的。对于交易行为明显异常，根据《内幕交易解释》第3条规定，要综合多种情形，从时间吻合程度、交易背离程度和利益关联程度等方面予以认定。

（3）在内幕信息敏感期内，与内幕信息知情人员联络、接触，从事或者明示、暗示他人从事，或者泄露内幕信息导致他人从事与该内幕信息有关的证券、期货交易，相关交易行为明显异常，且无正当理由或者正当信息来源的。

3. 正当知情人

正当知情人，是指因其他原因获知内幕信息的人。如公司职员因他人偶尔谈论而获知内幕信息，其占用或者知晓内幕信息并无可谴责之处，应将其视为正当知情人。

（二）知情人员的特殊形态

在证券法理论及实践中，应当重视公司董事、监事和高级管理人员以及中介机构工作人员的特殊地位。

1. 关于董事、监事和高级管理人员的问题。公司董事、监事和高级管理人员因在公司中所处地位和职权，最容易接触到公司内幕信息，故应将其全部纳入知情人之列。根据《公司法》第217条第1项的解释，高级管理人员，是指公司的经理、副经理、财务负责人，上市公司董事会秘书和公司章程规定的其他人员。根据《公司法》规定，公司章程可规定高级管理人员的范围。因此，公司总裁、首席运营官、总经济师、会计师、工程师以及依职权可以接触信息的部门经理人员（如投资部门的经理），也可作为高级管理人员。

2. 关于保荐人、承销的证券公司、证券交易所、证券登记结算机构、证券服务机构的问题。证券交易所和证券登记结算机构自应承担保密义务，但其不从事证券交易，因此不可能直接进行内幕交易。保荐人、承销的证券公司和证券服务机构是内幕信息的知情人，可能从事内幕交易，应受到《证券法》管束。然而，《证券法》未将该等机构直接纳入知情人范围，该做法有欠妥当。

3. 上市公司的收购人。上市公司的收购人既是收购信息的创造者，也是上市公司收购信息的知情人。

值得注意的是，在《内幕交易解释》起草中，有观点提出，发行人、上市公司的控股股东、实际控制人控制的其他公司的董事、监事、高级管理人员可以通过发行人、上市公司的内部传阅文件获悉内幕信息，且较为典型，因此应当将该类人员明确为内幕信息知情人员。后经调研，该类人员仅是可能知悉而非必然知悉内幕信息，因而不宜在司法解释中将其一律直接规定为内幕信息知情人员。[①]

(三) 知情人的法定义务

1. 法定义务的范围

根据《证券法》第76条第1款规定，知情人依法承担保密义务、禁止买卖义务和其他法定义务。分述如下：

(1) 禁止买卖。知情人不得买进、卖出与内幕信息有关的证券。知情人无论是否利用内幕信息买卖证券，无论其知悉证券内幕信息的时间，无论买卖证券目的如何，均不得买卖该种证券。

(2) 禁止泄露。知情人不得将内幕信息泄露给他人。

(3) 禁止建议。知情人不得建议他人买卖与内幕信息相关的证券。

2. 法定义务的期限

证券信息具有很强的时效性，永久禁止知情人从事证券交易的做法有失公允。根据《内幕交易解释》，知情人在“内幕信息敏感期”以后，有权从事证券交易。该《内幕交易解释》所称“内幕信息敏感期”，是指内幕信息自形成至公开的期间。其中，所谓“形成”，是指《证券法》第67条第2款所列“重大事件”的发生时间，第75条规定的“计划”、“方案”以及《期货交易管理条例》第82条第11项规定的“政策”、“决定”等的形成时间。影响内幕信息形成的动议、筹划、决策或者执行人员，其动议、筹划、决策或者执行初始时间，应当认定为内幕信息的形成之时。所谓内幕信息的公开，是指内幕信息在国务院证券、期货监督管理机构指定的报刊、网站等媒体披露。

四、知情人的法律责任

内幕交易的法律责任，包括民事责任、行政责任和刑事责任。现行《证券法》和《刑法》分别规定了内幕交易的民事责任、行政责任以及刑事责任。

(一) 知情人的民事责任

在有关上市公司的内幕交易案件中，受害者数量往往众多，出现了与“损害社会化”相似的趋势。知情人从事内幕交易的后果，是聚敛众多投资者的小额财富，形成自己的巨大财富。在证券实践中，除少数为名誉而战的案例外，投资者通常不愿为小额利益损失而提出诉讼。即使监管机构没收违法行为人之非法所得，也很难实现真正意义上的民事赔偿。笔者认为，没收非法所得，只体现了一半的社会正义，只有实现了对投资者的有效救

---

① 参见《惩治内幕交易犯罪 维护资本市场秩序——最高法院有关负责人就首部证券期货犯罪司法解释答记者问》，见中国证券网，http: //news. cnstock. com/cmjx/201205/2025369. htm? page=3。

济，才是更完美的正义。

原《证券法》未规定知情人的民事责任，现行《证券法》第76条第3款规定，“内幕交易行为给投资者造成损失的，行为人应当依法承担赔偿责任”。上述规定弥补了规则缺失，却仍有遗憾。内幕交易案件带有独特属性，很难直接适用传统的民事责任规则，必须创设适合于内幕交易特点的新型责任规则，必须建立适合的诉讼结构。

1. 当事人的确定

在有关内幕交易的案件中，被告是内幕交易之行为人，在理论上，凡是与知情人从事相反交易的投资者，都可以充当原告。然而，投资者人数众多，我国民事诉讼法又未规定集团诉讼，如何使得众多原告参与到同一民事诉讼中，就成为我国证券法的难题之一。在美国，《证券法》以及《证券交易法》没有明确设定私人起诉权，而是由证券监管机构行使民事救济权。然而，美国法院坚持私人有取得赔偿的默示权利。美国1988年《内幕交易与证券欺诈实施法》规定，知情人在该信息公开前作出证券买卖的，任何在该时间内从事相反买卖的投资者，都可以提出损害赔偿诉讼。我国台湾地区“证券交易法”规定，内幕交易者对善意从事相反买卖的投资者，负有损害赔偿责任。美国和我国台湾地区的做法可资借鉴。

2. 因果关系的推定

按照普通民事诉讼的举证规则，原告应当证明其所受损失与加害人行为之间的因果关系。在有关内幕交易的诉讼中，影响证券价格的原因非常复杂，该损失与内幕交易是否相关，内幕交易是否是导致投资者损失的原因或者主要原因，往往很难清晰认定，由原告举证证明因果关系的传统举证规则很难有效适用。同样，被告也很难证明内幕交易与投资者所受损失之间没有因果关系。考虑到内幕交易是行为人将本应归投资者的信息转变为个人或相关人员独占的信息，将本应归投资者共享的利益转变为知情人的独占利益，立法者和裁判者应当创设适合于内幕交易特点的因果关系证明规则。即凡从事与知情人内幕交易方向相反交易的投资者，其所受损失即推定为知情人内幕交易造成的损失，通常的市场价格波动，不是阻断因果关系的事由，而只是影响损失金额的因素。

3. 损失的计算

知情人应当承担民事赔偿责任，但是，对于投资者损失额的计算，《证券法》未作出明确规定。笔者认为，需要斟酌以下因素：

（1）内幕交易的数量。投资者受到的损失主要表现为证券买卖的差价，内幕交易成交量对证券价格影响的程度存在差异。如果内幕交易的交易量足以影响证券交易价格，由此诱发的差价损失，可推定为投资者的损失。

（2）内幕交易时间。内幕信息是尚未公开的信息，内幕交易是依据尚未公开的信息从事的证券交易。计算投资者损失的截止日期应为内幕信息公开之日，投资者在内幕信息公开前遭受的损失，是可以赔偿的损失。

4. 赔偿损失与归入权利益

内幕交易造成的损失很难计算，这使得民事赔偿责任难以落实。一方面，影响证券价格的因素复杂，有时难以准确计算投资者的损失；另一方面，受损投资者人数众多，每个投资者所受损失却未必很大，多数投资者不主动提出赔偿。有鉴于此，可考虑采取三种赔偿机制：

一是，投资者直接起诉内幕交易之行为人，并请求赔偿。

二是，授权投资者保护基金起诉内幕交易之行为人，所得赔偿纳入投资者保护基金。

三是，赋予公司以“准归入权”，即将内幕交易行为人之所得利益收归公司所有。如前所述，归入权是公司取得董事、监事和高级管理人员在法定期限内买卖证券所得利益的民事权利。准归入权赋予公司就内幕交易之行为人所得利益行使给付请求权。这样，即使投资者放弃对行为人提出赔偿，亦可剥夺行为人的非法利益。考虑到行为人可能也是公司股东，因此应当剔除行为人间接获得归入权利益的因素。

（二）知情人的行政责任

《证券法》第202条规定，证券交易内幕信息的知情人或者非法获取内幕信息的人，在涉及证券的发行、交易或者其他对证券的价格有重大影响的信息公开前，买卖该证券，或者泄露该信息，或者建议他人买卖该证券的，责令依法处理非法持有的证券，没收违法所得，并处以违法所得1倍以上5倍以下的罚款；没有违法所得或者违法所得不足3万元的，处以3万元以上60万元以下的罚款。单位从事内幕交易的，还应当对直接负责的主管人员和其他直接责任人员给予警告，并处以3万元以上30万元以下的罚款。证券监督管理机构工作人员进行内幕交易的，从重处罚。

（三）知情人的刑事责任

我国《刑法》第180条规定，证券交易内幕信息的知情人员或者非法获取证券交易内幕信息的人员，在涉及证券的发行、交易或者其他对证券的价格有重大影响的信息尚未公开前，买入或者卖出该证券，或者泄露该信息，情节严重的，处5年以下有期徒刑或者拘役，并处或者单处违法所得1倍以上5倍以下罚金；情节特别严重的，处5年以上10年以下有期徒刑，并处违法所得1倍以上5倍以下罚金。单位犯前款罚的，对单位判处罚金，并对其直接负责的主管人员和其他直接责任人员，处5年以下有期徒刑或者拘役。

1. 犯罪主体。根据《刑法》第180条规定，构成内幕交易犯罪或泄露内幕信息犯罪的，限于内幕信息知情人员、非法获取内幕信息的人员，单位犯罪的，其直接负责的主管人员构成个人犯罪。

2. 犯罪的主观方面。内幕交易罪行为人的主观方面应由故意构成，过失不能构成内幕交易罪。犯罪的客体是国家金融管理秩序和证券投资者的合法权益。犯罪的客观要件是内幕交易行为和造成的危害后果。

3. 刑罚。分为拘役、罚金、有期徒刑。

关于同时追究内幕交易违法者的行政责任和刑事责任时，是否得并用罚金和罚款，我国《证券法》没有作排斥性规定，在解释上得予并用。我国《证券法》规定，对内幕交易违法者可以处以其违法所得1到5倍的罚款或者等值以下的罚款，此处罚款系行政处罚措施。《证券法》同时还规定，构成违法犯罪的，依法追究其刑事责任。我国《刑法》第180条规定，对内幕交易犯罪人可以单处或并处其违法所得1倍以上5倍以下的罚金。情节严重的，处5年以上10年以下有期徒刑，并处违法所得1倍以上5倍以下的罚金。从上述立法来看，知情人受到行政处罚并不免除其刑事责任。即如果对行为人施以行政罚款，并不能免除他刑事上的罚金。《刑法》第180条规定，情节特别严重的，除判处有期徒刑外，要并处罚金。据此，行为人必然受到罚款和罚金的双重制裁，惩罚金额可能达到违法所得的2倍到10倍。

第三节 操纵市场的法律责任

一、操纵市场的概念和特征

有学者主张，为了全面、准确规范操纵市场行为，避免法律调整上的疏漏，应当给出操纵市场行为的统一定义。原《禁止证券欺诈行为暂行办法》规定了“操纵市场行为”，即“禁止任何单位或者个人以获取利益或者减少损失为目的，利用其资金、信息等优势或者滥用职权操纵市场，影响证券市场价格，制造证券市场假象，诱导或者致使投资者在不了解事实真相的情况下作出证券投资决定，扰乱证券市场秩序”。反对者认为，操纵市场是若干行为构成的集合名词，没有确定的内涵，多数国家没有给出明确定义。如果限定操纵市场的含义，反而增加了操纵市场者的机会。我国《证券法》没有给出操纵市场的定义，而是采取不完全列举方式，规定了操纵市场的主要形态。

（一）操纵市场的特征

操纵市场，是指利用资金优势、信息优势或者滥用职权，影响证券市场价格，诱使投资者买卖证券，扰乱证券市场秩序的行为。具体特征如下：

1. 操纵市场是证券交易行为

操纵市场属于证券交易活动，为了操纵市场价格或者证券交易量，操纵者通常实施了建仓、洗盘、拉升、派发等活动，从而达到操纵市场或者价格的目的。区分操纵市场与正常交易，不能仅凭交易行为，还要考虑行为人的交易目的。正常交易旨在获得正常的投资收益或者规避投资风险，操纵市场是为了谋取不正当的投资收益或者转嫁风险，买卖证券只是操纵市场的具体手段。散布虚假信息，但没有实施证券交易的，不构成操纵市场。

2. 操纵市场是影响价格或者成交量的行为

在国外，操纵市场亦称为“影响证券行情”行为。在我国，影响成交量也构成操纵市场行为。《证券法》第77条第1款第2项规定，与他人串通，以事先约定的时间、价格和方式相互进行证券交易，影响证券交易价格或者证券交易量的，为法律禁止的操纵市场。证券价格与交易量存在密切联系，价格信号反映了包括交易量在内的诸多因素，交易量增加而价格不变的情况极其罕见；操纵者最终要通过证券价格波动才能实现操纵目的，影响交易量只是操纵市场的手段之一，本身并不构成操纵市场。

3. 操纵市场是不正当交易行为

证券和资金供求关系，是决定证券价格的重要因素之一。操纵者通过操控行为，改变了基于真实供求关系形成的证券价格，背离了市场准则，应当予以禁止。将操纵市场界定为不正当交易，有助于划清操纵市场与相关行为的界限。多数国家公司法允许公司购回发行在外的股票。上市公司购回股票亦对股票价格产生影响，却是依法实施的正常交易，不视为操纵市场。

（二）操纵市场与相关概念的比较

操纵市场的表现形式多样，容易与正常交易相混淆，应当注意将操纵市场与虚假申报、安定操作相区别。

1. 操纵市场与虚假申报

虚假申报，是指行为人非以证券成交为目的而发出买卖指令的行为。我国证券交易所交易采取涨停板规则，按照集中竞价规则组成成交。投资者买卖证券时，必须通过证券公司申报买卖指令，再由证券交易所交易主机撮合成交，交易所主机统计的成交量才是实际成交量。投资者发出的不可能成交的申报指令，亦记录于即时行情中；即使投资者发出成交指令后随即撤销买卖指令，该指令也记录于即时行情。投资者不具有成交目的或者申报指令不具有成交可能的，应视为虚假申报。

2. 操纵市场与安定操作

安定操作，是为便于证券发行或者募集资金，通过连续买卖或者委托买卖某种证券，以维持证券价格的稳定。操纵市场不同于安定操作。(1) 在表现形式上，安定操作是为了稳定证券价格，操纵市场是为了引起证券价格波动，即所谓“一静一动”。(2) 在目的上，安定操作是为了稳定证券价格而便利筹集资金；操纵市场是为了获得不正当利益或者转嫁风险。因此，两者的划分具有相对性和主观性。

我国尚未承认安定操作，有些国家有限度地承认安定操作的合法性。公司以较低价格向原股东配售股票时，股东为了缴纳股款而需要卖出所持股票，从而引起股票价格下跌，这种行为即属于安定操作。日本证券交易委员会于 1948 年颁布《安定操作有关规则》，即对安定操作者的身份、安定操作的场所和时间、安定操作的交易价格等作出具体规定。凡是按照法定程序和条件进行安定操作的，不视为操纵市场。就此而言，应当将符合法律法规的安定操作视为正当交易，而违反法律法规的“安定操作”才可归结为操纵市场。

二、操纵市场的行为类型

操纵市场行为的表现形式复杂多样，我国法律对操纵市场的行为分类，长期处于不稳定状态。立法分类更多地依赖于经验法则，即根据已有行为形态，对操纵市场行为进行归类。根据《证券法》第 77 条，操纵市场行为主要包括四种：单独与联合连续买卖、串通相互买卖、自买自卖或者冲洗买卖以及其他操纵行为。

(一) 单独与联合连续买卖

连续买卖，是指为了抬高、压低或者维持交易价格，行为人连续高价买入或者连续低价卖出某种证券的市场行为。《证券法》第 77 条第 1 款第 1 项规定将其解释为“单独或者通过合谋，集中资金优势、持股优势或者利用信息优势联合或者连续买卖，操纵证券交易价格或者证券交易量”的行为。

连续买卖，分为连续单边买入和连续单边卖出。连续单边买入，是在特定时间内连续以某个高价买入某种证券；连续单边卖出，是在特定时间内连续以某个较低价格卖出某种证券。根据参加人数不同，连续买卖分为单独连续买卖和联合连续买卖，前者是某一行为人单独实施的连续买卖；后者是多人联合实施的连续买卖。连续买卖，引起了证券权利的实际移转，属于证券的真实买卖，不同于不转移证券所有权的虚买虚卖。连续买卖的行为构成要件如下：

1. 利用优势。优势指某种优越地位或者优势地位，是一个相对概念，《证券法》规定了资金优势、持股优势和信息优势三种。一般而言，行为人拥有较多资金时，才能实现持续性单边买入；行为人较多地拥有某种证券，才具有单边持续卖出的能力。利用信息优势的情况复杂，如果行为人利用信息优势连续买卖，可能引起连续买卖与内幕交易交叉的问题。

2. 连续交易。连续买卖以特定时间内发生连续交易为限。但是，对于连续买卖的次数，各国的理论和实践有所差别。在理论上，只要在营业当日发生两次以上的高价或低价连续买卖，即可构成连续交易。美国证券委员会倾向于以每个交易日发生三次以上单边买入或者单边卖出作为界定标准。考虑到操纵市场与影响证券价格直接相关，认定连续交易时，要斟酌连续单边买卖的交易数量。如果买卖数量较少，不足以对股票成交量或者交易价格产生显著影响，即使存在两次或者更多次数的连续买卖，也不足以认定为连续买卖。

3. 价格幅度。连续买卖是典型的价格操纵手段，只有行为人连续买卖能够对某种证券价格产生显著影响，才可认定是操纵市场。我国目前实行涨停板制度，每个营业日内的股票涨跌幅度不得超过开盘价格的10%；超过该涨跌幅度的价格申报将不会被交易主机接受。因此，可以考虑以接近涨停板幅度的成交价格，作为认定操纵价格的重要标志。

4. 成交数量。我国实行证券价格涨停板制度，初步缓和了连续买卖诱发过度投机和价格操纵的问题。在原《证券法》实施中，只有连续买卖并操纵证券交易价格的，才认定为操纵市场；现行《证券法》第77条第1项规定，连续买卖，操纵证券成交量的，构成操纵市场。

（二）串通相互买卖

串通相互买卖的典型做法是，两个以上的行为人事先达成约定，一方按照约定时间和价格等卖出某种证券，他方在该时间内以对应价格买入该种证券。如果合并计算各方买卖该种证券数量时，买卖数量趋于平衡。

《证券法》第77条第2项规定，"与他人串通，以事先约定的时间、价格和方式相互进行证券交易，影响证券交易价格或者证券交易量"的行为，构成法律禁止的操纵市场行为。由此，串通相互买卖的行为构成要件如下：

1. 必须存在相互串通的两方以上的行为人。买卖双方相对委托须为两个以上行为人共同实施且有意思联络。如果双方没有串通、通谋或者意思联络，即使客观上形成相互买卖，也不构成串通相互买卖。

2. 必须是同种证券的相互买卖。相互串通的双方必须是买卖同种证券，但在特殊情况下，也未必以买卖同种证券为绝对必要条件。如一方卖出某种股票，他方买入股票发行人发行的可转换公司债券，也可能认定为串通相互买卖。

3. 必须有实现相互买卖的可能性。行为人达成同一营业日内买卖证券的约定，且此等约定依照交易规则能够实现，即可构成相对委托。相互买卖实现的可能性通常包括三方面：(1) 双方约定采取反向交易方式，双方约定一方买入、他方卖出。如果双方约定采取同向买入或者卖出的，应认定构成连续买卖。(2) 双方约定一致的交易时间，通常是在某个交易日内限定的时间段内进行证券买卖。所谓一致的交易时间，需要根据成交的可能性加以判断，并非指交易时间完全相同。(3) 双方约定的交易价格相同或者基本相同，认定价格是否基本相同，也要根据双方成交的可能性加以判断。

（三）冲洗买卖或者自买自卖

冲洗买卖，是以自己为交易对象，进行不转移所有权的自买自卖，影响证券交易价格或者证券交易量，实践中又称为洗售、洗筹、对倒、对敲、虚售。冲洗买卖的核心，是某一行为人为影响证券交易价格或证券交易量，自己同时充当证券买卖的双方。

现行《证券法》第77条第3项规定，冲洗买卖或者自买自卖是"在自己实际控制的账户之间进行证券交易"。在我国，投资者必须以真名实姓开立账户，并只能利用自己账户从事买卖。然而，如果行为人实际控制着两个或者多个证券账户，并通过这些证券账户相互买卖证券，即构成冲洗买卖。据此，冲洗买卖的构成要素如下：

1. 冲洗买卖的核心是对证券账户的实际控制权。

行为人实质控制的证券账户类型，包括：

(1) 行为人自己的账户。即行为人以自己名义申请开立的账户。

(2) 信托账户。即行为人根据信托合同管理的证券账户。无论行为人是否声明为该证券账户的受托人，只要行为人与委托人之间存在信托关系，即可认定该账户属于信托账户。

(3) 全权委托账户。《证券法》禁止证券公司接受全权委托，但证券公司接受全权委托的事件时有发生。只要行为人根据委托关系，事实上掌管了受托人的账户，即可称为全权委托账户。

(4) 关联人账户。即与行为人有关联关系的其他人开立的账户，如夫妻或者家庭成员分别开立的账户，以及各关联企业独立开立的账户。

(5) 盗用账户。包括证券公司及行为人盗用的客户账户。在电子化交易下，证券账户是通过证券账户号码及密码识别的，只要知晓他人证券账户号码及密码，且未经开户人同意，即构成盗用他人账户。盗用账户本身属于违法行为，利用盗用账户从事证券买卖，还可能构成操纵市场。

2. 冲洗买卖引起了证券权利的变动，但未引起证券权利的事实转让。

在民商法中，所有权转移通常采取形式主义标准，即以财产交付或者财产过户登记，作为识别所有权转移的标准。财产依法交付或者办理所有权过户登记手续的，即属于所有权转移；依法应交付或应办理过户登记但未履行相关手续的，视为所有权未转移。

在证券法中，证券所有权的转移分为形式转移和实质转移。在一般意义上，证券所有权转移，是以办理完毕过户登记作为识别标准，即只有卖方证券过户于买方名下，才视为证券所有权转移完毕。如果证券成交后未办理过户登记手续，应视为证券所有权未发生转移。但在认定是否构成操纵市场时，所有权转移系采取实质意义上的所有权转移。即使证券成交并完成过户登记手续，如果出卖人实际掌管了买受人账户，有权处置该账户内的证券，也视为“未转移所有权”。

考虑到账户管制上的特殊规则，冲洗买卖与串通买卖非常接近。其一，证券买卖系发生于两个以上的不同账户之间；其二，两个或者多个账户都发挥着影响市场价格或者成交量的功能；其三，两个账户的利用受同一意志的支配。冲洗买卖和串通买卖的主要区别在于，账户控制人是一个还是两个或者多个。如果多个账户同在一个控制人的控制之下，即可认定为冲洗买卖；如果多个账户由不同的行为人控制，却按照约定共同行为，就应认定是串通买卖。因此，冲洗买卖和串通买卖之间的界限并不十分明显。

(四) 其他操纵市场的行为

《证券法》第 77 条第 4 项所定的“以其他手段操纵证券市场”，属于“兜底条款”。在广义上，其他操纵市场的行为可以包括任何人实施的操纵市场行为，也可以包括任何方式的操纵市场行为。如上市公司及其董事、监事、高级管理人员等散布不实信息，影响证券市场的行为，即可认定为采取其他方式操纵市场的行为。明知他人操纵市场而提供账户、资金或者其他条件的，也可认定为“以其他手段操纵证券市场”。

在狭义上，“以其他手段操纵证券市场”应当排斥法律明确列举的市场操纵行为，如前述连续买卖、串通买卖以及冲洗买卖。《证券法》对国家机关工作人员、传播媒介从业人员和有关人员编造、传播虚假信息等有特别规定的，亦应按特别规定处理，不宜归入“以其他手段操纵证券市场”。

三、操纵市场的法律责任

（一）法律责任的构成

根据《证券法》第77条的规定，任何单位或个人都可能成为操纵市场的责任主体。操纵市场是特殊的交易，其责任主体只能是交易参加者，交易参加者因为实施了操纵市场的行为，所以应当承担法律责任。据此，操纵市场法律责任的构成要件如下：

1. 责任主体。即证券交易的参加者。在买卖双方以外，其他行为人不能成为操纵市场行为的责任主体。国家机关工作人员、传播媒介从业人员、证券交易所、证券公司、证券登记结算机构、社会中介机构及其从业人员等，没有从事证券买卖，不是操纵市场行为的责任主体。

2. 行为要件。必须存在具体的交易行为。散布不实信息和虚假陈述，或者以其他方式误导投资者，但未进行证券交易的，不应认定为操纵市场。

3. 主观要件。对于操纵市场行为的法律责任，是否须基于行为人的故意，人们认识不一，《证券法》也没有作出明确规定。笔者认为，在追究行为人的行政责任和刑事责任时，应当以行为人故意作为构成要件，以有效发挥法律的惩戒作用。在追究行为人民事责任时，无须以行为人具有故意作为构成要件。

（二）法律责任的种类

1. 民事责任。《证券法》第77条第2款规定，“操纵证券市场行为给投资者造成损失的，行为人应当依法承担赔偿责任”。《证券法》首次规定操纵市场行为人承担赔偿责任，这是我国证券立法上的重大进步。但是，与操纵市场行为人实施相同方向交易的人数众多，实施相反方向交易的人数众多，在追究市场操纵行为人的民事责任时，必将面临与内幕交易民事责任规则适用相同或者相似的问题。

2. 行政责任。《证券法》第203条规定，“违反本法规定，操纵证券市场的，责令依法处理其非法持有的证券，没收违法所得，并处以违法所得一倍以上五倍以下的罚款；没有违法所得或者违法所得不足三十万元的，处以三十万元以上三百万元以下的罚款。单位操纵证券市场的，还应当对直接负责的主管人员和其他直接责任人员给予警告，并处以十万元以上六十万元以下的罚款”。

3. 刑事责任。根据《刑法》第182条第1款规定，有法律规定的情形，操纵证券、期货市场，情节严重的，处5年以下有期徒刑或者拘役，并处或单处罚金。第1款还分四项规定了连续买卖、串通买卖、相对委托及其他价格操纵行为的含义及构成要件，从而使“情节严重”成为划分行政责任与刑事责任的基本标准。

第四节 欺诈客户的法律责任

客户是相对于服务提供者的概念，通常指接受他人提供的服务的组织或者个人，客户关系是指服务提供者和接受者之间的权利义务关系。客户通常就是投资者，最重要的客户关系就是证券公司与投资者之间的关系。证券公司应当诚实、尽责地为投资者服务，投资者应当履行佣金支付义务。在现实生活中，证券公司欺诈客户始终是证券法面对的最重要问题之一。针对此种现象，《证券法》对证券公司欺诈客户作出专门规定。

一、客户法律关系

证券公司及其从业人员在办理证券经纪业务过程中，违背客户真实意思、损害客户利益，即为欺诈客户。有学者将证券公司与客户间的关系归结为证券委托关系，有的学者将这种关系直接称为证券经纪关系，还有学者笼统地称之为契约关系或者合同关系。笔者认为，无论学术界如何确定证券公司与客户关系的性质，要正确理解欺诈客户的本质，必须准确把握这种客户关系的特点和实质内容。

（一）客户法律关系的性质

证券投资者向证券公司申请开户，即与证券公司形成概括的委托关系。据此，投资者只能通过该证券公司进行证券买卖，并应当履行法定和约定义务，如必须在账户资金范围内作出证券买卖委托，应当向证券公司支付佣金。证券公司也必须向客户承担约定和法定义务，如核实委托人的委托指令，善意执行委托人下达的买卖指令，不得挪用客户资金和证券，按期提供成交记录等法定文件，等等。

对于这种委托关系，《证券法》有特别规定的，应适用《证券法》的有关规定；《证券法》无特别规定的，适用《合同法》规则。投资者与证券公司签订开户协议时，均采用格式条款或者格式合同，对此应当按照《合同法》关于格式条款的规定，解释开户格式条款的效力。

（二）客户法律关系的特点

1. 信任度高。指投资者基于信赖而选择某证券公司获得持续性的经纪服务。与偶然、一次性交易不同，持续性经纪服务有赖于证券公司与客户保持稳定的信赖关系。证券公司是专业服务机构，掌管着投资者的证券和资金账户，负责准确、及时发送投资者的交易指令。证券公司滥用信任和信赖的，将使投资者面临巨大风险。

2. 对称性差。指证券公司了解投资者的资金来源、投资情况、买卖证券种类和投资趋向等，但投资者除能判断证券公司有权提供经纪服务外，几乎无法了解证券公司的资信状况、财务状况、管理状况、证券自营状况、风险控制状况、履约诚信程度和服务水准高低等。投资者对证券公司缺乏了解，使得投资者难以预防证券公司业务失当带来的风险。

3. 保密性强。指投资者和证券公司在签订委托协议的同时，还可能签署其他协议。有些情况下，投资者可能委托证券公司全权办理证券买卖事务，证券公司完成买卖后由投资者书面确认或者追认。即使投资者事后提出异议，也缺乏必要证据支持，第三方也无从知晓投资者与证券公司达成的内部安排。

证券公司必须向投资者承担忠实和谨慎义务。如果其利用证券经纪业务的保密性强和对称性差的特点，背离投资者的信赖和信任而滥用权利，必然会造成投资者利益的重大损害。因此，不仅要加强证券公司内部治理机制的建设，还要明确证券公司的义务。明确列举欺诈客户的主要类型，有助于准确地适用法律，还有助于发挥法律的提醒和警戒作用。

二、证券公司欺诈客户的特点

禁止欺诈客户的证券法规则，来源于禁止欺诈的一般民事理论。然而，普通民事欺诈与证券公司欺诈客户存在较大差异。

（一）主观态度不同

行为人具有主观故意，是认定民事欺诈的构成要件。在认定证券公司欺诈客户时，却应当采取客观标准。只要证券公司实施了《证券法》禁止的行为，客户无须证明证券公司存在主观故意，即可认定证券公司构成欺诈客户。没有主观故意，不是证券公司的免责事由。

（二）构成条件不同

行为人实施欺诈、相对人作出错误意思表示且与欺诈行为存在因果关系，是民事欺诈的构成要件。如果行为人实施欺诈，但相对人未作出意思表示，不构成民事欺诈。在通常情况下，只要证券公司实施欺诈客户的行为，即可认定欺诈客户的成立。唯在法律特别规定"其他违背客户真实意思，损害客户利益的行为"的情况下，客户之错误意思表示及与欺诈之间的因果关系，才成为认定欺诈客户的构成要件。

（三）适用条件不同

民事欺诈是可变更、可撤销的民事行为，主要适用于合同的订立、变更和终止的场合，相对人有权提出变更、撤销之诉。证券公司欺诈客户的，主要发生在委托合同的履行阶段，是指证券公司违背客户真实意思或者利益的行为，如不当执行指令、管理账户以及履行附随义务。客户有权请求赔偿损失、返还财产，却很难提出变更或者撤销的请求。

三、欺诈客户的行为类型

根据《证券法》第79条第1款，证券公司不得从事下列欺诈客户的行为：

1. 违背客户的委托为其买卖证券。

根据沪深证券交易所交易规则，客户委托指令应当包括：（1）股东账户及密码；（2）委托序号和时间；（3）证券名称（全称、简称和证券代码）；（4）委托买进或者卖出数量；（5）交易性质；（6）委托价格；（7）委托期限。此外，委托内容还应包括委托人姓名或名称、证券账户和资金账户等事项。[①] 证券公司违背客户委托的事项，为客户买卖证券，即构成违背客户委托的欺诈。

2. 不在规定时间内向客户提供交易的书面确认文件。

根据沪深证券交易所交易规则，证券公司应当在证券买卖成交后7日内将书面成交确认书交给客户。向客户提供书面确认文件是证券公司的法定义务，客户有权要求取得该书面确认文件。如果客户同意放弃获得该确认文件的，证券公司应当取得客户事前认可。证券公司是否应当向客户邮寄确认文件，现行法律和交易规则没有明确规定，多数证券公司认为，只有当客户提出要求时，才应向客户提供交易的书面确认文件。

3. 挪用客户所委托买卖的证券或者客户账户上的资金。

客户在证券登记公司开立证券账户，在证券公司开立资金账户，两种账户皆属于信托账户，账户内的证券和资金皆属于客户资产。按照信托财产隔离原则，证券公司应当单独管理信托财产，不能混同于证券公司的财产。证券公司挪用客户的证券或者资金的，属于违反信托义务的欺诈行为。

---

① 参见本书第九章第四节。

4. 未经客户的委托，擅自为客户买卖证券，或者假借客户的名义买卖证券。

如果客户没有发出委托指令，而证券公司利用该账户发出证券买卖指令，即构成证券欺诈。在电子交易环境下，证券买卖指令是通过密码发送的，证券公司亦掌握、识别客户的账户密码，因此，很难认定证券公司擅自发出交易指令。在采用柜台委托方式时，认定客户是否发出委托指令，应当根据客户是否填写书面的交易委托单来确定。

5. 为牟取佣金收入，诱使客户进行不必要的证券买卖。

客户买卖证券，应当按照成交金额之一定比例，向证券公司支付佣金。证券公司考虑佣金利益，可能引诱客户进行不必要的证券买卖。然而，在实践中，证明诱使买卖证券十分困难。

6. 利用传播媒介或通过其他方式提供、传播虚假或者误导投资者的信息。

证券公司传播虚假信息的，构成证券欺诈。客户没有因此从事交易的，不发生赔偿责任，但监管机关可予以处罚。

7. 其他违背客户真实意思表示，损害客户利益的行为。

四、欺诈客户的法律责任

（一）民事责任

《证券法》第 79 条第 2 款规定，“欺诈客户行为给客户造成损失的，行为人应当依法承担赔偿责任”。《证券法》第 210 条还规定，“证券公司违背客户的委托买卖证券、办理交易事项，或者违背客户真实意思表示，办理交易以外的其他事项的……给客户造成损失的，依法承担赔偿责任”。

客户账户内的证券和资产属于客户所有，证券公司仅为客户证券及资金账户的受托管理人。违背客户委托买卖证券、挪用客户证券或者资金、私自买卖客户账户上的证券，违反了证券公司的明示及默示义务，也构成对客户合法财产权的侵害。根据《合同法》规定，客户可以选择按照违约责任或者侵权责任要求证券公司承担民事责任。客户诉请证券公司承担赔偿责任的，应当对所受损失承担举证责任。

（二）行政责任和刑事责任

根据《证券法》第 210 条规定，“证券公司违背客户的委托买卖证券、办理交易事项，或者违背客户真实意思表示，办理交易以外的其他事项的，责令改正，处以一万元以上十万元以下的罚款”。根据第 211 条规定，“证券公司、证券登记结算机构挪用客户的资金或者证券，或者未经客户的委托，擅自为客户买卖证券的，责令改正，没收违反所得，并处以违法所得一倍以上五倍以下的罚款；没有违法所得或者违法所得不足十万元的，处以十万元以上六十万元以下的罚款；情节严重的，责令关闭或者撤销相关业务许可。对直接负责的主管人员和其他直接责任人员给予警告，撤销任职资格或者证券从业资格，并处以三万元以上三十万元以下的罚款”。

据此，证券公司欺诈客户的行政处罚措施包括：责令改正、罚款、没收违法所得、责令关闭、撤销业务许可。对证券公司直接负责的主管人员和其他直接责任人员的行政处罚措施包括：警告、撤销任职资格、撤销从业人员资格、罚款。

《刑法》第 185 条规定，银行或者其他金融机构的工作人员利用职务上的便利，挪用本单位或者客户资金的，依照《刑法》第 272 条的规定定罪处罚。我国证券公司属于非银行金融机构，证券公司挪用客户资金的，可以按照前述《刑法》规定定罪。

第五节 其他不正当行为

在证券市场上，不仅存在有交易内容的不正当行为，还存在不具有交易内容的不正当行为。证券法既要规制各种不正当交易行为，还应当规制不正当的非交易行为。我国《证券法》明令禁止下列不正当行为：

一、禁止国家机关和传播媒介的人员编造、传播虚假信息

国家机关工作人员、传播媒介从业人员有机会接触相关证券信息，投资者也更容易相信国家机关工作人员和传播媒介从业人员传达的信息。上述机构和人员编造、传播虚假信息，容易导致证券市场混乱，对于编造、传播虚假信息的非交易行为，必须加以严格约束。

《证券法》第78条第1款规定，禁止国家机关工作人员、传播媒介从业人员和有关人员编造、传播虚假信息，扰乱证券市场；第3款还要求各种传播媒介传播证券市场信息必须真实、客观，禁止误导。上述人员违反规定，扰乱证券市场的，根据《证券法》第206条，由证券监督管理机构责令改正，没收违法所得，并处以违法所得1倍以上5倍以下的罚款；没有违法所得或者违法所得不足3万元的，处以3万元以上20万元以下的罚款。

二、禁止证券监管机构和服务机构的人员虚假陈述、进行信息误导

基于职务原因，国务院证券监管机构、自律监管机构、证券服务机构及其工作人员接近于证券信息的源头，更容易取信于投资者，因此《证券法》第78条第2款明确禁止证券交易所、证券公司、证券登记结算机构、证券服务机构及其从业人员，证券业协会、证券监督管理机构及其工作人员，在证券交易活动中作出虚假陈述或者信息误导。《证券法》第207条规定，违反以上规定，在证券交易活动中作出虚假陈述或者信息误导的，责令改正，处以3万元以上20万元以下的罚款；属于国家机关工作人员的，还应当依法给予行政处分。

三、禁止非法利用和出借账户

按照一人一户和实名制的开户规则，凡是拥有、控制证券账户的人，即可从事证券交易。在我国施行开户实名制以前，不仅出现了大量"口袋账户"[①]，还出现了匿名账户。在认购新股时，利用这些账户可以逃避限额认购的规则；在证券买卖时，利用这些账户还可逃避监管。在实行开户实名制以后，还存在出借账户的情况。

1.《证券法》第80条规定，禁止法人非法利用他人账户从事证券交易；禁止法人出借自己或者他人的证券账户。

2.《证券法》第208条第1款规定，违反本法规定，法人以他人名义设立账户或者利用他人账户买卖证券的，责令改正，没收违法所得，并处以违法所得1倍以上5倍以下的罚款；没有违法所得或者违法所得不足3万元的，处以3万元以上30万元以下的罚款。对

① 口袋账户是证券实务中的一个口语化概念，通常是指开户人开立账户后，将开立账户的手续和身份证明等一并出售给他人，收取开户人手续的人往往使用书包或者麻袋等收集这些手续。

直接负责的主管人员和其他直接责任人员给予警告，并处以 3 万元以上 10 万元以下的罚款。

3. 针对少数证券公司拥有较多匿名账户或者口袋账户的情况，《证券法》第 208 条第 2 款规定，证券公司为前述违法行为提供自己或他人的证券交易账户的，除依照第 1 款的规定处罚外，还应当撤销直接负责的主管人员和其他直接责任人员的任职资格或者证券从业资格。

【问题与思考】

1. 不正当交易的主要特征。
2. 简述内幕交易的构成要件。
3. 试简要对比内幕交易与短线交易。
4. 简述证券法规定的操纵市场行为的主要类型。
5. 内幕交易和操纵市场之民事赔偿责任的异同。
6. 试析投资者与证券公司之间法律关系的性质。

7. 2012 年 5 月 22 日，最高人民法院、最高人民检察院发布《内幕交易解释》，并公布了黄光裕等内幕交易、泄露内幕信息犯罪的案例。

2007 年 4 月，中关村上市公司（股票代码 000931）拟与鹏泰公司进行资产置换，黄光裕参与了该重大资产置换的运作和决策。在该信息公告前，黄光裕决定并指令他人借用他人身份证，开立个人股票账户并由其直接控制。2007 年 4 月 27 日至 6 月 27 日间，黄光裕累计购入中关村股票 976 万余股，成交额共计人民币 9 310 万余元，账面收益 348 万余元。2007 年 7、8 月，中关村上市公司拟收购鹏润控股公司全部股权进行重组。在该信息公告前，黄光裕指使他人以曹楚娟等 79 人的身份证开立相关个人股票账户，并安排其妻杜鹃协助管理以上股票账户。2007 年 8 月 13 日至 9 月 28 日间，黄光裕指使杜薇等人使用上述账户累计购入中关村股票 1.04 亿余股，成交额共计 13.22 亿余元，账面收益 3.06 亿余元。

期间，原北京中关村科技发展（控股）股份有限公司董事长、总裁许钟民明知黄光裕利用上述内幕信息进行中关村股票交易，仍接受黄光裕的指令，指使许伟铭在广东借用他人身份证开立个人股票账户或直接借用他人股票账户，于同年 8 月 13 日至 9 月 28 日间，累计购入中关村股票 3 166 万余股，成交额共计 4.14 亿余元，账面收益 9 021 万余元。许钟民还将中关村上市公司拟重组的内幕信息故意泄露给其妻李善娟及相怀珠等人。同年 9 月 21 日至 25 日，李善娟买入中关村股票 12 万余股，成交额共计 181 万余元。

北京市第二中级人民法院认为，被告人黄光裕等人作为证券交易内幕信息的知情人员，在涉及对证券交易价格有重大影响的信息尚未公开前，买入该证券，内幕交易成交额及账面收益均特别巨大，情节特别严重，黄光裕与杜鹃、许钟民构成内幕交易罪的共同犯罪，许钟民向他人泄露内幕信息，还构成泄露内幕信息罪，其中黄光裕系主犯，杜鹃、许钟民系从犯。

（1）结合本案案情，简述重大信息的认定标准。

（2）结合本案案情，分析相关责任人承担民事赔偿责任的构成要件。

第十二章
上市公司收购制度

本章概要

公司股票上市或挂牌后，也将遭遇被收购风险。如果公司股权分散程度较高，遭遇收购的风险将增大。我国《证券法》和《上市公司收购管理办法》规定了上市公司收购的主要内容，投资者可以采取协议转让、要约收购以及其他合法方式收购上市公司。由于上市公司收购将直接影响到公司控制权、公司治理、少数股东利益和股票市场价格，所以我国对上市公司收购采取了相对谨慎的审查态度。

关键术语

上市公司收购　继续买卖　继续收购　要约收购　收购要约　间接收购　协议收购　公开收购　权益公开规则　慢走规则

第一节　上市公司收购概述

上市公司的基本收购模式是，投资者采取集中竞价、要约收购、协议收购和其他合法方式，取得一家上市公司较高比例的股份，获得或者增强对上市公司的控制力。

一、上市公司收购的概念和本质

上市公司收购，有狭义和广义之分。在狭义上，上市公司收购是收购人通过收购股份，持有上市公司发行在外股份30%以上，导致收购人获得或者可能获得对该公司的实际控制权的行为。在此意义上，上市公司收购是收购人取得或者增强对公司控制力的手段。在广义上，上市公司收购还包括投资者继续买卖证券的活动，即投资者持有上市公司发行在外股份的5%以上，并继续买卖该种证券的活动，也称为“继续买卖”或者“一般收购”。

我国《证券法》第四章并列规定了“上市公司的收购”和“继续买卖”。对于继续买卖的主体，《证券法》采用了“投资者”的术语[①]；对于上市公司收购的主体，《证券法》采用了“收购人”的术语。[②] 换言之，投资者，是持有上市公司发行在外5%的股份并继续买卖该种股份的投资者；收购人，是持有上市公司发行在外30%以上股份并继续购买该种股份的投资者。唯在《证券法》第85条中，立法者才将“继续收购”的投资者以及“上市公司收购”的收购人，合称为“投资者”。

《证券法》第四章合并规定“上市公司收购”和“继续买卖”，主要基于以下考虑：一方面，无论采取“上市公司收购”，还是采取“继续买卖”，都是特殊的证券交易。上市公司收购已实现或者强化了收购人对上市公司的控制力，继续收购的投资者可能尚未实现对上市公司的控制，却可能形成对上市公司的潜在控制。另一方面，从继续买卖转为上市公司收购，是一个逐渐发展的过程。投资者先行取得上市公司发行股份的5%以上，再逐渐增加取得上市公司对外发行股份的30%以上，是上市公司收购的典型做法。对于股权高度分散的上市公司来说，投资者持有低于上市公司发行在外股份的30%以上的，亦可能形成对上市公司的实质控制。因此，将“上市公司收购”和“继续买卖”视为完全独立的特殊证券交易，不符合证券投资的实践。

上市公司收购，是收购人买入或者以其他方式取得上市公司股票的特殊证券交易。投资者可以通过交易方式（如集中竞价交易、协议转让、要约收购和大宗交易等）取得上市公司股票，也可通过非交易方式（如行政划拨、执行裁判文书以及继承）取得上市公司股票。采用交易手段取得股票的，收购人需要支付一定代价；采用非交易方式取得股票的，投资者无须支付对价。然而，各种上市公司的收购活动，在本质上，仍然属于证券交易。收购人收购上市公司，不仅可能改变公司的隶属关系，还可能影响股票供给关系，影响股票市场价格。

投资者继续买卖股票，目的通常是获得公司盈余分配或者资本利得，不具有取得公司控制权的意图。而投资者收购上市公司，有的是为了持有较高比例的股份而控制上市公司，有的是为了控制上市公司而取得上市公司的股份。就此而言，上市公司收购，是旨在取得、强化对上市公司的控制权的证券交易。

为了稳定证券市场关系，各国立法者均制定了规范上市公司收购的特别规范。我国《证券法》专章规定了上市公司收购制度，2006年7月31日，证监会修改发布了《上市公司收购管理办法》。在涉外收购方面，商务部、国资委、税务总局、国家工商总局、证监会和外管局于2006年8月8日发布，商务部于2009年6月22日修改后重新公布《关于外国投资者并购境内企业的规定》。上述法律和部门规章，已成为我国调整上市公司收购的主要法规范。在法律适用上，应当优先适用调整上市公司收购的特别规范；法律没有作出特别规定的，适用证券交易的一般规则。

二、上市公司收购的法律特点

上市公司收购，在形式上是取得上市公司的股票，在实质上是取得或强化对上市公司的控制权，属于特殊的股票交易。

---

① 参见《证券法》第86条。

② 参见《证券法》第88条第2款及以下条款。

(一) 客体条件

上市公司收购的客体，是上市公司发行在外的股票。所谓“发行在外的股票”，是指上市公司发行的各类股票。在我国，股票种类比较复杂，上市公司发行在外的股票均为普通股，按照股票的流通性，曾分为流通股和非流通股，现分为限售股票和非限售股票。根据股票票面金额和交易货币，又可分为A股、B股和H股等。在我国上市公司收购规则中，“发行在外的股票”，是指由上市公司发行的各种股票，不限于流通股股票，也不限于A股股票，但不应包括库存股票和公司持有的本公司股票。

公司收购的客体通常不包括公司债券。债券持有人有权要求发行人到期还本付息，但对发行人内部事务没有表决权。债券持有人即使持有大量的公司债券，也不足以影响公司的股本结构和公司决策权。但是，如果投资者收购可转换公司债券，或购买公司发行的认股权，则有可能在未来成为上市公司的控制者，所以，笔者认为，这种情况下应当参照执行上市公司收购规则。

(二) 市场条件

收购上市公司，必须借助证券交易所交易才能完成。必须指出，所谓“证券交易所交易”是一个广义概念，包括支付对价而取得股票，也包括以划拨或者赠与而无偿取得股票。在我国，上市公司股份的转让和交易，都必须通过证券交易所完成，即使是执行法院或者仲裁机构的生效判决、裁定，也必须向证券交易所和证券登记结算机构办理过户手续。

(三) 效果条件

有学者认为，投资者为了取得上市公司控制权而取得股份的，才属于上市公司收购。反之，不属于上市公司收购。笔者认为，投资者的真实目的藏于内心，外人无从知晓。若采取“取得股份之目的”作为判断标准，要么将使真正的收购逃离监管，要么将上市公司收购规则混同于普通的证券交易。无论哪种情况，都将损害正常的证券交易秩序。

笔者认为，应当以证券交易可能产生的控制权效果，作为认定上市公司收购的标准。一方面，在不同公司中，股权分散程度不同，即使收购上市公司股票达到一定比例，也并非必然改变公司的控制权。如果上市公司股权分散程度较高，持有较低比例的股份，也足以实现对公司事务的控制。另一方面，即使能够确定控制权的含义，控制权的形成也是渐进的过程：投资者收购上市公司部分股份，再到实现对上市公司的相对控制，进而形成绝对控制。在这个逐渐演变的过程中，买入股票可能具有多重目的，有时是获得公司股利的分配利益，有时是为取得公司控制权而奠定基础，有时还可能带有其他特殊目的。如果采用“取得股份之目的”来认定公司收购，就必须区分买入股票的多种动机，在实践中对此几乎不可能得出明确判断。

(四) 规则条件

上市公司收购，可能带来多重效果。如在取得、强化控制权的情形下，容易形成控股股东和实际控制人对公司事务的垄断及随意控制，可能损害中小投资者的利益；再如，个别投资者大量持有公司股票，可能改变股票供求关系，进而影响到正常的市场价格。为了规范上市公司收购以及投资者大量持有股票，充分发挥市场的资源配置功能，各国立法者采取了谨慎的态度，并授权监管机关依法监管上市公司收购，从而促成了专门调整上市公司收购的特殊规则体系。

根据《证券法》规定，启动继续买卖的法定条件是，持有上市公司发行在外股票5%

以上的大股东，其持有公司股票每发生5%的增减，必须履行一定的信息披露义务，且在一定期限内禁止其继续购买该公司股票。启动上市公司收购的法定条件，是收购人持有上市公司股份超过30%的，继续增加持有该公司股份，应当采取要约收购的方式。在证券法之外，其他国家还通过制定、实施反垄断法，用以规范规模较大的公司收购行为。我国《反垄断法》以及《关于外国投资者并购境内企业的规定》已涉及公司收购事项。

三、与相关概念的比较

兼并、购买、合并、股权收购、购并以及公开买进等，是与公司收购密切相关的法律概念。笔者认为，不同概念的内涵和本质不同，不同概念的适用环境有异，概念之适用不能逾越特定的语言环境。

（一）企业兼并

原国有资产管理局等颁布的《关于企业兼并的暂行办法》规定，企业兼并“是指一个企业购买其他企业的产权，使其他企业失去法人资格或改变法人实体的一种行为，不通过购买方式实行的企业之间的合并，不属本办法规范”。根据该暂行办法，企业兼并分为承担债务式兼并、购买式兼并、吸收式兼并和转股式兼并四种形式。如果将企业兼并引申为公司兼并，并将各种法定兼并形式加以理论归类，可将我国的公司兼并分解为资产购买式兼并、公司合并式兼并及股权购买式兼并三种基本形式，从而显现出我国公司兼并概念的广泛性。

在英美公司法中，人们常常将“merger”和“consolidation”二词并用。根据学者意见，兼并相当于“merger”，“consolidation”相当于“联合”。但是，这种翻译不很准确。根据美国《特拉华州公司法》[①] 对“merger”和“consolidation”的立法解释，“merger”相当于“吸收合并”，“consolidation”相当于“新设合并”，两词语合称为公司合并。申言之，除了“公司合并”概念以外，美国公司法没有“公司兼并”的概念。我国相关法规将资产购买、合并（吸收合并与新设合并）、股权转让以及净资产零值转让等都纳入企业兼并的范畴，具有概念创新性质，有别于英美法上的公司合并。

（二）资产转让

资产转让，是资产转让方将资产转让给受让方，受让方支付价款并获得资产权益的行为。从转让方的角度来看，可将这种交易称为“资产转让”；从受让方的角度来看，可将这种交易称为“资产收购”。公司出售主要资产显然会影响到公司宗旨的实现，亦会影响到其他股东利益。为了保护公司和股东利益，公司重要资产的转让协议只有在公司股东大会决议通过后才能生效，或者在主管部门批准后才能生效。

一般来说，资产转让将直接导致某种经济或者会计效果，但不会改变资产转让方的法律地位，更不会影响到公司存续。公司转让主要资产时，公司资产结构将发生较大改变，尤其是会改变公司固定资产与流动资产的比例。转让方转让固定资产并取得货币对价，公司固定资产相对减少，货币资产相应增加；即使采取资产置换方式转让资产，通常也只能改变转让方的资产结构。在极端特殊的情况下，资产转让才会影响到转让方的公司资格和存续状况。如负债率极高的公司转让资产前，尚能维持生产和经营活动，而公司转让全部

---

① 参见《特拉华法典》第8卷第259节［A］款。

资产且转让价款极少时，转让方就将只拥有小额现金资产，成为没有营业资产的“空壳公司”，这种公司是否可以保持存续，在理论上尚存争议。

根据《关于企业兼并的暂行办法》，资产收购分为正值收购和零值收购。

1. 正值收购，即在转让方净资产为正值时，受让方接受全部净资产并向转让方支付相当于净资产值的货币的收购方式。在实践中，正值收购的交易价格通常参考“净资产=总资产-总负债”的会计学公式，由转让方和受让方协商确定，一般不采取溢价收购方式。在理论上，受让方取得可运营的资产，即可借此从事生产经营活动。在国际上，确定资产收购价格往往会考虑该资产的盈利能力，而非单纯考虑资产的净值。盈利性较强的运营资产，收购价格会高于资产净值；盈利性较差的运营资产，其收购价格往往会低于净值。

2. 零值收购，是转让方资产与负债相抵，其净资产为零值时，受让方无须支付代价，即一并取得转让方全部资产和负债的收购方式。笔者认为，零值收购仍然属于资产转让。通过资产收购，受让方取得转让方的全部资产和债务，甚至取得转让方的全部社会资源（如客户及市场）和技术资源（如自行开发的技术）。转让方全部资产及营业转让给受让方，且不再占有任何其他资源，其主体资格应予消灭。

（三）股权转让

股权转让是指公司股东将所持公司股权转让给受让方。广义上的股权转让，既包括转让有限责任公司的股权，也包括转让股份有限公司的股票。就后者来说，如果是转让上市公司股票，且转让的股票数量超过公司发行在外股份的5%，即构成上市公司收购。

（四）征集委托书

征集委托书是公司股东为了在公司特定事项上控制或者支配公司，或者为改组公司董事会进而调整公司经营策略等目的，征集其他股东的授权，并代理授权股东行使同意权或者投票权的行为。《股票条例》第65条规定，“股票持有人可以授权他人代理行使其同意权或投票权。但是，任何人在征集二十五人以上的同意权或投票权时，应当遵守证监会有关信息披露和作出报告的规定”。

征集表决权可能达到与上市公司收购相同或者相似的效果，表决权征集者和收购方都可能控制公司事务。然而，征集表决权和上市公司收购毕竟属于不同概念，两者存在较大区别：

1. 征集表决权具有代理权属性。征集人应当按照公司股东的授权范围，行使表决权或同意权。股东通过公司收购形成对公司事务的某种控制权，即可依其持股比例行使表决权或同意权，无须受到他人指令的限制。

2. 征集表决权具有相对权性质。一旦授权人撤回授权，征集人即丧失对特定事项的表决权或者同意权。以上市公司收购获得股权的，转让方无权剥夺受让方已取得的权利。

3. 征集表决权不能改变公司的股本结构，也不改变某个股东的持股比例或者数额。但在公司收购场合下，收购方持股将达到较高比例，进而会改变公司股本结构。

4. 征集表决权仅会就特定事项形成公司决议，如改组董事会或者改变公司经营策略，通常不会对公司事务形成全面影响。而公司收购一旦完成，收购方将会对公司事务形成全面影响。

四、上市公司收购的分类

公司收购有多种分类，有些是商业分类，有些是法律分类。公司收购的方式不同，其收购成本、难易程度、法律规则和实际效果等也有差异。

（一）友好收购和敌意收购

按照是否得到公司管理层的配合，可将公司收购分为友好收购和敌意收购，这是对公司收购进行的商业分类。友好收购，指在公司管理层提供合作条件下实施的公司收购。敌意收购，是在管理层不知情，甚至反对收购的情况下实施的收购。

上市公司是运营中的经济实体，公司经营状况的好坏以及稳定程度，取决于诸多变动因素。有些情况下，收购人与公司管理层存在密切关系，可能本身就是上市公司的控股股东，上市公司管理层乐于接受友好收购。由于得到了公司管理层的配合，收购人通常不会遇到太大阻力，能够较好地协调与现有股东的关系。在敌意收购中，收购人通常不向公司或者管理层说明收购意图。为了保护既得利益，避免出现管理层的更迭，管理层经常采取各种反收购措施，从而会提升收购方成本。

（二）继续买卖和继续收购

根据投资者已持有股票的数量，可将公司收购分为继续买卖和继续收购。

继续买卖，指投资者单独或者合并持有上市公司发行在外5%以上的股份，并继续买进或者卖出该种股票的行为。投资者持有上市公司发行在外股份的5%，即使继续买入或者卖出，通常也不影响上市公司的控制权，因此，可将其称为继续买卖、一般收购或者大量持有证券。我国《证券法》第四章的标题为“上市公司的收购”，该章第85～87条集中规定了继续买卖，国内学者倾向于将其视为特殊的公司收购。

继续收购，指持有上市公司发行在外30%以上股份的投资者（收购人），按照《证券法》规定的要约收购规则，继续买入该公司股票的行为。持有上市公司发行在外30%以上的股份，通常意味着取得了对公司的控制权，加之投资者继续收购应遵守要约收购规则，学者倾向于将继续收购视为上市公司收购的典型形态。

（三）要约收购、协议收购、间接收购和其他收购

这是按照收购方采取的收购方式进行的分类。我国《证券法》第85条规定，投资者可以采取要约收购、协议收购及其他合法方式收购上市公司。《上市公司收购管理办法》第五章还特别规定了间接收购。

1. 要约收购。是指已经获得或者计划获得公司股份达到公司已发行股份30%以上的投资者，向该公司所有股东发出收购要约并收购其所持全部或者部分股份的行为。如某投资者已持有上市公司发行股份的30%，且准备继续增加持有对该公司的股份，其增持股份的行为即为要约收购；如果某投资者仅持有上市公司发行股份的3%，但准备一次性再取得公司发行股份的28%的，其增持股份的行为也是要约收购。

2. 协议收购。其含义与股份转让相似①，是指收购人与公司股东签订并实施公司收购协议或者股份转让协议，取得公司股东所持的公司股份的行为。

3. 间接收购。是指公司股东以外的收购方，通过投资者关系、协议、其他安排导致其拥有权益的股份达到或者超过上市公司发行股份5%或者30%的，按照一般收购持有股份的行为，或者按照继续收购规则取得股份的行为。

4. 其他方式。“其他方式”指采取要约收购、协议收购及间接收购以外的其他方式取

---

① 参见本书第九章相关内容。

得上市公司股份的行为，通常包括集中竞价交易、裁决转让、大宗交易、行政划拨、继承和赠与等方式，还包括借助公司合并进行的公司收购。

(四) 自愿收购和强制收购

自愿收购，是指由收购方依照其自己的意志，在规定时间按照自己确定的数量进行收购。强制收购，是指收购人依照法律规定必须收购或者必须继续收购。有学者认为，强制收购不意味着收购人必须收购确定数额的全部股票，因为即使是强制收购，也不应剥夺无意出售股票的股东的利益，所以应当将强制收购称为“强制受让”，即在出现法定事由时，股东有权请求收购方必须受让股东出售的股票。

强制收购往往对公司股东比较有利，自愿收购则对收购人比较有利。立法者应当斟酌公司收购制度的特有价值及对股东的利益保护，同时承认自愿收购和强制收购，并设定自愿收购和强制收购的条件，既要避免过度强调自愿收购而损害公司股东的利益，也要避免因过度强调强制收购而加重收购人的负担。

《证券法》第97条规定，收购期限届满，被收购公司股权分布不符合上市公司条件的，该上市公司股票应当由证券交易所依法终止上市交易；其余仍持有被收购公司股票的股东，有权向收购人以收购要约的同等条件出售其股票，收购人应当收购。该种特殊场合下发生的收购，即为强制收购或者强制受让。

(五) 部分收购、全面收购和全部收购

按照预定收购的股票数量，公司收购分为部分收购、全面收购和全部收购。部分收购，是指收购人按照计划收购公司一定比例或者数量的股票。全面收购，是指收购人收购公司的绝大多数股票，其目的在于获得对上市公司的绝对控制权。全部收购，通常是指收购公司发行在外的全部股份并将公司转变为一人公司的收购。

学术界倾向于按照公司总股本的50%作为划分部分收购与全面收购的标准。收购人持有公司50%以上的股份时，即成为公司绝对控股股东。如果公司股权分散程度相对较高，即使持有相对较低比例的股票，也足以构成对上市公司的绝对控制。有学者据此提出，应当以公司股份25%～35%作为标准，来划分部分收购和全面收购。

必须指出，上述分类标准可能存在交叉，收购方可能交叉运用多种收购手段。收购方在采取集中竞价方式买入股票之时，与他人签订股份转让协议并受让股份，这是比较常见的收购安排。

第二节　上市公司收购：继续收购的方式

一、上市公司继续收购的特点

《证券法》第88条规定，通过证券交易所的证券交易，投资者持有或者通过协议、其他安排与他人共同持有一个上市公司已发行的股份达到30%时，继续进行收购的，应当依法向该上市公司所有股东发出收购上市公司全部或者部分股份的要约。根据该规定，继续收购是指已持有上市公司已发行股份30%的投资者继续收购一个上市公司股票的行为。

1. 继续收购是特定投资者实施的收购活动。凡单独或者累计持有上市公司发行在外30%以上股份的投资者，称为收购人，无论收购人所持有的股份性质如何，继续收购股份的，必须受到继续收购规则的约束。

2. 继续收购是特定投资者的单向买入股票的活动。收购人减少所持股票数量，不属于继续收购，不受《证券法》第 88 条及以下条款的约束；收购人减少所持股票数量，属于继续买卖，应当适用《证券法》第 86、87 条的规定。

3. 继续收购应当采取收购要约的形式。在继续买卖中，投资者可以采取集中竞价交易、协议转让、大宗交易等多种收购方式。但是，在继续收购中，收购人除非获得证监会的豁免，否则，只能采取要约收购的收购形式。收购要约及其豁免是继续收购的核心和关键规则。因此，继续收购有时也称为“要约收购”。

4. 继续收购是收购人与公司全体股东之间发生的股票交易。在继续买卖中，投资者可采取多种买入及卖出方式，既可通过集中竞价方式买卖股票，也可与公司个别股东协商买卖股票。因此，在继续买卖中，每笔股票交易的价格都存在差异。但在继续收购中，除经证监会豁免者外，收购人应向公司全体股东发出收购要约，公司全体股东都有权将所持股份出售给收购人。收购要约采取部分收购的，应当明确约定：被收购公司股东出售的股份数额超过预定收购的股份数的，收购人按照比例进行收购。

5. 继续收购是一次性交易。只要通过一次要约收购，即可完成继续收购，具体表现为两个方面：（1）收购人继续收购的，应当遵守权益公开规则，但无须在增持公司股份 5% 时暂停收购，在发出收购要约后，可以一次性取得较大比例的股份。（2）继续收购采取报价交易机制，不采取集中竞价规则。收购要约应当提出收购价格和条件，凡是承诺接受收购价格或者条件的股东，均可向收购人出售所持股票。

6. 继续收购属于自愿收购。《股票条例》曾将继续收购规定为强制性全面收购。该条例第 48 条规定，“发起人以外的任何法人直接或者间接持有一个上市公司发行在外的普通股达到百分之三十时，应当自该事实发生之日起四十五个工作日内，向该公司所有股票持有人发出收购要约”。该条款相关内容不尽合理①，条款含义不甚清晰。② 有学者据此认为，继续收购即为强制收购，是收购人依法承担的必须收购他人所持股票的法定义务。原《证券法》第 81 条明确了继续收购的自愿收购性质。根据该条款，即使收购人所持股份超过公司股本总额的 30%，收购者亦有权决定是否继续收购。如果收购者决定继续收购的，必须发出收购要约；反之，可以避免适用继续收购的规则。现行《证券法》第 88 条保持了原条款的基本含义，完善了某些技术性规则。

7. 继续收购必须获得法定机构的审核或者批准。继续收购涉及公司控制权的转让，实施继续收购，必须履行法定的审核批准程序：（1）法定审核。我国《证券法》第 90 条规定，在法定期限内，证监会发现上市公司收购报告书不符合法律、行政法规规定，应当及时告知收购人，收购人不得公布其收购要约。公布收购要约是启动要约收购的前提，禁止公布收购要约，即禁止了要约收购。可见，继续收购必须履行必要的法定审核。（2）法定批准。《证券法》第 101 条规定，收购上市公司中由国家授权投资的机构持有的股份，应当按照国务院的规定，经有关主管部门批准。

① 该条款区别对待发起人和非发起人，有悖于股份平等的思想，缺乏合理性。

② 根据该条款字面含义，已持有上市公司 30%股份的收购人，必须以收购要约形式收购其余股份。收购人是否愿意持有更多股份，以及其他投资者是否愿意向收购人出售所持股份，该条款都没有考虑。

二、要约收购

如前所述，公司收购实质上是特殊的股票交易，各种股票交易形式都可以被移植适用于上市公司收购。持有公司股份30%以上的收购人，如果继续收购上市公司股票，同样可以采取多种收购方式。在理论上，要约收购、集中竞价交易、协议转让、大宗交易、行政划拨、司法裁判、赠与和继承等转让形式，都可运用于继续收购。在实证法上，我国现行《证券法》采取了以要约收购为主，以其他收购方式为辅的继续收购模式。除了要约收购以外，其他收购方式几乎涵盖了股票的各种转让形式。要约收购，即为最重要的收购方式之一。

（一）收购要约的概念

收购要约是收购人向上市公司全体股东发出的、向其购买所持上市公司股票的单方意思表示。在美国法中，收购要约称为“tender offer”；在英国和加拿大等国家和地区，则称为“takeover bid”。

1. 收购要约是收购人的行为。凡拟持有上市公司发行在外股票30%以上的收购人，无论是否已直接或者间接持有该上市公司股票，都必须由收购人发出收购要约。如某投资者已持有不超过上市公司股份总额5%的股份，或者未曾持有该上市公司的股票，决定一次性收购超过上市公司股本总额30%以上的股份，此时，投资者或者收购人也应采取要约收购形式进行公司收购。

2. 收购要约是收购人的单方意思表示。依照《证券法》规定，收购人继续收购的，必须以法定形式向公司所有股东发出收购要约。在民商法上，意思表示是要约人希望与相对人建立某种民事权利义务关系的意思的外部表示，意思表示一经作出，即对收购人产生约束力。收购要约生效后，收购人必须按照收购要约确定的条件履行收购义务。

3. 收购要约是要式行为。收购要约应当采取书面形式，记载与收购直接关联的各种条件，如收购人名称、住所，被收购上市公司名称，预定收购的股份数量，收购期限和价格等。收购人发出收购要约前，应当采取上市公司要约收购报告书的形式，事先向证监会和证券交易所发出报告，否则，不得发出收购要约。

4. 收购要约的相对人为上市公司全体股东。收购要约应当向上市公司全体股东发出，不得仅向部分股东发出。

5. 收购人支付的代价，可以是现金以及现金以外的其他对价。

（二）收购要约的分类

1. 全面要约和部分要约

根据《上市公司收购管理办法》，投资者自愿选择以要约方式收购上市公司股份的，可以向被收购公司所有股东发出收购其持有的全部股份的要约，也可以向被收购公司所有股东发出收购其所持有的部分股份的要约。前者称为全面要约，后者称为部分要约。部分要约预定收购的股份比例，不得低于该上市公司已发行股份的5%。

2. 初始要约和竞争要约

初始要约，是由最初提出要约收购的收购人提出的收购要约。竞争要约，是指在初始要约发出后，其他投资者向同一上市公司投资者发出的、购买公司所有股东全部或者部分股份的新的要约。如在公司外部投资者向公司所有股东发出收购要约（初始要约）后，公司控制股东为了保持对上市公司的控制权，向公司所有股东发出具有竞争性的新的收购要约。

竞争要约与初始要约是存在竞争关系的，允许提出竞争要约，有助于合理反映证券市场的竞争关系，有利于反映初始要约对投资者的利弊。为了维护合理的竞争秩序，维护投资者的利益，《上市公司收购管理办法》特别规定，在出现竞争要约时，将引起以下特别效果：

第一，有限度地允许变更法定的要约收购期限。如前所述，收购要约约定的收购期限不得少于 30 日，并不得超过 60 日。但是，在出现竞争要约时，约定的收购期限不受上述期限的限制。

第二，有限度地允许初始收购人变更初始收购要约的内容。在未出现竞争要约时，收购要约期限届满前 15 日内，收购人不得变更收购要约的内容。但是，在出现竞争要约时，收购人不受上述禁止变更收购要约期限的限制。初始要约收购人享有不少于 15 日的宽限期。

第三，竞争要约的收购人有义务在法定期限内提出提示性公告。发出竞争要约的收购人最迟不得晚于初始要约收购期限届满前 15 日发出要约收购的提示性公告，并依法履行报告和公告义务。

第四，接受初始要约的预受股东有权撤回部分或者全部预售，并将撤回的股份售给竞争要约人。

(三) 收购要约的强制规则

收购要约是特殊民事要约，应当遵守以下强制性规则：

1. 关于收购要约的生效时间。收购人应在向证监会报送公司收购报告书及相关文件之日起 15 日后公布收购要约，具体时间由收购人自行决定。

2. 关于收购要约的有效期限。收购要约约定的收购期限不得少于 30 日，并不得超过 60 日。但是，出现竞争要约的除外。在收购要约约定的承诺期限内，收购人不得撤销其收购要约。

3. 关于收购要约的内容变更。在收购要约有效期限内，收购人变更收购要约事项的，必须事先向证监会及证券交易所提出报告，经批准后，予以公告。在发出收购要约和变更收购要约两种情况下，证监会和证券交易所的审核权限不尽相同。在前种情况下，证监会和证券交易所的地位类似于备案机构，即收购人仅需将收购报告书报送证监会和证券交易所备案，证监会和证券交易所无须审查收购报告书所列实质条件，而主要负责对收购报告书进行形式审查。在变更收购要约中，《证券法》规定采取“批准”程序，据此，证监会及证券交易所享有实质性的审查权。

4. 关于违反收购要约的禁止义务。要约收购属于借助公开要约和公开市场进行的上市公司收购，必须体现公开、公平和公正原则。所有其他股东均有权以收购要约规定的条件，向收购人出售所持股票，收购人必须根据公布的收购条件收购该股票。依照《证券法》规定，收购人不得采取收购要约以外的形式，收购其他股东所持有的股票，也不得超出要约的条件买卖被收购公司的股票。在收购要约期限届满后，不受此等限制。

5. 关于收购要约的收购条件。根据《证券法》规定，收购要约中提出的各项收购条件，适用于被收购上市公司的所有股东。按照此条款的字面解释，收购人在收购股票时，应当按照统一的收购价格、期限、支付形式等条件执行。

（四）收购要约的发出程序

在法律上，收购人发出收购要约，必须符合法定程序；在商业上，收购人还要履行其他合理的程序。从正常商业操作角度来看，收购人发出收购要约的主要程序是：

1. 决定收购。收购人应当首先作出公司收购决定，并确定与收购有关的主要事项，如被收购上市公司的名称、收购目的、收购股份的详细名称、预定收购的股份数额、收购期限、收购价格、收购资金及保证等。

2. 制备并报送收购报告书。收购人应在发出收购要约前，向证监会和证券交易所报送上市公司收购报告书。收购报告书应当按照《证券法》第89条的规定，进行明确的记载和说明。

3. 公布收购要约。《证券法》规定，收购人在向证监会和证券交易所报送收购报告书之日起15日后，公告其收购要约。收购要约发出后，原则上不得变更。

（五）要约收购的豁免[①]

上市公司收购是收购人取得上市公司股份、控制被收购公司的手段，然而，要约收购也可能加重收购人的收购成本。为了平衡各方利益关系，《证券法》和《上市公司收购管理办法》规定了要约收购的豁免规则。即在符合法定条件时，收购人和一致行动人可向证监会申请下列豁免：

1. 免于以要约收购方式增持股份；

2. 存在主体资格、股份种类限制或者法律、行政法规、证监会规定的特殊情形的，可申请免于向被收购公司的所有股东发出收购要约。

三、协议收购

除了发出收购要约之外，收购人还可与公司股东签署股份转让协议，购买取得其他投资者持有的上市公司股份。在我国实行股权分置改革以前，协议收购的股票主要限于非流通股；在股权分置改革完成后，基本废止了流通股和非流通股股票的分类，协议收购的对象可以是上市公司的各种股票。

（一）协议收购的特殊规则

1. 协议收购的成立

协议收购，是收购人与公司股东达成的、旨在受让其他股东股份的书面协议。《证券法》第94条明确规定，“采取协议收购方式的，收购人可以依照法律、行政法规的规定同被收购公司的股东以协议方式进行股份转让”。收购协议以当事人达成股份收购合意作为成立标志，应当采取书面形式，并由各方商定交易条件。

2. 协议收购的报告和公告

《证券法》规定，以协议方式收购上市公司时，达成协议后，收购人须在3日内将该收购协议向国务院证券监管机构及证券交易所作出书面报告，并予以公告。在作出公告前，不得履行收购协议。

3. 发出收购要约

协议收购的股份数量超过公司股本总额30%以上的，除非获得证监会的豁免，否则，

① 参见《上市公司收购管理办法》第六章。

收购人应当向公司全体股东发出收购要约。必须注意到，发出收购要约，是收购协议成立和履行之间的中间程序。即发出收购要约应在收购协议签订后、收购协议履行前实施。在收购协议签订前，收购人无从确定是否能够持有超过公司股本总额30%以上的股份，无从确定是否触发了收购要约的条件；在收购协议履行后，收购人已取得了协议约定的股份，进而发出收购要约已近乎失去意义。

4. 收购要约的豁免

《上市公司收购管理办法》第47条第3款规定，收购人拟通过协议方式收购一个上市公司的股份超过30%的，超过30%的部分，应当改以要约方式进行。但符合该管理办法第六章规定情形的，收购人可以向证监会申请免除发出要约。未取得证监会豁免且拟继续履行其收购协议的，或者不申请豁免的，在履行其收购协议前，应当发出全面要约。

5. 收购协议的履行

只有在依法办理公告手续后，收购协议各方才能履行收购协议。收购协议的签订与履行间隔的时间较长，为了尽力避免收购失败，减轻收购协议无法履行引起的消极结果，《证券法》第95条特别规定，“采取协议收购方式的，协议双方可以临时委托证券登记结算机构保管协议转让的股票，并将资金存放于指定的银行”。

证券登记结算机构作为负责办理股票过户登记的专门机构，对各上市公司的股东及股权变动情况甚为清楚，由该机构接受股票的临时保管，将有助于消除风险。银行作为经营货币业务的专门机构，有较好的信誉与财力，代为存放资金，也利于实现交易安全。但办理股票临时保管和资金存放，并非证券登记结算机构和银行的法定职责，必须根据收购协议双方协商一致，它们才担负上述责任。

（二）要约收购与协议收购的比较

我国自20世纪90年代开始进行企业公司制改造，逐步建立了证券市场。在早期，绝大多数上市公司即采用了股权分置结构。上市公司发行在外的股份包括流通股和非流通股，两种股票的流通性不同，股票交易价格相差很大。通常情况下，流通股股票的价格是由市场供求决定的，非流通股股票的价格则主要取决于每股净资产值，流通股股票价格可能高于非流通股股票价格数倍，甚至十几倍。但流通股和非流通股的每股表决权一样，每股股份对公司事务的参与力完全一样。在此情形下，收购人收购公司时，往往选择收购成本较低的协议收购方式，而不愿采取要约收购方式。事实上，上市公司的非流通股往往占据控制股份的地位，即使收购人以要约收购方式收购流通股股票，也很难取代非流通股股东而成为公司的实际控制人。在这种特殊的股权分置结构下，要约收购以外的继续收购形式，逐渐成为最普遍的收购形式。

我国2005年开始实施上市公司股权分置改革，旨在赋予上市公司全部股份以同等的流通性，实现上市公司股票价格同一化。根据《上市公司股权分置改革管理办法》第27条，改革后公司原非流通股股份的出售，应当遵守下列规定：（1）自改革方案实施之日起，在12个月内不得上市交易或者转让；（2）持有上市公司股份总数5%以上的原非流通股股东，在前项规定期满后，通过证券交易所挂牌交易出售原非流通股股份，出售数量占该公司股份总数的比例在12个月内不得超过5%，在24个月内不得超过10%。

在消除了股权分置结构以后，要约收购的地位有所提升，但是，没有改变要约收购和协议收购并存的局面，也没有影响到两者之间的制度差异，继续收购依然可能分别采取要约收购和协议收购方式。然而，两种继续收购方式存在以下主要差异：

1. 收购采取的法律形式不同

收购人向公司股东发出收购要约，是要约收购的基本形式。收购要约是收购人向上市公司全体股东发出的、向其购买所持上市公司股票的单方意思表示。收购人发出收购要约的内容必须具体、明确，但收购人应当对全部收购或者部分收购提出清晰表述。公司股东有权根据收购要约的内容，依照自己的意志作出接受或者拒绝收购要约的意思表示。公司股东将所持股份过户到收购人名下，视为承诺。唯经公司股东以行为方式表示承诺，收购才告完成。因此，从发出收购要约到最终完成收购，要经过较长时间，其基本法律形式是承诺。

收购人采取协议形式继续收购的，要由收购人与转让股份的公司股东协商后，书面签订股份转让协议。在商定股份转让协议时，究竟是收购人还是转让公司股份的股东为要约人，已没有实际意义。继续收购是否成立，主要取决于双方是否达成股份转让协议。即使收购人与公司股东签署的股份转让协议未获得主管部门批准，也不影响股份转让合同的成立，而只会对股份转让协议的履行产生重大影响。证券监管部门未予核准或者政府主管部门未予批准，只是股份转让合同履行不能的原因。因此，合同是协议收购的基本法律形式。

2. 收购各方的法律关系不同

要约收购体现出“一对多”的交易结构，即收购人是公司股票的唯一买方，拟转让所持公司股份的其他股东是股票的卖方。在公司收购中，收购要约提出的各项收购条件，适用于被收购公司的全体股东。在要约收购进行中或完成后，收购人不得向公司部分股东提出差异性收购条件，也不允许收购人向公司部分股东作出补偿。如果收购人在收购要约确定的承诺期限内需要变更收购要约的，必须履行报告、批准和公告程序。

协议收购采用“一对一”的交易结构。收购人是唯一买方，拟转让所持公司股份的股东是唯一卖方。在采取协议收购的场合下，协议双方可以自愿协商协议条款；即使收购人同时向数个股东收购公司股票，各项收购协议的交易条件也可能存在很大差别。

3. 实施收购的定价机制不同

在要约收购场合下，收购人可以根据自己意志单方面确定收购条件。在价格条件方面，收购人所定收购价格可能高于股票市场价格，也可能低于股票市场价格；在价格支付形式方面，收购人可以采取现金支付对价，也可以采取其他形式支付对价。我国《证券法》对收购要约约定的收购期限等事项有强制性规定，凡法律未予禁止者，收购人均有权按照自己的意志拟定收购条件。在此意义上，收购人以收购要约形式收购公司股东所持股票，其定价机制属于报价机制，而不是协议定价或者竞争报价。

协商定价是协议收购的基本定价机制。即收购人可以与转让股份的公司股东自愿协商达成各项协议条款。在价格条款方面，只要协商确定的价格没有违反法律和行政法规的规定，就对收购双方具有约束力。在支付对价方面，收购人和交易对手也有更多的协商空间。因此，如果一个收购人同时与数个拟转让公司股份的股东协商转让事项，就可能达成数个内容有别的股份转让协议。

4. 收购形式的法律适用不同

在我国，继续收购以采取要约收购为原则，以协议收购为例外。《证券法》第88条第1款规定，收购人继续收购的，应当依法向该上市公司所有股东发出收购上市公司全部或者部分股份的要约。

该条款所称“依法”，包含诸多复杂含义：一方面，收购人发出收购要约，必须履行法律规定的程序。根据《证券法》的规定，发出收购要约必须履行相关的报告、审核和公告义务。否则，收购人不得采取收购要约形式进行继续收购。另一方面，“依法”包括依法豁免发出收购要约。根据《证券法》第96条的规定，收购人采取协议收购方式继续收购的，应当向该上市公司所有股东发出收购上市公司全部或者部分股份的要约。但是，经国务院证券监督管理机构免除发出要约的除外。《上市公司收购管理办法》第六章详细规定了各种豁免情形。

四、间接收购

我国《上市公司收购管理办法》首次规定了间接收购。间接收购，是指通过“投资关系、协议、其他安排”导致收购人拥有权益的股份超过一个上市公司已发行股份的30%的收购行为。我国香港地区《收购守则》规定，一致行为人是指依照某种协议或合同，通过取得在公司内的投票权，协同合作以取得或者巩固对公司控制权的人。在我国，间接收购的具体形式复杂多样，《上市公司收购管理办法》规定间接收购，旨在将各种实质意义上的公司收购纳入上市公司收购的监管体系，避免投资者借助非典型形式，规避上市公司收购规则的约束。

1. 基于投资关系形成的间接收购。如上市公司向某投资者或其关联人定向发行超过公司股本总额30%以上的股份。在实践中，参加定向发行的投资者多为上市公司的股东、债权人或者战略投资者。如果多个行为人之间存在股权控制和被控制关系，也可认定为一致行动人。在处理“宝安—延中”收购案时，证监会明确指出，宝安公司以其投资设立的公司进行收购，属于通过其关联企业进行的收购。收购人与其关联企业共同收购上市公司股份的，应合并计算持股数量。

2. 基于协议关系形成的间接收购。如多个投资者，无论其是否存在隶属关系，按照彼此达成的口头或者书面协议，共同收购一家上市公司股本总额超过30%以上的股份。彼此达成协议的投资者或者收购人，可视为一致行动人，即共同扩大其所能够支配的一个上市公司股份表决权数量的人。①

3. 基于其他安排形成的间接收购。如通过股份的行政划拨，可形成间接收购；分别持有上市公司股份的投资者合并，可形成间接收购；投资者将所持股份委托他人持有，亦可能构成间接收购。再如，多个行为人存在其他关联关系，亦可认定为一致行动人。我国《公司法》第217条第4项规定，关联关系是指公司控股股东、实际控制人、董事、监事、高级管理人员与其直接或者间接控制的企业之间的关系，以及可能导致公司利益转移的其他关系。但是，国家控股的企业之间不能仅因为同受国家控股而具有关联关系。

必须指出，要约收购、协议收购和间接收购等，是对继续收购的静态分类。在实践中，收购人可能同时采用多种手段实现收购目的。因此，在适用相关规则时，需要甄别个案具体情况。

① 以口头或者书面形式达成协议者，可能构成一致行动人；然而，一致行动人还包括非依协议结成的一致行动人。参见《上市公司收购管理办法》第83条第1款。

五、继续收购的法律后果

通过继续收购，上市公司的股本结构和控制权结构都可能发生变化，从而引起多种法律后果：

(一) 维持上市资格

收购人实施收购的目的，通常是取得或加强对公司的控制权，而不在于取消公司的上市资格。然而，在发出全面要约的场合下，如果公司所有股东或者绝大多数股东愿意将所持有的股份售予收购人，就将影响上市公司的上市资格。为了维持公司的上市资格，收购人应该细致考虑选择何种要约收购形式。

(二) 终止上市交易

收购的期限届满，被收购公司的股权分布不符合上市条件的，该上市公司的股票应当在证券交易所终止上市交易。

(三) 强制受让

被收购公司因继续收购而失去上市资格的，持有被收购公司股份的其他股东，有权按照收购要约约定的同等条件，向收购人出售股票，收购人必须收购，从而产生强制受让的效果：

1. 强制受让是收购人的特别义务。符合强制受让条件的，收购人必须按照其他股东出售股票的意愿，接受其他股东售出的股份，但是，其他股东有权决定不将所持股份售予收购人。

2. 强制受让是收购要约期限届满后的特殊义务。即，唯在收购要约期限届满后并出现法定情形的，收购人才应当承担强制受让的义务。

3. 强制受让应当遵守收购要约约定的相同条件。即使收购要约期限届满，收购要约已失效，为了保护持有少数股份的股东利益，收购人也应当依照与收购要约相同的条件，买进其他股东售出的股份。

(四) 变更企业形式

公司被收购后失去上市资格的，应当取消公司的上市资格，但不影响公司的股份有限公司资格以及法人资格。我国现行《公司法》规定，股份有限公司之发起人不得少于2人。如果收购人收购并取得公司全部股份的，被收购公司应当依法变更公司的组织形式。

(五) 收购后注销公司的规则

《证券法》第99条规定，“收购行为完成后，收购人与被收购公司合并，并将该公司解散的，被解散公司的原有股票由收购人依法更换”。公司合并须履行公司法规定的程序。

(六) 收购失败

在继续收购中，收购人有权事先约定继续收购的股份数量和收购价格，公司股东也有权决定是否将所持有的股份售予收购人。如果公司股东不愿出售所持股份，并导致收购人实际买入的股份数低于收购要约约定的股份数，或者低于法律规定的、收购要约有效的最低股份比例，可称为收购失败。我国现行法律未规定公司收购失败，公司收购失败仅为学术概念，不具有实证法意义。

第三节　上市公司收购：继续收购的监管

公司收购是特殊的股票交易，可能引起公司控制权的移转，必将影响到公司、董事、监事和高级管理人员的地位和利益，还将影响到其他股东和投资者的利益。为了平衡各方当事人在公司收购中的权利义务，我国《证券法》和《上市公司收购管理办法》特别规定了上市公司收购的监管制度。

一、收购人的资格限制

我国《证券法》没有明确提及上市公司收购人的资格。根据《上市公司收购管理办法》规定，收购人必须符合一定的条件。

该管理办法第 6 条规定，任何人不得利用上市公司收购损害被收购公司及其股东的合法权益；有下列情形之一的，不得收购上市公司：(1) 收购人负有数额较大债务，到期未清偿，且处于持续状态；(2) 收购人最近 3 年有重大违法行为或者涉嫌有重大违法行为；(3) 收购人最近 3 年有严重的证券市场失信行为；(4) 收购人为自然人的，存在《公司法》第 147 规定的情形；(5) 法律、行政法规规定以及证监会认定不得收购上市公司的其他情形。

基于上述事由，能否剥夺收购人的收购资格，值得仔细斟酌。一方面，上市公司收购系民事活动，《上市公司收购管理办法》系部门规章，其不应对民事权利能力或行为能力加以限制。另一方面，《上市公司收购管理办法》第 6 条规定的诸多情形，具有很大的弹性和不确定性，例如，何者构成"严重的市场失信行为"，何为"涉嫌有重大违法行为"，在实践中很难把握，难免引起证监会自由裁量权过大的争议。笔者认为，该管理办法第 6 条规定的情形，的确容易给上市公司股东带来潜在威胁，不宜据此排除收购人的收购资格。如果确实存在对公司及股东利益的潜在威胁的，应当由证监会以信息披露方式予以提示。

二、收购人的特别义务

收购人具有特殊的优越地位。一方面，收购人直接或间接持有较高比例的公司股份，可以影响公司股票价格涨跌，可以影响公司内部事务安排，实践中，众多公司董事会成员的更迭以及股票价格异常波动，即源于公司收购。另一方面，收购人的意图具有隐蔽性，收购人很少公开谈及收购意图以及后续计划，加剧了证券市场上的信息不对称。在实践中，有的收购人有意避免过早披露真实身份，更愿意通过一致行动人先行进行收购。相对而言，上市公司、公司管理层以及公司股东处于被动地位，却必须承受上市公司收购带来的风险。为了平等保护投资者的合法权益，维持证券市场稳定和健康发展，各国法律都会要求收购人承担特别义务。我国《证券法》和《上市公司收购管理办法》规定的收购人特别义务主要如下：

(一) 信息披露义务

上市公司收购将对公司股票价格产生重大影响，《证券法》第 67 条第 3 项将上市公司收购列为上市公司应当披露的重大事件。根据《证券法》第 86、87、89、90、91、94 条的规定，收购人应当承担上市公司收购的信息披露义务。《上市公司收购管理办法》第 3 条第

2款规定，上市公司收购的信息披露义务人，应当充分披露其在上市公司中的权益及变动情况，依法严格履行报告、公告和其他法定义务。在相关信息披露前，负有保密义务。信息披露义务人报告、公告的信息必须真实、准确、完整，不得有虚假记载、误导性陈述或者重大遗漏。如果收购人采取收购要约进行收购，应当说明有无使被收购公司终止上市的意图以及终止上市的风险。

（二）聘请财务顾问的义务

上市公司的收购人必须聘请财务顾问，并就本次收购出具财务报告，说明和分析本次收购的目的。①

（三）禁止损害义务

禁止损害，即收购人不得损害被收购公司及其股东的合法权益。《上市公司收购管理办法》第6条第1款规定，任何人不得利用上市公司收购损害被收购公司及其股东的合法权益。

笔者认为，不得损害他人合法权益，是各种民事活动必须遵守的基本原则，自可适用于规范上市公司收购行为。在实践中，利用上市公司收购损害被收购公司及其股东利益的案件频频发生。如收购人没有收购能力或无持续经营目的的收购人，可能利用公司收购之名义影响或者操纵股票价格，有的收购人只考虑自身利益，却忽视了公司以及其他股东的利益。鉴于实际情况复杂多样，很难作出全面概括和规范，为了应对各种复杂情况，重申收购人不得损害上市公司及其股东利益，具有现实意义。

（四）平等对待义务

平等对待，即要求要约收购人应当平等地对待公司全体股东。要约收购是持有30%以上公司股份并继续收购公司股份的投资者应当依法采取的收购方式。根据《证券法》和《上市公司收购管理办法》的规定，收购要约提出的各项收购条件，适用于被收购公司的所有股东。主要体现为：

1. 要约收购人必须向全体股东公开发出收购要约。收购人不得另外采取协议转让、大宗交易和集中竞价交易等方式收购上市公司股票。符合豁免发出要约收购条件的，收购人应当向证监会提出申请；证监会审核核准后，才能豁免发出收购要约。

2. 要约收购人必须向所有预受股东支付相同的对价。收购人不得对不同股东分别适用不同的收购价格或者采取不同的对价支付形式。

3. 收购公司部分股份的要约收购人，应当按照预受股票和预定收购的股票比例来确定向每个股东收购的股票数量。

（五）对价支付义务

为了正常发挥证券市场的配置资源功能，减少虚假收购活动，维护证券市场秩序，稳定投资者信心，《证券法》和《上市公司收购管理办法》特别规定了要约收购人的支付对价的义务。

1. 以协议收购方式进行公司收购的，当事人应委托证券登记结算机构临时保管拟转让的股票，并将用于支付的现金存放于证券登记结算机构指定的商业银行。

2. 收购人聘请的财务顾问，应当说明收购人具备要约收购的能力。

① 参见《上市公司收购管理办法》第一章第9条以及第六章。

3. 以要约收购形式收购上市公司的，收购人以现金进行支付的，应当将不少于收购总金额20%的履约保证金存放在证券登记结算机构指定的银行账户，并办理冻结手续。

4. 收购人在收购完成后的12个月内，不得转让所收购公司的股票。

三、目标公司的特别保护义务

在实务中，被收购的上市公司又被称为“目标公司”。目标公司汇集了众多股东的出资，并按照“企业所有与企业经营相分离”的原则，交给公司董事进行经营管理。公司或者董事作为该项资产的受托人，必须尽力维护公司股东的合法权益。在发生上市公司收购事件时，目标公司及董事会必须对公司股东承担特别保护义务。

（一）目标公司的信息披露义务

根据《证券法》的规定，上市公司收购是可能对公司股票价格产生较大影响的事件，上市公司应当立即将有关该重大事件的情况向国务院证券监督管理机构和证券交易所报送临时报告并予公告，说明事件的起因、目前的状况和可能产生的法律后果。

（二）目标公司董事会发表意见的义务

目标公司最了解公司情况，也最适于保护股东利益，因此，目标公司应向公司股东提供关于上市公司收购的分析意见，公司股东按照风险自负原则进行投资判断并自行承受风险。根据《上市公司收购管理办法》规定，目标公司董事会的义务主要表现为：

1. 目标公司收到收购人发出的协议收购通知后，应当及时就收购可能对公司产生的影响发表意见，独立董事在参与形成董事会意见时还应当单独发表意见。董事会认为必要时，可以聘请独立财务顾问等专业机构提供咨询意见。

2. 目标公司收到收购人发出的收购要约通知后，上市公司董事会应当对收购人的主体资格、资信情况以及收购意图进行调查，对要约条件进行分析，对股东是否接受要约提出建议并聘请财务顾问提出专业意见。

3. 在管理层、员工收购公司时，目标公司独立董事应当以公司名义，聘请独立财务顾问等专业机构，分析被收购公司的财务状况，就收购要约条件是否公平合理、收购可能对公司产生的影响等事宜提出专业意见；独立董事的意见和专业分析意见等必须公告。

（三）董事会反收购措施不得损害公司及股东利益

为了对抗收购人进行的上市公司收购，国外发展了多种反收购措施。在我国上市公司收购案例中，已出现了公司采取反收购手段的事例。为了预防反收购手段运用不当，《上市公司收购管理办法》规定，董事会针对收购所作出的决策及采取的措施，应当有利于维护公司及其股东的利益，不得滥用职权对收购设置不适当的障碍，不得利用公司资源向收购人提供任何形式的财务资助，不得损害公司及其股东的合法权益。

在收购人作出提示性公告后，目标公司除继续从事正常的经营活动或者执行股东大会的决议外，未经股东大会批准，不得通过处置公司资产、对外投资、调整公司主要业务、担保、贷款等方式，对公司资产、负债、权益或者经营成果造成重大影响。

（四）董事会的勤勉尽责义务

如果目标公司在收购期间有应当更换董事或者董事辞职情形的，根据《上市公司收购管理办法》的规定，在要约收购期间，被收购公司董事不得辞职。

第四节 上市公司收购：继续买卖

一、继续买卖的特点

已持有公司发行在外5%以上股份的投资者，继续从事公司股票买卖的，即为一般收购或者大量持有证券。《证券法》第86条规定，通过证券交易所的证券交易，投资者持有或者通过协议、其他安排与他人共同持有一个上市公司已发行的股份达到5%时，应当在该事实发生之日起3日内，向国务院证券监督管理机构、证券交易所作出书面报告，通知该上市公司，并予以公告；在上述期限内，不得再行买卖该上市公司的股票。

通常情况下，投资者单独或者合并持有相当于公司股本总额5%的股份，尚难形成对上市公司的实际控制。尤其是，我国上市公司的股权分散程度较低，持有相当于公司股本总额5%的股份，难以实现对上市公司的控制。在此意义上，继续买卖更接近于普通的证券交易。我国《证券法》第四章“上市公司的收购”明确规定了继续买卖制度，国内学者倾向于将其称为“一般收购”，也可称为“大量持有证券”。

我国《证券法》第86～88条规定了继续买卖的基本规则，《上市公司收购管理办法》还规定了继续买卖的具体规则。根据上述规定，继续买卖制度旨在揭示、约束投资者持有上市公司较高比例的股份，此与前述“继续收购”明显不同。

1. 继续买卖的行为人，被称为“投资者”而非“收购人”，是指持有上市公司发行在外股份5%以上的投资者。无论上市公司股份集中程度如何，只要投资者单独或者合并持有上市公司发行在外股份的5%以上，均受到一般收购规则的约束。

2. 继续买卖规则的触发点，是投资者持有上市公司发行在外股份的5%～30%之间。如果投资者持有的股票数量低于上市公司股份总额的5%，应当视为一般的证券交易活动，不受继续买卖规则的约束。如果投资者持有上市公司30%以上的股份并继续购买股票的，应当受到继续收购规则的约束。唯在投资者持有公司5%～30%的股份时，才适用继续买卖的规则。

3. 继续买卖包含继续买入和继续卖出，具有双向交易的特点。[①] 投资者继续买入的，将增加持有上市公司的股份；投资者继续卖出的，将减少对上市公司股份的持有。如果投资者已单独或者合并持有上市公司5%以上的股份，无论再行买入或者卖出该种股票，均应受到继续买卖规则的约束。继续买卖具有双向交易的特点，从而有别于单向增加持有公司股份的继续收购。

4. 继续买卖规则的核心，是要求投资者接受“权益公开规则”和“慢走规则”的约束，投资者无须执行“继续收购”的法定程序。

笔者认为，继续买卖是受特别规则约束的股票交易行为，与旨在取得或者强化对上市公司的控制权没有直接关系。投资者持有公司股本总额5%以上的股份，并再度买入或者卖出股份，必将对股票价格产生较大影响，有必要施加特别约束，但不能简单适用继续收购规则。《证券法》第四章同时规定“继续收购”和“继续买卖”，更多的是出于立法技术

---

① 此处之“继续买卖”，不限于典型意义的买卖，还包括集中竞价交易、协议转让、大宗交易、行政划拨、司法裁判转让和继承等。

上的考虑。

二、权益公开规则

(一) 权益公开的适用

投资者直接或者间接持有上市公司发行的股票达到某一法定比例，或者在持股达到该法定比例后又发生一定比例的增减变化时，必须依照法定程序公开其持股权益。权益公开规则适用于两种场合：

第一，通过证券交易所持有某上市公司发行在外股票的5%时，应当依照权益公开制度进行披露。此种义务可以称为“持股信息公开义务”。《股票条例》曾经规定，境内自然人持股数量不得超过上市公司发行在外股票的5‰；否则，由上市公司在征得证监会同意后，依原买进价格或市场价格中较低的一种价格买回。持有上市公司发行在外股份的5‰，更与对上市公司的控制权或者管理权无关，无法构成对上市公司的收购。《证券法》按照股东平等原则，取消了针对法人和自然人的分类规定。《股票条例》与《证券法》抵触的，按照《证券法》规定执行。

第二，通过证券交易所持有某上市公司发行在外股票的5%后，其持股数量每增加或者减少5%时，应当依照权益公开制度进行披露。此种义务可以称为“持股变动公开义务”。《股票条例》第47条规定，“其持有该种股票的增减变化每达到该种股票发行在外总额的百分之二时”，应履行信息披露义务及报告义务。以2%作为触发点的原有立法，与我国证券市场初建时期的特殊性有关。在我国现有条件下，应当对继续买卖采取相对宽松的态度，《证券法》已将原定2%的增减比例调整至5%。

(二) 权益公开的内容和形式

权益公开是公开原则的体现，是促进和稳定证券市场的重要手段，也是规范上市公司收购的重要机制。根据《证券法》规定，在继续买卖中，投资者履行法定报告、通知和公告义务，是实现权益公开的手段。

1. 持股信息公开义务。投资者所持股票达到公司股本总额的5%时，应当自该事实发生之日起3日内，(1) 向证券监督管理机构和证券交易所作出书面报告；(2) 向上市公司发出通知；(3) 在证监会指定报刊上刊登公告。

2. 持股变动公开义务。投资者在所持股票达到公司股本总额的5%以后，每增加或者减少5%时，应当依照持股信息公开义务，承担报告、通知和公告义务。

3. 权益公开形式。根据《证券法》第87条的规定，权益公开应当采取书面报告和公告形式。报告和公告事项包括：(1) 持股人的姓名或名称、住所；(2) 持有股票的名称、数量；(3) 持股达到法定比例或者持股增减变化达到法定比例的日期。

投资者依法承担的报告、通知和公告义务，属于程序义务。《证券法》没有授权监管机构对公告内容进行审查，监管机关无权禁止、限制投资者继续买卖。

三、慢走规则

所谓“慢走规则”，是指投资者在其所持股票超过公司股本总额的5%以后，于法定期限内不得再行买卖该种股票。据《证券法》第86条规定，慢走规则适用于两种场合：

第一，投资者通过证券交易所持有一家上市公司已发行股份的5%时，应当在该事实发生之日起3日内作出报告、通知和公告，在该期限内不得再行买卖该种股票。该期限属于禁止买卖股票的法定期限，在该法定期限结束后，投资者有权继续买卖该种股票。如某投资者截至1998年12月7日，通过证券交易所持有某上市公司已发行股份的5%，则该投资者应于同月10日前进行报告、通知和公告，且于该日期前不得再买进或者卖出该公司股票。但自同月11日开始，该投资者即可继续买卖该种股票。

第二，投资者持有一家上市公司已发行股份的5%后，其通过证券交易所对该种股票进行买卖每增加或者减少5%时，除应在该事实发生之日起3日内作出报告、通知和公告外，在此后2日内，不得买卖该种股票。如某公司发起人已持有该上市公司15%的已发行股份，其于1998年12月7日，通过证券交易所增持上市公司5%的股票，则该发起人应当于同月10日前进行报告、通知和公告；若该发起人于9日作出报告、通知和公告，则可自12日开始买进或者卖出所持股票。

《证券法》设置"慢走规则"，其核心是控制投资者大量买卖公司股票的节奏，或者使投资者大量买卖股票行为出现停顿。拥有上市公司5%股份的投资者不一定是上市公司的控股股东，但仍然属于大股东。根据《证券法》第67条第2款第8项的规定，持有公司5%以上股份的股东或者实际控制人，其持有股份情况发生较大变化的，视为重大事件；《证券法》第74条还将持有上市公司5%已发行股份的股东称为"知情人"。据此，规定持有公司5%以上股份的股东遵守慢走规则，是为了与证券法的其他规定相衔接。尤其是，主要股东增减持股数量将对该股票价格产生较大影响，适当控制其买卖节奏，或使其股票买卖活动暂时停止，有助于防止主要股东滥用优势，操纵证券市场，实现对投资者的保护。

【问题与思考】

1. 试比较公司收购与企业兼并。
2. 试述权益公开规则和慢走规则的主要内容。
3. 试述我国的继续收购制度。
4. 试比较要约收购和协议收购的异同。
5. 试比较继续买卖和继续收购的异同。
6. 高建华、高建民利用所控制的北京华业诚通科技有限公司、上海笼业投资咨询有限公司北京分公司、深圳沃乐得投资有限公司，自1999年1月1日至2002年6月30日，在航空信托北京双榆树营业部等12家证券营业部，使用252个账户买卖"ST宏峰"股票。2000年7月28日持股量达到了最高，共持有3 825.03万股，占流通股的29.50%，占总股本的10.22%。在该期间内，"ST宏峰"股票价格出现异常波动。上述3家公司未就上述事实向中国证券监督管理委员会、深圳证券交易所作出报告，也未通知上市公司并予以公告。请问：

（1）结合《证券法》相关条款，高建华和高建民购买"ST宏峰"股票，属于何种性质的行为，如何确定他们的责任？

（2）该3家相关公司应当承担什么法律责任？

第十三章
证券交易所与证券业协会

本章概要

证券交易所是依法设立、提供证券集中交易的合法场所，也是证券交易市场的典型形式。证券交易所具有价格发现功能，对场外交易价格也具有很大影响力，往往能够反映出一国证券市场发展的基本状况。证券交易所可分为会员制证券交易所和公司制证券交易所。会员制证券交易所属于非营利性组织，公司制证券交易所则在于追求证券交易所及其成员的利润。无论是会员制还是公司制证券交易所，均属于自律性监管组织。我国上海和深圳证券交易所都是按照会员制形式组织起来的证券交易所，分别制定有各自的交易规则。证券交易所不仅要接受来自证券监管机构的监管，还承担着监管上市公司、证券公司及证券交易的重要职责。

关键术语

证券交易所　会员制证券交易所　公司制证券交易所　实时监控　技术性停牌　临时停市　暂停上市　恢复上市　终止上市

第一节　自律监管概述

一、自律监管的性质

自律监管是与政府监管对应的监管形式，承担自律监管职责的社会组织即为自律监管组织，主要包括证券交易所和证券业协会。证券交易所是指依照《证券交易所管理办法》规定条件设立的，不以营利为目的，为证券的集中和有组织的交易提供场所、设施，履行法定职责，实行自律性管理的法人。证券业协会是证券公司或者其他证券业从业机构或个人依法组成的行业性协会。各国因其特殊体制或传统，还存在其他形式的自律性组织。在欧洲许多国家，有些金融业的行业组织发挥着自律监管组织的功能。

自律监管属于自律组织成员的自我管理，与政府监管存在重大不同。

首先，监管依据不同。自律组织成员签署的章程或者类似合意是实施自律监管的最主要法律依据，自律组织成员参加自律组织必须承诺遵守自律组织章程或者相关规则，违反章程及相关规则的，要承诺接受自律组织的处分。政府监管则是监管机构根据法律或者法律、行政法规的授权行使监管职权，没有法律规定或者其授权的机构，不能行使政府监管职权。

其次，监管性质不同。自律监管属于民事监管，即使自律组织成员违反章程及相关规则，自律组织也不能采取罚款、限制人身自由等公法手段处分成员。政府监管则属于行政执法，证券监管机构有权依照法律采取包括取消资格、罚款、限制营业等法定措施施加处分。

最后，监管效力不同。自律规则只是自律组织成员达成的协定，不是法律、行政法规或者规章，违反自律规则只能产生有限的民事后果，而不会产生刑事或者行政法律责任。最严重的民事后果即为取消成员资格，使之无法享受自律组织成员享受的利益。政府监管通常只能以存在行政违法作为前提，证券监管机构依照法律授权只能对违法者施以行政处罚。构成犯罪的，由司法机关追究违法者的刑事责任。

二、自律监管的优劣评价

作为自律监管组织，证券交易所监管具有如下优势：

1. 贴近市场、效率高。自律监管组织作为证券市场的组织者与运营者，直接参与证券的发行与交易活动，具有更为丰富的专业知识和实际经验，了解各方行为方式，更了解证券市场的运行规则，更容易发现各种违法违规现象的根源及规律，从而有利于提高监管效率。

2. 反应迅速、灵活性强。作为一线监管者，自律监管组织对证券市场违法违规行为具有更为敏感和有效的洞察和反应，且非如政府监管者及监管法律那样僵硬与滞后，可根据具体情况，灵活采取针对性强的监管措施，这在解决突发性事件时表现尤为明显。

3. 成本低、范围广、贯彻性好。自律监管组织的权力多来自于会员章程以及上市协议。平等监管机制可以消除被监管者的反感心理，容易使监管者与被监管者形成价值取向的高度一致性，也可以对监管措施达成共识，从而使监管范围触及职业道德与操守等监管法律法规无法发挥作用的领域，可以更低的成本实施监管。

4. 重视理性与信誉、合理性高。充分发挥自律监管功能，有助于引导证券市场建立起长期信用与信誉机制，并对证券市场参与者产生约束作用，促使证券公司及上市公司的行为更趋理性化，减少违法违规行为的发生，促进证券市场的健康有序发展。自律监管意味着按照市场规律办事，从而有助于排斥不当的行政干预，约束政府监管者的行为，遏制政府监管带来的“寻租”等腐败现象，并最终推动证券市场的健康发展。

当然，自律监管也存在着明显缺陷。例如权威性弱、监管力度不够；超脱性差、易引发利益冲突；统一性差、监管活动无法有效协调。因此，自律组织充分发挥自律监管功能，不能离开政府监管部门的扶持与指导，片面强调自律监管或政府监管都是不可取的。明智的做法是，将自律监管与政府监管有机结合，合理安排双方对证券市场的监管权力与责任，构建一个分工明确、权责清晰的综合性证券市场监管体制。

三、自律监管组织的监管措施

在最近数年，我国证券交易所不断强化一线监管职能，多方探索新的监管手段，把一线监管当作当前的首要任务。相对于成熟国家证券交易所的自律监管而言，我国证券交易所的监管依然比较零乱，缺乏体系和不规范，有些处罚难免失当。从各国情况看，证券交易所的监管措施基本一致，主要包括：

1. 劝说与规劝。劝说与问讯有重大差异。问讯系了解资讯的具体方式，单纯问讯尚难构成有一定约束力的监管措施，但不排除交易所以问讯函方式，表示对公司行为的关注。相对于其他监管措施来说，劝说是效力最弱的监管方式，却是适用范围最广的监管方式，同时也是最及时和易于实现的监管方式。公司内在原因和外部原因都会使得有些被监管者采取"打擦边球"策略对待证券交易所的监管。这些行为未必违法或违反交易所规则，可能不具有可惩罚性，但会引起对投资者利益的不当影响。站在保护投资者利益的立场上，证券交易所得采取私下劝说、规劝或建议方式，以影响和约束公司今后的行为；甚至不排除向社会公开该等劝说、规劝或建议的内容，以对其他类似行为产生影响和约束。从极端意义上说，及时作出规劝或劝说，或许能够避免公司失当行为的扩大化，降低公司失当行为日后演化为违法或违规行为的可能性。规劝仅能适用于公司实施了尚未构成违法或违规的失当行为，或公司有实施该等行为的可能性；规劝旨在形成对公司的外部压力，相对于私下规劝而言，公开规劝会引起社会公众的关注，从而形成更强的市场压力，会迫使上市公司检点其行为。

2. 谴责与指责。谴责或指责是针对会员单位或者上市公司行为作出的责难、批评。谴责可采取私下谴责和公开谴责两种方式。行为失当程度是决定私下谴责或公开谴责的主要因素。按照证券交易所作出谴责的方式，还可分为书面谴责和口头谴责。证券交易所是投资者利益的一线维护者，在接获投资者或其他人员举报并在初步调查基础上，应立即对公司失当行为作出明确表态，并对公司或人员予以责难。鉴于此等监管方式已明显地表现出交易所的态度，而有时证券交易所未必完整了解公司行为的全部原因，故对其适用应加以限制。该行为至少应当是失当行为，即按照一般公众标准认为应予责难者。我国以往曾有上市公司不合理地拖延股东大会期限，或在非工作时间召开会议，即使该做法尚未违反现行法律，但有违一般公众标准，应予谴责或指责。

3. 督导和行为限制。督导是最近提出的一个特殊概念，它类似于境外证券交易所通常采用的行为限制规则。根据督导规则，证券交易所可能责令公司采取某种行为，包括采取必要的补救措施（如整改）、公开声明某人不适于任职、拒绝上市公司或专业机构从事与上市有关的部分业务活动。目前，已采取的类似措施包括：（1）整改补救措施，即要求会员单位或者上市公司纠正已存在的问题。香港联交所规定，交易所可以要求公司在指定期间内修正违反规则的事宜或采取其他补救行动，还规定交易所有权禁止专业顾问或由专业顾问委聘的个别人士，在指定期间就上市科或上市委员会规定的事宜代表某指定一方。（2）限制上市公司董事会成员的任职。证券交易所与上市公司签署有上市协议并获得董事会成员签署的承诺书，这些协议或承诺构成证券交易所监管上市公司董事会成员的重要依据。

4. 摘牌和停牌。此为证券上市期届满或依法不再具有上市条件的，由证券交易所终止其上市交易的措施，这是针对上市公司采取的特别措施。

第二节 证券交易所的概念和性质

证券交易所最早出现于西方国家，是伴随大规模证券交易的实际需要，提供证券集中交易服务的固定场所。我国批准设立的上海和深圳两家证券交易所已运行10年以上，先后制定或者修订了三个《证券交易所管理办法》。原《证券法》对证券交易所作出了专章规定，现行《证券法》保留了对证券交易所的专章规定。上述法律、法规在对证券交易所的定义、地位、职能等方面的规定不完全一致。

一、证券交易所的产生

（一）证券交易所的含义

证券交易所是一个具有复杂内涵的特殊概念，其使用有时侧重于物理属性，有时是为了描绘其服务提供者的地位，有时却为了表达证券交易所的监管者地位。

1. 证券交易所是证券交易的固定场所。证券交易必须依赖特定的市场条件或者交易场所才能实现，证券交易所是与场外交易市场对应的证券市场组织形式。与场外交易场所相比，证券交易所具有明显的自身特点。证券交易所具有比较完备的证券交易设施、固定的交易场所、通常的交易服务网络、规模较大的管理人员和从业人员，还制定有适合大规模证券集中交易所需要的管理规则、交易规则和各项组织制度，是固定提供证券交易服务的有形市场。与证券交易所相比较，场外交易泛指证券交易所以外，供以从事证券交易的各种场所，如证券公司营业柜台以及其他系统。场外交易市场没有交易大厅，服务提供者的经营场所分散，管理相对松散，交易设施和场所不很完善，可以是有形市场，也可以是无形市场。为了安全、快捷地进行证券交易，各国法律都要求证券交易所必须拥有固定场所和完善设施。

2. 证券交易所是具备法人资格的社会组织。证券交易所具有经济学上的"市场"属性，但又不是单纯的市场表现形式。证券交易所也是特殊的法律主体。根据各国证券交易所立法情况，证券交易所无论采取何种组织形式，都必须具备法人资格，独立享有民事权利和承担民事义务。在理论上，我们不仅要关注证券交易所发挥的交易媒介作用，更要注意证券交易所的民事主体地位。如前所述，上市协议是由证券交易所与上市申请人签署的、旨在实现上市申请人所发行证券利用证券交易所交易系统挂牌交易的民事协议。证券交易所签署和执行上市协议，恰恰是证券交易所特殊民事主体地位的表现形式。在严格意义上，正是因为证券交易所具有法律主体资格，它才能够发挥媒介证券交易活动的作用。

3. 证券交易所既是证券集中交易的服务者，也是证券交易所交易的监管者。在提供证券交易服务方面，证券交易所具有较先进的交易设施和严密的管理制度，制定有适合大规模证券集中交易的完善规则，这为证券交易各方进行证券交易提供了条件和平台。例如，证券交易所按照时间优先和价格优先的规则组织集中竞价交易，合理地发现交易价格，避免了场外交易协议定价导致的较高交易成本，最大限度地实现着证券流通性。在监管方面，证券交易所还发挥着交易活动监管者的职能。证券交易是由各方参与者共同促成的市场交易行为，上市公司、证券买卖双方、证券交易所以及各证券服务机构，都借由证券交易而获得经济利益。证券交易所不是为某一参与者的利益服务，而是为各方利益提供服务，这就客观地确立了证券交易所具有的中立监管功能。证券交易所通过接受上市、日常监管、决定暂停或者终止上市等措施，督促各方当事人严格遵守证券交易规则，按照公开、公正、公平的原则从事证券交易。

(二) 境外证券交易所发展简况

证券交易所作为一个历史范畴，是社会化大生产和市场经济高度发展的必然产物，与股份经济以及股份有限公司制度密切联系。在资本原始积累时期，欧洲一些经济发达国家为了实现对殖民地国家和地区的经济和政治掠夺，先后成立了专门经营殖民地贸易的股份有限公司，并为证券交易所的产生提供了适宜的经济土壤。据考察，荷兰阿姆斯特丹证券交易所成立于1680年，是世界上最早的证券交易所。德国和法国等国家也陆续设立了各自的证券交易所。但总的来说，早期证券交易所的数量比较少，证券交易规模不大，其实际功能远不能与现代证券交易所相提并论。

18世纪60年代以后至19世纪，股份经济迅猛发展，股份有限公司如雨后春笋般地涌现出来，有价证券发行数量剧增。随着货币资本的迅速积累和食利阶层的扩大，人们对有价证券的需求有大幅度提升，因此，旨在满足证券投资和交易需要的证券交易所也迅速发展起来。这一时期成立的纽约证券交易所、伦敦证券交易所、巴黎证券交易所等已经在现代证券业中取得重要地位。与早期情况相比，证券交易所的发展呈现以下特点：

第一，证券交易所成为证券市场的中心。在早期，证券市场以证券发行市场为核心，而现代证券交易市场更强调发挥证券交易所的流通功能。发行人借助发行市场募集生产经营所需资金，但投资者始终对提高证券的流通性有着非常迫切的要求，满足投资者要求是提升证券市场功能的基本途径。为了提高投资的变现能力，客观上要求建立起高速、快捷的证券交易系统。面临如此状况，证券交易市场获得快速发展，证券交易所的地位更加突出。

第二，证券交易所呈现出国际化趋势。多数证券交易所设立之初，主要从事地区性证券交易或者国内证券交易。英国1840年开设了许多地方性证券交易所，主要接受产业股票上市交易。第二次世界大战以后，国际证券和外国证券纷纷进入证券交易所，地方性色彩浓厚的证券交易所逐渐向国际性证券交易所转化。目前，国际上著名的证券交易所都在大量接受国外证券的上市交易，国际化趋势异常明显。

第三，证券交易所以提供股票交易服务作为主要业务。最早成立的证券交易所主要以各类政府公债作为交易对象。随着股份经济的发展，各种公司债券和股票逐渐成为主要的证券交易品种，各种衍生证券也占据很大比例，企业证券的数量和规模远远超过政府公债。这种变化既是适应股份经济发展的直接结果，又反过来促进了股份经济的发展。

(三) 我国证券交易所的发展概况

在我国清朝光绪末年，由上海经营外商股票的经纪人组成的“上海股份公所”，是旧中国出现的第一家外商经营的证券交易所。1905年，上海股份公所在香港注册，定名为“上海众业公所”。辛亥革命以后，随着新兴企业股票发行数量的日趋增多，证券交易日渐兴旺。一些商品经纪人开始兼营证券买卖，有些上海商号也挂出股票公司的招牌，以现货交易形式经营当时发行的银行股票以及少量工矿股票。1914年，在上海经营股票交易的商号正式组成“上海股票商业公会”，在公会所在地集中经营证券业务。同年，北洋政府颁布《证券交易所法》，明确准许为便利买卖、平准市价而设的国债、股票、公司债券及其他有价证券的交易活动。1918年，北京证券交易所正式成立。1919年北洋政府农商部正式批准设立“上海交易所”，1920年改名为“上海证券物品交易所”。“上海股票商业公会”

于1921年改组成为“上海华商证券交易所”。1929年国民党政府颁布《交易所法》后，上海证券物品交易所并入上海华商证券交易所。自此，在上海形成了专营外商股票的“上海众业公所”和专营国内证券的“上海华商证券交易所”并存的局面。1937年，中日战争爆发，两家证券交易所停业。太平洋战争爆发后，股票交易逐渐恢复，证券交易所复业。抗战胜利后，证券交易所一度中断，到新中国成立前夕正式停业。

新中国成立后不久，为了尽快恢复金融市场秩序，疏导社会游资，引导资金投向和调整产业结构，经天津市军管会决定并经各方积极筹备，于1949年在原天津证券交易所的旧址成立了“天津市证券交易所”。1950年，北京市成立了“北京市证券交易所”。随着全国统一财经政策的逐步推行以及金融物价稳定工作的逐步发展，证券交易所的存续目的基本实现，因而两地证券交易所先后于1952年7月和8月撤销。

党的十一届三中全会以后，我国开始进行包括金融体制改革在内的各项经济改革，奠定了我国证券市场的体制依据。在早期，部分企业开始通过发行股票和债券来募集生产经营资金，这本身就是证券市场的雏形。随着国库券和金融债券的转让与流通，国家体改委和中国人民银行总行于1985年12月联合在广州召开了五城市金融体制改革试点，提出要开放证券市场。1986年，中国人民银行上海分行在确定上海金融市场发展规划时，明确将筹建上海证券交易所列为重要的工作步骤。

经过数年试点，上海证券交易所于1990年11月26日宣布成立。该证券交易所是会员制的非营利性事业法人，也是改革开放以来成立最早的证券交易所。深圳证券交易所是我国设立的第二家证券交易所，于1989年11月15日开始筹建，1990年12月1日开始集中交易，1991年4月11日经中国人民银行批准成立并于同年7月3日正式开始营业。深圳证券交易所同样是按照会员制形式组成的非营利事业单位法人，开业后即成为深圳有价证券集中买卖的唯一合法场所。

1999年第二季度末，上海和深圳两家证券交易所共接受900多家公司挂牌上市。2004年5月17日，证监会宣布同意深圳证券交易所设立中小企业板，同年5月27日，深圳证券交易所正式启动中小企业板。截至2012年年末，上海和深圳证券交易所接受挂牌上市的公司已经超过2 494家。两家证券交易所还接受许多国库券、可转换公司债券、证券投资基金的挂牌交易。应当说，证券交易所在发现证券交易价格、实现资源有效配置、控制投资风险以及连接市场长期利率与短期利率等方面，发挥了巨大作用。

在上海和深圳证券交易所稳定发展的同时，我国立法和监管机关开始抓紧制定与证券交易所相关的立法。1996年8月21日，国务院证券委员会发布《证券交易所管理办法》。1997年7月2日，证券委员会发布通知将上海和深圳证券交易所划归证监会直接管理。经国务院批准，证监会于1997年12月10日发布《证券交易所管理办法》。原《证券法》对证券交易所性质作了不同规定。证监会根据原《证券法》的规定，于2001年12月12日重新发布《证券交易所管理办法》并沿用至今。现行《证券法》对证券交易所的性质和监管等问题作出较大调整。

二、证券交易所的法律性质

原《证券法》第95条规定，证券交易所是提供证券集中竞价交易场所的、不以营利为目的的法人。现行《证券交易所管理办法》规定，证券交易所是指依本办法规定条件设立的，不以营利为目的，为证券的集中和有组织的交易提供场所、设施，履行国家有关法律、法规、规章、政策规定的职责，实行自律性管理的法人。根据现行《证券法》第102条，证券交易所是为证券集中交易提供场所和设施，组织和监督证券交易，实行自律管理的法人。

(一) 法人组织

在我国，法人是具有民事权利能力和民事行为能力，能够独立承担民事责任的社会组织。法人具有独立人格、独立财产和独立责任，其人格、财产和责任均独立于法人创办人或者股东以及法人管理者。在法人组织内部，法人以自己名义掌管法人财产并依法处理法人内部事宜；在法人组织外部，法人可以自己名义起诉或者应诉。

根据《民法通则》规定，我国法人分为国家机关法人、企业法人、事业单位法人和社会团体法人四种类型。对于证券交易所究竟属于何种性质的法人组织，学术界看法比较混乱。一方面，除部分学者将证券交易所归结为事业单位法人外，多数学者回避给予证券交易所以法人分类上的明确定位。另一方面，又有相当部分的学者将证券交易所称为会员制法人或者非营利法人，避而不谈会员制法人与《民法通则》法人分类的关系。

主张证券交易所具有事业单位法人性质的学术观点，其实质是试图找到证券交易所在现行《民法通则》法人分类体系中的明确地位，采取的论证方式是逻辑推理，即证券交易所不是国家机关、企业法人或者社会团体，而只能是事业单位法人。我国1997年《证券交易所管理办法》即将证券交易所规定为事业单位。至于事业单位的含义如何，现行法律并没有给出明确答案。[①] 主张证券交易所是会员制法人或者非营利法人的观点，其主要依据是当时的相关规定。我国1996年和1997年《证券交易所管理办法》都明确规定证券交易所是会员制组织。根据规定，证券交易所应当设立会员大会，会员依照法律和章程享有权利、承担义务；而且证券交易所的积累或者盈余，不得分配给会员单位。

笔者认为，在证券交易所的地位上，学者之所以存在不同认识，根源在于多数学者采用了《民法通则》规定的法人分类标准，却忽视了《民法通则》在法人分类上的缺陷。大陆法系将法人分为财团法人与社团法人：以人为基础而组成的法人，为社团法人；以财产为基础而组成的法人，为财团法人。在社团法人内部，又可再分为营利法人和非营利法人。兼采《民法通则》和大陆法系理论的双重分类标准，根本无法形成稳定统一的合理解释。

现行《证券法》对证券交易所的性质采取了"功能描述"方法，规定证券交易所是"实行自律管理的法人"。笔者认为，这种法律规定回避了学者之间的争论，包含了我国立法机关对证券交易所定位的重大改变。

首先，《证券法》没有采取会员制的表述，因此，从字面和逻辑上，不排除我国未来成立非会员制证券交易所的可能性。在境外，证券交易所分为会员制和公司制两种形式，我国亦有学者探讨了会员制和公司制证券交易所的差异，允许采取公司制证券交易所的学术观点，已体现在立法层面上。根据《证券法》的规定，完全可以依法设立公司制证券交易所。

其次，《证券法》并未排斥将证券交易所定位为营利法人的可能。在那些允许成立公

① 国务院于1998年10月25日颁布、于2004年6月27日修订的《事业单位登记管理暂行条例》第2条规定，本条例所称事业单位，是指国家为了社会公益目的，由国家机关举办或者其他组织利用国有资产举办的，从事教育、科技、文化、卫生等活动的社会服务组织。

司制证券交易所的国家中，证券交易所的首要职责是给证券市场参与者提供交易服务，证券交易所的营利性要受到这种首要宗旨和证券法相关规定的限制，不可能以获得最大化利益为证券交易所的基本价值取向。基于证券交易所的特殊地位，有学者将证券交易所定位于“公益法人”。

再次，《证券法》相关条款暗示着非会员制证券交易所存在的可能性。《证券法》第105条第2款规定，“实行会员制的证券交易所的财产积累归会员所有，其权益由会员共同享有，在其存续期间，不得将其财产积累分配给会员”。该条款在“证券交易所”前面加上“实行会员制”的限定词，似乎可解读为非会员制或曰公司制证券交易所不适用该条款的限制。

最后，我国已成立的中国金融期货交易所，其工商注册登记名为“中国金融期货交易所股份有限公司”，英文名称为China Financial Futures Exchange Inc.（简称CFFEX），是由上海期货交易所、郑州商品交易所、大连商品交易所、上海证券交易所和深圳证券交易所共同发起设立的金融期货交易所。

（二）特许法人

证券交易所的设立体制分为特许制和注册制两种。[①] 根据特许制，设立证券交易所必须事先获得政府或者主管机关的核准或者特别准许，在获得政府主管机关批准后，才能筹备设立证券交易所；政府有权根据实际情况和相关政策，拒绝或者批准设立证券交易所的申请，且无须就此承担法律责任。根据注册制，只要申请人符合成立证券交易所的法定条件，即可向政府主管机关提出设立申请；对于符合证券交易所成立条件的申请，政府主管机关无权拒绝签发登记文件。《证券法》以及《证券交易所管理办法》都规定，设立证券交易所，由证监会审核，报国务院批准。解散证券交易所，经证监会审核同意后，报国务院批准。在解释上，证监会或者国务院在审核或者批准设立证券交易所时，都享有不可被诉讼的独立判断权。因此，应当将我国证券交易所的设立体制确定为特许制；相应地，证券交易所即为特许法人。

特许制和注册制之间有很大差别。首先，立法术语的表达方法不同。采取特许设立体制的国家通常会采取“特许”、“批准”、“审核”等字眼，即证券交易所只有在获得特许、审核或者批准后才能成立。采取注册设立体制的国家，则通常采取“备案”、“注册”、“登记”等类似字眼，旨在表明政府主管机关职权的弱化。日本《证券交易法》明确规定，设立证券交易所须经大藏省特许。我国没有明确采用“特许”概念，但在解释上，只有国务院才能最终决定是否允许设立证券交易所。其次，设立条件的确定方法不同。根据注册设立体制，是否设立证券交易所首先取决于申请人的设立意愿。为了规范证券交易所的设立，立法机关以及政府主管机关应当明确规定证券交易所的设立条件，凡符合法定设立条件的申请人都可以申请设立证券交易所。因此，在注册制体系下，设立证券交易所的法定条件具有实质性的规范作用。在特许设立体制下，因为政府主管机关有权依照其判断拒绝任何设立申请，故法律原本无须明确规定证券交易所的设立条件；法律关于证券交易所设立条件的规定，不具有实质性调整意义。

我国对设立证券交易所采取特许制，是基于以下若干政策性考虑：

---

① 有学者将英国的证券交易所设立体制称为“认可制”。因为伦敦证券交易所设立于证券交易所立法之前，英国颁布相应立法实系对已设立证券交易所的确认。

第一，经济体制因素。证券交易所是我国资本市场的重要组成部分，确定证券交易所设立规则，必然要反映出我国资本市场的特性。在金融市场的开放问题上，政府主管机关一直保持慎重态度，特别强调防范金融风险，强调宏观调控及微观调控的并重，以防止局部改革对整体金融市场的不良影响。在特殊国情下，严格限制设立证券交易所的态度是顺理成章的。

第二，证券发行制度的影响。我国以往采取证券发行额度控制制度，证券上市、交易均受发行额度制度的影响，上市证券的数量和规模始终受到市场承受力左右，目前上海及深圳证券交易所足以承受公开发行证券的上市需求，短期内无须再设立新的证券交易所。

第三，地方经济利益的影响。设立证券交易所在客观上会给地方经济发展带来好处，因此国内许多地区曾经纷纷要求在当地设立全国性证券交易所，以吸收更多资金。但分散地设立过多的证券交易所利少弊多，将加重证券交易所的地方性色彩，在社会资金相对有限的情况下，只会分流现有社会资金，甚至会影响现有证券交易所发挥功能。

第四，证券交易所的管理制度。证券交易所作为集中交易场所，需要不断积累管理经验，提高管理水平。盲目新设证券交易所，不仅无法改善现有证券交易所的管理水平，而且会加剧不同证券交易所之间的恶性竞争，损害证券市场的稳定性。

(三) 自律法人

如前所述，证券交易所最初是民间自发组成的证券交易组织。早在政府介入证券市场监管前，就长期遵循着自律管理的原则，即由证券交易所对会员或者证券公司实施监管、对上市公司实施监管以及对证券交易活动实施监管。政府监管是在证券交易所自律监管基础上出现的监管形式，政府监管没有否定证券交易所的自律监管。

在对交易所会员或者股东的管理方面，证券交易所无论采取会员制还是公司制，都是为全体会员或者公司股东利益着想的组织体，证券交易所章程对会员或者股东而言具有准契约约束力。为了保护全体会员和股东的共同利益，证券交易所应当依照证券交易所章程及相关规则约束会员及股东的个别行为。尤其在会员制证券交易所体制下，只有具备会员资格的证券公司，才能利用证券交易所交易系统向会员客户提供证券服务，原则上排斥了非会员证券公司利用证券交易服务系统。借助证券交易所对会员的管理，证券交易所起到了稳定证券市场秩序、维护会员利益的功能。

在对上市公司的监管方面，证券交易所同样发挥着重要作用。证券交易所与上市公司是依照上市协议联结起来的双方当事人，上市公司承诺遵守证券交易所规则是其获准证券上市的前提。一旦上市公司违反证券交易所规则，证券交易所得采取责令改正、内部通报批评、在指定报纸和网站上公开谴责、报监管机构查处等措施予以处罚，情节严重的，还可采取停止股票交易、退市等特别处理措施。上市公司逾期缴纳上市费用，交易所除给予以上处分外，还可以每日按欠费金额的一定比例收取滞纳金。采用这些措施，将促使上市公司严格遵守证券交易所相关规则，从而使证券市场更趋稳定和健康。

《证券法》明确规定证券交易所是自律管理的法人，其意义重大。自律监管具有柔性监管的特征，难以独立承担证券市场的全面监管。证券市场上各种违法违规现象时有发生，除少数情节严重者外，大多数属于情节轻微的违规行为。如果对此类情节轻微的行为施以重罚，就会有失公允；如果放任情节轻微的违规行为，又难免引致严重的违法行为，甚至威胁到证券市场的安全。自律管理的柔性调整使其恰恰可以进入政府监管力所不及的监管领域，从而推进证券市场的健康发展。同时，自律管理具有柔性特征并不否定自律监管的强制性。证券交易所监管职责的强制性具体表现在，会员一旦违反自律规则，将受到自律组织章程及规则的制裁，严重者甚至被取消会员资格或者上市公司资格。

自律监管包含着政府监管机构的支持并尊重证券交易所的价值趋向。政府监管机构已经逐步认识到自律管理的好处与优势，只有充分发挥证券交易所的“一线监管职能”，才能有效堵塞证券市场漏洞，更好地规范证券市场，维护市场秩序的健康稳定。政府监管机构也必须授予证券交易所以实施自律监管的职权。国外证券市场监管始于自律监管，我国证券市场始于政府监管。各国证券市场产生及发展的背景不同，我国应当采取政府监管机构赋权或者逐渐放权等方式，逐渐确立自律监管的法律基础。我国证券交易所的自律监管主要有以下权力来源，即证券交易所章程和规则、国家法律设定、政府管理机构委托授权。这三类权力来源不是简单的并列关系，证券交易所章程和规则可以通过事先的备案或批准来获取官方的认可和支持，从而获得对其成员及市场的法定强制力和约束力，国家法律则常常直接采纳交易所章程和规则的内容，或者吸收其中的合理内容来提升相关规则的法律效力。

第三节 证券交易所的组织形式

按照组织形式这一标准，可将证券交易所分为公司制证券交易所和会员制证券交易所。目前，有些国家允许采取会员制和公司制组织形式，有些国家和地区只允许设立会员制或者公司制证券交易所。在理论层面上，会员制和公司制证券交易所各有利弊。我国现行证券法没有排斥采用公司制的证券交易所组织形式。

一、公司制证券交易所

公司制证券交易所是依法设立的、为证券集中交易提供交易场所和条件的企业法人或者营利法人。公司制证券交易所必须依照公司法以及关于证券交易所的特别法进行设立，并须以“有限责任公司”或者“股份有限公司”的名义命名。证券交易所取得的收入，除了用于维持证券交易所正常营业（更新设备、改善设施和支付费用等）以外，盈余部分应当按照投资者对证券交易所的出资比例进行分配。

与普通公司相比，公司制证券交易所具有如下特点：

(1) 设立依据不同。设立公司一般必须遵守公司法规定。只要发起人或者投资者的身份和设立行为符合法定条件和程序，即可设立公司。设立公司制证券交易所时，除应当符合公司法规定以外，还必须同时符合证券交易所法律的特别规定。

(2) 营业性质不同。普通公司以向社会提供商品或者劳务为其营业内容，证券交易所则专以提供证券交易场所、设施和条件等为其营业内容。

(3) 社会功能不同。普通公司以谋求股东最大利益为宗旨，公司制证券交易所也应当为股东利益着想，但同时承担着稳定证券交易市场秩序的特殊职责。

此外，作为特许法人，公司制证券交易所在发起人身份、组织机构、公司治理机制、公司解散等诸多方面，都与普通公司形成明显差别。

公司制证券交易所按照公司法或者其他特别法组建而成，其基本组织结构与普通公司非常相似，通常也设有股东大会、董事会、监事会和经营管理机构。但在各公司内部机构的职权划分上，可能采取有别于普通公司的特殊制衡机制。同时，为因应证券交易所从事的特殊业务，公司职能机构的设置也应当反映证券交易活动的特点和实际需要。公司制证券交易所通常设有公司部、会员部、财务部、仲裁部、研究部、监察部、电脑部等，分别提供与证券交易有关的各种服务。在公司制证券交易所中，股东大会是证券交易所的最高权力机关，主要负责确定证券交易所长期发展规划、决定董事会人选及其他有关重大事项。董事会是证券交易所的常设机构，负责审定证券交易所的重要业务和财务方针，拟定预决算及盈余分配计划，核定证券商名单，核定收费标准，核议证券交易人员资格，向股东大会提出报告和议案。监督机构由股东大会选举产生，负责督促董事会执行股东大会决议，监督董事会及经理人员依法履行职责，检查证券交易所的财务执行情况等。经理负责证券交易所的日常经营活动，聘任和管理部门负责人，督促其提供良好的服务；经理的聘任及解聘由董事会负责。

公司制证券交易所不直接参与证券买卖，主要职责是向证券交易各方提供交易需要的各种物质条件和服务，建立公平合理的交易规则，维护证券市场秩序的稳定。然而，公司制证券交易所作为企业法人，容易出现背离证券市场组织者和监管者职责的情况。理论上，证券交易所应当具有中立立场，体现公益原则，即向投资者提供公平、公正和低成本的交易条件。然而，公司制证券交易所毕竟存在着追求证券交易所利益最大化的倾向，存在不合理地提高交易成本的可能性，甚至会人为地推动证券交易活动，以提高证券交易所的收益水平。从境外法律来看，采取公司制形式的证券交易所数量较少。尤其当证券交易所本身就是上市公司时，其监管职责将受到更大限制。我国台湾地区“证券交易法”规定，证券交易所可以采取股份有限公司形式设立。为了充分发挥证券交易所职能，公司制证券交易所在股本结构、公开财务、专家董事的选任和委派等方面，必须遵守严格的特别法规定，以尽力消除公司制证券交易所的缺陷。

二、会员制证券交易所

会员制证券交易所是由证券公司依法自愿设立的、旨在提供证券集中交易服务的非营利法人。国际上许多著名证券交易所，都曾采取会员制组织形式。我国原来颁布的《证券交易所管理办法》明确规定，会员制是我国证券交易所的唯一组织形式。原《证券法》将证券交易所确定为非营利法人。参照经监管机构批准的上海证券交易所和深圳证券交易所组织章程，我国证券交易所目前都采取会员制组织形式。

在会员制证券交易所中，会员大会通常是证券交易所的最高权力机关，其地位类似于公司制证券交易所的股东大会。① 常设机构是证券交易所理事会，证券交易所还可设立监事会以及其他职能部门。在会员制证券交易所中，也专门设立经理和其他高级管理人员职务，负责处理证券交易所日常营业事务。在高级管理人员职能方面，会员制和公司制证券交易所没有重大不同。会员制证券交易所与公司制证券交易所的主要不同是：

1. 会员制证券交易所属于非营利法人。会员制证券交易所在媒介证券交易过程中，为了发挥证券交易媒介职能，可以向会员收取会员费，但不得向证券交易各方收取交易佣金。证券交易所通过年度决算报告后，收益余额只能用于改善证券交易所服务条件，不得

① “最高权力机关”只是惯常采取的理论表述方法。因为法人内部各机构职权划分具有法定性，所以，股东大会或者会员大会不能逾越法定分权标准，更不能替代其他机构行使职权。

分配给交易所会员。这种体制可以有效地降低证券交易所成本，阻遏证券交易所鼓励过度投机的动机。但会员制证券交易所不向会员派发年终收益，难以鼓励证券交易所采取一致的经营策略。

2. 会员制证券交易所由证券公司以会员身份共同组成。根据会员制证券交易所组织规则，只有取得会员资格的证券公司，才可参与证券交易所组织的集中交易，非会员机构及其工作人员不得进场交易。证券交易所采取会员制，容易限制证券交易所的发展规模。在公司制证券交易所中，公司股东的情况比较复杂，证券公司可以出资成为证券交易所成员，其他机构甚至个人也可成为证券交易所成员。证券交易所成员系为获得投资收益而投资于证券交易所，与是否取得经纪商进场资格没有关系。非会员的证券公司与证券交易所签署协议并缴付一定费用后，即可参与进场交易。成员单位即使是证券交易所的出资人，也可能因缺乏证券公司资格或者未缴付费用而无法参与进场交易。

3. 会员制证券交易所的最高权力机构是会员大会。在会员制证券交易所中，重大决策应当由会员大会集体作出决定，所有会员单位具有平等地位和表决权，会员表决权以及对证券交易所事务的参与权，不因会员费用的多寡而有区别；同时，证券交易所的重大事务由会员单位按照人数主义和少数服从多数原则进行表决。公司制证券交易所也采取少数服从多数原则，但基本遵循出资比例原则来确定表决权，控制股东对重大事务拥有更大的影响力。

4. 会员制证券交易所奠定了会员自律管理的组织基础。根据会员制组织形式，会员是证券交易所的组成成员，有权按照法定程序，确定证券交易所的主要组织和业务规则；同时，进场交易的证券公司或者自营公司必须具有会员资格，必须遵守证券交易所颁布的各项规则。证券交易所章程以及有关组织和业务规则，自然成为约束会员单位的行为准则。会员单位违反规则的，会员大会有权作出处理决定，甚至有权取消其会员资格。这种特殊体制有助于实现会员自律管理。在公司制证券交易所中，成员资格取决于其是否投资，成员依法投资后，其成员资格难以被取消。相比较而言，会员制为证券交易所实行会员自律管理提供了重要的组织基础。

三、公益性的发展趋势

会员制和公司制证券交易所的差异是动态和相对的。无论采何种证券交易所组织形式，多数国家都会通过单独立法加以规范。在单独立法过程中，立法机关往往要借鉴会员制和公司制证券交易所的利弊，甚至该两种组织形式出现某种融合趋势。

虽然境外证券交易所分为公司制和会员制两种形式，但会员制和公司制证券交易所都十分看中“公益性”特征。在我国台湾地区，现在仅有一家证券交易所，即采取公司制的台湾证券交易所，该证券交易所系于1961年成立的民营公司组织。台湾证券交易所设立之初，股东包括公营企业、银行及民营企业。13家公营企业及银行持有证券交易所42%的股权，30家民营企业共持有58%的股权。证券交易所股东大会为最高决策机构，股东大会下设董事会和监察人。根据我国台湾地区部分学者的解释，台湾证券交易所之所以采取公司制，主要是因为我国台湾地区证券市场创建之初，证券业者家数不多，经营未上正轨，不具备成立会员制证券交易所的条件；公司制证券交易所系过渡性质，视将来市场发展状况，于适当时期将改制为会员制。日本《证券交易法》规定，证券交易所采取会员制组织形式，但目前关键问题之一就是应否进行证券交易所的公司化改革。日本学者认为，《证券交易法》规定采取会员制组织形式是基于这样的基本判断：为了使市场公正、顺利地运营，证券交易所最好采取由负有交易责任的会员组成的非营利组织形式。但是，数年前，美国纳斯达克登陆日本，电子证券交易不断普及，市场竞争加剧，为了维持生存，证券交易所急需大量投资来改善其清算交割系统并向社会公众提供便利服务，而社会机构投资者及上市公司往往具有更大的投资能力。另外，我国台湾地区为缓和公司制证券交易所带来的过度趋利性与“公益性”间的冲突和矛盾，要求证券交易所提高公积金比例，并限制向股东分配利润的比例。

笔者认为，境外会员制证券交易所很难用传统会员制的概念加以概括。如果说早期证券交易所的会员制色彩更浓的话，各国现有证券交易所并不主要体现会员利益，而更多地体现市场利益。

首先，经济原因直接影响着证券交易所基本类型的选择。境外许多传统的会员制证券交易所开始转为公司制，如香港联合证券交易所已成为上市公司。其基本的经济动因是，完全仰仗向会员收取会员费或者向交易者收取服务费，难以保证证券交易所具有足够的国际竞争力。通过改组为公司制证券交易所，特别是申请挂牌成为上市公司，成为许多国际性证券交易所的重要选择。

其次，各国都将维护公平市场秩序和保护投资者利益视为证券法及证券交易所的宗旨，早期证券交易所也包含有保护投资者利益的内容，但首要保护会员或代表会员利益。从现代法观念来看，利益平衡或者利益均衡占据主导地位，片面强调会员利益，轻视投资者利益或忽视市场公平秩序，可能导致投资者失去信心，影响证券市场长期发展。因此，应当适当吸收保护投资者利益的宗旨，使得证券交易所的宗旨从为会员服务转变为兼顾会员及投资者利益。

最后，证券交易所能否稳定发展，亦与投资者的投资选择密切相关，为投资者所特别关心。在目前信息社会环境下，为了维持公众对证券交易所的信心，会员制证券交易所需要向社会公众进行信息披露，以满足社会监督的需求，并确保证券交易所的稳定存在。在这个意义上，封闭的、纯粹的会员制证券交易所是不可能继续存在下去的。对于采取公司制的证券交易所来说，其接受社会公众监督的需求更加旺盛。无论是会员制还是公司制证券交易所，都开始接纳某种程度的公益性质。证券交易所作为集中竞价交易的场所，获得投资者的信赖，是其生存的基础。会员制证券交易所的重要意义，在于给予具有会员资格的证券公司以某种特殊资格，它甚至成为会员从事垄断性经营的代名词。证券经营机构凭借着会员资格，得以取得证券交易所的交易席位，从而排斥非会员单位介入证券自营、经纪和承销业务。在会员制证券交易所取消了会员分配积累的权利后，会员资格及由此带来的垄断地位，是会员制证券交易所的最大特点。公司制证券交易所非由会员组成，而主要是由意欲借助证券交易所从事经营活动的证券经营机构组成，此类机构无须取得会员资格，而只需与证券交易所达成协议。营利性动机推动着证券交易所寻求最佳证券经营机构进入证券交易所，所以，知名证券公司或者交易条件恰当的证券经营机构就成为公司制证券交易所的首选目标。

就目前情况来说，会员制是我国证券交易所的基本组织形式，公司制是交易所的特殊形式。从未来发展来看，应当明确承认公司制证券交易所的地位，并要合理反映证券交易所的公益性目标。

第四节 会员制证券交易所的设立及组织

一、证券交易所的设立程序

《证券法》第102条规定，“证券交易所的设立和解散，由国务院决定”。可见，在我国设立证券交易所适用特许审批制度，国务院是决定证券交易所设立和解散的唯一法定机关。鉴于《民法通则》规定了法人成立的一般条件，而且《证券法》和其他法律没有规定证券交易所的设立条件，因而在遵守《民法通则》等法律规定的前提下，国务院可自行决定证券交易所的设立条件。

根据《证券交易所管理办法》，设立证券交易所，应当提交法定申请文件并记载必要事项。所称申请文件包括：（1）设立申请书；（2）交易所章程和主要业务规则草案；（3）拟加入会员名单；（4）理事会候选人名单及简历；（5）场地、设备及资金情况说明；（6）拟任用管理人员的情况说明；（7）其他文件。

笔者认为，证券交易所是直接或者间接向社会公众提供特别服务的特许法人，必须按照明确的组织规则运行，而且应当以适当方式向社会公众披露相关信息，使社会公众知晓证券交易所的运行规则，以便于维护自身权益并加强对机构运行状况的监督。制定证券交易所章程，是确保证券交易所合法、有效运行的基础。《证券法》第103条规定，设立证券交易所必须制定章程，证券交易所章程的制定和修改，必须经国务院证券监督管理机构批准。该条款没有明确规定章程起草人与证券监管机构的关系，没有澄清究竟是证券监管机构起草，还是由其他机构申请而要获得证券监管机构的批准；也没有明确证券监管机构所批准的是申请人起草完毕的章程，还是批准申请人起草章程的行为。无论对该条款的含义如何解释，证券监督管理机构批准证券交易所章程，是启动证券交易所设立程序的前提和基础。

参照《证券法》和《证券交易所管理办法》，证券交易所章程应当记载以下事项：

（1）设立目的。章程应当确定会员制证券交易所的目的非为营利。

（2）名称。证券交易所必须在其名称中标明“证券交易所”字样。其他任何单位或者个人不得使用“证券交易所”或者近似的名称。

（3）主要办公及交易场所和设施所在地。

（4）职能范围。包括提供证券交易的场所与设施，制定证券交易所的业务规则，接受上市申请、安排证券上市，组织、监督证券交易，对会员和上市公司进行监管，清理和公布市场信息。

（5）会员资格和加入、退出程序。会员资格包括对会员条件的基本要求，加入和退出程序，转让席位和会员资格消灭等。

（6）会员的权利和义务。这是证券交易所章程的核心内容，该章程应当详细记载会员各项权利，如选举理事会成员，监督证券交易所业务活动，遵守章程及交易所规则等内容。

（7）对会员的纪律处分。证券交易所是实施会员自我管理的机构，对会员的纪律处分权来自于会员授权，除法律明确规定者外，章程对此应作细致规定，以免有失公允。

（8）组织机构及职权。包括会员大会的组成及权力，会员大会的召集及会议规则，会员大会决议的效力，还包括理事会的选举、组成及权力等。

(9) 高级管理人员的产生、任免及其职责，主要是总经理及副总经理的产生及职权。根据现行《证券法》的规定，证券交易所设总经理一人，由国务院证券监督管理机构任免。

(10) 资本和财务事项。主要包括会员出资比例、份额及出资期限和方式等内容。

(11) 解散的条件和程序。章程中可列举解散的具体条件。根据《证券法》规定，证券交易所的解散须经国务院批准。此规定与设立证券交易所的特许制相吻合。

(12) 其他需在章程中规定的事项。如证券交易所的机构设置及部门职责、会计事项和公告方法等。

二、会员资格

证券交易所会员应当具备必要的资格。《证券交易所管理办法》第 41 条规定，证券交易所接纳的会员应当是经有权部门批准设立并具有法人地位的境内证券经营机构。《证券法》第 110 条规定，进入证券交易所参与集中交易的，必须是证券交易所的会员。证券法以及其他法律法规对会员资格未作其他限制。但在确定会员资格方面，尚待考虑以下问题：

1. 新设证券交易所的会员资格。《证券交易所管理办法》仅对接纳会员资格作出规定，未对新设证券交易所的会员资格作出规定。严格地说，接纳会员是证券交易所成立后，依已生效章程接纳的新会员，不包括在证券交易所设立时加入证券交易所的原始会员。新设证券交易所是否可以接受证券公司以外的单位或个人作为会员，现行法律未作禁止或限制。在解释上，新设证券交易所会员应当与接纳会员具有同等资格。

2. 境外证券公司的地位问题。对于境外证券经营机构能否被接受成为我国证券交易所会员，《证券法》未作明确规定。《证券交易所管理办法》明令禁止境外证券公司充当证券交易所会员。从维护国家资本市场安全性的角度出发，考虑到证券交易所的特许法人性质，该禁止性规定是可取的。但从公司制证券交易所角度来看，似乎未必应严格禁止境外人士成为公司制证券交易所的成员。我国已有相当数量上市公司发行了境内上市外资股或者境外上市股票，这些外资股可以由境外人士依法买卖。随着我国证券市场逐渐发育成熟，适当吸收和接纳部分境外证券公司作为证券交易所会员或者作为公司制证券交易所的成员，将提高我国证券交易所的国际影响，推进证券交易所改革并与国际实践的接轨。

3. 证券公司同时充当多家证券交易所会员的问题。对同一证券公司能否充当多家证券交易所会员的问题，现行法律没有作出禁止。我国多数证券公司同时取得上海和深圳证券交易所的会员资格。这显然有助于扩大证券公司的市场范围和营业空间，便利于投资者买卖证券。但是，同一证券公司充当多家证券交易所会员，不利于各证券交易所的独立运转，不利于证券交易所新产品的开发。尤其是随着股票发行上市的市场化体系逐渐形成，证券公司在推荐上市和选择证券交易所方面将发挥更大作用。证券公司推荐某发行人在某一证券交易所挂牌上市，难免会与其担任的另一家证券交易所的会员利益发生冲突。

三、会员大会

《证券交易所管理办法》第 17 条明确规定，“会员大会为证券交易所的最高权力机构”。《证券法》在第 105 条和第 110 条分别提到会员制和会员，但都未提及会员大会的地位。

《证券法》是调整证券发行和交易关系的基础法律，旨在调整市场主体在证券发行、交易以及相关活动中的权利义务关系，无须特别规定各类市场主体的组织形式。《证券法》确立证券交易所为集中交易提供服务的独特地位，赋予证券交易所监管证券市场的职能，已经能够满足证券交易所对外从事业务活动的需求。证券交易所内部组织机构，可由证券交易所组织法加以规定。同时，既然我国目前采取会员制证券交易所的组织形式，会员大会自然就是证券交易所的核心组织机构之一。即使相关条款没有明确作出规定，解释上应不存歧义。

《证券交易所管理办法》第17条规定，会员大会有以下职权：（1）制定和修改证券交易所章程；（2）选举和罢免会员理事；（3）审议和通过理事会、总经理的工作报告；（4）审议和通过证券交易所的财务预算、决算报告；（5）决定证券交易所的其他重大事项。在理论上，上述事项显然属于证券交易所重大事项，由会员大会就此作出决定，显然是承认会员大会具有最高权力机关的地位。

会员大会以会议决议形式行使职权，分为年度会议和临时会议两种形式。年度会议为每年召开一次的会员大会，临时会议于出现特殊情况时召集。按照《证券交易所管理办法》规定，临时会议于下列场合下召集：（1）理事人数不足法定人数；（2）占会员总数1/3以上的会员请求；（3）理事会认为必要时。此外，证券交易所章程得就召集临时会议的情形作出规定，如发生重大事项且影响证券交易所正常业务运行，或者法律、法规规定出现重大变动以至于影响会员利益等。

会员大会以有效决议形式对证券交易所重大事项作出决定。有效决议包括内容有效和程序有效。内容有效主要是指会议的决议内容与现行法律法规之间的一致性。根据现行法律规定，会员制证券交易所不得向会员分配收入，不得转让设立以及业务许可。会员大会决议违反上述规定，即属于内容不合法。程序有效主要包括召集有效、会议法定人数有效以及决议通过人数有效等。依照《证券交易所管理办法》，召集年度会议或临时会议时，会员大会须有2/3以上会员出席，方为有效召集的会议；同时，会议决议须由出席会议的过半数以上会员表决通过后方为有效。

四、理事会

理事会是会员制证券交易所的必设机构。《证券法》第106条规定，证券交易所设理事会。鉴于会员大会是证券交易所的权力机构，理事会成员应当由会员大会选举产生。《证券交易所管理办法》第20条规定，理事会是证券交易所的决策机构。

（一）理事会的组成

证券交易所理事会由7～13名理事组成，分为会员理事和非会员理事两种。会员理事，是会员单位推荐并经会员大会选举产生的理事；非会员理事，系依证券监管机构的委派产生。在理事会成员中，非会员理事不得少于理事人数的1/3，不得超过理事人数的1/2。理事每届任期3年，连续任期不得超过两届。

理事会设理事长1名，副理事长1～2名，均由会员大会选举产生。在选举理事长及副理事长以前，应由证券监管机构提名并商请证券交易所所在地人民政府后确定。理事长负责召集和主持理事会会议。

（二）理事会的地位和职权

对于理事会作为证券交易所决策机构的地位，有学者提出不同意见，认为会员大会据此失去了最高权力机构地位。笔者认为，认为会员大会是最高权力机构的观点本身欠妥，现代各类社会组织普遍遵循分权制衡原则，而非赋予某个机构以最高权力。一方面，会员大会按照少数服从多数原则形成决议，未必能够代表该组织机构的长远利益。另一方面，理事会作为决策机构，只是依照法律和章程就法定事项行使职权。只要理事会决策事项不超越法定职权，不损害会员大会职权和会员利益，则会员大会不得加以干预。因此，理事会确实拥有较大职权，但并非无所制约。理事由会员大会选举和罢免，从而自然形成理事会对会员大会的依赖。理事会必须依法行使职权，会员以及会员大会对理事会拥有监督权，这使得理事会受到制约。理事会必须尊重经理职权，这也在客观上制约了理事会的职权。

根据《证券交易所管理办法》，理事会的职权如下：(1) 执行会员大会决议；(2) 制定、修改交易所的业务规则；(3) 聘任总经理和副总经理；(4) 审定总经理提出的工作计划；(5) 审定总经理提出的财务预算、决算方案；(6) 审定对会员的接纳；(7) 审定对会员的处分；(8) 根据需要决定专门委员会的设置；(9) 召集会员大会；(10) 会员大会授予的其他权力。

理事会主要通过会议形式行使职权。依照现行规定，理事会每季度必须至少召开一次理事会会议。每次会议的有效人数为理事总人数的2/3，其决议必须经到会理事2/3以上一致通过方为有效。理事会会议决议应于会议结束日起2个工作日内，报证监会备案。

(三) 理事会的内部机构

理事会作为决策机构，应当依法设置必要的内部机构，以保证理事会及证券交易所的稳定运行。根据规定，理事会应当设立监察委员会，并可以设立其他专门委员会。监察委员会是理事会的法定内部机构，主要负责监督、检查证券交易所高级管理人员行为的合法性，其职权主要包括：(1) 监察证券交易所高级管理人员和其他工作人员遵守国家法律、法规、规章、政策和证券交易所章程、业务规则的情况；(2) 监察高级管理人员执行会员大会、理事会决议的情况；(3) 监察证券交易所的财务情况；(4) 证券交易所章程规定的其他职权。

理事会还可在证券交易所内部设立专门委员会。专门委员会的职权、责任、任期和人员组成等，应由证券交易所章程加以记载，各专门委员会的经费纳入证券交易所的预算。

五、总经理及其他人员

1. 证券交易所总经理。根据《证券法》第107条的规定，证券交易所设总经理1人，由国务院证券监督管理机构任免。《证券交易所管理办法》还规定，证券交易所可设1～3名副总经理，协助总经理工作；总经理和副总经理每届任期3年，总经理连续任职不得超过两届，但副总经理不受该两届的限制。

2. 证券交易所负责人。根据《证券法》第108条的规定，有《中华人民共和国公司法》第147条规定的情形或者下列情形之一的，不得担任证券交易所的负责人：

(1) 因违法行为或者违纪行为被解除职务的证券交易所、证券登记结算机构的负责人或者证券公司的董事、监事、高级管理人员，自被解除职务之日起未逾5年；

(2) 因违法行为或者违纪行为被撤销资格的律师、注册会计师或者投资咨询机构、财务顾问机构、资信评级机构、资产评估机构、验证机构的专业人员，自被撤销资格之日起未逾5年。

3. 其他从业人员。《证券法》第109条规定，因违法行为或者违纪行为被开除的证券交易所、证券登记结算机构、证券服务机构、证券公司的从业人员和被开除的国家机关工作人员，不得招聘为证券交易所的从业人员。

第五节 证券交易所的监管职能

证券交易所同时承担着服务和监管两项功能，这两项功能长期处于不断变化之中。在证券交易所产生和发展初期，证券交易所主要是交易设施和服务的提供者，更像是特殊的民事主体。证券交易所与其他市场参与者之间，主要是民事法律关系。在美国1929年股市大崩溃以后，为了降低证券交易风险，证券交易所在保持服务职能的基础上，开始强化自律监管职能。目前，政府监管和证券交易所监管已成为证券市场的基本监管机制。

一、证券交易所监管概述

证券交易所是进行证券集中交易的场所。公司可以申请其所发行股票或公司债券的挂牌上市，证券公司可以代投资者参与证券买卖。证券交易所作为特殊法人，应当制定并执行公开、公正、公平、安全的市场规则，有效实施市场监管，妥善保护投资者、上市公司和证券公司的合法权益。

我国证券交易所产生初期，人们更关注证券交易所的服务职能，相对忽视其监管职能。由于没有合理划分政府监管与证券交易所监管的界限，出现了过度依赖政府监管的倾向，削弱了证券交易所的监管职能，造成两方面不良后果：一方面，过分注重服务职能，容易被动地接受政府机关或者证券监管者发出的各种指令。一旦政府机关或监管机构作出失当决定，将直接影响到证券市场的发展和稳定。另一方面，过分注重服务职能，容易放松对证券市场和市场参与者的监管，难以有效地遏制证券市场中出现的违法违规现象。笔者认为，证券交易所既是证券市场服务的提供者，也是证券市场的组织者和管理者。证券交易所应当有助于形成合理和统一的证券市场价格，应遵循周密、严格的交易规则，应当最大限度地消除证券投机和鼓励理性投资。

(一) 证券交易所监管权力的来源

证券交易所是独立的市场管理者，证券交易所的监管职权有法律法规规定、政府监管部门授权及平等协商机制三种来源。

1. 法律法规规定。证券交易所对证券公司、上市公司和证券交易实施监管，有充分的法律依据。我国《证券法》明确规定证券交易所是“自律管理的法人”，同时，其他条款也分别就证券交易所监管证券公司、上市公司和证券交易活动作出明确规定。国家法律法规对证券交易所监管职权的明文规定，有利于明确证券交易所监管权力的范围，有利于确立证券交易所监管的权威性及其贯彻力度。

2. 政府监管部门授权。证券市场纷繁复杂、瞬息万变的特性致使政府监管部门无法及时、有效地履行监管职责，而证券交易所接近证券交易活动，更容易发现证券交易活动中的违法违规现象的特点，因此政府监管部门将部分监管职责授权证券交易所行使，以实现更好的监管效果。政府监管部门授权证券交易所实施监管，一方面可以避免证券交易所自律监管的缺陷，使政府监管部门统一掌握上市公司监管的情况，另一方面又可以发挥证券交易所自律监管的优势，实现更好的监管效果。

3. 平等协商机制。证券交易所的监管职权还源自证券交易所与市场参与者的平等协商机制。证券交易所通过要求签订上市协议，将上市公司纳入监管范围；通过实施会员管理，将证券公司纳入监管范围；通过自行制定和执行交易规则，实现了对证券交易活动的监控。证券交易所还通过董事、监事承诺书制度、上市推荐人制度等，强化了监管职权，拓宽了监管领域。

（二）与政府监管的关系

证券市场必须受到行政和自律的双重监管。通过双重监管体制，证券交易所可以最大限度地消除金融风险，鼓励投资，引导场内市场和场外市场的有序发展。在双重监管体制问题上，有学者偏向于行政监管，认为行政监管最具权威、最有效和最具威慑力，可以有效地阻止证券违法行为的发生及蔓延。有学者则偏向于强调自律管理，认为证券交易属于交易行为，凡不危及国家利益和社会公共利益的，行政机关就应当退出监管，放手采取自律监管。这种分歧，实际就是采单一制或者双轨制监管体制的争议在学术研究上的反映。

制定完善的证券法律制度体系，推行强有力的行政监管制度，显然有助于证券市场的稳定。但完全仰仗强行法律或者行政手段推行市场规则，难以建立起有效的市场规则。一方面，国家立法具有一般性和普遍性的特点，无法就证券交易作出全面、细致的规定，不可能完全适应不断出现的新情况和新问题。法律和行政监管是重要的，但不是万能的，不能指望法律全面、科学地反映现实生活，也不能指望行政权力时时刻刻发挥着作用。另一方面，证券交易在本质上是合同行为或者交易行为，政府监管必须尊重当事人的自由意志，为合同自由提供足够空间，不应当以国家意志替代交易各方的意志和利益，不能把行政监管神圣化。我国证券市场是在改革试点中被逐渐肯定和承认的，天生地具有行政授权的属性。

我国证券交易所开放时间较短，在长期行政监管体制的影响下，尚未探索出一条自律监管的成功道路。实践中，投资者遇到问题时更倾向于寻求政府协助。在法律规则不完善的情况下，投资者更感到行政监管的神奇效力。因此在政府监管和自律监管之间，需要充分考虑国情和证券市场的特点，寻求合理平衡。

二、对证券交易的监管

（一）制定证券交易规则

证券交易所是有组织、有秩序的证券交易场所，它通过制定、完善市场交易规则，维护着证券交易市场的秩序，推动着有组织交易的最终实现。《证券法》第118条规定，“证券交易所依照证券法律、行政法规制定上市规则、交易规则、会员管理规则和其他有关规则，并报国务院证券监督管理机构批准”。据此，证券交易所拥有规则制定权，具体包括：

1. 制定上市规则。通常包括各种证券的上市条件、程序、暂停上市、终止上市等事项。2005年修改后的《证券法》首次规定证券交易所拥有上市规则制定权。

2. 制定证券交易具体规则。通常包括交易证券的种类和期限，交易方式和操作程序，清算交割事项，交易纠纷的解决，上市证券的暂停、恢复与取消交易，证券交易所的开市、收市、休市及异常情况的处理，交易手续费及其他有关费用的收取方式和标准，对违反交易规则行为的处理规定，证券交易信息的提供与管理，以及其他事项。

3. 制定会员管理规章。通常包括取得会员资格的条件和程序，席位管理办法，与证券交易和清算业务有关的会员内部监督、风险控制、电脑系统的标准及维护等方面的要求，会员的业务报告制度，会员出市代表在交易场所内的行为规则，会员及其出市代表违法、违规行为的处罚，以及其他事项。

4. 制定其他规则。如从业人员业务规则。证券交易所从业人员与证券交易所之间属劳动或雇佣关系，制定相关规则时，要充分考虑劳动法规及《证券法》的强制性要求，考虑证券交易所业务的特殊性，制定切合实际的从业人员规则。

（二）实时监控规则

实时监控，是指证券交易所对交易情况及交易秩序进行即时和全面监控。实时监控范围广泛，不仅包括与证券信息有关的各种情况的监控，还包括对各种异常情况的监控，也包括对进入证券交易所参与交易的从业人员的监控。《证券法》第115条第1款规定，证券交易所对在交易所进行的证券交易实行实时监控，并按照国务院证券监督管理机构的要求，对异常的交易情况提出报告。实时监控是证券交易所监管市场职能的基础。通过实时监控，证券交易所能够及时获得证券交易的各类信息，及时发现证券交易中出现异常情况，可以及时采取临时停市、暂停上市和终止上市等补救和处理措施，有效维护证券交易秩序。

（三）公开证券交易信息

形成公平合理的证券价格，是证券交易所的重要功能之一。证券交易所必须向社会公开与证券交易有关的各种信息。《证券法》第113条规定，“证券交易所应当为组织公平的集中交易提供保障，公布证券交易即时行情，并按交易日制作证券市场行情表，予以公布”。

《证券交易所管理办法》第31条规定，按日制作的证券行情，应记载以下事项：上市证券的名称；开市、最高、最低及收市价格；与前一交易日收市价比较后的涨跌情况；成交量、成交值的分计和总计；股价指数及其涨跌情况；证监会要求公开的其他事项。

证券交易所公开的证券交易信息包括即时行情和非即时行情。(1) 即时行情，也称实时行情，是与证券交易所集中交易市场所显示的行情同步或者基本同步且连续的市场行情。即时行情是证券交易所行情，不包括场外交易行情。证券交易所显示的行情因传播速度等原因，会与真实行情存在一定的时间偏差。基本同步是指不存在阻断行情正常传播的情况；即时行情应当具有连续性，每笔交易形成的行情信息，均应公布。(2) 非即时行情，也称非实时行情，是指证券交易所按日制作的证券行情。根据规定，证券交易所应当在每个交易日结束时，制作当日交易行情。非即时行情也包括证券交易所就其场内交易的成交情况编制日报表、周报表、月报表和年报表。

（四）技术性停牌和临时停市

《证券法》第114条规定，“因突发性事件而影响证券交易的正常进行时，证券交易所可以采取技术性停牌的措施；因不可抗力的突发性事件或者为维护证券交易的正常秩序，证券交易所可以决定临时停市”。

突发性事件，指在证券交易过程中无法预测或者难以预测其出现的、对证券交易产生较大影响的人为或者客观事件。如证券交易所电脑系统发生故障，备用电脑系统无法替代原系统继续使用，或者发生地震等特殊客观事件，或者出现其他对证券交易秩序产生重大影响的事件，如罢工。突发性事件是证券交易所决定技术性停牌或临时停市的基本原因。

技术性停牌是停牌的一种方式。停牌是指停止某一特定证券的继续交易，包括例行停牌和技术性停牌两种。例行停牌，是指上市公司公布中期报告、年度报告，召开股东大会或者公布分红、派息、配股、增资决议或实施该等决议时，依证券交易所规则采取的停牌措施。技术性停牌，是指因某种即时出现的突发性事件影响证券交易的正常进行，由证券交易所采取的临时停止某种证券继续交易的手段。它与例行停牌的产生原因及处理方法有所不同。技术性停牌的发生原因一般包括两类：一是传播媒介中出现与上市公司有关的信息，可能对上市证券的交易产生较大影响；二是证券价格发生异常波动。例行停牌于证券交易所规定的期限内出现停止交易的后果，但技术性停牌并无确定期限，一般须于查明突发性事件或上市公司作出信息披露后方可复牌。

临时停市是针对整个证券交易所交易而言的，即一旦出现临时停市事件，证券交易所有权停止证券交易所内的全部交易活动。可见，临时停市是证券交易所采取的极端措施。根据《证券法》的规定，临时停市的原因有二：(1) 不可抗力所致的突发性事件。在我国现行法律中，不可抗力是指不能预见、不能避免以及不能克服的客观情况，典型者如影响重大的自然灾害。(2) 为维护证券交易的正常秩序。这一条件具有相当大的弹性，它赋予证券交易所斟酌情况采取停市的巨大权力。采取停市措施，其目的在于维护证券交易所交易的正常秩序，但会对整个证券市场乃至金融市场产生巨大影响。所以，通常仅在出现突发性罢工、暴力事件、电脑故障、恶性炒作等情形下，才采取临时停市措施。

(五) 限制交易

根据《证券法》第 115 条第 3 款的规定，证券交易所根据需要，可以对出现重大异常交易情况的证券账户限制交易，并报国务院证券监督管理机构备案。

三、对证券公司的监管

(一) 对证券公司监管的概况

证券公司作为证券交易所会员，必须遵守证券交易所章程及各项规则；证券交易所作为会员集体利益的代表，应对各会员单位执行证券交易所章程及各项规则的具体情况进行监督。在对证券公司实施监管方面，《证券交易所管理办法》第六章规定了证券交易所对证券公司的各种监管措施，《证券法》也就证券公司的市场准入规则作出规定：

(1) 证券交易所制定会员管理规则，并依此对证券公司进行监控；

(2) 建立市场准入规则，禁止非会员单位进入证券交易所进行集中竞价；

(3) 证券交易所有权依照规则，决定接纳或开除会员；

(4) 证券公司必须遵守席位管理规定，严禁违法使用会员席位；

(5) 证券交易所有权监督证券公司的财务状况、内部风险控制和业务执行情况；

(6) 证券交易所有权查处证券公司的违规行为。

(二) 市场准入规则

为了确保场内交易安全，减少投机行为及恶性炒作等不正当交易带来的市场风险，为投资者提供安全的投资环境，证券交易所应当建立市场准入规则。狭义上的市场准入，是指证券交易所有权对进入证券交易所的人员及其活动加以限制和监督；在广义上，市场准入还包括证券交易所有权依法限制或禁止特定投资者之证券交易。

1. 集中交易的主体资格。《证券法》第 110 条规定，进入证券交易所参与集中交易的证券公司，必须是证券交易所的会员。投资者参加证券交易的，应当委托证券公司代为买卖证券。非会员证券公司不得进入直接参与交易，但可委托证券交易所会员单位办理证券交易。

2. 市场准入人员的资格。根据《证券业从业人员资格管理暂行规定》，证券经营机构在证券交易所的出市代表，必须按照规定取得证券从业人员资格证书后，才可在相应专业岗位上工作。

3. 市场禁入人员。《证券法》第121条规定，在证券交易所从事证券交易的人员，违反证券交易所有关交易规则的，由证券交易所给予纪律处分；对情节严重的，撤销其资格，禁止其入场进行证券交易。

四、对上市公司的监管

证券交易所对上市公司的监管，是建立在证券交易所与上市公司之间的民事合同基础之上的，证券交易所与上市公司间是具有特殊权利义务内容的民事法律关系。上市协议是约束证券交易所与上市公司关系的法律基础。公司申请其公开发行的股票在证券交易所挂牌交易的，须事先与证券交易所签订上市协议。上市协议不仅记载着证券法强制性要求记载的条款，也记载着证券交易所会员大会要求记载的条款。上市协议经证券交易所和上市公司签字或盖章后，才对双方产生法律约束力。因此，上市协议是证券交易所与上市公司自愿签署的合同性文件，也是证券交易所对上市公司实施监管的基础之一。

（一）监管范围

上市公司必须遵守证券交易所各项规则并接受证券交易所的监控。《证券法》对此有概括性规定。我国《证券交易所管理办法》将证券交易所对上市公司的监管，分列为：证券交易所有权制定并执行具体的上市规则；证券交易所与上市公司订立并执行上市协议；证券交易所有权复核上市公司提出的信息披露文件；证券交易所有权督促上市公司依法披露定期报告和临时报告；证券交易所可以采取暂停上市等特别措施；证券交易所有权采取其他监管手段和措施。

证券交易所应当对上市公司及相关信息披露义务人披露信息进行监督，督促其依法及时、准确地披露信息。

深圳和上海证券交易所股票上市规则，还分别从被监管者角度作出区分，包括对上市公司的监管、对上市公司董事和监事的监管、对上市推荐人的监管以及对董事会秘书的监管。

（二）监管措施

1. 对上市公司采取的处分措施包括：责令改正、内部通报批评、在指定报纸和网站上公开谴责、要求上市公司有关责任人支付3万元以上30万元以下的惩罚性违约金、报中国证监会查处。

2. 对上市公司董事、监事的处分措施包括：责令改正、内部通报批评、在指定报纸和网站上公开谴责、要求其支付3万元以上30万元以下的惩罚性违约金、公开认定其不适合担任上市公司董事、监事、报中国证监会查处。

3. 对上市推荐人的处分措施包括：责令改正、内部通报批评、在指定报纸上公开谴责、取消上市推荐人资格、报中国证监会查处。

4. 对上市公司董事会秘书的处分措施包括：责令改正、内部通报批评、在指定报纸和网站上公开谴责、建议上市公司更换董事会秘书。

就规定看，国内外证券交易所采取的监管措施基本一致，其种类涵盖了上市公司违法违规行为；尤其是由证券交易所视情节轻重予以处分，能反映出处罚与行为一致性原则。

但就处分程序而言，国内证券交易所规则尚未明确给予被处罚者以抗辩的机会。

五、证券交易所的特殊义务

证券交易所必须向投资者提供安全、快捷的证券交易环境。避免证券交易所的各种风险，既是一种理想状态，也是法律规则目的所在，更是国家利益所在。证券交易所在享受特许与特权的同时，必须承担相应的法定义务和责任。

1. 不得分配共有积累。根据《证券法》第105条的规定，证券交易所可以自行支配的各项费用收入，应当首先用于保证其证券交易场所和设施的正常运行并逐步改善。实行会员制的证券交易所的财产积累归会员所有，其权益由会员共同享有，在存续期间，不得将其财产积累分配给会员。

2. 设立风险基金。证券交易所应当从其收取的交易费用和会员费、席位费中提取一定比例的金额设立风险基金。风险基金应存入开户银行专业账户，由证券交易所理事会管理。风险基金提取的具体比例和使用办法，由国务院证券监督管理机构会同国务院财政部门规定。证券交易所应当将收存的风险基金存在开户银行专门账户，不得擅自使用。

3. 从业人员回避制度。证券交易所负责人和其他从业人员在执行与证券交易有关的职务时，凡遇与其本人或亲属有利害关系的事项者，应当回避。

4. 不得改变交易结果的义务。按照依法制定的交易规则进行的交易，证券交易所不得改变其交易结果。对违规交易者应负的民事责任，不得予以免除；通过违规交易所获利益，依照有关规定办理。

5. 报告及报批义务。证券交易所对其采取的技术性停牌和临时停市措施以及实时监控中出现的异常情况，应当及时向证券监管机构报告。对其制定的具体交易规则、会员管理规章和从业人员业务规则等，也应报请证券监管机构批准后实施。

第六节 证券业协会

一、证券业协会的概念和地位

国外对证券业协会有多种称谓。美国称为证券商协会，日本称为证券业协会；英国类似机构较多，称谓比较繁杂。我国《证券法》第九章对“证券业协会”作出专章规定，其中，第174条定义为“证券业的自律性组织，是社会团体法人”。我国现已设立中国证券业协会。

证券业协会具有社会团体法人的一般属性。在我国，社会团体法人属于法人的具体类型之一。所谓社会团体法人，是由国家机关以外的单位或个人作为会员而自愿组成的，为实现会员共同意愿，按照其章程开展活动的非营利性社会法人组织。证券业协会作为社会团体法人，具有以下属性：(1) 证券业协会具有法人资格，具有民事权利能力和民事行为能力，以自己独立财产承担民事责任，其会员对证券业协会的民事行为不承担连带责任。(2) 证券业协会由具有特定资格的会员所组成，相当于大陆法系国家所称的“社团”，属于人的组合，而非财产集合。(3) 证券业协会是非营利性组织，旨在对协会会员提供有关服务，协调会员之间的关系，不得从事营利性或经营性活动，收取的费用和收入不得向会员进行分配。(4) 证券业协会必须依法办理注册登记手续，我国《社会团体登记管理条例》，对社会团体法人的登记条件、程序、名称使用、登记事项、章程、资产及财务制度等，均作有规定。

与其他社会团体法人相比，证券业协会同时具有如下特点：

1. 证券业协会是证券业的专业性协会

根据2007年《中国证券业协会章程》，证券业协会的宗旨是：在国家对证券业实行集中统一监督管理的前提下，进行证券业自律管理；发挥政府与证券行业间的桥梁和纽带作用；为会员服务，维护会员的合法权益；维持证券业的正当竞争秩序，促进证券市场的公开、公平、公正，推动证券市场的健康稳定发展。经中国证监会批准设立的证券公司、基金管理公司应当在设立后加入协会。依法设立并经中国证监会许可从事证券有关业务的金融资产管理公司、证券投资咨询机构、财务顾问机构、资信评级机构等证券服务机构，拥护本章程，符合协会要求的其他条件，符合法律、法规规定并经中国证监会批准或许可在中国境内从事证券业务的，均可成为中国证券业协会的会员。证券交易所、证券登记结算机构、证券投资者保护基金、地方性证券社团组织等有关机构可以申请加入协会，成为协会的特别会员。

2. 证券业协会是证券业的自律性组织

证券业协会是会员自愿设立并规范会员行为的组织，即自律性组织。我国《证券法》规定，自律组织包括证券业协会和证券交易所。证券业协会作为自律性组织，虽然没有对会员及其行为的行政监督权和行政执法权，却发挥着调整证券业内诸多复杂关系的积极作用。证券业协会要通过自身活动，规范会员行为及会员相互之间的关系，督促和监督会员执行证券法律法规，调解会员之间、会员与客户之间的关系，监督检查会员的行为，对违反法律、行政法规或协会章程的会员，可依据章程作出纪律处分。借此，证券业协会可以督促会员在符合证券法律法规的前提下，从事相关营业及社会活动，维护证券市场的有序进行。

3. 证券业协会是法定组织

证券业协会具有自律性组织的职能，发挥着其他组织或者团体所无法替代的特殊作用。证券业协会作为法定组织，有多方面表现。首先，证券业协会属于必设社会团体，我国《证券法》明确规定了证券业协会的地位。其次，会员入会具有强制性，即证券公司必须加入证券业协会[①]，不存在非会员的证券公司，这也体现了证券业协会组成上的法定性和强制性。最后，证券业协会的职责具有法定性。《证券法》第176条详细列举了证券业协会的7项主要职责，并可行使国务院证券监督管理机构赋予的其他职责。此外，在证券业协会内部机构设置等问题上，现行法律也作了强制性规定。

二、证券业协会的设立及职责

（一）证券业协会的设立

1. 证券业协会应符合法定的设立条件。根据《民法通则》的规定，法人应依法设立，有必要的财产和经费，有自己的名称、组织机构和场所，并能够独立承担民事责任。按照社会团体登记管理的有关规定，社会团体应当拥有30人以上的单位会员或者50人以上的个人会员，必须有与其业务活动相适应的专职工作人员，全国性社会团体应有10万元以上

① 参见《证券法》第174条第2款。

的活动资金。

2. 证券业协会章程必须符合法律规定。法人组织的章程具有限定法人组织的宗旨、目的、活动范围及行为规则的作用。证券业协会章程是证券业协会之会员大会制定的、对会员单位具有约束力的基础文件。其主要内容包括：(1) 协会的名称与住所；(2) 协会的宗旨和职责；(3) 协会管理机构及其产生办法和任期；(4) 协会的活动规则；(5) 会员的权利和义务；(6) 协会经费及管理；(7) 其他相关事项，如协会章程的修改和变更。根据《证券法》规定，证券业协会章程应报国务院证券监督管理机构备案。

3. 证券业协会应依法设立其内部权力及管理机构。根据《证券法》的规定，证券业协会必须设立会员大会及理事会。其中，会员大会由全体会员组成，是证券业协会的最高权力机构，依照协会章程决定协会重大事宜；理事会是证券业协会的常设性机构，其成员依章程选举产生，负责管理协会的日常业务及活动。

鉴于中国证券业协会已设立并稳定存在的实际状况，《证券法》仅对证券业协会作简要规定。协会运作过程中应遵循的具体规则、协会各项管理制度、纪律处分规则等，均由会员大会制定和通过。

(二) 证券业协会的职责

我国证券市场较为单一，证券业协会在自律功能的发挥上尚有缺陷。基于目前证券市场的特殊性，《证券法》第 176 条以列举方式，将其主要职责归纳如下：

(1) 教育和组织会员遵守证券法律、行政法规；

(2) 依法维护会员的合法权益，向证券监督管理机构反映会员的建议和要求；

(3) 收集整理证券信息，为会员提供服务；

(4) 制定应遵守的规则，组织会员单位的从业人员的业务培训，开展会员间的业务交流；

(5) 对会员之间、会员与客户之间发生的证券业务纠纷进行调解；

(6) 组织会员就证券业的发展、运作及有关内容进行研究；

(7) 监督、检查会员行为，对违反法律、行政法规或者协会章程的，按照规定给予纪律处分；

(8) 证券业行业章程规定的其他职责。

三、国内外证券业协会的比较

证券业协会作为证券市场特殊的监管者，其职责在各国证券法中均有体现。在英美等国，证券业协会发挥着相当大的作用；德、法等国也设有证券业自律组织，但其职责发挥与英美等国有较大差距。就我国情况而言，证券业协会的作用更为独特。

(一) 对场外交易的监管职责

在英美等国家的证券监管体制中，自律管理采取双重监管体制。就场内交易而言，主要由证券交易所实施监管。对场外交易的监管则主要由证券业协会承担。场外交易是以证券公司柜台交易为代表形式的，证券业协会作为以各类证券经营机构为主所组成社会组织，在监管会员单位的证券经营活动，建立自律规则和场外交易具体规则，维护会员单位之间的公平竞争，协调会员单位之间的关系，推动场外交易业务的发展等方面，显然拥有得天独厚的优势。

而中国证券业协会的宗旨中并没有提到其具有组织、推动和监管场外交易的职能。在主要采取证券交易所交易的环境中，如果过分强调证券业协会的监管职能，容易使证券业协会与证券交易所的监管职能出现交叉和重叠。为了避免监管重叠，只得牺牲或者减少证券业协会的监管职能，并将其职能限定于研究、宣传、交流、协调等方面。笔者认为，随着代办股份转让系统的继续发展，中国证券业协会对场外交易市场的自律监管功能，将得到更大发挥。

（二）对政府监管的依附性

正如证券市场是从无组织的自由交易转向有组织的交易状态一样，证券监管也实现了从自律监管向政府监管的过渡。国外证券市场多是先有证券商和证券交易所自律监管，后有政府监管。对处于缺乏政府监管状态的证券市场而言，自律监管在推动、规范证券市场发展过程中，发挥着非常重要的作用。即使在政府加大监管力度的现代证券市场中，由于历史惯性和传统，自律监管依然发挥着积极作用，从而形成与政府监管并存的自律监管制度。两种监管间存在密切联系与配合，政府甚至不愿意直接监管属于自律监管领域内的事务，以保持自律监管的独立空间。

我国证券市场的产生与发展，一直都是行政权力推动的结果。证券市场的存在及发展基础都是政府权力，自律性规范仅作为国家强制性规范的附属规则而发挥作用；“自律监管机构”特别是证券业协会，更是在政府监管机构的督促下设立和发挥功能的，如原《证券法》明确将“国务院证券监督管理机构赋予的其他职责”列为证券业协会的职责。这种特殊的体制与传统，使得我国证券业协会对政府监管机构形成天然的依赖。

（三）对自律监管动力的发掘

任何组织如果无法给其成员带来实际利益或可预见利益，其存在总是岌岌可危的。对自律监管组织来说，这一点也绝无例外。在严格意义上，政府监管只能划定证券市场参与者的行为边界，但在该法定范围内，市场参与者究竟应如何行事，强行法规范无法作出全面规定。在此意义上，单纯依赖强行性规范，难以发挥最佳调整作用。相反，在强行法划定的行为界限内，鼓励证券公司合理从事证券业务，促进各证券公司或成员单位的福利，就成为自律监管生命存续的源泉。证券业协会通过创造新的商业机会，推行行业内公认的行为规则，不仅保证了证券市场秩序，更为其成员单位带来商业利益。美国证券法没有采取证券公司强制入会的规则，而是允许存在非会员证券公司，但因证券业协会或相关组织自律和自治功能的充分发挥，使成员单位获得很大利益，故绝大多数证券公司都积极申请成为证券业协会的成员。

我国《证券法》在确定证券业协会的职责时，重视维护证券公司的消极利益，相对忽视成员单位的积极利益，即往往重视发挥证券业协会在纠纷调停和纪律处分方面的职能，而没有为成员单位创造商业机会，成员单位也极少借助证券业协会维护其合法权益。长此以往，会使成员单位与证券业协会的关系逐渐疏远，进而会影响证券业协会自律作用的充分发挥。

“我国已经成立中国证券业协会，这为证券业自律奠定了组织基础。但是，它与实现证券业的真正自律管理，尚有相当距离。”[①] 基于此种基本判断，可考虑在未来作出若干改进和发展。如设立若干专业性证券业协会，如证券经纪业务协会、投资银行业务协会、自

---

① 杨志华：《证券法律制度研究》，201页。

营业务协会等，加强专业证券公司之间的协作与交流。再如授权证券业协会逐渐开设场外交易市场，为成员单位创造新的商业机会。

【问题与思考】

1. 简述证券交易所的法律特征。
2. 简要比较会员制和公司制证券交易所。
3. 简述证券交易所的监管职能。
4. 简述证券交易所承担的法定义务。
5. 如何发挥中国证券业协会的职能？

第十四章 证券公司和证券服务机构

本章概要

我国曾允许多种证券经营机构并存，其中，既有证券公司，也有兼营证券业务的其他金融机构。证券公司作为专门从事证券经营业务的公司法人，原则上不得从事银行、保险以及信托等金融业务。证券公司可以充当发行人的承销商，还可以从事证券自营买卖或者代理证券买卖。证券公司从事不同类型的证券业务，需要遵守不同的行为规范。在诸多证券业务中，接受委托买卖证券是证券公司的重要营业。现行《证券法》对证券公司内部风险控制、业务操作规程以及公司整改等作出了更具体的规定，这些措施将有力地推动证券公司规范运作，增强证券公司抵抗金融风险的能力。

关键术语

证券公司　内控制度　中国墙　交易结算资金　全权委托　利益承诺　证券经纪　证券自营　证券承销　证券服务机构

第一节　证券公司概述

一、证券公司的概念和产生

证券公司，是指按照公司法和证券法等法律法规规定的设立条件，经证券监管机构批准并经公司登记机关登记设立的，从事证券业务的有限责任公司或股份有限公司。在习惯上，人们有时将证券公司称为“证券商”或“券商”，有时根据证券公司的业务范围，将证券公司称为“承销商”、“经纪商”和“自营商”等。

在我国证券市场发展之初，各类证券经营机构皆属于非银行金融机构，除了少部分证券经营机构是以证券公司名义设立外，很多证券经营经营机构是附属于信托公司或者银行的、专门从事证券经营业务的分支机构。1986 年国务院发布《银行管理暂行条例》，规定凡经营存款、贷款、个人储蓄、票据贴现、外汇、结算、信托、投资、金融租赁、代募证券等业务的银行和其他金融机构，都应当遵守该暂行条例。该暂行条例没有规定证券业务和证券公司的概念，但所称“代募证券”显然属于证券经营业务，所称“其他金融机构”当然包括从事证券经营业务的非银行金融机构。该暂行条例规定，除全国性信托投资公司外，其他信托投资公司应当由地方人民银行审核并报请中国人民银行批准。为了规范信托投资机构的发展，中国人民银行于 1986 年 4 月 26 日又发布了《金融信托投资机构管理暂行规定》，对信托投资公司的业务范围、信托投资机构的设立条件、申请文件以及程序、业务管理等问题作出进一步规定。

随着我国证券市场的发展，1988 年前后，未经中国人民银行核准和批准，有些地方或者部门擅自批准成立了具有金融机构性质的证券公司或者证券经营机构。这些机构的设立程序不规范、运营规则不明确，从而导致证券经营机构的运营极其混乱。为了规范非银行金融机构的发展，中国人民银行于 1988 年 7 月 16 日发布《关于设立证券公司或类似金融机构须经中国人民银行审批的通知》。该通知对清理已有的证券经营机构起到了积极作用，几乎最早提出了证券公司的概念。

1990 年 10 月 12 日，中国人民银行发布《证券公司管理暂行办法》。该暂行办法共5 章 22 条，分别就证券公司的概念、机构管理、业务范围和管理监督等作出明确规定。根据该暂行办法的规定，证券公司是指依本办法规定设立的、专门经营证券业务、具有独立企业法人地位的金融机构；中国人民银行是国家证券管理机关，设立证券公司必须报经中国人民银行批准。1990 年 10 月 19 日，中国人民银行颁布《跨地区证券交易管理暂行办法》，明确将“证券公司”和“金融机构设立的证券交易营业部”作为“证券交易机构”的两个基本类型。同年 11 月 27 日，中国人民银行又印发《证券交易营业部管理暂行办法》，对金融机构设置的、专门经营证券交易业务的对外营业场所，作出较为详细的规定，建立起了以信托投资公司为主体的证券经营机构。除此以外，有些地方政府也发布了相关的地方性法规，如上海市人民政府于 1990 年 11 月 27 日发布了《上海市证券交易管理办法》，对证券经营机构作出专门规定。

根据当时的规定，很难将证券公司和证券经营机构作出清晰划分。“证券公司”一词同时表达了机构的营业范围和组织形式，“证券经营机构”泛指各种依法从事证券经营业务的机构，主要描述了机构的营业范围和经营性质，没有反映其企业组织形式。证券经营机构既包括证券公司，也包括其他证券经营机构。因此，信托投资公司附属的证券营业部和各种证券代办点，就自然成为合法存在的证券经营机构。

在理论上，证券经营机构和证券公司之间存在着明显差异：第一，证券经营机构是证券公司的上位概念，证券公司是证券经营机构的特殊类型，证券经营机构包含但不限于证券公司。第二，证券经营机构的概念主要反映出金融机构的营业性质，与该机构是否是公司没有关系，甚至与该机构是否具有法人资格也没有直接关系，但证券公司明确地表现出该机构具有的公司法人资格。第三，证券经营机构可以反映出其他金融机构兼营证券业务的情况，证券公司则直接反映出以经营证券业务为主业的公司属性。

20 世纪 90 年代中后期以后，我国金融界开始致力于探讨我国信托制度改革，学术界逐渐达成的共识是，信托业和证券业是相对独立的金融行业，信托机构不应直接从事证券经营业务。《信托法》起草者根据国际通行规则，倾向于对信托业和证券业采取分别管理的态度。在信托公司清理整顿过程中，金融监管机构也提出了信托业和证券业的分业监管政策。随着相关政策的推行，信托公司逐渐与主管银行分离，信托公司证券业务逐渐萎缩，信托公司证券业务逐渐移交给新成立的证券公司，信托公司开始专注于替人理财。

《证券法》以及证监会于2001年12月28日发布的《证券公司管理办法》，是我国规范证券公司的主要法律依据。原《证券法》第6条规定，"证券业和银行业、信托业、保险业分业经营、分业管理。证券公司与银行、信托、保险业务机构分别设立"，从而确立了分业经营、分业管理的原则，并确立了证券公司在金融机构体系中的独立地位。修改后的《证券法》第6条增加"但书"条款，即"国家另有规定的除外"。据此，我国继续坚持金融业分业经营、分业管理以及金融机构分别设立的基本政策，但没有绝对禁止证券公司从事其他金融业务。

二、证券公司的特点

证券公司具有公司的一般属性，同时，作为特别法规定的公司，还具有以下特性：

1. 经营业务的特殊性

普通公司从事的经营业务范围广泛，有权从事法律法规未加限制的各种活动，法律极少限定公司的经营范围。证券公司是专门从事证券经营业务以及其他相关业务的组织。《证券法》第125条规定，证券公司经批准，可以从事证券经纪、证券投资咨询、与证券交易和证券投资活动有关的财务顾问、证券承销与保荐、证券自营、证券资产管理以及其他证券业务。证券公司在服务对象和业务性质上，明显有别于普通公司。

在业务性质方面，证券公司专门提供证券服务业务，具有较强的专业性，具有高风险性，不宜将证券业混同于普通商业活动。在服务对象方面，证券公司主要是面向发行人、基金管理公司和投资者提供专业服务。投资者是证券公司的重要服务对象，但缺乏专业知识，很容易受到损失；投资者是证券市场发展的基础，需要法律给予特别保护。将证券经营业务规定为特种营业并交给证券公司办理，这种做法有助于保护投资者利益，预防和化解金融风险，实现证券市场秩序的稳定。证券公司经营业务的特殊性，决定了证券公司与普通公司之间的其他差异。

2. 设立程序的特殊性

设立公司应当符合《公司法》规定的条件和程序。公司发起人应当签署公司设立文件并提交给公司登记管理机关，公司登记管理机关审核合格后，向申请人签发企业法人营业执照，公司即告成立。设立证券公司的，除要符合公司法规定外，还应符合证券法的相关规定。

根据证券法规定，设立证券公司不仅要履行公司法规定的登记程序，还应当履行前置批准程序和登记后的许可程序。所谓前置批准程序，是指申请人申请设立证券公司时，必须首先向国务院证券监管机构提出设立申请；证券监管机构根据审慎监管原则作出批准决定后，申请人才能向公司登记机关提出申请设立登记。所谓登记后许可程序，是指证券公司取得企业法人营业执照后，必须向证券监管机构申请取得经营证券业务的许可证。没有完成前置审批程序的，不得设立证券公司；没有履行登记后许可程序的，不得经营证券业务。

3. 设立条件的特殊性

普通公司的经营规模或大或小，营业活动繁杂。为了促进经济和鼓励投资，《公司法》

放松了对公司设立条件的管制，大幅度降低了公司最低注册资本限额。证券公司从事特种营业，经营风险较高，要对公众承担较重的责任，因此，《证券法》提高了证券公司的最低注册资本限额，分别为5 000万元、1亿元和5亿元。《证券法》还规定，证券公司主要股东应当具有持续盈利能力，信誉良好，最近3年无重大违法违规记录，净资产不得低于2亿元人民币。

4. 公司管理的特殊性

《公司法》承认公司的更大自主权，公司可以自主安排内部管理事项，股东有权自主制订和修改章程。证券公司的自主管理，却要受到严格限制。例如，证券公司必须有完善的风险管理和内部控制制度，财务和风险控制指标必须满足证券监管机构的要求，业务操作记录必须长期保留。对净资本或者其他风险控制指标不合格的证券公司，证券监管机构有权责令限期整改，并有权区别不同情况对证券公司采取特别措施。

此外，在监管方面，证券公司违法经营或者出现重大风险，严重危害证券市场秩序、损害投资者利益的，国务院证券监督管理机构可以对该证券公司采取责令停业整顿、指定其他机构托管、接管或者撤销等监管措施。

三、证券公司的分类

证券公司可以采用多种标准予以分类。根据证券法，证券公司的主要分类标准是公司组织形式，据此证券公司可分为有限责任公司和股份有限公司。在2005年修改《证券法》以前，我国对证券公司采取分类管理原则，即按照业务范围标准，将证券公司分为综合类证券公司和经纪类证券公司。

（一）公司组织形式与证券公司分类

1. 有限责任公司和股份有限公司

根据《证券法》第123条的规定，证券公司是指依照公司法和证券法规定设立的，从事证券经营业务的有限责任公司或股份有限公司。

有限责任公司是股东以出资额为限对公司承担责任，公司以其全部资产对公司债务负责的公司，也称“有限公司”。有限责任公司由1人以上、50人以下的股东组成。我国公司法另将有限责任公司分为普通的有限责任公司和国有独资公司。在有限责任公司中，又再分为一人有限责任公司和有限责任公司。因此，从实务来看，可将有限责任公司分为普通有限责任公司、一人有限责任公司和国有独资有限责任公司。

股份有限公司是全部资本分为等额股份，股东以其所持股份为限对公司承担责任，公司以其全部资产对公司的债务承担责任的公司，也可简称为“股份公司”。根据公司法规定，股份有限公司可以采取发起设立和募集设立的设立方式。所谓发起设立，是指发起人足额认缴公司拟发行的全部股份，不向其他投资者发行股份而设立股份有限公司；募集设立，是指公司资本除法定比例和数额由公司发起人认缴外，其余股份通过向社会公众募集而设立股份有限公司。

2. 分类的意义

（1）法律适用不同。设立证券公司必须符合证券法规定，同时，采取有限责任公司形式设立证券公司的，必须符合《公司法》第二章“有限责任公司的设立和组织机构”的规定；采取股份有限公司形式组建证券公司的，必须符合《公司法》第四章“股份有限公司的设立和组织机构”的规定。

（2）公司名称有别。按照《证券法》第126条的规定，证券公司必须在其名称中标明证券有限责任公司或者证券股份有限公司字样。公司名称中标明公司的组织形式，是公司显名主义的表现方式，可以提示交易相对人注意公司内部组织结构的特殊性。

（3）法定义务不同。有限责任公司具有封闭性，公司财务及管理等对社会公众不公开；股份有限公司特别是募集设立的证券股份有限公司，应当依法承担信息公开义务。因此，区分证券公司组织形式，有助于交易相对人了解证券公司资讯。

3. 基本分析

《证券法》规定，证券公司可以采取有限责任公司或者股份有限公司的形式，不得采取公司制以外的企业组织形式。笔者认为，是否允许证券经营机构采用其他组织形式，尚有讨论必要。证券经营机构应主要采取公司制形式，但无须绝对禁止采取其他组织形式。

首先，国外早期出现的证券经营机构，主要采取无限责任形式。即使采取公司制，更多的也只是具有象征意义，经纪人及业务承办人的个人素质及业务能力，往往成为影响证券业务的决定性因素。对多数证券公司来说，某个经纪人或者业务人“跳槽”往往是致命性损伤。然而，20世纪60年代起，美国证券公司纷纷从合伙制走向有限责任制，美国高盛证券公司于2000年走向公司制后，无限责任的证券公司最终全面解体。其他中介组织如注册会计师事务所也走向有限责任合伙制。如此一来，多数行业都采取了有限责任。

其次，在国外证券市场上，证券承销商和经纪人等被视为行业内的专家，专家判断对投资者信心有着非常直接的影响。投资者计划投资时，大多事先请教专家，作出投资决定依赖于专家的判断。由于影响证券品质的因素十分复杂，立法者根本无法全面列举影响证券品质的各种因素。因而，站在投资者角度来看，证券经营机构的专家判断构成投资者判断的重要因素。名声显赫的中介机构作出的专家判断、推荐和保荐，必然获得投资者更高的信赖。

最后，证券业务的专业性强，承办人员的经验、素质、敬业和协调能力往往决定了服务的质量。在合伙制形式下，承办人和合伙人要对服务质量承担最终责任，这种加重责任机制迫使合伙人及承办人竭尽全力提供优质服务，尽力避免服务出现差错。在公司制形式下，公司是对外承担责任的最终当事人，公司股东无须直接承担法律责任，管理者仅以失职为由而承担管理责任，承办人员履行职务出现的差错、疏忽和失职，在法律上归结于公司承担。即使管理者、承办人员受到处罚，也通常限于行政责任，罚款金额较低。轻微的处罚、专业人员广阔的就业市场，难以对管理者和承办人员构成有效压力，执业处罚难以发挥市场驱逐效力。笔者认为，证券经营机构采取公司制，使得公司成为个人责任的防护墙，难免诱发承办人员的懈怠、失职。

（二）股东身份与证券公司分类

1. 基本分类

根据我国吸引外商政策以及《外商投资行业指导目录》，我国证券公司可分为内资证券公司和外资参股证券公司。内资证券公司是指投资者或股东均为境内法人或个人的证券公司。外资参股证券公司，根据《外资参股证券公司设立规则》第2条的规定，是指：（1）境外股东与境内股东依法共同出资设立的证券公司；（2）境外投资者依法受让、认购内资证券公司股权，内资证券公司依法变更的证券公司。换言之，我国不允许设立全部股权由境外投资者持有的外商独资证券公司。

2. 主要区别

根据《外资参股证券公司设立规则》，两种公司的主要区别是：

(1) 业务范围存在差异。内资证券公司能够依法从事各种证券业务，外资参股证券公司只能根据《外资参股证券公司设立规则》第 5 条的规定，经营四类业务：1) 股票（包括人民币普通股、外资股）和债券（包括政府债券、公司债券）的承销与保荐；2) 外资股的经纪；3) 债券（包括政府债券、公司债券）的经纪和自营；4) 中国证监会批准的其他业务。

(2) 公司设立条件存在差异。外资参股证券公司除应符合《公司法》和《证券法》的规定以外，还应符合下列条件：1) 股东具备《外资参股证券公司设立规则》规定的资格条件，其出资比例、出资方式符合该规则的规定；2) 按照中国证监会的规定取得证券从业资格的人员不少于 30 人，并有必要的会计、法律和计算机专业人员；3) 有健全的内部管理、风险控制和对承销、经纪、自营等业务在机构、人员、信息、业务执行等方面分开管理的制度，有适当的内部控制技术系统；4) 中国证监会规定的其他审慎性条件。

(3) 公司股东身份存在差异。外资参股证券公司的境内股东，应当有 1 名是内资证券公司。外资参股证券公司的境外股东，应当具备下列条件：1) 所在国家或者地区具有完善的证券法律和监管制度，已与中国证监会或者中国证监会认可的机构签订证券监管合作谅解备忘录，并保持着有效的监管合作关系；2) 在所在国家或者地区合法成立，至少有 1 个是具有合法的金融业务经营资格的机构；境外股东自参股之日起 3 年内不得转让所持有的外资参股证券公司股权；3) 持续经营 5 年以上，近三年未受到所在国家或者地区监管机构或者行政、司法机关的重大处罚；4) 近三年各项财务指标符合所在国家或者地区法律的规定和监管机构的要求；5) 具有完善的内部控制制度；6) 具有良好的声誉和经营业绩；7) 中国证监会规定的其他审慎性条件。

(4) 公司股东的股权比例存在差异。境外股东持股比例或者在外资参股证券公司中拥有的权益比例，累计（包括直接持有和间接控制）不得超过 49%。境内股东中的内资证券公司，应当至少有 1 名的持股比例或者在外资参股证券公司中拥有的权益比例不低于 49%。内资证券公司变更为外资参股证券公司后，应当至少有 1 名内资股东的持股比例不低于 49%。此外，境外投资者可以依法通过证券交易所的证券交易持有上市内资证券公司的股份，或者与上市内资证券公司建立战略合作关系并经中国证监会批准持有上市内资证券公司的股份，上市内资证券公司经批准的业务范围不变；在控股股东为内资股东的前提下，上市内资证券公司不受至少有 1 名内资股东的持股比例不低于 49%的限制。

(三) 业务类型与公司分类

原《证券法》第 119 条规定，国家对证券公司实行分类管理，分为综合类证券公司和经纪类证券公司，并由国务院证券监督管理机构按照其分类颁发业务许可证。

经纪类证券公司是经证券监督管理机构批准，从事证券经纪业务的证券公司。证券经纪业务，是证券公司根据投资者的委托和授权，以作出委托指令的投资者的名义及其账户进行的买卖证券或其他证券业务。根据证券交易规则，非会员投资者进行证券投资时，必须通过证券公司进行。借助证券公司完成证券投资或交易的，即为证券经纪业务。在经纪业务中，证券公司的基本职责，是依照证券法律、法规和证券交易规则的规定，执行投资者发出的委托指令。

综合类证券公司是经证券监督管理机构的批准，在核定范围内从事证券经纪业务以及证券自营业务、证券承销业务或其他证券业务的证券公司。综合类证券公司除可依法从事经纪业务外，还可同时从事核定的其他业务。《证券法》第125条规定，证券公司经批准，可以从事证券经纪、证券投资咨询、与证券交易和证券投资活动有关的财务顾问、证券承销与保荐、证券自营、证券资产管理以及其他证券业务。

现行《证券法》取消了对证券公司实行分类管理的条款，却没有废除证券公司分类管理制度。一方面，证券公司分类管理规定已执行数年，多数证券公司依然按照分类管理规则运行，证监会没有要求调整，因此《证券公司管理办法》延续了分类管理规则。另一方面，法律没有明令废止证券公司分类管理，《证券法》也坚持了分类管理的做法，该法第127条根据证券公司的营业范围，设置了不同公司的设立条件。

四、证券业务的范围

现行《证券法》第125条规定了7类证券业务，分别为证券经纪、证券投资咨询、与证券交易和证券投资活动有关的财务顾问、证券承销与保荐、证券自营、证券资产管理以及其他证券业务。另外，针对证券公司主要从事的证券经纪业务、证券自营业务、证券资产管理业务以及融资融券业务，《证券公司监督管理条例》第四章专节作了详细规定。

(一) 经纪业务

经纪业务，是证券公司在核定业务范围内，根据投资者的买卖指令，以投资者名义和账户进行证券买卖或者其他证券投资的业务活动。投资者不直接进入证券交易所进行证券投资，而需借助证券公司的经纪服务，才能依法完成证券交易活动。经纪业务是证券公司向投资者提供的特殊中介服务。

在经纪业务中，证券公司与投资者之间属于委托关系。投资者是委托方，证券公司为受托方，投资者向经纪公司发出交易指令，证券公司依照该指令办理证券买卖业务。在执行经纪业务过程中，投资者应向证券公司缴纳必要费用或者佣金，并自行承担投资风险。证券公司违反指令而给投资者造成损失的，应当向投资者承担赔偿责任，但不承担投资者的其他投资风险。无论投资者是否遇有风险和损失，证券公司均有权依法收取必要佣金和手续费。

有学者认为，证券经纪即为“证券代理”，这种观点有失妥当。代理是代理人在被代理人授权范围内，以被代理人名义进行民事活动，其行为后果由被代理人承担的法律制度。代理最重要的特点之一，即代理人在授权范围内可以独立进行意思表示。但在办理经纪业务中，证券公司必须严格按照投资者的有效指令办理买卖业务，不得独立作出意思表示。同时，代理侧重于描述本人与第三人发生民事行为时所承受的权利义务，而经纪业务侧重强调证券公司与投资者之间的内部关系。经纪公司与投资者在委托事项上约定不明确的，应当依照合同法关于委托合同的规定，确定相互的权利义务关系。

(二) 投资咨询业务

投资咨询的含义极其宽泛。在广义上，凡与证券投资活动有关的答复咨询、专题研究、业务或者行业分析、投资建议，无论采取口头或者书面形式，还是采取发送信件或者散发印刷品等形式，或者是专业机构及其人员向他人提供意见等，都可以视为证券投资咨询。

《证券法》第125条规定的证券投资咨询，系采取狭义解释。

1. 专指证券公司向客户提供的投资咨询，不包括其他机构或者个人提供的投资咨询，尤其有别于专业投资咨询机构向客户提供的投资咨询意见。

2. 专指证券公司以收取费用或者获得补偿为对价而向客户提供的投资咨询意见，不包括各种附属于证券经纪、承销、保荐、证券资产管理等业务的咨询意见。证券公司向客户提供经纪、承销、保荐和证券资产管理业务时，不应就附带的咨询服务收取费用。

3. 专指证券公司经证券监督管理机构批准后开展的特殊业务。证券公司是专业机构，投资咨询不包括向客户提供法律、会计、审计、评估、工程等领域的咨询意见。

4. 专指根据客户要求或者委托而提供的投资咨询服务。证券公司可以向客户推介其投资咨询业务，但是否需要获得证券投资咨询服务，应当由客户自主判断。

证券公司获准从事证券投资咨询业务，将引起传统证券业务与传统证券投资咨询业务的混业状况，不仅对其他专门从事证券投资咨询业务的机构形成巨大压力，也对证券监管机构的监管提出了挑战。

（三）财务顾问业务

财务顾问业务是证券法规定的新型业务。我国企业进行股份制改造以及申请上市过程中，早已参考境外经验开始聘请境内外专业机构担当财务顾问，如北京燕化石油化工股份有限公司申请发行H股股票并在香港联合证券交易所上市时，即聘请中华企业股份制咨询公司担任其中国咨询公司，聘请法国东方汇理银行担任公司的国际财务顾问。《上市公司收购管理办法》规定，收购人发出要约收购的，应当聘请财务顾问。

证券公司从事财务顾问业务，须受到以下规则限制：

1. 财务顾问业务限于证券交易和证券投资范围之内。在此范围内，证券公司不能替代其他专业机构的活动，如不得为委托人编制财务账簿或者会计报告，也不得替代财务审计机构的工作。

2. 提供财务顾问服务，须根据委托人的委托并有权收取财务顾问费用。

3. 证券公司在限定范围内从事财务顾问服务的，应当遵守证券法相关规定。证券公司在该范围以外从事财务顾问服务的，不受证券法管辖，而按照其他法律法规确定。

（四）承销和保荐业务①

承销业务，是证券公司以承销商身份，根据发行人委托，为发行人销售股票或者公司债券的业务。承销分为包销和代销，证券包销的业务风险较大，证券代销风险较小。保荐是指有资格的保荐人推荐符合发行、上市条件的公司公开发行证券，或者推荐其上市，并对所推荐的上市公司提供持续性训示、督促、辅导、指导和信用担保的制度。保荐还包括推荐符合条件的公司对外公开发行股票或者公司债券等证券。

（五）自营业务

自营业务，是证券公司以其自有资金和名义，为了自己利益从事的证券买卖业务。证券公司办理自营业务，应当专门开设自营账户，自营账户应当与经纪账户分开管理，不得混合操作。证券公司自营业务的资金，可以是自有资金，也可以是依法融资获得的资金，但不得使用违规资金从事证券交易。

证券公司是我国证券市场重要的机构投资者。证券公司的自营业务遇到损失，应当独立承担责任。自营业务的盈亏不仅取决于证券公司的决策，也受制于证券市场的价格波

---

① 参见本书第七章的相关内容。

动。应当加强对证券公司自营业务的监管，适当提高证券自营业务的从业标准。

（六）资产管理业务

资产管理，指证券公司接受资产所有者或者管理者委托，为其办理资产或者财产估价、管理、运用、处置、变现、买卖等事务。代为办理证券账户或者资金账户结算事宜，也可纳入资产管理范围。根据《证券投资基金法》的规定，证券公司可以申请取得证券基金管理人资格，办理证券投资基金的管理事务。

证券公司办理资产管理业务，将使传统证券业务与其他金融业务的界限更为模糊，产生证券业务与信托业务的交叉，金融混业的现象更加普遍。在理论上，资产管理更接近于信托管理。证券公司承接资产管理业务，更有利于客户利益，但应当遵守以下规则：

1. 资产管理以证券资产为限，证券公司不得从事非证券类资产的管理业务。

2. 资产管理以委托人发出特别委托为限。证券公司为客户办理证券业务附带承担的资产管理，不属于法律专门列举的资产管理业务。

3. 证券公司办理资产管理业务时，不得变相接受客户的全权委托，也不得变相实施混合操作，必须按照客户利益最大化原则办理委托事务，不得借此谋取不当利益。

（七）融资融券业务

在我国证券市场的发展中，不断出现各种金融创新。为客户提供融资融券服务，就是证券公司开展的新型证券业务。所谓融资，是投资者按照较低市场价格向证券公司借入证券，待证券市场价格上涨后，卖出证券、偿还融资款并赚取差价的行为。所谓融券，是指投资者在预期股票价格将会下跌的情况下，以市场价格向证券公司借入证券并卖出，待证券价格下跌时买进证券并归还证券公司的行为。《证券法》第142条规定，证券公司为客户买卖证券提供融资融券服务，应当按照国务院的规定办理，并经国务院证券监督管理机构批准。

（八）其他业务

为了规范证券公司的金融创新活动，降低金融风险，我国法律采取了比较严格的监管制度。《证券法》单列“其他证券业务”一项，旨在合理监控证券公司拓宽业务范围，避免因金融创新不当导致过度金融风险。

第二节 证券公司的设立

一、设立证券公司的法定程序

证券公司的设立审核，分为直接登记制和审批登记制。根据直接登记制，凡具备法定条件的设立申请人，均得申请设立证券公司；登记机构不得拒绝符合法定条件的登记申请。所谓审批登记制，通常是指在办理公司登记前，必须获得政府机构的特别许可；在获得许可并筹备成功后，始得向登记机关办理登记手续。

在我国，设立证券公司，应当履行公司法和证券法规定的程序。公司法规定的程序主要是公司登记机关的登记程序，证券法规定的程序包括前置批准和事后许可程序。因此，设立证券公司的，申请人必须履行前置批准、公司登记和营业许可三个程序。

（一）前置批准程序

《证券法》第128条第1款规定，“国务院证券监督管理机构应当自受理证券公司设立申请之日起六个月内，依照法定条件和法定程序并根据审慎监管原则进行审查，作出批准或者不予批准的决定，并通知申请人；不予批准的，应当说明理由”。

根据该条款规定，证券公司设立申请人必须首先取得证监会批准，才能继续办理证券公司设立事务。证监会在作出批准或者不予批准决定时，除了要依照法定条件和程序审核外，还有权根据审慎监管原则进行自由裁量。即使设立申请符合法律和行政法规规定的条件，证监会也可能作出不批准证券公司设立的决定。

审慎监管（Prudential Supervision）要求监管机构根据已发布的监管规定以及监管机构认可的内部政策、程序和管理制度来决定是否作出批准。一般来说，审慎监管涉及对资本充足率的要求、对流动性的要求、对风险集中度的要求、对关系人资格的限制要求、对金融集团关联交易的控制以及对早期风险处置等方面的要求。监管机构可采取现场审查、非现场审查、审慎监管会议、外聘专业机构等方式，具体审核申请人的申请条件，并据此作出批准或者不批准的决定。审慎监管是各国的通行规则，但监管机构不得以实行审慎监管为名，规避法定义务，必须平等对待申请人。

（二）公司登记程序

《证券法》第128条第2款规定，证券公司设立申请获得批准的，申请人应当在规定期限内向公司登记机关申请设立登记，领取营业执照。根据《公司登记管理条例》第20条，设立有限责任公司，由全体股东指定的代表或者共同委托的代理人向公司登记机关申请设立登记。法律、行政法规或者国务院决定规定设立有限责任公司必须报经批准的，应当自批准之日起90日内向公司登记机关申请设立登记；逾期申请设立登记的，申请人应当报批准机关确认原批准文件的效力或者另行报批。申请时，应当提交批准文件。经过审查合格的，公司登记机关给予办理设立登记并签发企业法人营业执照。

（三）营业许可程序

《证券法》第128条第3款规定，证券公司应当自领取营业执照之日起15日内，向国务院证券监督管理机构申请经营证券业务许可证。未取得经营证券业务许可证，证券公司不得经营证券业务。

我国对设立证券公司采取了特许审批制，即政府监管机构依照设立申请人的申请，根据法律规定的条件和程序，斟酌各种实际状况，个别批准证券公司的设立申请并确定其营业范围。即使设立申请人具备法定条件并履行了法定程序，审批机构根据实际状况，仍有权酌定是否准许设立证券公司，亦有权酌定其营业范围。

二、设立证券公司的法定条件

《证券法》规定的证券公司设立条件，明显高于《公司法》规定的公司设立条件。根据《证券法》第124条的规定，设立证券公司的法定条件包括：

（一）公司章程

公司章程是公司设立的必备基础文件，设立证券公司的，要有符合法律、行政法规规定的公司章程。在我国，设立的公司类型不同，公司章程的基本条款和格式也不尽相同。内资证券公司与外资参股证券公司的章程内容存在较大差别，上市和非上市证券公司的章程内容和格式也有很大不同。[①]

① 参见《外资参股证券公司设立规则》。

（二）主要股东

公司法对公司主要股东没有特别要求。但在设立证券公司场合下，现行法律法规对公司主要股东的情况有特别要求。根据《证券法》规定，证券公司主要股东应当具有持续盈利能力，信誉良好，最近3年无重大违法违规记录，净资产不低于人民币2亿元。此外，《外资参股证券公司设立规则》还规定了境外股东应当具备的条件。

（三）注册资本

注册资本是公司承担债务的最低物质保障，注册资本多寡往往表明公司债务承担能力的强弱。为了强调证券公司的风险和责任，加强对债权人和客户的保护，各国证券法均规定了证券公司注册资本或者资本的最低限额。

1. 最低注册资本限额

根据《证券法》第127条的规定，证券公司经营证券经纪、证券投资咨询以及与证券交易、证券投资活动有关的财务顾问业务的，注册资本最低限额为人民币5 000万元。经营证券承销与保荐、证券自营、证券资产管理、其他证券业务之一的，注册资本最低限额为人民币1亿元；经营证券承销与保荐、证券自营、证券资产管理、其他证券业务中两项以上业务的，注册资本最低限额为人民币5亿元。证监会根据审慎监管原则和各项业务的风险程度，可以调整注册资本最低限额，但不得少于前述规定的限额。

2. 实收资本制

现行《公司法》对公司注册资本采取"一次认足、分期缴纳"的法定资本制。公司股东首期出资不少于注册资本的20%，即可申请取得营业执照并开展经营活动。《证券法》规定，证券公司注册资本应当是实缴资本，证券公司股东不能采取"一次认足、分期缴纳"的做法。

（四）任职资格

证券公司董事、监事和高级管理人员是否做到忠实和勤勉尽责，不仅影响到证券公司的安全运营，还将影响到证券市场的稳定。据此，《证券法》特别规定了证券公司董事、监事和高级管理人员的任职资格。

1. 积极资格。积极资格即应当具备的资格。《证券法》第131条第1款规定，证券公司的董事、监事和高级管理人员，应当正直诚实，品行良好，熟悉证券法律、行政法规，具有履行职责所需要的经营管理能力，并在任职前取得国务院证券监督管理机构核准的任职资格。

2. 消极资格。消极资格即不得任职的条件。证券公司的董事、监事和高级管理人员不得有《公司法》第147条规定的不得任职情形。《证券法》第131条第2款还规定了其他消极条件：(1) 因违法行为或者违纪行为被解除职务的证券交易所、证券登记结算机构的负责人或者证券公司的董事、监事、经理，自被解除职务之日起未逾5年；(2) 因违法行为或者违纪行为被撤销资格的律师、注册会计师或者法定资产评估机构、财务顾问机构、资信评级机构、资产评估机构、验证机构的专业人员，自被撤销资格之日起未逾5年。

3. 从业人员的聘用资格。《证券法》第132条规定，"因违法行为或者违纪行为被开除的证券交易所、证券登记结算公司、证券服务机构、证券公司的从业人员和被开除的国家机关工作人员，不得招聘为证券公司的从业人员"。《证券法》第133条规定，"国家机关工作人员和法律、行政法规规定的禁止在公司中兼职的其他人员，不得在证券公司中兼任职务"。

（五）风险管理与内部控制制度

在证券公司设立阶段，主要根据申请人的申报文件和筹办情况，来考核证券公司是否有完善的风险管理与内部控制制度。申请人要提交与风险管理和内部控制有关的各项文件资料。证监会于2003年12月15日发布的《证券公司内部控制指引》，是监管机关考核证券公司是否符合设立条件的重要依据。根据该项指引，内部控制包括环境控制、业务控制、资金管理控制、会计系统控制、电子信息系统控制以及内部稽核控制等诸多方面。

（六）经营场所和业务设施

公司设立必须有符合公司法规定的营业场所和设施，证券公司向社会公众投资者提供各类证券业务，要首先满足公司法规定，同时要符合从事证券业务的需求，必须有合格的经营场所和业务设施。

（七）其他条件

设立证券公司，还必须具备法律、行政法规规定的和经国务院批准的国务院证券监督管理机构规定的其他条件。

第三节　证券公司内部控制

原《证券法》已注意到证券公司面临的特殊风险，规定了证券公司的交易风险准备金和流动负债指标，但没有规定证券公司内部控制制度。在原《证券法》实施中，我国曾先后出现数起证券公司停业、关闭、托管和破产的案件，引起公众和立法机关的高度重视。现行《证券法》增加了对证券公司内部控制问题的规定。该法第124条规定，证券公司必须有完善的风险管理与内部控制制度；第130条规定，国务院证券监督管理机构应当对主要风险控制指标作出规定；第136条还规定，证券公司应当建立健全内部控制制度。

一、内部控制的概念和原则

我国至今尚未形成关于内部控制的权威定义。美国“全国欺骗性财务报告委员会”下属的内部控制专门研究委员会（简称COSO委员会）于1992年提出了内部控制的如下定义：“内部控制是一个要靠组织的董事会成员、管理层和其他员工去实现的过程，实现这一过程是为了合理地保证：(1) 经营的效果性和效率性；(2) 财务报告的可信性；(3) 对有关的法律和规章制度的遵循性。为了实现上述的内部控制目标，内部控制应具备以下5个要素：控制环境、风险评估、控制活动、信息与沟通、监督。”

2003年12月15日，证监会发布施行《证券公司内部控制指引》。该指引第2条规定，证券公司内部控制是指证券公司为实现经营目标，根据经营环境变化，对证券公司经营与管理过程中的风险进行识别、评价和管理的制度安排、组织体系和控制措施。有效的内部控制应为证券公司实现下述目标提供合理保证：

(1) 保证经营的合法合规及证券公司内部规章制度的贯彻执行；

(2) 防范经营风险和道德风险；

(3) 保障客户及证券公司资产的安全、完整；

(4) 保证证券公司业务记录、财务信息和其他信息的可靠、完整、及时；

(5) 提高证券公司经营效率和效果。

根据上述规定，内部控制主要包括证券公司治理以及财务控制两方面。为了确保内部控制的有效性，证券公司内部控制应当贯彻健全、合理、制衡、独立的原则。

1. 健全性原则：内部控制应当做到事前、事中、事后控制相统一；覆盖证券公司的所有业务、部门和人员，渗透到决策、执行、监督、反馈等各个环节，确保不存在内部控制的空白或漏洞。

2. 合理性原则：内部控制应当符合国家有关法律法规和中国证监会的有关规定，与证券公司经营规模、业务范围、风险状况及证券公司所处的环境相适应，以合理的成本实现内部控制目标。

3. 制衡性原则：证券公司部门和岗位的设置应当权责分明、相互牵制；前台业务运作与后台管理支持应适当分离。

4. 独立性原则：承担内部控制监督检查职能的部门应当独立于证券公司其他部门。

二、证券公司治理机制

2012年12月11日，证监会发布《证券公司治理准则》（2013年1月1日起施行），特别规定了证券公司治理的若干核心问题。

（一）强化信息披露

《证券公司治理准则》第73条规定，“证券公司应当按照规定向社会公众披露本公司经审计的年度财务报告及其他信息，并保证披露信息的真实、准确、完整”。证券公司章程应当对重大关联交易及其披露和表决程序进行规定。上市证券公司还应履行证券法及公司法规定的上市公司信息披露义务。证券公司信息公开与证券公司治理机制存在密切联系，在一定意义上，信息披露程度的高低决定了公司治理机制的优劣，决定了公司运营的安全程度。在公司管理层垄断了经营信息的情况下，投资者及公众无从知晓证券公司存在的运营问题，难以有效监督证券公司的运营。如果公开公司信息，管理层将感受到公司外部压力，并在其推动下谨慎决策和经营。所以，信息公开有助于推动证券公司选择最佳的治理机制。

（二）完善内部组织机构

法律法规的功能是有局限的，无法全面、详尽规定证券公司治理及运营的各种问题。这就要求证券公司从稳健经营的角度出发，严格遵守相关法律法规，审慎设计内部控制制度。根据《证券公司治理准则》，证券公司应当确立如下组织制度：

1. 设立专门委员会。证券公司董事会应当就风险管理、审计等事项设立专门委员会。薪酬与提名委员会、审计委员会的负责人应当由独立董事担任。专门委员会应当向董事会提交工作报告。

2. 建立独立董事制度。经营证券经纪业务、证券资产管理业务、融资融券业务和证券承销与保荐业务中两种以上业务的证券公司，应当建立独立董事制度。内部董事人数不得超过董事人数的1/2，证券公司可以聘请外部专业人士担任董事。

3. 强化监事会权力。根据《证券公司治理准则》第四章的规定，证券公司监事会行使下列职权：（1）检查公司财务；（2）监督董事会、经理层履行职责的情况；（3）要求董事、经理层人员纠正其损害公司和客户利益的行为；（4）提议召开临时股东会；（5）组织对高级管理人员进行离任审计；（6）法律、行政法规和公司章程规定的其他职权。此外，证券公司监事还有权了解公司经营情况，公司应将其内部稽核报告、合规检查报告、月度或季度财务会计报告、年度财务会计报告及其他重大事项及时报监事会，监事会可要求公司董事、经理层人员及其他相关人员出席监事会会议，回答监事会所关注的问题。监事会对公司董事、经理层人员执行公司职务的行为进行检查时，可以向董事、经理层人员及涉及的公司其他人员了解情况，董事、经理层人员及涉及的公司其他人员应当配合。

三、证券公司的财务和风险控制

在财务和风险控制方面，《证券法》规定了证券公司风险控制指标制度、交易风险准备金制度以及证券投资者保护基金制度。《证券公司内部控制指引》还就证券公司财务管理的内部控制提出了具体要求。

（一）风险控制指标

证券公司应当保持较好的资产流动性和债务偿还能力。我国原《证券法》规定了证券公司负债总额和净资产的倍数以及流动负债与流动资产的比例，并规定该指标不得低于法定比例。①

现行《证券法》进行了两方面主要修改：一方面，增加了对证券公司风险控制的考核指标，并授权证券监管机构具体核定各种考核指标。证券公司经营风险的来源是多方面的，很难借助某个财务指标作出全面分析、判断。公司主营业务不同，风险程度以及考核指标也应有所差别。另一方面，取消了“不得超过”的表述。在解释上，“不得超过”即为禁止超过，且如果超过法定倍数或者比例，即应当产生相应的法律后果。但是，原《证券法》没有规定法律后果，证监会也无法基于证券公司某个风险控制指标未达标而实施处罚，只有当证券公司出现重大风险并危及市场秩序和投资者利益时，监管机构才能采取极端监管措施。

（二）交易风险准备金

交易风险准备金也称“营业保证金”，是依照营业风险程度和概率标准，由证券公司依照法定标准或者比例提取缴纳的、以备其承担法律责任的准备金。交易风险准备金应当以变现能力较强的资产缴纳，如现金、政府证券或者金融债券等，不宜以其他变现能力较差的资产充当交易风险准备金。

《证券法》第135条规定，“证券公司从每年的税后利润中提取交易风险准备金，用于弥补证券交易的损失，其提取的具体比例由国务院证券监督管理机构规定”。根据这一规定：（1）交易风险准备金从证券公司税后利润中提取；（2）交易风险准备金仅得用于弥补证券交易损失；（3）监管机构具体规定交易风险准备金的提取比例。

（三）证券投资者保护基金

证券投资者保护基金是为了补偿证券投资者所遇到的特别损失而设置的基金。它是通过强制证券公司缴纳一定数额的款项来形成一笔资金，当证券公司存在特定违法违规行为，造成投资者损失时，该基金在一定范围内给予投资者直接补偿。

在各主要国家和地区，都设置了投资者保护基金。英美采取公司制模式，由专门设立的公司管理赔偿基金并负责赔偿事务。加拿大、澳大利亚、我国香港和台湾地区采取了信托制模式，即由证券交易所或者证券业协会等设立投资者保护基金，基金按照信托基金模型运作。

---

① 参见原《证券法》第124条。

我国已建立的证券交易所风险基金、证券登记结算机构风险基金和证券公司交易风险准备金制度，与证券投资者保护基金不同。首先，基金目的不同，证券交易所风险基金是专门用于预防证券交易所风险而设置的基金，证券登记结算风险基金专门用于预防因违约交收、技术故障、操作失误、不可抗力造成的损失，证券公司交易风险准备金则是用于预防特定证券公司的经营风险。其次，基金管理体制不同。以往各项基金分别由证券交易所、证券登记结算机构和各证券公司自行提取和管理，无法发挥集合众人资金、抵御众人风险的功能。在基金提取人遇到重大危机时，其掌管的基金往往也已消耗殆尽。

建立投资者保护基金，一方面可以起到预防作用，通过对其会员财务状况的实时监控，起到配合监管当局和自律组织监管的作用，有效地防止证券违法违规行为；另一方面，保护基金机制采取了证券公司为投资者"购买保险"的市场化手段，投资者在证券公司因破产或者陷入财政危机而失去偿付能力时能得到赔偿。值得注意的是，国外类似基金往往可以代表投资者向欺诈者提起民事诉讼，诉讼所得利益纳入基金。在我国，投资者保护基金能否作为原告，就证券公司、上市公司的欺诈行为提起诉讼并获得赔偿，尚有待考察。

四、证券公司的业务控制

传统证券业务之间的清晰界限逐渐模糊，证券公司不仅从事承销、自营和经纪等传统业务，还可依法开展投资咨询、保荐和证券资产管理等新型业务。一家证券公司从事多种营业，与金融机构混业经营十分相似。证券公司办理经纪业务时，如果同时牵涉自己利益或者与其有关的第三人利益，就难以公平处理投资者委托的事务。对于金融混业经营，监管机构可加以外部监管，对于证券公司内部的混业，却难以监管。加强证券公司内部业务的控制，是避免、减少证券公司与投资者利益冲突的有效方式。

（一）内部隔离制度

内部隔离制度，又称为"中国墙"或者"防火墙"制度，是指从事多种经营的证券公司建立的、限制重大非公开信息在不同部门之间流动的制度和程序。在美国，"中国墙"制度的提法，源于美国证券交易委员会诉美林证券公司案件。在该案中，美林证券公司曾经担任道格拉斯飞机公司的主承销商，后美林证券公司向其客户传递道格拉斯飞机公司收益可能下降的非公开信息，客户随即卖出所持有的道格拉斯飞机公司股票。

在我国，主要存在两种典型情况：一是，证券公司因证券包销或者行使超额配售选择权而持有大量股票，为了售出所持股票，通过证券公司其他部门或人员劝诱投资者购买该种股票；二是，利用经纪业务带来的内部交易信息，通过证券公司自营部门或者人员进行相反交易或者同向交易，从中渔利。

我国证券市场建立初期，就借鉴了境外的"中国墙"制度。证监会于2001年发布的《证券公司从事股票发行主承销业务有关问题的指导意见》规定：证券公司应建立有效的内部控制制度。遵循内部防火墙原则，使投资银行部门与研究部门、经纪部门、自营部门在信息、人员、办公地点等方面相互隔离，防止内幕交易和操纵市场行为的发生。《关于规范证券公司受托投资管理业务的通知》（已废止）还规定，受托人应当建立健全内部风险控制、稽核与监察、财务与人事管理制度，确保受托投资资产的安全。前述《证券公司内部控制指引》也要求证券公司采用内部隔离制度。《证券法》第136条明确规定，"证券公司应当建立健全内部控制制度，采取有效隔离措施，防范公司与客户之间、不同客户之间的利益冲突”。据此，证券公司内部控制，包括公司与客户之间的隔离，以及客户与客户利益的隔离。

（二）禁止混合操作

禁止混合操作，是对证券公司内部管理提出的明确要求。证券公司同时从事自营、承销和经纪等业务，如果出现混合操作，很容易加大证券公司运营风险，危及客户资金安全。《股票条例》第45条规定：经批准从事证券自营、代理和投资基金管理业务中二项以上业务的证券经营机构，应当将不同业务的经营人员、资金、账目分开。原《证券法》第132条第1款规定，综合类证券公司必须将其经纪业务和自营业务分开办理，业务人员、财务账户均应分开，不得混合操作。现行《证券法》第136条第2款重申了禁止混合操作规则，并将其扩展适用于所有证券公司。

禁止混合操作包括以下含义：

1. 证券公司应当将不同证券业务分开办理。《证券法》第136条第2款规定，“证券公司必须将其证券经纪业务、证券承销业务、证券自营业务和证券资产管理业务分开办理，不得混合操作”。

2. 证券公司应当将从事不同业务的人员分开。

3. 证券公司应当做到账户分开。《证券法》第137条规定，“证券公司的自营业务必须以自己的名义进行，不得假借他人名义或者以个人名义进行”，“证券公司不得将其自营账户借给他人使用”。

笔者认为，证券公司业务控制是很复杂的系统，不限于“中国墙”制度或者禁止混合操作。从现有规定来看，“中国墙”制度主要是对证券公司建立内部管理制度的要求，禁止混合操作是对证券公司行为的限制，它们都是以证券公司对客户承担的保密义务为基础的。如果违反业务控制制度，造成投资者损失的，证券公司应当承担责任。

第四节　证券公司的经纪业务

在证券交易所交易体制下，证券交易所只接受会员或者交易席位拥有者发出的证券买卖指令，投资者无法进入证券交易所交易大厅，无法与交易所交易系统直接对接。投资者必须通过具有会员资格或者拥有交易席位的证券公司，才能发出有效的交易指令并顺利完成证券交易。如何理解证券公司与投资者之间的相互关系，遂成为证券法的重要问题。

一、证券公司与投资者的关系

对于证券公司与投资者的相互关系，我国学术界存在不同观点。有学者将证券公司与投资者之间的相互关系称为经纪关系，有学者称之为代理关系，还有学者认为证券公司与投资者之间属于行纪关系。笔者认为，证券公司与投资者之间不属于典型代理关系或者行纪关系，而属于特殊性质的委托合同关系，称其为“经纪关系”并无不妥。

为明确投资者与证券公司之间关系的性质，必须先行解释现有的集中竞价交易模型。投资者参与证券交易时，必须向其开立账户的证券公司发出买卖证券的具体指令。投资者可以采取柜台填单或者自助委托①方式发出委托指令，证券公司必须审验委托人身份、账户情况以及委托指令的内容。采取柜台填单方式发出指令时，证券公司的审验过程比较直观，证券公司应当对比存档资料作出判断，审验时间较长。在自助委托方式下，证券公司通过计算机系统完成审验，主要通过读取和识别投资者密码来确定委托人身份。证券公司审验合格后，委托指令将通过证券公司计算机系统，最终进入证券交易所主机交易系统。投资者买卖指令经过证券交易所交易主机撮合成交后，交易系统直接从买方的资金账户中划拨相应资金，买入证券则记入投资者证券账户；同时，交易系统从卖方证券账户中划拨出相应证券，并将所得资金记入投资者资金账户。

（一）代理和行纪均以与第三人发生交易为存在前提

《民法通则》第63条规定，“代理人在代理权限内，以被代理人的名义实施民事法律行为。被代理人对代理人的代理行为，承担民事责任”。据此，“代理是指代理人在代理权范围内，以被代理人的名义同第三人独立为民事行为，由此产生的法律效果直接归属于被代理人的一种法律制度”②。“行纪、寄售等受托处分财产的行为，虽然是受人委托而为民事法律行为，且行为所生的收益应交付于委托人，但行为人是以自己名义为意思表示，其法律后果又由自己直接承担，故不属代理行为”③。

代理人、行纪人的行为后果由何人承担，是代理和行纪制度的核心问题。按照民事法律规则，代理人应当根据被代理人的委托办理代理事务，被代理人应当承担代理人与第三人交易行为的后果；行纪人接受委托办理行纪事务时，应自行承担与第三人交易的结果。在代理和行纪关系中，代理人或者行纪人都必须取得委托人的授权，并据此与第三人发生具体交易关系。如果没有第三人，即无代理或者行纪。建立代理或者行纪制度，首要目的是解决与第三人进行民事活动的法律后果的归属问题，而非解决委托人与代理人或者行纪人之间的法律关系问题。

在集中竞价交易体系下，投资者无从知晓交易对手的具体情况。即使在非集中竞价交易体系下，也必须通过证券登记结算体系才能完成证券买卖。证券登记结算机构已成为投资者买卖证券的交易对手。因此，在探讨证券公司与投资者的关系时，无须关注投资者与第三人之间的相互关系，也不应当涉及第三人地位以及如何承担交易后果的问题。证券公司与投资者之间的相互关系，才是证券经纪法律关系的核心，证券经纪关系不牵涉作为交易对手的第三人。代理和行纪关系都以存在第三人为前提，因此代理和行纪规则不能直接适用于证券公司与投资者的内部关系。

（二）证券公司与投资者之间属于委托关系

《合同法》第396条规定，委托合同是委托人和受托人约定，由受托人处理委托人事务的合同。也即委托关系仅确立了受托人处理委托人事务的合法性，从而排斥他人在未被委托的情况下处理权利人事务的可能。因此，委托关系与受托人是否具有对外代理权全无关系。“代理属于对外（即本人与代理人以外的第三人）的关系，不对外也就无所谓代理；而委托则属于对内关系，即其存在于委托人与受托人之间”④。据此，证券公司与投资者之

① 自助委托是指投资者通过电话、自助终端、互联网等方式发出委托指令的方式，委托指令必须附加投资者设定的密码，才能传输给开户的证券公司。

②③ 佟柔主编：《中国民法》，197、200页，北京，法律出版社，1990。

④ 王利明等编：《合同法新论·分则》，303页，北京，中国政法大学出版社，1998。

间的相互关系属于委托关系。

首先，投资者在证券公司开办证券账户，意味着投资者选定该证券公司作为其受托人。投资者或许仅为某种特殊便利而在某家证券公司开设证券账户或者资金账户，全然没有从事证券买卖的愿望。然而，证券公司要像受托人那样，妥善处理投资者账户事务，根据投资者要求支取、存入资金，办理账户管理事务。

其次，根据该种委托关系，如果投资者发出证券买卖指令，证券公司必须执行该买卖指令。证券公司应当依法审验投资者资格和账户情况，除非发现依法不得执行的指令外，不能拒绝执行投资者指令。

最后，证券公司无故拒绝执行投资者指令，或者为投资者买卖证券设置障碍，应当依照开户协议以及交易规则，向投资承担赔偿损害的责任。

在证券公司执行委托指令过程中，完全不涉及委托人买卖证券的相对方，也不存在委托人对第三人负责或者第三人对委托人负责的问题。这种情况说明，无法按照代理或者行纪规则来处理证券公司与投资者之间的相互关系。

我国《民法通则》只规定了代理制度，没有规定委托合同关系。然而，委托往往伴随着代理权的授予，这是人们混淆代理和委托关系的重要原因。根据《合同法》规定，委托人和受托人建立委托关系以后，可派生出多种不同性质的对外关系。委托人授权受托人以委托人名义对外进行民事行为时，发生代理关系，委托人必须承担受托人的行为结果；委托人授权受托人为其办理相关事务而未授予代理权时，可归于行纪或者承揽关系，受托人须自行承担对外行为产生的法律后果。因此，委托是代理和行纪的基础关系，而不等于代理或者行纪关系本身。

（三）证券公司与投资者之间的关系属于特殊委托关系

证券公司与投资者之间形成了特殊的委托关系。按照法理，某种法律关系有特别规定的，适用该特别法规定；没有特别法规定的，适用民法之一般规定。在证券公司与投资者之间，委托关系的特殊性表现为：

1. 委托事务的特殊性

在证券交易中，委托事务通常为证券买卖，亦可涵盖账户管理、结算等事宜。基于委托事务涉及证券，《证券法》自应就双方关系作出特别规定。原《证券法》第137条规定，“在证券交易中，代理客户买卖证券，从事中介业务的证券公司，为具有法人资格的证券经纪人”。该条款同时采用“代理”、“中介”和“经纪”的概念，容易引起歧义，但这恰恰说明证券公司与投资者关系的特殊性。

如前所述，委托关系是证券公司与投资者之间存在的基础关系，可派生出多种不同性质的对外关系。如投资者未下达买卖指令，即与证券公司之间形成委托或者信托关系；投资者下达买卖指令，证券公司审验后报盘（即申报指令）时，又可将其界定为代理关系。

2. 证券公司报盘行为的性质

对于证券公司申报指令或者报盘行为的性质，有人主张“行纪说”。笔者认为“代理说”更具有说服力。行纪是受托人以自己的名义为委托人处理事务，事务处理后果由行纪人直接承担。代理是受托者以被代理人名义从事民事活动，且该行为后果由被代理人承担。受托者采取的名义以及是否由受托者承担所办事务的法律后果，是代理与行纪之间的主要区别。

在交易过程中，证券公司只能以投资者名义买卖证券，投资者应当直接承担交易后果。一方面，由于交易规则的限制，投资者必须通过证券公司才能报单。证券公司不是以自己名义报单，也不是为了自己利益报单，而是以投资者账户的名义并为投资者利益申报指令。“行为人名义”采取了“投资者账户”的特殊形式，此与代理人在民事活动中声称“被代理人名义”的做法有明显不同。另一方面，交易结果必须记入投资者账户。证券公司依法执行指令后，即无须对交易后果负责，证券公司也不得对投资者利益作出任何承诺。

证券公司与投资者之间的关系非常复杂，有时仅具有保管内容，有时具有执行指令的预约性质，有时具有代理性质。在此意义上，采取不同于传统民法理论的“经纪”概念，具有其合理性。引申而言，“经纪”是证券法的特殊概念，必须结合证券交易特点，才能确定该概念的特有含义。

二、证券公司的善管义务

善管义务即“善良管理义务”，英美法国家称之为谨慎义务或者勤勉义务。善良管理义务是受托人承担的基本义务，广泛适用于公司法、代理法、信托法和证券法等领域。在经纪活动中，善良管理义务是指证券公司应当按照证券经纪专业机构或者人员行事的正常标准，合理注意、处理投资者委托的各项事务，达到证券经纪公司应有的谨慎和敬业。所谓“合理注意”，是依证券公司及专业人员的知识和经验以及受托业务的性质等综合加以确定，即证券公司处理受托事务所给予的注意，应当达到专业机构和人员处理自己事务时的程度。

（一）善管义务的含义

证券公司是获得批准从事证券业务的专业机构，在办理委托事务时，必须达到证券公司所从事的职业应该普遍达到的注意程度。投资者将财产交付证券公司占有或者控制，并使之按照指令从事经纪业务，不仅信赖证券公司的人格，而且信赖其专业能力，相信证券公司能够准确、正确和及时地执行指令。善管义务的实质内涵，可以结合我国实践和国外谨慎投资的原则，解释为以下四项内容：

1. 忠实的需要。投资者申请在证券公司处开立资金账户、存入资金并办理指定交易手续后，投资者买卖证券指令的执行、资金及证券划转、交易计算等都依赖于证券公司；特别是投资者失去了对客户交易结算资金的直接占有，证券公司单方掌管证券交易指令的执行。派生于经纪之委托性质，证券公司自应向投资者承担忠实义务，即证券公司必须以投资者利益为处理证券买卖事务的唯一依据，不得考虑自己的利益或者贪图投资者的利益，必须避免与投资者利益发生冲突。证券公司违反忠实义务的，可能导致经纪合同无效，而且，证券公司将失去佣金请求权，有义务向投资者提交违法利润账目，并向投资者支付衡平法上的赔偿。①

2. 注意的需要。即受托人于投资之前，应以合理的注意，对投资对象的安全性与获益性进行调查，必要时还得征求各方面专家的意见，以供参考。如受托人未作调查或者调查时未尽适当的注意即进行投资，或者调查显示不能投资仍进行投资，应对投资所造成的损失负赔偿责任。反之，如受托人已尽其注意作了充分调查，其投资本身也无不当之处，则虽有损害，也可免责。

---

① 参见郭琳广、区沛达：《香港公司证券法》，207～220页，北京，法律出版社，1996。

3. 技能的需要。受托人应具备与所从事的投资行为相适应的技能，否则，应就投资损失负责。

4. 谨慎的需要。受托人应当谨慎行事，即以合理的方式如分散投资等，获得合理的收入，尽量避免投机性行为。

（二）风险告知义务

投资者委托证券公司办理证券买卖，不仅基于证券经纪业务具有独占性和垄断性，还基于证券公司能够提供专业性服务。为了化解风险，证券公司应当履行告知义务。

1. 在投资者办理开户手续时，证券公司应根据法律法规以及证券交易业务规则，提供风险揭示书。尤其是开展期货交易时，期货公司应向客户出具“风险揭示声明书”和“期货交易规则”，向客户说明期货交易的风险和期货交易的基本规则，并在此基础上由投资者在“风险揭示声明书”上签字、盖章。

2. 在投资者办理网上交易时，证券公司应提供“风险揭示书”。证监会于2000年4月发布了《网上证券委托暂行管理办法》。该暂行办法第7条规定，证券公司应当制定专门的业务工作程序，规范网上委托，并与客户本人签订专门的书面协议，协议应明确双方的法律责任，并以“风险揭示书”的形式，向投资者解释相关风险。

3. 在不同交易形式下，证券公司告知义务的内容和范围有所不同。在非集中竞价交易中，证券公司应当承担交易形态的明示义务，说明证券公司是否进行自己代理。在集中竞价交易的场合下，通常不发生自己代理的情况。

揭示风险是证券公司的重要义务，也是投资者自己承担投资风险的基础。证券公司未履行风险揭示义务，可能对证券公司正常营业带来巨大风险。

（三）委托书置备和保存义务

投资者在委托证券公司代理买卖证券时，必须填写书面格式文件。按照传统做法，证券公司应当制作、置备标准格式的委托书，投资者填写该委托书以下达买卖指令。因此，委托书是投资者进行具体委托的证明，也是确定证券公司职责范围的依据。《证券法》第140条规定，证券公司办理经纪业务，应当置备统一制定的证券买卖委托书，供委托人使用。采取其他委托方式的，必须作出委托记录。客户的证券买卖委托，不论是否成交，其委托记录应当按照规定的期限，保存于证券公司。

1. 委托书置备义务。现有的委托书格式是由证券交易所统一制定的，不得由证券公司自行确定内容，通常包括证券名称、买卖数量、出价方式、价格幅度等内容。如果采取电话报单等方式下达指令的，电话记录或者其他记录与委托书的效果相同。

2. 委托书保存义务。证券公司应当妥善保存投资者填写的委托书，妥善管理以其他方式报单的原始记录。鉴于委托书的特殊证明意义，委托书和其他委托方式反映的记录应保存适当年限，但是，电话报单记录的保存存在较大困难。

根据《证券法》第147条的规定，证券公司应当妥善保存客户开户资料、委托记录、交易记录和与内部管理、业务经营有关的各项资料，任何人不得隐匿、伪造、篡改或者毁损。上述资料的保存期限不少于20年。

（四）委托指令执行和报告义务

根据《证券法》第141条，证券公司接受委托后，必须按照交易规则和委托指令代理买卖证券，并在成交后制作并向投资者交付买卖成交报告单。

投资者是交易的决定者和风险的承担者，证券公司必须严格执行委托指令。证券公司接到委托指令后，应对其委托指令进行审核，以确定该委托指令是否符合交易规则的要求及是否存在形式错误，但不得向投资者提供买卖证券的建议，也不得违反委托指令等记载的证券品种、买卖数量、出价方式或价格幅度。

在完成委托指令后，证券公司应根据成交情况，按规定制作买卖成交报告书。证券交易中确认交易行为及其交易结果的对账单，必须真实，并由交易经办人以外的审核人员逐笔审核，保证账面证券余额与实际持有的证券相一致。

（五）客户资产保护义务

广义上的客户资产包括资金、证券以及其他金融资产，狭义上的客户资产主要是指客户资金。无论是对客户资金抑或是证券资产，证券公司都有保护义务。在我国证券市场建立初期，客户的资金和证券等皆交由证券公司管理，从而诱发了多起证券公司挪用客户资金或证券的案件。随着证券市场法制建设的发展，特别是随着中央证券登记结算体系的完善，客户证券资产首先托管给证券公司等参与人，再由证券公司等参与人交给中央证券登记结算机构存管。在证券开户采用实名制以后，中央证券登记结算机构的存管账户清晰记载了投资者名称及对应的证券或其他金融资产，证券公司几乎无法再行挪用客户证券资产。

如何保护客户资金，仍然是证券法面临的重大课题。客户资金无论保存在证券公司抑或是商业银行，在本质上都是客户的资产。《证券公司监督管理条例》第59条规定，客户的交易结算资金、证券资产管理客户的委托资产属于客户，应当与证券公司、指定商业银行、资产托管机构的自有资产相互独立、分别管理。非因客户本身的债务或者法律规定的其他情形，任何单位或者个人不得对客户的交易结算资金、委托资产申请查封、冻结或者强制执行。证券公司接受投资者委托办理证券投资事务，必须本着忠实于委托人的原则，最大限度地捍卫客户利益，不得以任何方式损害客户利益。

此外，证券公司还应承担不竞争义务、运用合理的谨慎和技能义务、服从指示义务、发出成交单的义务、披露自己代理义务、优先执行客户指令义务、保守秘密的义务、不利用内幕信息提供交易建议的义务等。

三、证券公司的行为限制

证券公司办理经纪业务，除应积极履行自己的义务外，还应承担某些消极义务，不得损害投资者的利益。

（一）禁止全权委托

全权委托是指投资者发出的，由证券公司决定证券买卖、选择证券品种、决定买卖数量或者买卖价格的指令。按照全权委托的指令，证券公司有权直接处理投资者账户内的资金及证券，投资者承担证券交易的损失。

买卖证券应当由投资者自己作出判断，并由投资者自己承担风险。在全权委托下，证券公司进行投资判断，风险却由投资者承担，从而与投资者承担自己责任的原则相冲突。鉴于全权委托可能引起巨大风险和危害，甚至可能成为操纵市场的手段，《证券法》第143条明令禁止证券公司接受客户的全权委托。在实践中，有的证券公司接受全权委托并实施操作后，还要求投资者补签交易委托手续，以掩盖全权委托的事实。笔者认为，补签交易委托手续，不仅无法否认已发生的全权委托，而且从反面证明了全权委托的存在。

全权委托和委托理财是容易混淆的概念。委托理财是指权利人将财产交给受托人管理，受托人收取报酬或者补偿的财产管理形式。管理包括掌握、料理等多种含义，全权委托也是委托理财的方式之一。在总体上，委托理财是一种信托现象，应当适用信托法规定；全权委托作为委托理财的特殊表现形式，也具有信托的效果。就此而言，委托理财是种概念，全权委托是属概念。我国《证券法》禁止证券公司接受全权委托，但未否认其他委托理财的合法性。为了更好地开展委托理财业务，证券公司应该执行良好的隔离制度。

（二）禁止利益承诺

证券公司从事经纪业务并获取佣金利益，而且是根据经纪业务规模收取佣金，这种机制容易诱使证券公司鼓励投资者从事不必要交易；为了提高交易规模，有的证券公司还对投资者的盈亏作出承诺。

《证券法》第144条规定，“证券公司不得以任何方式对客户证券买卖的收益或者赔偿证券买卖的损失作出承诺”。该条款既是对证券公司行为的禁止性规定，也是重申投资者自负风险的原则。经纪业务是证券公司向投资者提供的投资服务，投资者按照自己承担风险的原则，承担交易利益和风险；证券公司是受托人，只能收取合理的费用和佣金。除法律另有规定外，证券公司不得为投资者利益提供担保，也不得向投资者作出利益承诺。证券公司作出利益承诺的，违反了《证券法》的强制性规定，应当按照无效合同处理。同时，证券公司作出收益承诺或者赔偿损失承诺，不正当地招揽客户，还可认定为不正当竞争行为，证券监管机关可采取警告、批评等措施予以惩戒；情节严重的，自律组织得取消证券公司的会员资格。

（三）禁止私下受托

《证券法》第145条规定，证券公司及其从业人员不得未经过其依法设立的营业场所私下接受客户委托买卖证券。对于私下委托和接受委托，相关委托手续无法记载在案，因此政府监管及自律监管即失去了发挥作用的基础，很容易酿成纠纷，不仅干扰了证券公司的正常经营，还容易损害投资者的利益。

（四）禁止挪用客户交易结算资金

客户交易结算资金，是投资者为了从事证券买卖而交存于证券公司、用于办理结算的资金，存储于客户的资金账户，俗称“客户保证金”或者“股民保证金”。《证券法》第139条第2款规定，证券公司不得将客户的交易结算资金和证券归入其自有财产。禁止任何单位或者个人以任何形式挪用客户的交易结算资金和证券。证券公司破产或者清算时，客户的交易结算资金和证券不属于其破产财产或者清算财产。非因客户本身的债务或者法律规定的其他情形，不得查封、冻结、扣划或者强制执行客户的交易结算资金和证券。为了确保客户交易结算资金的安全，《证券法》第139条第1款还规定，证券公司客户的交易结算资金应当存放在商业银行，以每个客户的名义单独立户管理。

有学者提出，按照货币所有权和占有权不能分离的原则，证券公司实际占有该资金，被占用资金即归属于证券公司；挪用资金作为特殊概念，只表明证券公司欠付投资者存入的资金，证券公司应承担返还义务。笔者认为，客户交易结算资金是客户的合法财产，不是证券公司的自有资金。

一方面，客户交易结算资金是负有特定义务或者目的的金钱。大陆法系部分国家在承认金钱占有与所有一致性原则的同时，还规定负有特定义务或目的的金钱不因转移占有而发生所有权的转移。投资者存入的交易结算资金，包括为保证足额交收而存入的资金、出售有价证券所得的所有款项、持有证券所获股息、现金股利、债券利息以及上述资金的利息，属于目的特定化的金钱，在学理上，应排除适用占有与所有一致的货币所有权确定规则。

另一方面，客户交易结算资金得视为信托资金。我国《信托法》采纳了信托财产独立性原则，明确规定信托财产独立于受托人财产。在证券公司与投资者关系方面，我国《证券法》明确要求证券公司分离证券自营与证券经纪业务，证券公司因从事经纪业务而占有的资金，应当独立于自营资金。因此，客户交易结算资金属于投资者所有。

（五）不得提供关联担保和融资

《证券法》第130条第2款规定，证券公司不得为其股东或者股东的关联人提供融资或者担保。证券公司为其股东或者股东的关联人提供融资或者担保，可能导致诸多不良后果。如关联担保可能加剧证券公司股东之间的矛盾和利益冲突，影响到证券公司的正常经营管理，还可能影响到证券公司的财务状况和资产流动性，使得证券公司面临较大的经营风险。在实践中，关联担保还可能成为变相抽逃资金的手段，从而导致证券公司资产“空心化”，潜在地损害投资者的利益。

（六）其他禁止性行为

《证券法》的诸多条款规定了禁止证券公司从事的活动。如《证券法》第三章（“证券交易”）之第四节（“禁止的交易行为”）明令禁止证券公司从事损害客户利益的欺诈行为，包括违背客户委托为其买卖证券、不在规定时间内向客户提供交易的书面确认文件、挪用客户证券或资金、私自买卖客户账户内证券、诱使客户进行不必要的证券买卖及其他损害客户利益的行为。

第五节 对证券公司的特别监管

证券公司既是证券业务经营者，也是证券市场的监管者和被监管者。所谓监管者，是指证券公司通过制定、执行各种内部控制规则，在公司内部实现有序运作，进而提升证券市场的安全性。有学者将这种监管称为“证券公司内部监管”或者“证券公司自我监管”。所谓被监管者，是指证券公司必须接受来自证券监督管理机构和自律组织的监督。

一、证券公司信息资料的报送

监管机构监管证券公司，以充分掌握证券公司相关信息作为前提。原《证券法》规定，证券监督管理机构有权采取调查取证、询问当事人、复制和查阅相关资料的手段。此外，证券公司应当对监管机构履行公司信息披露义务。

1. 证券公司的报送义务。《证券法》第148条规定，证券公司应当按照规定向国务院证券监督管理机构报送业务、财务等经营管理信息和资料。国务院证券监督管理机构有权要求证券公司及其股东、实际控制人在指定的期限内提供有关信息、资料。证券公司及其股东、实际控制人向国务院证券监督管理机构报送或者提供的信息、资料，必须真实、准确、完整。

2. 监管机构的审计或者评估。《证券法》第149条规定，国务院证券监督管理机构认为有必要时，可以委托会计师事务所、资产评估机构对证券公司的财务状况、内部控制状况、资产价值进行审计或者评估。具体办法由国务院证券监督管理机构会同有关主管部门制定。

二、监管机构责令整改

《证券法》第150条规定，证券公司的净资本或者其他风险控制指标不符合规定的，国务院证券监督管理机构应当责令其限期改正；逾期未改正，或者其行为严重危及该证券公司的稳健运行、损害客户合法权益的，国务院证券监督管理机构可以区别情形，对其采取下列措施：

（1）限制业务活动，责令暂停部分业务，停止批准新业务；

（2）停止批准增设、收购营业性分支机构；

（3）限制分配红利，限制向董事、监事、高级管理人员支付报酬、提供福利；

（4）限制转让财产或者在财产上设定其他权利；

（5）责令更换董事、监事、高级管理人员或者限制其权利；

（6）责令控股股东转让股权或者限制有关股东行使股东权利；

（7）撤销有关业务许可。

证券公司整改后，应当向国务院证券监督管理机构提交报告。国务院证券监督管理机构经验收，符合有关风险控制指标的，应当自验收完毕之日起3日内解除对其采取的前款规定的有关措施。

三、限制公司股东的权利

《证券法》第151条规定，证券公司股东有虚假出资、抽逃出资行为的，国务院证券监督管理机构应当责令其限期改正，并可责令其转让所持证券公司的股权。在前述股东按照要求改正违法行为、转让所持证券公司的股权前，国务院证券监督管理机构可以限制其股东权利。

由此，股东虚假出资或者抽逃出资的，监管机构有权采取三种措施：（1）责令改正，即责令公司股东向公司缴纳欠缴出资，或者责令其退回抽逃的出资。（2）责令转让股权，即要求除去虚假出资者或者抽逃出资者对公司的全部或者部分股权。（3）限制股东权利，包括限制股东的资产收益权、表决权和对公司管理者的选择权等权利。

《证券法》之所以允许监管机构对证券公司股东采取上述极端措施，主要是基于对我国证券市场实际情况的总结而作出的。但从操作层面来看，很多法律问题亟待解决：如何认定股东虚假出资或者抽逃出资，责令转让股权的法理依据是什么，限制股东权利的范围和程度等如何确定，等等。在上述问题未能得到妥善解决的情况下，应当慎用严法。

四、停业整顿、指定托管、接管或者撤销

《证券法》第153条规定，证券公司违法经营或者出现重大风险，严重危害证券市场秩序、损害投资者利益的，国务院证券监督管理机构可以对该证券公司采取责令停业整顿、指定其他机构托管、接管或者撤销等监管措施。值得注意的是，在最近数年，证券监管机构曾对多个证券公司采取了停业整顿、指定托管、接管或者撤销的特别措施，但是，适用特别措施的条件和程序等，还有待完善。

五、对证券公司董事、监事和高级管理人员的特别监管

经验表明，强化证券公司董事、监事和高级管理人员的责任，有助于加强其责任心，

促进证券公司的健康发展。对此，我国《证券法》特别设置了两项监管措施：

1. 证券公司的董事、监事、高级管理人员未能勤勉尽责，致使证券公司存在重大违法违规行为或者重大风险的，国务院证券监督管理机构可以撤销其任职资格，并责令公司予以更换。

2. 在证券公司被责令停业整顿、被依法指定托管、接管或者清算期间，或者出现重大风险时，经国务院证券监督管理机构批准，可以对该证券公司直接负责的董事、监事、高级管理人员和其他直接责任人员采取以下措施：(1) 通知出境管理机关依法阻止其出境；(2) 申请司法机关禁止其转移、转让或者以其他方式处分财产，或者在财产上设定其他权利。

第六节　证券服务机构

在我国，证券服务机构有广义和狭义两种解释。在广义上，证券服务机构是指为投资者从事证券交易提供服务的各种机构。证券交易所、证券登记结算机构、证券公司、律师事务所、投资咨询机构、财务顾问机构、资信评级机构、资产评估机构、会计师事务所等，也是证券服务机构。在狭义上，证券服务机构也称为中介机构，不包括证券交易所和证券登记结算机构。

一、证券服务机构的概况

对于证券服务机构的概念，我国《证券法》采取了狭义解释。根据《证券法》第169条，证券服务机构专指证券投资咨询机构、财务顾问机构、资信评级机构、资产评估机构和会计师事务所，律师事务所是特殊的证券服务机构。

根据规定，投资咨询机构、财务顾问机构、资信评级机构、资产评估机构和会计师事务所，属于法律规定的证券服务机构。律师事务所从事证券服务的，无须取得证券监管机构批准，但其承担不实陈述的法律责任，因此也是证券服务机构。

在我国，证券交易所和证券登记结算机构不同于证券服务机构。一方面，证券交易所不直接向社会公众投资者提供证券交易服务。按照交易所交易规则，投资者买卖证券的，必须委托证券公司进行。证券登记结算机构只与证券公司办理结算事务，之后再由证券公司与投资者办理结算。因此，投资者只与证券公司存在直接法律关系，与证券交易所和证券登记结算机构之间没有直接关系。另一方面，证券交易所和证券登记结算公司属于特许法人和非营利法人，具有某种公益性。鉴于《证券法》对证券交易所和证券登记结算机构作有专门规定，因而可将其排除在证券服务机构之外。

1. 机构服务有偿化

证券服务机构，是以营利为目的而设立的公司或者合伙组织，提供证券服务是其谋取商业利益的具体方式。因此，证券服务机构属于商主体，可与委托人商定收费和补偿的标准。为了减少乱收费现象，防止出现恶性竞争，保障证券市场的稳定运行，《证券法》规定，从事证券服务业务的投资咨询机构和资信评级机构，应当按照国务院有关管理部门规定的标准或者收费办法收取服务费用。

2. 机构资质法定化

证券服务的专业性很强。根据委托人的委托，投资咨询服务机构负责提供证券投资分析、预测或者建议；会计师事务所负责评价委托人的财务会计体系、审核财务会计凭证、出具审计报告；律师事务所负责向委托人提供法律服务并出具法律意见等。证券服务的专业性，必然派生对证券服务机构资质的特别要求。在我国，除了律师事务所以外，其他证券服务机构必须取得证监会和有关主管部门批准。

二、证券服务资格的取得

证券服务机构有权从事与证券有关的业务，也有权从事与证券无关的业务。例如，会计师事务所可以受聘担任发行人的审计机构，或者为上市公司出具审计报告，也可以为非上市公司提供类似服务。对于证券公司，我国采取了前置审批程序；对于证券服务机构，我国采取事后许可的做法，即授予现有机构以证券服务机构的资格。

(一) 申请人

申请人是既有的服务机构，其业已取得相关营业执照或已合法运营。在此意义上，证券服务资格只是派生资格。未经证券监督管理机构授予证券服务资格，任何组织和个人不得从事证券服务活动。①

例如，申请从事证券投资咨询业务的机构，应当具备下列条件：(1) 分别从事证券或者期货投资咨询业务的机构，有 5 名以上取得证券、期货投资咨询从业资格的专职人员；同时从事证券和期货投资咨询业务的机构，有 10 名以上取得证券、期货投资咨询从业资格的专职人员；其高级管理人员中，至少有 1 名取得证券或者期货投资咨询从业资格；(2) 有100 万元人民币以上的注册资本；(3) 有固定的业务场所和与业务相适应的通讯及其他信息传递设施；(4) 有公司章程；(5) 有健全的内部管理制度；(6) 具备中国证监会要求的其他条件。

(二) 申请人从业人员

《证券法》第 170 条规定，投资咨询机构、财务顾问机构、资信评级机构从事证券服务业务的人员，必须具备证券专业知识和从事证券业务或者证券服务业务 2 年以上经验。认定其证券从业资格的标准和管理办法，由国务院证券监督管理机构制定。证监会于 2002 年 12 月 16 日发布《证券业从业人员资格管理办法》(2003 年 2 月 1 日起施行)，明确规定了从业人员之从业资格取得和执业证书。

三、投资咨询服务机构的行为限制

证券投资咨询服务机构，是指向投资者或者客户提供证券投资分析、预测或者建议等咨询服务，直接或者间接收取一定费用的机构。其业务主要包括：接受投资者或者客户委托，提供证券咨询服务；举办有关证券投资咨询的讲座、报告会、分析会等；在报刊上发表证券投资咨询的文章、评论、报告，以及通过电台、电视台等公众传播媒体提供证券投资咨询服务；通过电话、传真、电脑网络等电信设备系统，提供证券投资咨询服务，等等。

近年来，有些证券投资咨询服务机构和从业人员利用发表评论、举办讲座、公众传媒等形式，捏造事实或者发布不实信息，这些被社会称为“黑嘴”股评人的行为，严重扰乱了证券市场秩序。有些证券投资咨询机构还以委托理财等手段变相融资、集资，甚至代理

---

① 参见《注册会计师执行证券期货相关业务许可证管理规定》、《律师事务所从事证券法律业务管理办法》、《证券、期货投资咨询管理暂行办法实施细则》。

委托人从事证券投资，有的证券投资咨询机构还与其他人联手操纵证券市场。这些行为不仅扰乱了证券市场秩序，还造成了投资者利益的严重损失。

针对证券投资咨询行业屡屡出现重大事件，《证券法》专门就证券投资咨询机构的行为作出限制。《证券法》第171条规定，投资咨询机构及其从业人员从事证券服务业务不得有下列行为：

1. 代理委托人从事证券投资。该项规定主要是为了防止证券投资咨询机构的从业人员和委托人联手操纵证券交易市场，扰乱证券市场秩序，同时，该规定有助于保证证券投资咨询机构的人员尽职尽责地为委托人服务，更好地保护委托人的利益。

2. 与委托人约定分享证券投资收益或者分担证券投资损失。在约定分享利益的场合下，已无法体现投资者风险自负的原则，会打破证券投资咨询机构和委托人之间的固有关系。为了减少委托人的投资风险，确保委托人和被委托人之间的正常关系，保证服务关系的正当性，证券法禁止采取分享利益的做法。

3. 买卖本咨询机构提供服务的上市公司股票。这主要是为了防止利用证券市场的内幕信息炒作证券价格，保证证券市场的公平性，防止给其他投资者带来不必要损失。

4. 利用传播媒介或者通过其他方式提供、传播虚假或者误导投资者的信息。根据证监会以前发布的规范性文件，证券投资咨询机构及其投资咨询人员，应当以行业公认的谨慎、诚实和勤勉尽责的态度，为投资人或者客户提供证券投资咨询服务；应当完整、客观、准确地运用有关信息、资料向投资人或者客户提供投资分析、预测和建议，不得断章取义地引用或者篡改有关信息、资料；引用有关信息、资料时，应当注明出处和著作权人；不得以虚假信息、市场传言或者内幕信息为依据向投资人或者客户提供投资分析、预测或建议；证券投资咨询机构编发的供本机构内部使用的证券、期货信息简报、快讯、动态以及信息系统等，只能限于本机构范围内使用，不得通过任何途径向社会公众提供。《证券法》增加此项规定，使得监管机构长期奉行的此项政策获得更高层次的法律确认。

5. 法律、行政法规禁止的其他行为。

四、证券服务机构的责任

（一）民事责任

《证券法》第173条规定，证券服务机构为证券的发行、上市、交易等证券业务活动制作、出具审计报告、资产评估报告、财务顾问报告、资信评级报告或者法律意见书等文件，应当勤勉尽责，对所制作、出具的文件内容的真实性、准确性、完整性进行核查和验证。其制作、出具的文件有虚假记载、误导性陈述或者重大遗漏，给他人造成损失的，应当与发行人、上市公司承担连带赔偿责任，但是能够证明自己没有过错的除外。

1. 勤勉尽责义务。证券服务机构是按照与委托人达成的协议提供服务的，但服务质量的好坏往往难以作出判断，由此委托人利益难免受到损害。《证券法》规定了证券服务机构的责任，也明确了证券服务机构应当依法承担勤勉尽责的义务。现行《证券法》特别规定：证券投资咨询公司以外的证券服务机构，应当依法承担勤勉尽责的法定义务，不仅要对所出具报告的真实性、准确性和完整性负责，还要承担不实陈述的法律责任。

2. 过错推定责任。原《证券法》规定，证券服务机构应当就“其负有责任的部分承担连带责任”，现行《证券法》规定其“应当与发行人、上市公司承担连带赔偿责任，但是能够证明自己没有过错的除外”。

3. 证券投资咨询机构的特别责任。根据《证券法》第 171 条第 2 款的规定，证券投资咨询机构违反法定义务，给投资者造成损失的，依法承担赔偿责任。

(二) 行政责任

《证券法》第 223 条规定，证券服务机构未勤勉尽责，所制作、出具的文件有虚假记载、误导性陈述或者重大遗漏的，责令改正，没收业务收入，暂停或者撤销证券服务业务许可，并处以业务收入 1 倍以上 5 倍以下的罚款。对直接负责的主管人员和其他直接责任人员给予警告，撤销证券从业资格，并处以 3 万元以上 10 万元以下的罚款。

【问题与思考】

1. 简述证券公司的概念和特点。
2. 简述证券公司的设立条件和设立程序的特殊性。
3. 简述证券公司的内部控制制度。
4. 试析证券经纪法律关系的性质。
5. 试析证券公司损害客户利益的民事法律责任的构成要件。

第十五章
证券登记结算机构

本章概要

证券登记结算机构是办理证券登记、托管和结算服务的专门机构。建立安全、有效和快捷的登记结算体系，是现代证券交易的要求。通过登记结算体系和登记结算机构，可以减少证券交易中金钱和证券的实物交割，使得买卖双方安全获得证券和价款，避免或者减少信用风险。上海和深圳证券交易所设立之初，就建立了附属于证券交易所的证券登记结算机构。现已转变为由中央登记结算公司实施的全国集中统一的运营方式。

关键术语

证券登记结算机构　证券登记　证券托管　证券存管　证券结算　证券交收　分级结算

第一节　证券登记结算机构概述

一、证券登记结算机构的概念

《证券法》第155条第1款规定，“证券登记结算机构是为证券交易提供集中登记、存管与结算服务，不以营利为目的的法人”。据此，证券登记结算机构具有如下特点：

1. 证券登记结算机构是非营利法人。非营利法人有权依法收取服务费用，但不得从事其他商业活动，也不得向组织成员分配盈余。在我国，现有证券登记结算机构即为“中国证券登记结算有限责任公司”，它有权根据国务院主管部门的核定标准收取服务费用。在大陆法系，按照法人的设立以及存续基础，可将法人分为财团法人与社团法人，中国证券登记结算有限责任公司类似于“财团法人”。在我国法人分类中，法人分为国家机关法人、企业法人、事业单位法人和社会团体法人，中国证券登记结算有限责任公司兼具事业单位法人和企业法人的双重性质，属于特殊性质的法人组织。

2. 证券登记结算机构是专门服务机构。证券登记结算机构负责掌管、运营证券登记结算系统。根据《证券法》规定，证券登记结算机构负责向委托人提供证券集中交易所需的登记、托管和结算服务。这意味着证券登记结算机构承担证券交易的服务功能。证券登记结算机构能够进行证券交收，但不是证券交易的当事人，不是中介服务机构，不得利用托管证券从事投资或者融资活动。证券登记结算机构根据与上市公司签订的“证券登记及服务协议”，办理上市公司所发行证券的登记业务；按照与证券公司签订的结算协议，办理集中清算交收等业务。

3. 证券登记结算机构是特许法人。证券登记结算机构具有法人资格，设立证券登记结算机构应当符合《民法通则》规定的条件。依照《证券法》规定，设立证券登记结算机构，必须获得国务院证券监管机构批准，其名称中应当标明“证券登记结算”字样，证券登记结算机构的章程、业务规则应当依法制定，并经国务院证券监督管理机构批准。

二、证券登记结算的制度需求

建立证券登记结算机构和中央登记结算系统，目的在于维护证券市场稳定，提高证券交易效率，消除证券市场风险。在证券市场上，风险可能来自于各种因素引起的价格波动。持续、稳定开展证券交易活动，必须实现证券与货币的互换或者交割。确保货币持有人安全、快捷地取得证券，确保证券持有人安全、快捷地取得货币资金，是现代证券交易制度必须实现的重要目标。

安全和高效是证券法制的基本原则。在有纸化交易中，证券权利人直接持有实物证券，可以通过背书或者其他法定方式，向买方交付实物证券。如果实物证券发生毁损或者灭失，卖方就无法交付实物证券。在无纸化交易中，证券权利记载于证券登记结算机构的档案中，权利人卖出证券的，只需要办理证券权利变动登记，无须办理证券的实物交割。无纸化证券免去了毁损、灭失的风险，也省去了逐笔实物交割的烦琐，提高了交易效率。但是，无纸化证券和无纸化交易也带来了交易安全的崭新课题。一旦证券登记结算机构的登记档案发生变化，就视为证券权利发生了变动，而操作错误和技术错误都可能带来新的证券交易风险。因此，无纸化证券及其交易没有消灭风险，实物交割风险的变换方式重新显现出来。消除证券交割风险、提高交割效率，已成为对现代证券交易的客观要求。

证券登记结算制度的运作基础，系由证券登记结算机构保管流通证券，为交易各方设立资金或者证券账户，运用账户之间的钱款划拨，处理证券买卖的相关手续，减少实物证券的移转数量与规模。建立证券登记结算机构，可以实现证券登记、托管和结算的安全和高效。

1. 通过证券登记，可以确认证券权利人的资格。证券登记结算机构根据发行人或者上市公司的委托，根据证券经营机构提供的交易记录，对股东名册与其持股情况进行统一性认定，确认股东的持券状况以及权利变动状况，并将相关信息记载于法定表册，成为具有公信力的证明文件。

2. 通过证券托管和存管，可将持有人的证券交存给具有独立第三方资格的证券登记结算机构。证券登记结算机构通过采取有效措施，帮助交易各方安全实现券款交易。我国已实行强制托管和存管制度，投资者必须将所持证券托管给证券公司，证券公司将自有证券和客户证券存管于证券登记结算机构。证券托管和存管制度，避免了证券的交收风险。

3. 通过证券清算系统，证券登记结算机构将买卖双方以及证券公司的证券买卖数量和金额分别予以抵销，计算应收、应付证券和款项余额，有效地减少了实物证券和款项的实际交割数量。

证券登记结算体系有助于提高交易的安全性，避免频繁的证券实物转移，避免证券移动产生的毁损、遗失风险，减少伪造证券带来的危险，提高证券交易的安全性。此外，证券登记结算体系避免了实物证券发行、转让和交付所发生的较高成本，避免了因对实物证券点数、抄录和核对而花费人、财、物力，节省了交易成本和费用。可见，健全的证券登记结算体系，有助于提高证券的安全性、流通性，帮助各方在最短时间内完成证券及款项交割，减少证券交割的在途时间。

第二节 证券登记结算机构的设立和职责

一、登记结算机构的设立体制

我国上海和深圳证券交易所设立初期，就按当时的规定和证券监管机构的批准，分别设立了各自的证券登记结算机构，形成了附属于证券交易所的登记结算体系。国务院于1997年11月30日批准的《证券交易所管理办法》认可了这种证券登记结算体制，各证券登记结算机构依此办理与证券交易有关的证券登记、托管和结算服务。[①]

全国人大常委会审议原《证券法》过程中，对于应否维持证券交易所登记结算体制，是否应当设立跨越证券交易所的“中央证券登记结算体系”，各界提出了不同意见。有学者提出，为了实现对证券交易市场的统一监管，应当采取中央证券登记结算机构的单一体制，由中央证券登记结算机构办理国内证券的登记、托管和结算业务，改变由各证券交易所分别设立证券登记结算机构、分别办理证券登记结算业务的做法。也有人提出，证券交易所登记结算体系并无不妥，也未遇到重大障碍，可予维持，无须采取设立中央证券登记结算机构的体制。在综合各方意见的基础上，原《证券法》第149条规定“证券登记结算采取全国集中统一的运营方式”，现行《证券法》第158条同样规定“证券登记结算采取全国集中统一的运营方式”。

由此可见，现行《证券法》只要求证券登记体系在运营上的统一性，没有明确采用证券交易所的登记结算体系，也没有明确要求建立唯一的中央登记结算机构。在实践中，沪深证券交易所的登记结算体系有所不同。在“中国证券登记结算有限责任公司”成立以后，沪深证券交易所的登记结算体系依然存在某些差别。为了适应沪深证券交易所的实际情况，“中国证券登记结算有限责任公司”分别在沪深证券交易所所在地设立了对应的分支机构，专门为各证券交易所提供集中交易和登记结算服务。

2006年4月7日，证监会发布《证券登记结算管理办法》，并于2009年3月11日作出修改，适用至今。该管理办法共8章81条，各章分别为总则、证券登记结算机构、证券账户的管理、证券的登记、证券的托管和存管、证券和资金的清算交收、风险防范和交收违约处理和附则。该管理办法第4条明确规定，证券登记结算机构是为证券交易提供集中登

① 《证券交易所管理办法》已于2001年12月12日修改后重新公布，改变了附属于证券交易所的证券登记结算体系。

记、存管与结算服务，不以营利为目的的法人。证券登记结算业务采取全国集中统一的运营方式，由证券登记结算机构依法集中统一办理。应该指出，建立、健全中央证券登记结算机构，具有重大意义。

第一，设立中央证券登记结算机构，有利于实现对证券市场的统一监管，有利于降低证券交易所的地方化色彩，有利于消除证券市场发展中的地方割据，有助于推动证券交易的统一、安全运作。

第二，建立中央证券登记结算机构，有助于减少证券交易风险。各证券交易所分别设立证券登记结算机构的体制中，证券登记结算机构的运营难免会受到证券交易所政策的影响，证券登记结算机构难以独立运作，难以发挥其特有的监督职能。建立中央证券登记结算机构，将实现对证券交易所的制约，从而有利于降低交易风险。

第三，中央证券登记结算机构有助于实现证券交易和结算的高效率，是公认的效率最高的系统。各发达证券市场国家，均逐步走向建立中央证券登记结算机构的道路。

第四，根据有些国家的规定，其本国投资者仅得在设立中央登记结算机构的国家进行证券投资。为了扩大我国证券市场的融资功能，实现与境外规则的对接，建立中央证券登记结算机构是一个较好的选择。随着国内证券市场的统一化进程，国内证券交易所与国外证券交易所之间的业务联系逐渐加强，设立中央证券登记结算机构将有助于消除因分散交割清算而导致的实践问题。

我国沪深证券交易所及其登记结算系统已稳定运营了十余年，各自的交易、清算及交割规则存在客观差异，且难以在短期内彻底消除。因此，在强化中央登记结算机构的同时，必须兼顾各证券交易所的特点，未必要采取完全一致的登记结算规则。国际证券业行政人员协会（ISSA）修订发布的《三十人小组关于证券清算交收体系的报告》指出，“每个国家最好建立单一制的中央证券存管机构。该机构通过无纸化证券或非流通的实物证券形式提高证券的交收效率，并通过规模经济效益大大降低成本。多个证券存管机构并存也是可行的，例如地区性存管机构并存，或不同券种对应不同的存管机构，但这些存管机构必须相互关联”。该报告确立了三种存管机构设立模式，即中央证券存管机构、地区证券存管机构和类别证券存管机构。但就后两种证券存管机构而言，并存的若干存管机构在运营方式上应当相互衔接，才会满足证券流通性最大化的要求。

二、登记结算机构的设立条件

根据《民法通则》和《证券法》，证券登记结算机构的设立条件包括：

1. 有必要的自有资金。学者普遍认为，具备必要的财产或者经费条件，是确保法人安全稳定从事相关活动的物质基础，也是对外承担民事责任的物质保障。《民法通则》规定，法人设立时必须具备必要的资金或者经费条件。《证券法》第 156 条第 1 款规定，设立证券登记结算机构的自有资金不少于人民币 2 亿元。

2. 有适当的场所和设施。证券登记结算机构应当具有办理证券登记、托管和结算服务所必需的场所和设施。申请人申请设立证券登记结算机构的，应当向批准机关提供具备服务场所的有效证明。

3. 从业人员资格条件。证券登记、托管和结算服务具有很强的专业性，为了满足专业服务的需要，证券登记结算机构的主要管理人员和业务人员必须具有证券从业资格。

4. 有合法确定的名称。证券登记结算机构的名称中应标明“证券登记结算”字样。

5. 有完整的结算系统。为了顺利办理上市证券集中登记、托管和结算，证券登记结算机构应当建立相应的结算系统，配备必要的电脑、通讯设备，有完整的数据安全保护和数据备份措施，确保证券登记、托管和结算的安全。

6. 有完整的风险管理系统。证券登记结算机构应当设立结算系统风险基金，并建立完整的风险管理系统，保证证券交易与结算的连续性和安全性。

7. 有健全的内部管理规则。即应当按照证券监管机构的要求，建立健全业务、财务和安全防范等内部管理制度和工作程序。

8. 国务院证券监督管理机构规定的其他条件。

三、证券登记结算机构的职能

根据《证券法》第157条的规定，证券登记结算机构的主要职能包括：

（一）证券账户、结算账户的设立

证券账户是“为申请人开出的记载其证券持有及变更的权利凭证”①，包括投资者开立的股票账户、债券账户和投资基金账户等，主要用来记载和反映投资者持有的证券种类、数量等情况。如前所述，证券账户具有信托账户的性质，实质是投资者权益的表示方法，记载于证券账户内的证券资产归属于投资者所有。任何机构或者个人不得挪用、盗卖该账户内的证券。

结算账户，是证券公司为了办理钱券交割，在证券登记结算机构设立的结算账户。我国实行分级结算原则，即“证券登记结算机构负责办理证券登记结算机构与结算参与人之间的集中清算交收；结算参与人负责办理结算参与人与客户之间的清算交收”②。换言之，结算账户不同于投资者申请开立的保证金账户或者资金账户，结算账户用于表彰证券公司权益，是证券公司与证券登记结算机构相互关系的体现，主要包括证券集中交收账户、资金集中交收账户、结算参与人证券交收账户和结算参与人资金交收账户。

1. 证券集中交收账户，是指证券登记结算机构为办理多边交收业务开立的结算账户，用于办理结算参与人与证券登记结算机构之间的证券划付。

2. 资金集中交收账户，是指证券登记结算机构为办理多边交收业务开立的结算账户，用于办理结算参与人与证券登记结算机构之间的资金划付。

3. 结算参与人证券交收账户，是指结算参与人向证券登记结算机构申请开立的用于证券交收的结算账户。

4. 结算参与人资金交收账户，是指结算参与人向证券登记结算机构申请开立的用于资金交收的结算账户。

证券登记结算机构还专门设立了专用清偿账户和证券处置账户。专用清偿账户，是证券登记结算机构开立的结算账户，用于存放结算参与人交收违约时暂未交付、扣划的证券和资金。证券处置账户，是结算参与人向证券登记结算机构申请开立的结算账户，用于存放客户交收违约时证券公司暂不交付给客户的证券。

（二）证券的存管和过户

“存管”一词，在《证券法》和实务操作中的理解有所不同。《证券法》第159条规定，

---

① 《中国证券登记结算有限责任公司证券账户管理规则》第1.4条。

② 《证券登记结算管理办法》第43条。

证券持有人持有的证券，在上市交易时，应当全部存管在证券登记结算机构。《证券法》上的“存管”，表示证券持有人和证券登记结算机构之间的保管关系，此与证券登记结算实践中的理解有所不同。

在实务操作层面上，“存管”是指证券登记结算公司接受证券公司委托，集中保管证券公司的自有证券和证券公司客户的证券，并提供代收红利等权益维护服务的行为。托管不同于存管，是指证券公司接受客户委托，代其保管证券并提供代收红利等权益维护服务的行为。可见，存管，反映了证券登记结算机构与证券公司之间的保管关系；托管，反映了证券公司与客户之间的保管关系。

过户包含交收和登记转移两层含义。交收是指证券登记结算机构根据确定的清算结果，通过转移证券和资金，履行相关债权债务的行为。登记转移即为将转移的证券记载于合法持有人名下的行为。过户是与托管直接关联的业务形态，为了将某种证券转让给他人，应当就证券变动事项作出记载，以表明受让人对证券具有合法权利。证券登记结算机构办理过户时，应当收取过户费用。

(三) 证券持有人名册的登记

登记是指证券登记结算机构根据发行人的委托，通过设立和维护证券持有人名册，确认证券持有人持有证券事实的行为。通过登记，可将登记名册提供给证券发行人、投资者以及其他相关人员使用。证券登记结算机构制作的名册，具有权利证明效力。当此名册与发行人编制的股东名册或者债券持有人名册发生冲突时，应当以证券登记结算机构编制的名册为准。

(四) 证券交易所上市证券交易的结算

结算包括清算和交收两层含义。其中，清算是指证券登记结算机构按照确定的规则计算证券和资金的应收、应付数额的行为。我国目前采取多边净额结算的技术方法，即证券登记结算机构将每个结算参与人所有达成交易的应收、应付证券或资金予以冲抵轧差，计算出相对每个结算参与人的应收、应付证券或资金的净额，再按照应收、应付证券或资金的净额与每个结算参与人进行交收。

交收是指证券登记结算机构根据确定的清算结果，通过转移证券和资金履行相关债权债务的行为。我国采取货银对付的交收方法，即证券登记结算机构与结算参与人在交收过程中，当资金交付时给付证券，当证券交付时给付资金。

根据《证券法》第168条的规定，证券登记结算机构按照业务规则收取的各类结算资金和证券，必须存放于专门的清算交收账户，只能按照业务规则用于已成交的证券交易的清算交收，不得被强制执行。

(五) 受证券发行人委托派发证券权益

证券权益包括上市公司分配的股息和红利、资本公积金转增股本，也包括向债券持有人派发的债券利息等。证券登记结算机构根据与发行人签订的协议办理此项业务。

(六) 办理与上述业务有关的查询

证券登记结算业务是证券登记结算机构向投资者及证券公司提供的专门服务，提供查询服务是证券登记结算机构的派生或附随义务。证券登记结算公司应当依法承担相关数据和资料的保密义务，但在查询人提供合法手续的情况下，应当提供查询服务；尤其是投资者申请查询时，应当提供方便服务。

（七）证券监管机构批准的其他业务

根据证监会发布的文件，证券登记结算机构应当在上市公司董事等高级管理人员任职期间，采取有效方式锁定其名下股票。随着我国证券市场的发展及与国际资本市场的接轨，办理跨国结算、非上市证券登记清算、证券质押登记及股务管理等业务，也会逐渐得到认同并成为证券登记结算机构的业务范围。

第三节 证券登记结算机构的义务

证券登记结算机构承担以开立账户和证券托管为基础的各项职能，这是依照强行法产生的法定职能，具有权利与义务的双重属性。因此，《证券法》采取“职能”而非“职责”的表述。

一、特殊的法定义务

证券登记结算机构应当承担办理登记结算的法定义务。办理开户及托管等相关业务，是证券法赋予证券登记结算机构的专门业务，其他机构不得开展证券登记结算业务。上市公司或者证券公司依法向证券登记结算机构提出开立账户或者托管申请的，证券登记结算机构不得拒绝。基于登记结算机构的法定独占地位，为了顺利进行证券交易，必须强制证券登记结算机构承担法定义务，国家亦得借此实现对证券交易市场的有效监管，促进社会公益。

站在投资者的角度，证券登记结算机构的上述职能具有权利属性。依照《证券法》规定，证券持有人所持证券上市交易前，应当全部托管在证券登记结算机构。因此，投资者有义务将其拟上市证券交给证券结算机构托管，从而形成证券持有人与证券登记清算机构之间的特殊权利义务关系。一方面，这种权利义务结构具有法定主义特点，投资者必须办理开户及托管，证券登记结算机构必须接受开户及托管申请；另一方面，投资者与证券登记结算机构之间具有证券保管关系，即证券登记结算机构充当证券持有人的证券保管人，投资者为委托人，双方之间的权利义务关系在没有特别法规定的情况下，适用民法关于寄托合同或者保管合同的规定；在特殊场合下，证券登记结算机构依照与证券发行人之间达成的协议，办理其他相关服务业务。

无论是就民事保管关系而言，还是就登记清算业务的法定性特点而言，证券登记结算机构都必须向投资者以及发行人承担相应义务，以平衡彼此间的权利义务关系，不致使被强制存管的投资者证券面临各种风险。所以，对证券登记结算机构施以法定义务，就显得尤其重要。

二、登记结算法律关系的结构

在理论上，登记结算分为一级结算和二级结算。一级登记结算是投资者与证券登记结算机构直接办理结算事务的体系。二级结算是指证券登记结算机构与证券公司办理结算事务，证券公司再与投资者办理结算事务，也称“分级结算”。在我国证券登记结算实践中，采用分级结算体系。

（一）分级结算的基本步骤

1. 投资者买卖证券以前，应当先与证券公司签订证券交易、托管与结算协议。证券公司应当将其与投资者建立、变更和终止证券托管关系的事项报送证券登记结算机构。在协议中，投资者应当同意在集中交易结束后，由证券公司委托证券登记结算机构办理其证券账户与证券公司证券交收账户之间的证券划付。

2. 证券公司向证券登记结算机构申请取得结算参与人资格，与证券登记结算机构签订结算协议；没有取得结算参与人资格的证券公司，应当委托结算参与人与证券登记结算机构办理集中清算交收。

3. 集中交收前，结算参与人应当向客户收取其应付的证券和资金，并在结算参与人证券交收账户、结算参与人资金交收账户留存足额证券和资金。

4. 集中交易结束后，证券登记结算机构负责办理证券登记结算机构与结算参与人之间的集中清算交收，而与投资者之间没有直接的清算交收关系；结算参与人再行办理与客户之间的清算交收，从而实现证券和资金结算的分级结算体制。

(二) 分级结算体系下的法律关系

证券登记结算机构、证券公司（结算参与人）和投资者结成两层合同关系。

1. 证券登记结算公司与证券公司之间只办理一级结算，形成一级结算法律关系。根据《证券法》第 167 条的规定，证券登记结算机构为证券交易提供净额结算服务时，应当要求结算参与人按照银货对付的原则，足额交付证券和资金，并提供交收担保。如果结算参与人没有按时履行交收义务，证券登记结算机构将动用违约结算参与人担保物中的现金、互保金以及结算风险基金办理强制结算。

2. 证券公司与投资者之间只办理二级结算。在结算前，投资者应当在结算账户中保持足够的现金或者证券。集中交收结束后，由证券登记结算机构代为直接办理证券公司与投资者之间的银货划付，而与投资者之间没有直接的合同关系。

值得注意的是，在分级结算体系下，投资者与证券登记结算机构没有直接的合同关系，但可将证券公司与证券登记结算机构之间的结算解释为投资者的转委托；对于转委托约定不明确的，证券登记结算机构应当依照法定职责对投资者承担法律责任。

三、法定义务的形态

根据《证券法》的规定，证券登记结算机构主要承担以下法定义务：

(一) 法定保管义务

保管即寄托，为保管人与寄存人之间的契约关系。依照《合同法》规定，保管合同是保管人保管寄存人交付的保管物，并返还保管物的合同。在证券托管关系中，证券登记结算机构为保管人，证券公司和证券持有人属于寄存人，双方以实物证券或者其他替代物作为保管标的，并以有偿保管为原则。该保管关系于寄存人将其所持证券交付证券登记结算机构时生效，证券登记结算机构应向寄存人出具保管凭证。目前的实际寄存方式是双重寄存，即首先由证券持有人将其所持证券交给证券公司，再由各证券公司将所收取的证券交付证券登记结算机构，具有转寄存或转保管性质，因此，可将其解释为保管代理关系。

根据寄存关系，证券持有人是寄存证券的合法权利人，证券登记结算机构为寄存证券的保管人，对该寄存标的物不享有所有权。《证券法》第 159 条第 2 款规定，证券登记结算机构不得挪用客户的证券；第 167 条第 2 款规定，在交收完成之前，任何人不得动用用于交收的证券、资金和担保物。此外，证券登记结算机构必须以不同账户保管证券公司和客户的财产。

（二）资料善管义务

资料善管义务，是指证券登记清算机构应以证券行业通行的标准和规则，以善良管理人标准从事与证券保管有关的事务。证券寄存属于专业保管，证券登记结算机构承担更高程度的义务。《证券法》特别就其资料善管义务，作如下规定：

1. 文件记载要求。证券登记结算机构应当保证证券持有人名册和登记过户记录真实、准确、完整，不得伪造、篡改、毁坏。

2. 文件提供义务。证券登记结算机构应当向证券发行人提供证券持有人名册及有关资料。同时，证券登记结算机构应当根据证券登记结算的结果，确认证券持有人持有证券的事实，提供证券持有人登记资料。

3. 文件保存期限。证券登记结算机构应当妥善保存登记、托管和结算的原始凭证。重要的原始凭证的保存期不少于20年。

（三）业务保障义务

业务保障义务，旨在促使证券登记结算机构根据证券交易的实际需求，确保证券交割清算的安全、快捷，避免因服务设施及制度设置不合理而影响交易安全，借以消除交割或者交收风险。为了确保实现上述目标，《证券法》第161条特别规定，证券登记结算机构应当采取一系列措施，保证业务的正常进行：（1）具有必备的服务设施和完善的数据安全保护措施；（2）建立完善的业务、财务和安全防范等管理制度；（3）建立完善的风险管理系统。

（四）设立结算风险基金义务

证券登记结算机构要建立、健全并实施有关的制度与管理办法，还要承担设立结算风险基金义务。《证券法》第163、164条规定，证券登记结算机构应当设立结算风险基金，并存入指定银行的专门账户。结算风险基金用于弥补因违约交收、技术故障、操作失误、不可抗力等造成的损失。证券登记结算机构必须设立证券结算风险基金，包含以下含义：

1. 证券登记结算机构必须设立证券结算风险基金。这是证券登记结算机构的法定义务，也是证券登记结算机构的设立条件。

2. 证券结算风险基金来源具有多样化，但主要来自于证券登记结算机构的业务收入和收益，也可以向结算参与人收取，以最大限度降低和分担市场风险。

3. 证券结算风险基金用于赔偿证券登记结算机构的损失。证券登记结算机构负担确保钱款及证券交收安全的基本职责，必须保证投资者相互之间顺利完成交收，甚至必须以其自有资金承担风险。

4. 动用证券结算风险基金须符合法定条件。《证券法》将动用基金的条件限定为违约交收、技术故障、操作失误和不可抗力四种原因，证券登记结算机构不得将基金用于改善设备、修改系统等其他目的。

除前述基本义务外，证券登记结算机构还承担其他义务。在国际上，证券登记结算机构在同时发挥清算和交收的职能时，为了降低清算风险，必须将清算和交收的运作严格分开。我国《证券交易所管理办法》第72条规定，证券交易所的会员为参加证券交易所交易市场的交易而缴存的清算头寸、清算交割准备金，应当由证券登记结算机构专项存储。证券登记结算机构应当在业务规则中明确上述资金的用途和收取标准，并对资金实行严格管理，禁止透支，并禁止挪作他用。

【问题与思考】

1. 简述证券登记结算机构及其运营特点。
2. 简述我国采取的分级结算体制。
3. 简述证券登记结算机构的职责。
4. 试析证券登记结算机构、证券公司和投资者之间结算关系的法律性质。

第十六章 证券监督管理机构

本章概要

政府监管与自律监管都是证券市场监管机制的组成部分，但是，两者的职权划分是弹性和变动的。国务院证券监督管理委员会，即证监会，是国务院下属事业单位，在对证券市场实行统一监督管理的前提下，依法承担着政府监管职责。现行证券法强化了政府监管的力度，在自律监管和政府监管职权划分上作出了有益的探索。

关键术语

国务院证券监督管理机构　自律性监管组织　冻结、查封权

第一节　政府监管概述

一、政府监管的产生

自律监管是重要的监管形式，却难以解决证券市场面临的全部问题。美国在20世纪初出现股灾，揭示了片面强调自律监管体制所存在的严重问题。随着美国证监会的成立以及美国1933年证券法的颁布，自律监管的地位逐渐降低，政府监管的地位逐步加强。可以说，制定统一的证券立法，建立单一的监管机构，强化证券行政责任和刑事责任，是政府监管地位提升的主要标志。

（一）制定统一的监管法律

证券立法有统一立法和分散立法两种模式。统一立法模式虽不排除立法机关在相关法律中规定证券市场监管规则，但与证券市场监管有关的主要原则和规则，直接纳入统一制定的证券监管法律中。按照分散立法模式，用以监管证券市场的各项规定分别纳入相关立法文件中。英国曾长期采取分散立法模式，证券监管的主要规则分散于公司法等相关法律

中，难以实现政府监管的立法基础。

20世纪70年代以后，英国经济发展速度放缓，英国的国际金融中心地位逐渐被美国所取代。进入80年代以后，英国国内政治矛盾有所缓解，经济逐步复苏。英国保守党上台执政后，英国政府采取了积极促进竞争和推进市场经济的政策，这使得英国经济有所发展。随着欧盟资本市场趋于统一，特别是在1999年欧元启动后，资本市场的统一趋势更为明显。在此背景下，1986年英国议会通过的《1986年金融服务法》是一部具有里程碑意义的金融法律，其颁布实施是英国资本市场发展过程中的重大事件。该法案重塑了英国的资本市场框架，开创了英国资本市场的新时代，被称为英国的"金融大爆炸"（Big Bang）。该法的颁布，表明英国开始逐步告别原有的自律监管模式，转而采纳统一监管、政府干预的新的金融法框架。该法分30个部分，共有433条。其主要内容是设立新的金融监管体系和监管机构——金融服务局，主要目的是向金融服务局提供一个单一的法律框架，据此，《1986年金融服务法》合并了原有法律或者自律规则中的大部分内容，以此改变了分散立法的传统法律框架，从而为政府监管奠定了法律基础。

（二）建立统一的政府监管机构

在《1986年金融服务法》实施以前，英国证券市场的监管职权分别由多个相关政府机构或者自律组织行使，《1986年金融服务法》赋予金融服务局以前所未有的权力和责任。金融服务局是在合并英格兰银行监督管理部及证券与投资理事会的基础上成立的。在《1986年金融服务法》获得批准后，金融服务局还把其他六个监管机构——个人投资管理局、投资管理监管组织、建房互助委员会、互助会委员会、互助会登记处以及证券与期货协会的权力和职责纳入其中。金融服务局现有的组织机构主要包括五个下属监管部门——金融集团部、存款机构部、保险公司部、投资公司部、市场及交易部。《1986年金融服务法》实施后，英国以自律性管理为主的传统金融监管体制将逐步消失，而代之以职权广泛的单一金融监管机构。

《1986年金融服务法》实施后，金融服务局将成为英国金融服务业的唯一立法者。该法案咨询文件指出："政府希望监管的范围应当包括目前金融业务的所有方面"，金融服务局"在其认为必要时有权介入，并有权采取其认为合适的措施"。《1986年金融服务法》明确指出，新设立的金融服务和市场特别上诉法庭，具有完全的独立性，直接隶属于内阁大法官。政府将任命一批兼有法律及金融专长的职业人士组成陪审团，陪审团有权推翻金融服务局的原有规定。法案还提出，要建立隶属内阁大法官的特别上诉法庭，建立单一监督官和赔偿机制，起诉和处罚市场违规行为，监管劳合社的保险市场等。对于通过互联网提供的金融服务，该法案确立了更为明确的规则。鉴于《1986年金融服务法》颁布前，英国的金融法规颇为零散，有人担心，如果对金融服务局不加适当约束，金融服务局可能享有过大的权力，从而对习惯于自律管理的期货业产生过大影响。

金融服务局监管的对象将不限于原有金融机构，还将扩展到各种金融服务企业（financial businesses）、单位信托机构（unit trusts）、保险市场（OELCS）、证券交易所（investment exchange）以及清算机构（clearing house）等。据此，对伦敦的五家期货期权交易所以及伦敦清算机构的监管，都将纳入金融服务局的市场及交易部的职权范围。

（三）强化行政责任和刑事责任

证券违法违规案件大多数都涉及刑事犯罪问题，自律组织通常只能按照民事规则实施监管，而无法行使公权力性质的监管职权。追究相关机构或者人员的行政责任和刑事责任，只能交由政府监管部门或者司法机关实施。正是因为各国纷纷动用行政和刑事手段，所以，客观上限制了自律监管职能的发挥，从而降低了自律监管组织的功效，提升了政府监管的地位。

（四）强化政府监管的理念

与其他国家和地区相比，我国更重视政府的监管职能。例如，原《证券法》只承认证券业协会是自律监管组织，没有承认证券交易所的自律监管组织地位；再如，证监会承担了广泛的监管职责，实际替代了自律监管组织承担的上市审核等传统监管职责。

我国证券市场的特殊成因是导致这种状况的主要原因。在我国，证券市场不是证券公司或者投资者主动创设而产生的，而是政府开启资本市场大门的直接产物；同样，各种自律组织是政府为了适应证券市场发展而组织起来的，而不是由证券经营者自发组织起来的。这样，证券市场和自律监管很自然地依附于政府监管，政府监管成为证券市场的主导力量。

在总结国内外经验的基础上，现行《证券法》承认了证券业协会和证券交易所的自律监管地位，还明确规定证券交易所承担证券上市审核职权，从而提升了自律监管的地位。但由于我国证券市场及其监管的特殊成因，我国的证券监管体系和监管职权划分很难与境外实践进行简单对比，强化政府监管和弱化自律监管职责，将长期成为我国证券市场监管的主要特征。

二、政府监管与自律监管的关系

政府监管和自律监管是证券市场监管的两种基本手段，各自具有独特和无法替代的价值和优势，需要彼此配合而非简单地二者择其一或者随意偏废。因此，如何确定政府监管与自律监管的相互关系，如何对各自职能作出合理划分，始终是各国证券市场发展过程中遇到的难题。隶属于国际证监会组织（IOSCO）的自律监管组织咨询委员会曾经指出，法律应当明确划分法定监管者和自律监管组织的不同职责。

在国外证券市场中，证券交易所的自律监管被视为最基础的监管形式。证券交易所的监管职能比较广泛，监管手段比较强大。按照通常标准，证券交易所承担着中介机构准入、挂牌上市核准（登记）、交易行为和标准的统一规范和监控、违规行为的惩罚等四大类职能。根据市场发展程度的差异，各国证券交易所职能略有区别。在市场经济比较发达的国家中，证券交易所往往具有更多的监管职权，而在新兴市场国家中，证券交易所和证券业协会等自律组织的监管职权相对较弱，政府监管机构往往拥有更多的职权和责任。

在美国，证券交易所侧重于后两项职能，前两项职能则与美国证监会共同承担，但查处证券欺诈行为的职责全部由证监会负责。在荷兰，证券交易所负责大部分例行监管职能，证监会主要对证券交易所进行监管。香港联合证券交易所、加拿大证券交易所和伦敦证券交易所原来拥有很大的监管职权。以香港为例，公开发行股票曾经由政府监管机构审查。但根据“‘证监会条例’第47条规定，如果我们认为交易所有意愿及能力执行某些特殊职能，可以请求港督会同行政局颁发‘移交令’，将全部或任何这些职权移交。目前‘公司条例’中审批在香港上市的公司的招股章程的工作，就是移交给了联交所”①。加拿

① 中国证券监督管理委员会编：《证券立法国际研讨会论文集》，72页。

大的做法与香港联合证券交易所以往的做法有很多相似之处。加拿大《证券法》比较重视自律组织的作用，该法第2条要求证券委员会在实现该法宗旨的同时，应当考虑“在监督体系适当的前提下，证券委应当利用经认可自律性组织的执行能力和管理专长”，第21条规定了“权力和职责的移交”，允许证券委员会向经认可的证券交易所、自律组织或者结算所移交该法第11章或与该章有关的条例规定的它的任何权力和职责，并附加条件；同时，证券委员会或者经其批准的执行主任可以随时全部或部分收回依据该条移交的任何权力和职责。伦敦证券交易所曾拥有很大的上市审核监管权，但由于证券交易所进行公司化改造并有意成为上市公司，为了避免利益冲突，故其挂牌上市的管理职能被收归于中央监管机构。

可见，境外的政府监管与自律监管相互依存、相互配合，并因应诸多客观原因而可能随时作出调整。在我国，政府监管地位相对优越，自律监管很难有效发挥职能，容易诱发证券市场的“行政化色彩”。因此，政府监管机构在培植市场过程中，还应逐渐培育自律组织的监管能力，将更多的监管权力交给自律监管组织。必须看到，自律组织往往是证券从业者的利益代表者，难免出现背离证券法宗旨的行为倾向，政府监管机构必须加强对自律监管组织的监管。如证券公司是商业组织，即使成为证券业协会或者证券交易所的会员，也将致力于使得自律机构造福于己，因此难免忽视对投资者利益的关注。为了实现保护投资者利益的证券法宗旨，自律组织要积极发挥自律监管职责并接受政府监管；政府监管机构既要主动发挥政府监管职责，也应积极鼓励自律监管组织充分发挥一线监管的职责。

第二节　国务院证券监督管理机构

一、政府监管机构的性质

1992年10月，国务院同时成立了国务院证券管理委员会和证监会。根据当时的规定，证监会采取了“专家组成”、“按事业单位管理”的特殊体制。鉴于证监会是国务院证券管理委员会的常设办事机构，法律地位和监管职责不尽明确，为了避免可能出现的矛盾，证监会通常与国务院所属其他行政机关共同发布规范性文件，或者根据国务院证券委员会授权行使对证券市场的监管职责。

1998年9月30日，国务院办公厅发布《中国证券监督管理委员会职能配置、内设机构和人员编制规定》。该编制规定在将国务院证券委员会职权划归证监会的同时，明确规定“中国证券监督管理委员会为国务院直属事业单位，是全国证券期货市场的主管部门”。

《证券法》第7条规定，国务院证券监督管理机构依法对全国证券市场实行集中统一监督管理；该法第178条规定，“国务院证券监督管理机构依法对证券市场实行监督管理，维护证券市场秩序，保障其合法运行”。《证券法》采取了“国务院证券监督管理机构”的表述，但没有明确规定其具体性质。根据我国监管体制的运行现状，《证券法》所称“国务院证券监督管理机构”即中国证券监督管理委员会，为国务院所属的事业单位。

政府监管是行政权力或者行政职权范畴中的下位概念，行政性监管应当由行政机关实施。在法律和行政法规作出特别规定的情况下，通过行政授权方式，行政机关可以将监管职权授予其他组织行使。

所谓行政授权，主要是指通过单项授权性法律规定将行政职权依法授予一定组织行使。其他组织获得行政授权后，即有权以自己的名义行使行政职权、实施行政管理，并对外独立承担法律责任。行政机关根据行政管理的实际需要，自行决定将其行政职权授予给其他组织的，不属于行政授权。证监会是国务院下属的事业单位，其依据《证券法》授权行使对证券市场的监督管理职权，具有行政监管或者政府监管的性质。

证监会及其派出机构根据授权行使监管职权，可以避免行政组织规模无限扩大，有助于增加监管灵活性，提高监管效率，节省监管费用。尤其是证券监管具有较强的专业性和技术性，授权证监会负责证券市场监管，也符合行政事务社会化的发展趋势。

二、内部机构设置

根据《中国证券监督管理委员会职能配置、内设机构和人员编制规定》，证监会设13个职能部门：

1. 办公厅：草拟机关内部办公的规章制度；协助会领导组织机关的日常办公；组织会内有关重要文件的草拟、修改；负责机关的新闻宣传工作，编辑中国证券监督管理委员会公告、信息刊物及其他资料；管理机关的财务、资产、档案；组织办理全国人大、全国政协会议的议案、提案。办公厅内设咨询顾问委员会办公室，为中国证券监督管理委员会聘请的国际国内顾问提供服务，承担咨询顾问委员会交办的工作。

2. 发行监管部：草拟境内企业在境内外发行证券的规则、实施细则；审核境内企业直接或间接在境内外发行股票、可转换债券的申报材料并监管其发行活动；审核企业债券的上市申报材料；按规定监管境外上市中资企业的有关活动。目前，证监会将发行监管部分为发行一部和发行二部，前者承担原发行监管部的职责，后者负责公开发行、非上市公司的监管。

3. 市场监管部：草拟监管证券（不上市流通的国债及企业债券除外，下同）的交易、清算、登记、托管的规则、实施细则；审核证券交易、清算、登记、托管机构的设立并监管其业务活动；审核证券交易所的章程、业务规则、上市品种；分析境内外证券交易行情；监管境内证券期货市场信息的传播活动。

4. 机构监管部：草拟监管证券经营机构、投资咨询机构的规则、实施细则；审核各类证券经营机构、投资咨询机构的设立及从事证券业务的资格并监管其业务活动；审核证券经营机构、投资咨询机构高级管理人员的任职资格并监管其业务活动；审核境内机构在境外设立从事证券业务的机构；审核境外机构在境内设立从事证券业务的机构并监管其业务活动。

5. 上市公司监管部：草拟监管上市公司的规则、实施细则；审核并监督检查境内上市公司实施配股、合并分立、主营业务发生变更等事项；监管境内上市公司的收购兼并、主要股东发生变更等事项；监管境内上市公司的信息披露；监督境内上市公司及其董事、监事、高级管理人员、主要股东履行证券法规规定的义务。

6. 基金监管部：草拟监管证券投资基金的规则、实施细则；审核证券投资基金、证券投资基金管理公司的设立，监管证券投资基金管理公司的业务活动；按规定与有关部门共同审核证券投资基金托管机构的基金托管业务资格，监管其基金托管业务；按规定监管中外合资的证券投资基金、证券投资基金管理公司。

7. 期货监管部：草拟监管期货市场的规则、实施细则；审核期货交易所的设立、章程、业务规则、上市期货合约并监管其业务活动；审核期货经营机构、期货清算机构、期货投资咨询机构的设立及从事期货业务的资格并监管其业务活动；审核期货经营机构、期货清算机构、期货投资咨询机构高级管理人员的任职资格并监管其业务活动；分析境内期货交易行情，研究境内外期货市场；审核境内机构从事境外期货业务的资格并监督其境外期货业务活动。

8. 稽查局（首席稽查办公室）：草拟稽查证券期货违法违规案件的规则、实施细则；组织调查证券期货违法违规案件并提出处理意见，执行中国证券监督管理委员会对违法违规案件的处理决定；处理有关证券期货业务的来信来访。

9. 法律部（首席律师办公室）：草拟证券期货市场的法律、法规、规章及其实施细则，审核会内各部门草拟的规章；对监管中遇到的法律问题提供咨询，在授权范围内对有关法律、法规、规章进行解释；监督、协调有关法律、法规、规章的执行；负责有关法律、法规、规章的宣传教育；组织办理涉及中国证券监督管理委员会的行政复议案件、行政诉讼案件、国家赔偿案件和其他诉讼案件；审核律师及其事务所从事证券期货中介业务的资格并监管其业务活动。

10. 会计部（首席会计师办公室）：按国家统一规定的会计、财务制度，拟定证券期货业及上市公司的会计财务实施管理办法，报财政部审定后执行；审核会内各部门草拟的有关证券期货会计财务的规章；对监管中遇到的会计、财务、资产评估问题提供咨询；审核会计师、资产评估师及其事务所从事证券期货中介业务的资格并监管其相关业务活动；按规定监管证券期货机构执行国家的会计、财务规定并实施财务和离任审计；统一协调证券期货市场的收费、税收政策；草拟有关监管经费的收费标准、规章制度并经国务院收费主管部门审定后执行；审核机关、派出机构、交易所的财务预算决算及收支活动。

11. 政策研究室：草拟我国证券期货市场的发展规划；研究证券期货市场的监管方针、政策；研究分析境内外证券期货市场及金融市场；草拟、修改会内有关重要文件。

12. 国际合作部：草拟证券期货系统对外交流合作的规章制度；组织境内与境外有关机构的交流合作活动，管理境外援助项目；联系有关国际组织，负责中国证券监督管理委员会与境外监管机构建立监管合作关系的有关事宜；按规定安排机关人员出访和接待境外人员来访；协助会内有关部门履行其境外证券期货监管职责；协助会内人事教育部门对机关、派出机构的监管工作人员进行出国（境）的培训教育；按规定归口管理证券期货系统的涉外事务。

13. 人事教育部：草拟机关、派出机构人事教育、机构编制管理的规章制度；承办机关的人事管理工作；负责机关、派出机构的机构编制管理；按规定对派出机构、交易所及有关机构的高级管理人员进行管理；组织机关、派出机构工作人员的境内外培训教育；指导证券期货交易所及有关机构的人事教育、机构编制管理工作。

证监会设机关党委，负责机关及在京直属单位的党群工作。

证监会还设有监察室、规划委、派出机构协调办公室、信息中心和行政中心。此外，1999 年 7 月，我国集中统一的证券监管体制初步形成，中国证监会在天津、沈阳等中心城市设立了 9 个证券监管办公室，下辖 25 个证券监管特派员办事处；在北京、重庆两个直辖市设立直属证券监管办事处。

第三节 监管职权和执法措施

一、主要监管职责

（一）国务院“三定方案”[①]

根据国务院发布的《中国证券监督管理委员会职能配置、内设机构和人员编制规定》，原国务院证券委员会的职能以及中国人民银行履行的证券业监管职能划入证监会，证监会的主要职责是：

1. 研究和拟定证券期货市场的方针政策、发展规划；起草证券期货市场的有关法律、法规；制定证券期货市场的有关规章。

2. 统一管理证券期货市场，按规定对证券期货监管机构实行垂直领导。

3. 监管股票、可转换债券、证券投资基金的发行、交易、托管和清算；批准企业债券的上市；监管上市国债和企业债券的交易活动。

4. 监管境内期货合约的上市、交易和清算；按规定监督境内机构从事境外期货业务。

5. 监管上市公司及其有信息披露义务股东的证券市场行为。

6. 管理证券期货交易所；按规定管理证券期货交易所的高级管理人员；归口管理证券业协会。

7. 监管证券期货经营机构、证券投资基金管理公司、证券登记清算公司、期货清算机构、证券期货投资咨询机构；与中国人民银行共同审批基金托管机构的资格并监管其基金托管业务；制定上述机构高级管理人员任职资格的管理办法并组织实施；负责证券期货从业人员的资格管理。

8. 监管境内企业直接或间接到境外发行股票、上市；监管境内机构到境外设立证券机构；监管境外机构到境内设立证券机构、从事证券业务。

9. 监管证券期货信息传播活动，负责证券期货市场的统计与信息资源管理。

10. 会同有关部门审批律师事务所、会计师事务所、资产评估机构及其成员从事证券期货中介业务的资格并监管其相关的业务活动。

11. 依法对证券期货违法违规行为进行调查、处罚。

12. 归口管理证券期货行业的对外交往和国际合作事务。

13. 国务院交办的其他事项。

（二）证券法规定的职能

根据《证券法》第179条的规定，在对证券市场实施监督管理中，证监会履行下列职责：

（1）依法制定有关证券市场监督管理的规章、规则，并依法行使审批或者核准权；

（2）依法对证券的发行、上市、交易、登记、存管、结算，进行监督管理；

（3）依法对证券发行人、上市公司、证券交易所、证券公司、证券登记结算机构、证券投资基金管理公司、证券服务机构的证券业务活动，进行监督管理；

（4）依法制定从事证券业务人员的资格标准和行为准则，并监督实施；

---

① “三定方案”，是指国家机关机构改革中采取的“定职能、定机构、定编制”的方案。

(5) 依法监督检查证券发行、上市和交易的信息公开情况;

(6) 依法对证券业协会的活动进行指导和监督;

(7) 依法对违反证券市场监督管理法律、行政法规的行为进行查处;

(8) 法律、行政法规规定的其他职责。

二、监管职责比较

我国《证券法》和《中国证券监督管理委员会职能配置、内设机构和人员编制规定》对证监会职能的规定不完全相同。在《证券法》规定的职责中,不包括研究和拟定证券期货市场的方针政策、发展规划以及起草证券期货市场的有关法律、法规的职责,从而削弱了证监会制定证券期货行业政策、规划和立法的权力。

美国联邦证券交易委员会是根据1934年《证券交易法》产生的立法机构,由总统提名并获参议院通过的5名委员组成。5名成员中,不能有3名以上来自同一政党。美国联邦证券交易委员会依照《证券交易法》享有准立法、审判和调查三项基本行政权力。就准立法权而言,1934年《证券交易法》特别授权该委员会制定与规章具有同等效力的规范,有权制定旨在协助公司及其律师便于解释法规的解释性条款。

总体上,联邦证券交易委员会制定的管理规定分为三类:(1)具有立法性质的具体操作规则,不仅是原则性解释,还专门规定了例外的种类;(2)实施性规则,如填写表格、准备、上报说明、报告及相关履行程序;(3)解释及定义规则,如解释"分配"、"参与"等专门术语的规则。①

上述三项行政权力相当于我国现行法律上所称的规章制定权,不包括类似《中国证券监督管理委员会职能配置、内设机构和人员编制规定》所称的证券期货行业政策、规划和立法权。

三、监管执法措施

根据《证券法》第180条的规定,证监会拥有现场检查权、调查取证权、询问权、查阅、复制权、文件、资料封存权、账户查询权、冻结或者查封权以及限制交易权等八项监管职权。其中,现场检查权、冻结或者查封权以及限制交易权,是2005年修改《证券法》时新增职权。②

获得有效的执法措施,是实现证券监管机构有效监管的制度保证,是维护相关当事人合法权益的制度保障,也是避免非法监管的重要内容。证监会采取特殊监管措施时,应当采取慎重态度。

1. 现场检查权

现场检查是进入证券发行人、上市公司、证券公司、证券投资基金管理公司、证券服务机构、证券交易所、证券登记结算机构工作场所进行例行检查。针对被调查案件实施检查,实属调查。证监会曾就对上市公司现场检查作出规定,也形成了对其他机构进行现场检查的惯例,现行《证券法》承袭了以往的实践做法。但是,现场检查不得损害企业的经营自主权,不能对自然人或者其他机构实施现场检查。

① 参见高如星、王敏祥:《美国证券法》,10、357~358页。

② 有些国家和地区还允许证券监管机构行使传唤权、禁止令申请权、搜查申请权、直接诉权等。

2. 调查取证权

调查取证权，是指证券监管机构及其工作人员进入违法行为现场调查取证的权力，是证监会行使监管职权的基础。只有取得相关证据，才能判定是否需要采取其他监管或者处罚措施。在行使调查取证权时，检查工作可采取定期或者不定期方式，既可针对涉嫌违法行为，也可是例行检查。

3. 询问权

询问权是指询问当事人和与被调查事件有关的单位和个人，要求其对与被调查有关的事项作出说明。在证监会询问和调查过程中，当事人和与被调查事件有关的单位和个人应当予以协助。询问与传唤不同，传唤是我国现行诉讼制度上的概念，专指调查人告知嫌疑人或者相关单位或个人到指定地点接受询问和调查。但在本质上，传唤是调查者取得违法行为证据的特定方式，被传唤对象也不限于违法嫌疑人，故传唤权与询问权没有实质区别，唯在观念上表现的强度有所差异。

4. 查阅、复制权

证券监管机构有权查阅、复制当事人和与被调查事件有关的单位和个人的证券交易记录、登记过户记录、财务会计资料及其他相关文件和资料。值得注意的是，证券交易记录、登记过户记录、财务会计资料等文件不仅是关于某种事实的证明文件，而且是财产权利的载体，查阅、复制时，不得损坏相关资料。

5. 文件、资料封存权

证券监管机构有权在查阅、复制当事人和与被调查事件有关的单位和个人的证券交易记录、登记过户记录、财务会计资料及其他相关文件和资料时，对可能被转移或者隐匿的文件和资料，予以封存。未经证券监管机构允许，任何人不得解除封存。

6. 账户查询权

证券监管机构有权查询当事人和与被调查事件有关的单位和个人的资金账户、证券账户和银行账户。资金账户在证券法上有其特定含义，最初指投资者在证券公司处开设的用于存储证券交易结算资金的专门账户。但对监管机构能否查询公民个人储蓄账户，实践中有不同理解。资金是流动性最强的财产形式，证券交易实践中已经广泛使用"银证通"或类似方式，故证券交易资金账户与银行储蓄账户实际上已结为一体。那么在解释上，证券监管机构有权查询的资金账户应当是指与资金账户一体化的银行储蓄账户，但不应包括相关机构和人员的其他银行账户。

7. 限制交易权

证券监管机构在调查操纵市场、内幕交易等重大证券违法行为时，经证券监管机构主要负责人批准，可以限制被调查事件当事人的证券买卖，但限制的期限不得超过15个交易日；案情复杂的，可以延长15个交易日。

8. 冻结、查封权

原《证券法》规定证券监管机构拥有冻结申请权，即对有证据证明有转移或者隐匿违法资金、证券迹象的，可以申请司法机关予以冻结。现行《证券法》第180条第6项赋予证监会以冻结、查封权。根据规定，证监会采取冻结、查封措施时，须经证券监督管理机构主要负责人批准。

对于证监会应否获得冻结、查封权的问题，各方意见有较大分歧。反对者认为，资金账户、证券账户和银行账户是个人财产的重要组成部分，应当给予充分尊重和保护。支持者认为，证券市场情况瞬息万变，资金和财产转移方式迅捷，赋予监管机构以冻结、查封权，可以避免延误时机引起的损失。

《证券法》在赋予证券监管机构以冻结、查封权时，规定了特别批准程序。未经证券监管机构主要负责人批准，不得实施冻结、查封权。为了妥善解决可能因此产生的矛盾和争议，经国务院批准，证监会于 2005 年 12 月 30 日发布了《中国证券监督管理委员会冻结、查封实施办法》。

根据《证券法》第 183 条，证券监管机构依法履行职责时，被检查、调查的单位和个人应当配合，如实提供有关文件和资料，不得拒绝、阻碍和隐瞒。

四、证券监管机构及其工作人员的特别义务

1. 忠于职守义务。即证券监管机构工作人员必须忠于职守，依法办事，公正廉洁，不得利用自己的职务便利谋取不正当的利益。

2. 有关证件的出示义务。证券监管机构工作人员在履行职责，进行监督检查或者调查时，应当出示有关证件。

3. 商业秘密的保密义务。证券监管机构工作人员在履行职责，进行监督检查或者调查时，对其所获得的有关单位或个人的商业秘密，负有保密义务。

4. 涉嫌犯罪之移送义务。《证券法》第 186 条规定，证券监管机构依法履行职责，发现证券违法行为涉嫌犯罪的，应当将案件移送司法机关处理。

5. 任职之特别限制。为了保证证券监管机关工作人员依法履行职责，保证监管工作的公平和公正，《证券法》第 187 条规定，国务院证券监督管理机构的人员不得在被监管的机构中任职。此条款旨在禁止证券监管机构任何工作人员在任何证券公司、证券交易所、证券业协会、证券交易服务机构和其他单位中的任何兼任职务，不应对本条款作出限制性解释，更不得将其解释为仅禁止证券监管机构工作人员在涉嫌从事证券违法违规行为的机构中担任职务，或为从事证券违法违规活动提供有关的劳务和服务。

【问题与思考】

1. 如何理解自律管理与政府管理的关系？
2. 如何评价政府监管机构有权采取的监管措施？

参考书目

1. 叶林．中国公司法．北京：中国审计出版社，1997

2. 江平主编．新编公司法教程．北京：法律出版社，1994

3. 王保树主编．中国商事法．北京：人民法院出版社，1996

4. 周友苏主编．新证券法论．北京：法律出版社，2007

5. 杨志华．证券法律制度研究．北京：中国政法大学出版社，1995

6. 彭冰．中国证券法学．2版．北京：高等教育出版社，2007

7. 王京，滕必炎编著．证券法比较研究．北京：中国人民公安大学出版社，2004

8. 叶林主编．证券法教程．北京：法律出版社，2005

9. 王森，齐莲英主编．美国证券市场：制度、运作与监管．北京：经济科学出版社，2002

10. 徐明，郁忠民主编．证券市场若干法律问题研究．上海：上海社会科学院出版社，1997

11. 吴弘主编．中国证券市场发展的法律调控．北京：法律出版社，2001

12. 李明良．证券市场热点法律问题研究．北京：商务印书馆，2004

13. 郭锋，李仁玉，张圣怀等译．证券管理与证券法．北京：群众出版社，1989

14. 郭锋编著．中国证券监管与立法．北京：法律出版社，2001

15. 郭锋主编．虚假陈述证券侵权赔偿．北京：法律出版社，2003

16. 沈四宝，丁丁主编．公司法与证券法论丛．北京：对外经济贸易大学出版社，2005

17. 齐斌．证券市场信息披露法律监管．北京：法律出版社，2000

18. 李东方．证券监管法律制度研究．北京：北京大学出版社，2002

19. 李国光，贾纬．证券市场虚假陈述民事赔偿制度．北京：法律出版社，2003

20. 井涛主编．退市法律研究．上海：上海交通大学出版社，2004

21. 高如星，王敏祥．美国证券法．北京：法律出版社，2000

22. 范健，王建文．证券法．北京：法律出版社，2011

23. 郑顺炎．证券内幕交易规制的本土化研究．北京：北京大学出版社，2002

24. 胡光志．内幕交易及其法律控制研究．北京：法律出版社，2002

25. 顾肖荣，张国炎．证券期货犯罪比较研究．北京：法律出版社，2003

26. 马庆泉主编．中国证券市场发展前沿问题研究．北京：中国金融出版社，2001
27. 柯芳枝．公司法论．北京：中国政法大学出版社，2004
28. 王文宇．公司法论．北京：中国政法大学出版社，2003
29. 吴崇权编．证券交易法规提要．台北：千华出版公司，1990
30. 吴光明．证券交易法论．台北：三民书局，1996
31. 林国全．证券交易法研究．北京：中国政法大学出版社，2002
32. [日] 河本一郎，大武泰南．证券交易法概论．北京：法律出版社，2001
33. [美] 托马斯·李·哈森．证券法．北京：中国政法大学出版社，2003
34. 上海证券交易所研究中心．上证研究·2003年法制专辑．上海：复旦大学出版社，2003
35. 上海证券交易所研究中心．上证研究·2005年法制专辑．上海：复旦大学出版社，2005

重要法律、法规（截至2012年12月）

1.《中华人民共和国证券法》（全国人大常委会，2005年10月27日修订）

2.《中华人民共和国公司法》（全国人大常委会，2005年10月27日修订）

3.《中华人民共和国证券投资基金法》（全国人大常委会，2003年10月28日发布，2012年12月28日修订）

4.《股票发行与交易管理暂行条例》（国务院，1993年4月22日发布）

5.《企业债券管理条例》（国务院，1993年8月2日发布）

6.《证券交易所管理办法》（国务院批准，证监会重新公布，2001年12月12日）

7. 最高人民法院《关于审理证券市场因虚假陈述引发的民事赔偿案件的若干问题》（最高人民法院，2003年1月9日发布）

8.《公司债券发行试点办法》（证监会，2007年8月14日发布）

9.《首次公开发行股票并上市管理办法》（证监会，2006年5月17日发布）

10.《上市公司证券发行管理办法》（证监会，2006年5月6日发布）

11.《证券发行上市保荐制度暂行办法》（证监会，2003年12月28日发布，已废止）

12.《证券发行与承销管理办法》（证监会，2006年9月17日发布，2012年5月18日修订）

13.《上市公司信息披露管理办法》（证监会，2007年1月30日发布）

14.《上市公司收购管理办法》（证监会，2006年7月31日发布，2008年8月27日、2012年2月14日修订）

15.《关于外国投资者并购境内企业的规定》（商务部、国资委、国家税务总局、国家工商总局、证监会、外管局，2006年8月8日发布；商务部，2009年6月22日修订）

16.《上市公司股权激励管理办法（试行）》（证监会，2005年12月31日发布）

17.《上市公司股权分置改革管理办法》（证监会，2005年9月4日发布）

18.《上市公司检查办法》（证监会，2001年3月19日发布，已废止）

19.《证券登记结算管理办法》（证监会，2006年4月7日发布，2009年11月20日修订）

20.《证券公司管理办法》(证监会，2001 年 12 月 28 日发布，已废止)

21.《证券公司治理准则（试行)》(证监会，2003 年 12 月 15 日发布，2012 年 12 月 11 日修订)

22.《证券公司内部控制指引》(证监会，2003 年 12 月 15 日发布)

23.《证券公司股票质押贷款管理办法》(中国人民银行、银监会、证监会，2004 年 11 月 2 日发布)

24.《证券市场禁入规定》(证监会，2006 年 6 月 7 日发布)

25.《证券投资者保护基金管理办法》(证监会、财政部、中国人民银行，2005 年 6 月 30 日发布)

26.《律师事务所从事证券法律业务管理办法》(证监会、司法部，2007 年 3 月 9 日发布)

27.《中国证券监督管理委员会冻结、查封实施办法》(证监会，2005 年 12 月 30 日发布，2011 年 5 月 23 日修订)

28.《中国证券监督管理委员会限制证券买卖实施办法》(证监会，2007 年 5 月 18 日发布)

图书在版编目（CIP）数据

证券法/叶林著．—4版．—北京：中国人民大学出版社，2013.4
“十二五”普通高等教育本科国家级规划教材
21世纪法学系列教材
ISBN 978-7-300-17291-0

Ⅰ.①证… Ⅱ.①叶… Ⅲ.①证券法-中国-高等学校-教材 Ⅳ.①D922.287

中国版本图书馆CIP数据核字（2013）第064583号

“十二五”普通高等教育本科国家级规划教材
21世纪法学系列教材
总主编　曾宪义　王利明
证券法（第四版）
叶　林　著
Zhengquanfa

出版发行	中国人民大学出版社		
社　　址	北京中关村大街31号	**邮政编码**	100080
电　　话	010－62511242（总编室）		010－62511770（质管部）
	010－82501766（邮购部）		010－62514148（门市部）
	010－62515195（发行公司）		010－62515275（盗版举报）
网　　址	http://www.crup.com.cn		
经　　销	新华书店		
印　　刷	天津鑫丰华印务有限公司	**版　　次**	2000年3月第1版
开　　本	787 mm×1092 mm　1/16		2013年4月第4版
印　　张	22.5 插页1	**印　　次**	2024年6月第15次印刷
字　　数	540 000	**定　　价**	43.00元

《　　　　　　》※任课教师调查问卷

为了能更好地为您提供优秀的教材及良好的服务，也为了进一步提高我社法学教材出版的质量，希望您能协助我们完成本次小问卷，完成后您可以在我社网站中选择与您教学相关的1本教材作为今后的备选教材，我们会及时为您邮寄送达！如果您不方便邮寄，也可以申请加入我社的**法学教师QQ群：83961183（申请时请注明法学教师）**，然后下载本问卷填写，并发往我们指定的邮箱（cruplaw@163.com）。

邮寄地址：北京市海淀区中关村大街31号中国人民大学出版社411室收

邮　　编：100080

再次感谢您在百忙中抽出时间为我们填写这份调查问卷，您的举手之劳，将使我们获益匪浅！

基本信息及联系方式：※

姓名：________ 性别：________ 课程：____________

任教学校：____________ 院系（所）：__________

邮寄地址：____________ 邮编：__________

电话（办公）：________ 手机：________ 电子邮件：________

调查问卷：※

1. 您认为图书的哪类特性对您使用教材最有影响力？（　　）（可多选，按重要性排序）

   A. 各级规划教材、获奖教材　　B. 知名作者教材

   C. 完善的配套资源　　D. 自编教材

   E. 行政命令

2. 在教材配套资源中，您最需要哪些？（　　）（可多选，按重要性排序）

   A. 电子教案　　B. 教学案例

   C. 教学视频　　D. 配套习题、模拟试卷

3. 您对于本书的评价如何？（　　）

   A. 该书目前仍符合教学要求，表现不错将继续采用。

   B. 该书的配套资源需要改进，才会继续使用。

   C. 该书需要在内容或实例更新再版后才能满足我的教学，才会继续使用。

   D. 该书与同类教材差距很大，不准备继续采用了。

4. 从您的教学出发，谈谈对本书的改进建议：____________

____

____

选题征集：如果您有好的选题或出版需求，欢迎您联系我们：

联系人：黄　强　联系电话：010-62515955/65

索取样书：书名：________________

书号：________________

备注：※ 为必填项。